档案学学科发展研究丛书

丛书主编：吴雁平　刘东斌

2019年

档案学学科发展研究报告

徐朝钦　张晓培　主编

郑州大学出版社

图书在版编目(CIP)数据

2019 年档案学学科发展研究报告 / 徐朝钦，张晓培主编. — 郑州：郑州大学出版社，2021.8

（档案学学科发展研究丛书 / 吴雁平，刘东斌主编）

ISBN 978-7-5645-7360-7

Ⅰ．①2… Ⅱ．①徐…②张… Ⅲ．①档案学 - 学科发展 - 研究报告 - 中国 - 2019

Ⅳ．①G279.2

中国版本图书馆 CIP 数据核字（2020）第 196563 号

2019 年档案学学科发展研究报告

2019 NIAN DANGANXUE XUEKE FAZHAN YANJIU BAOGAO

策划编辑	孙保营	封面设计	苏永生
责任编辑	张 华	版式设计	凌 青
责任校对	胡倍阁	责任监制	凌 青 李瑞卿

出版发行	郑州大学出版社有限公司	地 址	郑州市大学路 40 号（450052）
出版人	孙保营	网 址	http://www.zzup.cn
经 销	全国新华书店	发行电话	0371-66966070
印 刷	郑州宁昌印务有限公司		
开 本	889 mm×1 194 mm 1 / 16		
印 张	20.75	字 数	627 千字
版 次	2021 年 8 月第 1 版	印 次	2021 年 8 月第 1 次印刷

| 书 号 | ISBN 978-7-5645-7360-7 | 定 价 | 138.00 元 |

本书如有印装质量问题,请与本社联系调换。

编　委　会

前　言

学科发展研究是总结学科发展成果,研究学科发展规律,预测学科发展趋势的科学。

自 2015 年《2013 年档案学学科发展报告》出版起,中国档案学有了自己的学科发展报告,每年为一册,成为一部以年为出版周期的档案学学科发展研究连续出版物。《2019 年档案学学科发展研究报告》的出版是这部连续出版物的第七部。

《2019 年档案学学科发展研究报告》延续了前几部的总体框架、样本来源、时间跨度、研究指标、研究方法和章节安排。报告采用定量研究(统计分析、计量分析、关键词词频分析、高频关键词共现分析、关键词聚类分析)和定性(综述)研究相结合的方法,对 2019 年度 1 月 1 日至 12 月 31 日期间,知网文献数据库科技信息类目下,档案及博物馆子类,档案学、档案事业小类下的文献样本,以样本资源类型、学科、研究层次、基金、文献类型为指标项,进行统计分析;以作者、机构、文献来源为指标项,进行文献计量分析;以关键词为指标项,通过关键词词频统计来分析这一年档案学的研究热点,通过高频词的变化来观察档案学学科研究的进展与方向;再以关键词共现及聚类分析来研究这一年档案学学科研究热点的相关性及聚类特点。在此基础上,以高频词为检索词对相关文献进行综述分析。由于学科发展研究报告更多的还是对一个学科一定时期内发展现状的客观描述研究,所以本报告仍然偏重于客观陈述重要文献的研究成果及专家学者的观点。

《2019 年档案学学科发展研究报告》分为总述、分述和专述三个部分,共 12 章。总述为第一章;分述由知网文献数据库科技信息类目下,档案及博物馆子类,档案学、档案事业小类下的档案学、档案管理、档案整理与出版、各类型档案、建筑和设备、世界各国档案事业、中国档案事业七个固定分类各成一章;专述由档案馆、机构改革、事业单位、档案法制与法治四章构成。

每章分文献统计分析、文献计量分析、文献词频分析、文献关键词共词分析、文献综述五节。以数据、图表、图谱、文字等形式,从宏观视角真实记录、系统描述、概括研究了 2019 年度中国档案学学科在期刊学术论文、会议论文、硕士/博士学位论文发表及相关活动报道等方面的发展情况,并对中国档案学学科发展做出展望。

《2019 年档案学学科发展研究报告》与往年最大的不同,就是年轻的核心团队成员开始进入角色,担当起编撰的主要责任,并在研究编撰过程中不断成熟起来,使这项研究工作后续有人。

各位档案界专家及同仁,我们期望《2019 年档案学学科发展研究报告》能够一如既往地客观呈现出档案学科 2019 年的发展概貌,成为您了解档案学科发展的参考,为档案学科及档案事业发展尽我们的微薄之力。由于参编撰写者受阅历、能力、经验和水平的局限,研究报告中难免存在不足之处,敬请各位不吝赐教。

编　者

2020 年 11 月 30 日

目　录

第一章　总述

我们以中国知网为样本来源,检索范围:中国学术期刊网络出版总库,中国博士学位论文全文数据库,中国优秀硕士学位论文全文数据库,中国重要会议论文全文数据库,国际会议论文全文数据库,中国重要报纸全文数据库,中国学术辑刊全文数据库。

检索年限:2019 年。

检索时间:2020 年 3 月 27 日。

检索式:发表时间=2019-01-01 至 2019-12-31,并且专题子栏目=档案学、档案事业(模糊匹配)。

样本文献总数:11 219 篇。

第一节　文献统计分析

本节采用统计分析的方法,从资源类型分布、文献学科分布、文献研究层次分布、文献基金分布、文献类型分布5 个方面对样本文献进行分析。

一、资源类型分布

从资源类型分布看,11 219 篇样本文献涉及 7 个类型,其中:期刊 10 752 篇,硕士 198 篇,报纸 164 篇,国内会议 76 篇,学术辑刊 14 篇,国际会议 14 篇,博士 1 篇。各类资源发表文献数量及占比情况见表 1–1。

表 1–1　各类资源发表文献数量及占比情况

序号	资源类型	发表文献数量/篇	占全部样本/%
1	期刊	10 752	95.84
2	硕士	198	1.76
3	报纸	164	1.46
4	国内会议	76	0.68
5	学术辑刊	14	0.12
6	国际会议	14	0.12
7	博士	1	0.01
	合计	11 219	100.00

由表 1-1 可见,期刊(包括学术辑刊)占比接近 96%,是 2019 年档案学、档案事业文献的主要来源,也是研究者进行交流与沟通的主要渠道和平台。博士、硕士学位论文占比接近 2%,与报纸一道成为档案学、档案事业文献的辅助来源,但整体上与期刊相比相差了两个数量级。会议论文共计不超过 100 篇,占比不到 1%,发挥的作用与影响有限。

二、文献学科分布

从文献学科分布看,11 219 篇样本文献涉及超过 15 个学科。前 15 个学科发表文献数量及占比情况见表 1-2。

表 1-2 前 15 个学科发表文献数量及占比情况

序号	学科	发表文献数量/篇	占全部样本/%
1	图书情报档案	10 691	95.29
2	公共卫生与预防医学	912	8.13
3	教育	717	6.39
4	公共管理	540	4.81
5	工商管理	515	4.59
6	工业经济	328	2.92
7	城市经济	234	2.09
8	政治	195	1.74
9	农业经济	160	1.43
10	历史	160	1.43
11	法学	112	1.00
12	社会	105	0.94
13	计算机	87	0.78
14	国民经济	79	0.70
15	保险	70	0.62
	总计	14 905	132.85
	实际	11 219	100.00
	超出	3686	32.85

需要说明的是,实际样本数为 11 219 篇,而按前 15 个学科统计数为 14 905 篇,占 132.85%;超出实际文献数 3686 篇,占 32.85%。其中图书情报档案学科发表文献 10 691 篇,占比达到了 95.29%。这表明,一方面 2019 年档案学研究整体上聚焦在档案学本学科,另一方面整个学科研究具有非常高的学科交叉性。

除图书情报档案外,发表文献较多(500 篇以上)的 4 个学科是公共卫生与预防医学、教育、公共管理、工商管理。

三、文献研究层次分布

从文献研究层次分布情况看,11 219 篇样本文献涉及 18 个不同层次。各层次发表文献数量及占比情况见表 1-3。

表 1-3　各层次发表文献数量及占比情况

序号	层次	发表文献数量/篇	占全部样本/%
1	基础研究(社科)	4969	44.29
2	行业指导(社科)	2553	22.76
3	职业指导(社科)	1762	15.71
4	基础与应用基础研究(自科)	263	2.34
5	专业实用技术(自科)	205	1.83
6	工程技术(自科)	171	1.52
7	政策研究(社科)	128	1.14
8	行业技术指导(自科)	91	0.81
9	大众文化	49	0.44
10	基础教育与中等职业教育	25	0.22
11	经济信息	20	0.18
12	高等教育	15	0.13
13	文艺作品	7	0.06
14	高级科普(社科)	7	0.06
15	高级科普(自科)	3	0.03
16	政策研究(自科)	2	0.02
17	标准与质量控制(自科)	2	0.02
18	其他	947	8.44
	合计	11 219	100.00

如果按社会科学、自然科学、经济文化教育和其他来分类,各类文献数量及占比分别是:社会科学 9419 篇,占 83.96%;自然科学 737 篇,占 6.57%;经济文化教育 116 篇,占 1.03%;其他 947 篇,占 8.44%。研究整体上属于社会科学的范畴。

如果按研究的基础性与应用性划分,基础性研究 4232 篇,占 46.64%;应用性研究 5987 篇,占 53.36%。研究略为偏重应用性。

综上,从整体上看,2019 年档案学研究是偏重应用性的社会科学研究。

四、文献基金分布

从文献基金分布情况看,11 219 篇样本文献中有 466 篇得到国家、省部级 39 种基金的资助,占全部样本的 4.15%。各级各类基金资助发表文献数量及占比情况见表 1-4。

表 1-4　各级各类基金资助发表文献数量及占比情况

序号	基金	发表文献数量/篇	占全部样本/%	占基金资助文献/%
1	国家社会科学基金	294	2.62	63.09
2	国家档案局科技项目	31	0.28	6.65
3	教育部人文社会科学研究项目	16	0.14	3.43
4	国家自然科学基金	7	0.06	1.50
5	江苏省教育厅高等学校哲学社会科学基金	7	0.06	1.50
6	安徽省教育厅人文社会科学研究项目	7	0.06	1.50
7	内蒙古自治区高等学校科学技术研究项目	6	0.05	1.29
8	河北省哲学社会科学规划研究项目	6	0.05	1.29
9	河南省高等学校人文社会科学研究项目	5	0.04	1.07
10	北京市哲学社会科学规划项目	5	0.04	1.07
11	上海市哲学社会科学规划课题	5	0.04	1.07
12	河南省哲学社会科学规划项目	5	0.04	1.07
13	广西高等学校教学质量与教学改革研究项目	5	0.04	1.07
14	辽宁省哲学社会科学规划基金项目	4	0.04	0.86
15	江西省高校人文社会科学研究项目	4	0.04	0.86
16	黑龙江省哲学社会科学研究规划项目	4	0.04	0.86
17	中央高校基本科研业务费专项资金项目	4	0.04	0.86
18	中国人民大学科学研究项目	4	0.04	0.86
19	河南省高等教育教学改革研究项目	3	0.03	0.64
20	浙江省教育厅科研计划	3	0.03	0.64
21	广东省哲学社会科学规划项目	3	0.03	0.64
22	全国艺术科学规划课题	3	0.03	0.64
23	广东省高等教育教学改革项目	3	0.03	0.64
24	黑龙江省教育科学规划课题	2	0.02	0.43
25	安徽高等学校省级教学质量与教学改革工程项目	2	0.02	0.43
26	河南省科技计划项目	2	0.02	0.43
27	四川省教育厅自然科学研究项目	2	0.02	0.43
28	四川省教育厅人文社会科学研究项目	2	0.02	0.43
29	山西省软科学研究计划	2	0.02	0.43
30	河南省软科学研究计划	2	0.02	0.43
31	国土资源大调查项目	2	0.02	0.43
32	全国教育科学规划课题	2	0.02	0.43
33	甘肃省哲学社会科学规划项目	2	0.02	0.43
34	福建师范大学教学改革研究项目	2	0.02	0.43

续表1-4

序号	基金	发表文献数量/篇	占全部样本/%	占基金资助文献/%
35	贵州省教育厅高等学校人文社会科学研究项目	2	0.02	0.43
36	河南省高等学校重点科研项目	2	0.02	0.43
37	广东省教育科学规划项目	2	0.02	0.43
38	湖南省教委科研基金	2	0.02	0.43
39	天津市哲学社会科学研究规划项目	2	0.02	0.43
	合计	466	4.15	100.00
	总计	11 219	100.00	

从基金资助的层次上看,国家级基金3种304项,占全部基金资助文献的65.24%;部委基金6种59项,占全部基金资助文献的12.66%;地方基金30种103项,占全部基金资助文献的22.10%

从地方基金资助的区域分布看,涉及安徽省、北京市、福建省、甘肃省、广东省、广西壮族自治区、贵州省、河北省、河南省、黑龙江省、湖南省、江苏省、江西省、辽宁省、内蒙古自治区、山西省、上海市、四川省、天津市、浙江省。

综上,从层级上看,国家级资助力度高于地方与部委的资助力度;从区域分布看,一方面涉及全国近2/3的省(区、市),另一方面全国分布不均衡,且地方资助力度有限。

五、文献类型分布

从文献类型分布看,11 219篇样本文献中,综述类文献106篇,政策研究类文献211篇,一般性文献10 902篇。政策研究类文献高出综述类近一倍,这在档案学研究近5年中是第一次出现,显示出研究对档案公共政策的影响力在渐渐上升。

各类型文献数量及占比情况见表1-5。

表1-5　各类型文献数量及占比情况

序号	文献类型	文献数量/篇	占全部样本/%
1	综述类文献	106	0.94
2	政策研究类文献	211	1.88
3	一般性文献	10 902	97.17
	合计	11 219	100.00

综上,从表1-5中可以明显地看到,一般性论证文献在研究成果中仍然占据绝对主体;政策性研究成果明显高出宏观性研究成果,但与一般性文献相比,仍然显得十分单薄。

六、小结

从样本文献的统计情况看,2019年档案学科涉及的文献资源类型有7种,期刊仍然是研究文献的主要来源,也是广大研究者进行交流与沟通的主要渠道和平台。其他文献来源与之相比差了一到两个数量级,只起辅助与点缀作用。

除图书情报档案外,以公共卫生与预防医学、教育、公共管理、工商管理为多。研究的学科重叠率为 32.85% ,具有明显的学科交叉性。

从文献研究层次分布看,社会科学 9419 篇,占 83.96% ,基础性研究 4232 篇,占 46.64% 。从整体上看,2019 年档案学科的研究是偏重应用性的社会科学研究。

从文献基金分布情况看,466 篇得到国家、省部级 39 种基金的资助,占全部样本的 4.15% ,较 2018 年的 2.82% 有明显增加。从层级上看,国家级资助力度高于地方与部委的资助力度;从区域分布看,一方面涉及全国近 2/3 的省(市、区),另一方面全国分布不均衡,且地方资助力度有限。

研究成果中一般性论证文献仍是研究的绝对主体,变化明显的是政策研究类文献高出综述类近一倍,这在档案学研究近 5 年中是第一次出现,显示出研究对档案公共政策的影响力在渐渐上升。

第二节　文献计量分析

本节采用计量分析的方法,从文献作者分布、文献机构分布和文献来源分布 3 个方面对样本文献进行分析。

一、文献作者分布

从文献作者分布情况看,11 219 篇文献中,前 40 位作者共发表文献 386 篇,占全部样本的 3.44% ,占比较上年(2018 年为 3.10%)略高。前 40 位作者发表文献数量及占比情况见表 1-6。

表 1-6　前 40 位作者发表文献数量及占比情况

序号	作者	发表文献数量/篇	占全部样本/%
1	赵彦昌	24	0.21
2	杨洋	20	0.18
3	黄霄羽	17	0.15
4	管先海	14	0.12
5	苏晓霞	12	0.11
6	丁德胜	12	0.11
7	王媛	12	0.11
8	华林	12	0.11
9	周文泓	12	0.11
10	李兴利	12	0.11
11	李宗富	11	0.10
12	徐拥军	11	0.10
13	韩峰	10	0.09
14	丁海斌	10	0.09
15	李子林	10	0.09

续表 1-6

序号	作者	发表文献数量/篇	占全部样本/%
16	谭必勇	9	0.08
17	张全庆	9	0.08
18	张斌	8	0.07
19	孙大东	8	0.07
20	周耀林	8	0.07
21	加小双	8	0.07
22	魏晓琳	8	0.07
23	周林兴	8	0.07
24	向禹	8	0.07
25	刘东斌	8	0.07
26	王玉珏	8	0.07
27	吴雁平	8	0.07
28	潘连根	7	0.06
29	曾静怡	7	0.06
30	邓琳	7	0.06
31	肖秋会	7	0.06
32	叶惠杰	7	0.06
33	王协舟	7	0.06
34	熊飞	7	0.06
35	杨位楠	7	0.06
36	宋雪雁	7	0.06
37	马春荣	7	0.06
38	任琼辉	7	0.06
39	王向女	7	0.06
40	李秀玲	5	0.04
	合计	386	3.44
	总计	11 219	100.00

如果按照普赖斯提出的计算公式,核心作者候选人的最低发文数 $M = 0.749\sqrt{N_{max}}$,其中 N_{max} 为最高产作者发表文章数量。2019 年档案学科作者中发表文献最多的为 24 篇,即 $N_{max} = 24$,所以 $M = 0.749\sqrt{24} \approx 3.669$ 。因此,赵彦昌、杨洋、黄霄羽、管先海、苏晓霞、丁德胜、王媛、华林、周文泓、李兴利、李宗富、徐拥军、韩峰、丁海斌、李子林、谭必勇、张全庆、张斌、孙大东、周耀林、加小双、魏晓琳、周林兴、向禹、刘东斌、王玉珏、吴雁平、潘连根、曾静怡、邓琳、肖秋会、叶惠杰、王协舟、熊飞、杨位楠、宋雪雁、马春荣、任琼辉、王向女、李秀玲等前 40 位作者,均是 2019 年档案学科的高产作者。可见,2019 年档案学研究有一定数量的高产作者,已经形成一定规模的核心作者群。

从前 40 位作者的所属单位看,多数来自高校,高校作者仍然是 2019 年档案学科研究的主力军,至少是高产及核心作者的主体。

二、文献机构分布

从文献机构分布情况看,11 219 篇文献中,前 40 个机构发表文献 1776 篇,占全部样本的 15.83%,略高于 2018 年的 15.35%。前 40 个机构发表文献数量及占比情况见表 1-7。

表 1-7　前 40 个机构发表文献数量及占比情况

序号	机构	发表文献数量/篇	占全部样本/%
1	云南省档案局	164	1.46
2	中国人民大学	160	1.43
3	上海大学	131	1.17
4	黑龙江大学	100	0.89
5	云南大学	88	0.78
6	浙江省档案局	64	0.57
7	辽宁大学	61	0.54
8	安徽大学	59	0.53
9	郑州大学	55	0.49
10	山东大学	47	0.42
11	黑龙江省档案局	46	0.41
12	湘潭大学	43	0.38
13	国家档案局	43	0.38
14	武汉大学	42	0.37
15	河北省档案局	42	0.37
16	四川省档案馆	40	0.36
17	广西民族大学	40	0.36
18	河北大学	40	0.36
19	四川大学	34	0.30
20	陕西省档案局	32	0.29
21	辽宁省档案局	31	0.28
22	中山大学	29	0.26
23	南昌大学	28	0.25
24	北京市档案局	27	0.24
25	中共浙江省委办公厅	26	0.23
26	江苏省档案局	25	0.22
27	河南省濮阳市档案局	24	0.21
28	吉林大学	23	0.21
29	郑州航空工业管理学院	22	0.20
30	解放军国防大学	22	0.20

续表1-7

序号	机构	发表文献数量/篇	占全部样本/%
31	中国第一历史档案馆	21	0.19
32	上海市档案局	21	0.19
33	四川省档案局	21	0.19
34	南京大学	20	0.18
35	黑龙江省哈尔滨市档案局	19	0.17
36	辽宁省阜新市档案局	18	0.16
37	天津市档案局	18	0.16
38	中国船舶重工集团公司	18	0.16
39	湖北大学	16	0.14
40	福建师范大学	16	0.14
合计		1776	15.83
总计		11 219	100.00

如果使用普赖斯公式计算,核心机构的最低发文数 $M = 0.749\sqrt{N_{max}}$,其中 N_{max} 为最高产机构发表文章数量。这里 $N_{max} = 164$,所以 $M = 0.749\sqrt{164} \approx 9.592$,即发表文献 10 篇及以上的为核心研究机构。据此,发表文献 16 篇以上(含 16 篇)的云南省档案局、中国人民大学、上海大学、黑龙江大学、云南大学、浙江省档案局、辽宁大学、安徽大学、郑州大学、山东大学、黑龙江省档案局、湘潭大学、国家档案局、武汉大学、河北省档案局、四川省档案馆、广西民族大学、河北大学、四川大学、陕西省档案局、辽宁省档案局、中山大学、南昌大学、北京市档案局、中共浙江省委办公厅、江苏省档案局、河南省濮阳市档案局、吉林大学、郑州航空工业管理学院、解放军国防大学、中国第一历史档案馆、上海市档案局、四川省档案局、南京大学、黑龙江省哈尔滨市档案局、辽宁省阜新市档案局、天津市档案局、中国船舶重工集团公司、湖北大学、福建师范大学,均是研究的高产机构。

从前 40 个机构发表文献数量及占比情况看,高校发表文献的数量和占比均最高,22 个高校,发表 1240 篇,占全部样本的 69.82%;档案行政管理机关次之,14 个单位,发表文献 431 篇,占全部样本的 24.27%;档案馆排第三位(2 个),发表文献 61 篇,占全部样本 3.43%;其他行政机关居第四(1 个),发表文献 26 篇,占全部样本 1.46%;企业排第五位(1 个),发表文献 18 篇,占全部样本 1.01%。

这从整体上说明高校参与并进行档案学科研究的热情最高,档案行政管理机关次之,档案馆、其他行政管理机构、企业的参与热情相对较低。

三、文献来源分布

从文献来源分布情况看,11 219 篇样本文献中,发表文章数量最多的 15 种文献来源,发表文献 6712 篇,占全部样本的 59.84%。前 15 种文献来源发表文献数量及占比情况见表1-8。

表 1-8　前 15 种文献来源发表文献数量及占比情况

序号	文献来源	发表文献数量/篇	占全部样本/%
1	《办公室业务》	1669	14.88
2	《兰台内外》	1026	9.15
3	《兰台世界》	564	5.03
4	《黑龙江档案》	453	4.04
5	《中国档案》	424	3.78
6	《城建档案》	418	3.73
7	《云南档案》	329	2.93
8	《浙江档案》	286	2.55
9	《档案与建设》	275	2.45
10	《档案天地》	241	2.15
11	《陕西档案》	227	2.02
12	《机电兵船档案》	219	1.95
13	《山东档案》	196	1.75
14	《才智》	193	1.72
15	《北京档案》	192	1.71
合计		6712	59.84
总计		11 219	100.00

按照布拉德福定律,11 219 篇文献可分为核心区、相关区和非相关区,各个区的论文数量相等(约 3740 篇)。故发表论文居前 4 位的《办公室业务》《兰台内外》《兰台世界》《黑龙江档案》(3712 篇)处于核心区;《中国档案》《城建档案》《云南档案》《浙江档案》《档案与建设》《档案天地》《陕西档案》《机电兵船档案》《山东档案》《才智》《北京档案》等其他发表文献 192 篇及以上的 10 种文献来源(3000 篇)处于相关区;发表文献 192 篇以下的文献来源则小部分处在相关区,大部分处在非相关区。

从发表文献 192 篇及以上的前 15 种文献来源看,13 种为档案学期刊,发表文章 4850 篇;其中 9 种为普通期刊,发表文章 3673 篇;4 种为核心期刊,发表文章 1177 篇。可以说,普通档案学期刊对 2019 年档案学研究的关注度更高,是这一研究领域的主要阵地,核心期刊的关注度则相对较低。同时涉及 1 种相关期刊和 1 种其他期刊。总之,档案学期刊占比高,是相关研究成果的主要发布平台。

四、小结

从样本文献的计量分析情况看,2019 年档案学科研究者众多,已经形成以高校作者为主体的高产作者和核心作者群,档案行政管理机构作者要少于高校作者。

从前 40 个机构发表文献数量及占比情况看,高校发表文献的数量和占比均最高,档案行政管理机关次之,档案馆居第三位,其他行政机关居第四,企业排居第五位。这从整体上说明高校参与并进行档案学科研究的热情最高,档案行政管理机关次之,档案馆、其他行政机构和企业的参与热情相对较低。

从文献来源分布看,档案学期刊是这一研究领域的主要阵地,其中普通期刊对 2019 年档案学科研究的关注度要高于核心期刊。

第三节 文献词频分析

本节采用关键词词频的方法,从关键词词频、主题词词频和近五年高频词变化 3 个方面对样本文献进行了分析。

一、关键词词频分析

表 1-9 是前 15 个高频关键词使用频率及占比情况。前 15 个高频关键词中,使用频率最高的是档案管理(1941 频次)。前 15 个高频关键词合计使用 6053 频次,占全部文献的 53.95%,即半数以上文献使用这 15 个关键词。

表 1-9 前 15 个高频关键词使用频率及占比情况

序号	关键词	使用频率/次	占全部样本/%
1	档案管理	1941	17.30
2	档案	503	4.48
3	信息化	483	4.31
4	管理	416	3.71
5	对策	332	2.96
6	事业单位	310	2.76
7	问题	306	2.73
8	大数据	296	2.64
9	医院	277	2.47
10	信息化建设	251	2.24
11	人事档案	244	2.17
12	创新	193	1.72
13	高校	172	1.53
14	数字化	171	1.52
15	策略	158	1.41
合计		6053	53.95
总计		11 219(篇)	100.00

由表 1-9 可见,2019 年档案学科研究主要集中在上述 15 个关键词所涉及的方面,可以说,上述 15 个关键词是 2019 年档案学科研究的热点所在。它们可以归纳为档案事务(档案管理、管理、对策、问题、创新、策略)、档案(档案、人事档案)、信息化(信息化、大数据、信息化建设、数字化)、机构(事业单位、医院、高校)4 个大类。其中档案事务占比达到了 29.82%,接近全部样本的 1/3。

需要指出的是,由于档案学科研究内容所反映出的广泛性,研究热点只是相对集中,每年都会有新的热点与重点出现。

二、主题词词频分析

从主题词使用频率看,2019 年档案学研究涉及内容广泛,集中在档案事务、机构、信息化、档案、档案人、文件 6 个方面。使用频率最高的 40 个主题词分布情况见表 1-10。

表 1-10　使用频率最高的 40 个主题词分布情况

序号	主题	使用频率/次	占全部样本/%
1	档案管理	2057	18.33
2	档案管理工作	1690	15.06
3	档案馆	620	5.53
4	档案局	420	3.74
5	档案管理人员	412	3.67
6	档案工作	403	3.59
7	事业单位	392	3.49
8	档案信息化建设	375	3.34
9	信息化建设	350	3.12
10	医院档案管理	337	3.00
11	大数据	297	2.65
12	大数据时代	281	2.50
13	档案信息化管理	272	2.42
14	电子档案	266	2.37
15	人事档案管理	258	2.30
16	档案数字化	254	2.26
17	档案信息	253	2.26
18	人事档案	236	2.10
19	档案资源	234	2.09
20	新形势下	222	1.98
21	省档案馆	219	1.95
22	档案信息资源	211	1.88
23	人事档案管理工作	205	1.83
24	电子文件	199	1.77
25	档案工作者	198	1.76
26	数字档案馆	196	1.75
27	档案信息化	176	1.57
28	文书档案	164	1.46
29	档案管理信息化	164	1.46
30	市档案馆	150	1.34

续表 1−10

序号	主题	使用频率/次	占全部样本/%
31	存在的问题及对策	147	1.31
32	"互联网+"	147	1.31
33	档案事业	144	1.28
34	事业单位档案管理	143	1.27
35	档案资料	143	1.27
36	档案服务	141	1.26
37	问题及对策	140	1.25
38	城建档案	140	1.25
39	牢记使命	139	1.24
40	企业档案管理	135	1.20
	合计	12 930	115.25
	总计	11 219（篇）	100.00
	重叠	1711	15.25

　　从涉及的主题词看,使用频率最高的 40 个主题词共使用 12 930 频次,占全部样本的 115.25% ,也就是说,上述 40 个主题词涵盖了全部样本文献一次多。其中使用频率最高的是档案管理(2057 频次),使用频率最低的是企业档案管理(135 频次),平均使用频率为 323 频次。

　　从主题词反映的研究内容看,2019 年档案学研究关注的 40 个主要问题又可归并为档案事务、机构、信息化、档案、档案人、文件 6 个大类。

　　档案事务(档案管理、档案管理工作、档案工作、医院档案管理、档案信息化管理、人事档案管理、人事档案管理工作、档案管理信息化、档案事业、事业单位档案管理、档案服务、问题及对策、企业档案管理、存在的问题及对策、牢记使命、新形势下),共使用 6597 频次,占全部样本的 58.80%。它涵盖了档案事务的多个层面,但主要集中在管理层面,也包括各类专门专业档案和某些具体档案工作环节的管理,是 2019 年档案学界研究与关注度第一高的主题。

　　机构(档案馆、档案局、事业单位、省档案馆、数字档案馆、市档案馆),共使用 1997 频次,占全部样本的 17.80%。它是改革开放以来与档案事业、档案人关系最为密切的问题,也是档案学界一直关注的重要问题之一。2019 年,正值新一轮机构改革之时,档案机构再次成为档案界关注之重点,理所应当成为档案界研究关注的第二大主题。特别值得注意的是,与往年研究多分布在档案局、档案馆、档案室 3 个主题上不同,2019 年涉的机构一直只有档案局与档案馆两个,且涉及档案馆的占比(10.56%)是涉及档案局(3.74%)的近 3 倍,并且主要涉及省两级档案馆。另一个关注点是事业单位,这与此次机构改革中档案馆的性质有重要关联。

　　信息化(档案信息化建设、信息化建设、大数据、大数据时代、档案数字化、档案信息化、"互联网+"),共使用 1880 频次,占全部样本的 18.09% 。它涵盖了档案信息化的多个方面,集中在信息化、数字化与新技术 3 个方面,是 2019 年档案学界研究与关注度第三高的主题。

　　档案(电子档案、档案信息、人事档案、档案资源、档案信息资源、文书档案、档案资料、城建档案),共使用 1647 频次,占全部样本的 14.64%。档案是档案学研究的本体,但从涉及的 8 个主题看,涉及的内容主要集中在档案所承载的信息、专业专门和新型载体档案 3 个方面。

　　档案人(档案管理人员、档案工作者),共使用 610 频次,占全部样本的 5.44%。作为档案工作的主体,超过 5% 的占比已经足以说明档案界研究的关注点从来没有离开过档案人自身,略有遗憾的是没有涉及档案服务的对象。这表明相关研究更多注重对档案工作者自身。在规模上与前面 4 个主题相比差了一个数量级。

文件(电子文件),共使用 199 频次,占全部样本的 1.77%。与"档案"相差近 8 倍,显示出其虽然与档案相关,但已经不是档案学研究关注的重点,规模上与前 4 个主题相差不止一个数量级。而且文件研究的重点也不再是传统的文件材料,而是转向新型载体的电子文件。

可以说,2019 年档案学研究所涉及内容虽然十分广泛,但全部样本均包含在上述 6 类问题上,或者说,2019 年档案学研究主要是围绕上述 6 个方面展开的。

三、近五年高频词变化

年度关键词的变化,特别是高频关键词的变化,能够反映出相关研究内容与主题、重点与热点的变化。2015—2019 年档案学科研究关键词变化情况,请扫描右侧二维码。

从近五年度研究主要关键词的分布看,共涉及 6 个关键词,即档案管理、档案、信息化、管理、问题、对策。

5 年中,相邻年份中重复出现的关键词有档案管理、档案、信息化、管理 4 个,重复率为 100%。相邻年份重复出现 4 年的关键词有问题 1 个,重复率为 80%;出现 1 年的有对策 1 个,重复率为 20%。这说明近五年间档案管理、档案、信息化、管理相关研究一直是持续度最高的核心研究内容与方向,研究内容与主题在年度间连续性非常高。多数年份有 80% 以上的研究内容是上一年的重点。

但也要看到,这些持续的重点内容的关注度也有所起伏,所有 5 个重点内容,2016 年后均进入下降通道。近五年来相关研究的主要内容整体上集中,重点突出。

对"对策"的关注是 2019 年出现的新研究热点。

在 2015—2019 中出现的关键词最少为 296 次,最多时达到 2089 次。

四、小结

从高频关键词看,2019 年档案学科的研究可以归纳为档案事务(档案管理、管理、对策、问题、创新、策略)、档案(档案、人事档案)、信息化(信息化、大数据、信息化建设、数字化)、机构(事业单位、医院、高校)4 个大类。其中档案事务占比达到了 29.82%,接近全部样本的 1/3。需要指出的是,由于档案学科研究内容的广泛性,研究热点只是相对集中,每年都会有新的热点与重点出现。

从主题词反映出的研究内容看,2019 年档案学研究关注的 40 个主要问题又可归并为档案事务、机构、信息化、档案、档案人、文件 6 个大类。使用频率最高的 40 个主题词共使用 12 930 频次,占全部样本的 115.25%,也就是说,上述 40 个主题词涵盖了全部样本一次多。其中使用频率最高的是档案管理(2057 频次),使用频率最低的是企业档案管理(135 频次),平均使用频率为 323 频次。2019 年档案学研究主要是围绕上述 6 个方面展开的。需要强调的是,与往年研究多分布在档案局、档案馆、档案室 3 个主题上不同,2019 年涉及的机构一直只有档案局与档案馆两个,且涉及档案馆的占比(10.56%)是涉及档案局(3.74%)的近 3 倍,并且主要涉及省两级档案馆。另一个关注点是事业单位,这与此次机构改革中档案馆的性质有重要关联。

从近五年研究文献主要关键词的分布看,共涉及 6 个关键词,即档案管理、档案、信息化、管理、问题、对策。说明近五年间档案管理、档案、信息化、管理相关研究一直是持续度最高的核心研究内容与方向,研究内容与主题在年度间连续性非常高。多数年份有 80% 以上的研究内容是上一年的重点。

这些持续的重点内容的关注度也有所起伏,所有 5 个重点内容,2016 年后均进入下降通道。对"对策"的关注是 2019 年出现的新研究热点。

第四节　文献关键词共词分析

本节采用关键词共词分析的方法,从共现矩阵和共现网络两个方面对样本文献进行分析。

一、共现矩阵

矩阵提取使用频率最高的 20 个关键词,将这 20 个关键词形成 20×20 的共词矩阵。如果某两个关键词同时出现在一篇文章中时,就表明这两者之间存在相关关系,关键词右侧或下方对应位置的数值表示篇数。

图 1-1 是 2019 年档案学科文献高频关键词共现矩阵。

	档案管理	档案	信息化	管理	对策	事业单位	问题	大数据	医院	信息化建设	人事档案	创新	高校	数字化	策略	电子档案	人事档案管理	文书档案	新时期	现状
档案管理																				
档案	14																			
信息化	210	59																		
管理		89	38																	
对策	101	23	15	26																
事业单位	157	15	35	15	27															
问题	108	15	6	26	147	25														
大数据	109	14	23	14	8	4														
医院	113	19	23	14	16		15	15												
信息化建设	104	19		9	12	30	10	13	11											
人事档案	22		24	49	14	28	13	9	25	9										
创新	79	9	18	14		22		7	8		8									
高校	35	18	25	16	8		5	7		8	11	4								
数字化	48	22	8	13			5	6			7		10							
策略	58		9	10		5	21	6	10	10		7	5							
电子档案	24			10	5		5							8						
人事档案管理			10		13	33	11	6	18	17					4					
文书档案	14		15	37		9	4		9				5			7				
新时期	36			10		11			7	6	5						9	5		
现状	34	7	7	6	42		8		6							8				

图 1-1　2019 年档案学科文献高频关键词共现矩阵

图 1-1 显示,2019 年档案学科文献关键词共现有 123 组,共现率为 61.5%。共现次数 200 次以上的关键词组合有 1 组,共现率为 0.5%。共现次数 100 次以上的关键词组合有 7 组,共现率为 3.5%。

以横轴为准统计:

20 组共现关键词中有 17 组与档案管理直接相关,占共现关键词的 8.5%。

20 组共现关键词中有 15 组与管理直接相关,占共现关键词的 7.5%。

20 组共现关键词中有 14 组与信息化直接相关,占共现关键词的 7%。

20 组共现关键词中有 12 组与档案直接相关,占共现关键词的 6%。

20 组共现关键词中有 10 组与事业单位直接相关,占共现关键词的 5%。

20 组共现关键词中有 9 组分别与对策、问题、大数据直接相关,各占共现关键词的 4.5%。

20 组共现关键词中有 6 组分别与医院、信息化建设直接相关,各占共现关键词的 3%。

20 组共现关键词中有 4 组分别与人事档案、创新直接相关,各占共现关键词的 2%。

20 组共现关键词中有 3 组分别与高校、策略直接相关,各占共现关键词的 1.5%。

20 组共现关键词中有 1 组分别与人事档案管理、文书档案直接相关,各占共现关键词的 0.5%。

另外还有数字化、电子档案、新时期、现状 4 个无共现关键词。

档案管理、管理、信息化、档案、事业单位无疑是高共现关键词。

以共现频次为准计:

共现次数在 200 次以上的关键词有 1 组,即:

档案管理与信息化:210 频次。

共现次数在 100~199 频次的关键词有 7 组,分别是:

档案管理与事业单位:157 频次。

问题与对策:147 频次。

档案管理与医院:113 频次。

档案管理与大数据:109 频次。

档案管理与问题:108 频次。

档案管理与信息化建设:104 频次。

档案管理与对策:101 频次。

从共现组数看,高共现频率关键词的共现组数达 123 组,2019 年档案学科研究的重点方向集中在档案管理、事业单位、问题与对策、信息化 4 个主要方面。或者说,2019 年档案学科仍然主要是在档案管理、事业单位、问题与对策、信息化 4 个方向上展开的,问题导向突出。

2019 年档案学科的整体规模较大,研究内容相对集中。2019 年档案学科领域有相当规模的高频共现关键词(200 次以上 1 组,100 次以上 7 组),形成了比较突出的高相关共现关键词群,研究的集中趋势明显。

二、共现网络

在关键词共现网络中,关键词之间的关系可以用连线来表示,连线多少和粗细代表关键词间的亲疏程度,连线越多,代表该关键词与其他关键词共现次数越多,越是研究领域的核心和热点研究内容。

使用知网提供的工具,可获得 2019 年档案学科高频词共词网络图谱(扫描右侧二维码)。

从 2019 年档案学研究高频关键词共词网络图谱可以直观地看出:相关研

究可分为 6 个聚类群组,分别以"对策""策略""创新""新时期""文书档案""电子档案"为核心关键词,均为单核心群组。其中,"对策"为单核心多词群组,"策略""创新""新时期""文书档案""电子档案"为单核心单词群组。

在以"对策"为核心的群组中,共涉及 13 个关键词。关联性最强(线条最粗)的是"问题"。"档案""信息化""事业单位"是群组中比核心关键词"对策"使用频率高的关键词。核心关键词"对策"不是共词网络的中心,"问题"的中心度要高于"对策"。

整个群组间的距离比较近,聚团,相关性比较强,但中心度不高。

其他 5 个聚类群组各只有一个关键词,分别是"策略""创新""新时期""文书档案""电子档案"。

"策略""创新""新时期""文书档案"处于"对策"主群组的一侧,且相互之间有关联,可见"策略"群组与"创新""新时期""文书档案""对策"4 个群组相关联。"创新"群组与"策略""新时期""文书档案""电子档案"4 个群组相关联。"新时期"群组与"策略""创新""文书档案""电子档案"4 个群组相关联。"文书档案"群组与"策略""创新""新时期""电子档案"4 个群组相关联。

"电子档案"群组处于"对策"主群组的一侧,且只与"对策"主群级相关联。核心群组"对策"是联系"电子档案"与"策略""创新""新时期""文书档案"4 个聚类群组的桥梁。

"新时期""文书档案""电子档案"处于整个网络的外围,虽然不是 2019 年档案学科研究的重心,但有可能成为今年,或明年、后年的研究热点。

三、小结

从共现矩阵的组数看,高共现频率关键词的共现组数达 123 组,2019 年档案学科的重点方向集中在档案管理、事业单位、问题与对策、信息化 4 个主要方面。或者说,2019 年档案学科仍然主要是在档案管理、事业单位、问题与对策、信息化 4 个方向上展开的,问题导向突出。2019 年档案学科的整体规模较大,研究内容相对集中,研究的集中趋势明显。

从共现网络来看,2019 年档案学研究是围绕以"对策"为核心的与"档案""信息化""问题"等主要内容展开的。"新时期""文书档案""电子档案"处于整个网络的外围,虽然不是 2019 年档案学科研究的重心,但有可能成为今年,或明年、后年的研究热点。整个研究主题中心度不高,没有明显的向心性。

第五节　文献综述

本节对 2019 年档案学、档案管理、档案整理与出版、各类型档案、建筑和设备、世界各国档案事业、中国档案事业 7 个类别及档案馆、机构改革、事业单位、档案法制与法治 4 个热点做一个概略性的综合分析描述,详情在后面各章中细述。

一、档案学

2019 年档案学研究共发表文献 3156 篇,占全年 11 219 篇文献的 28.13%,涉及 6 个中文数据库。

从样本文献的统计情况看,2019 年档案学研究涉及资源类型较多,期刊是研究文献的绝对主要来源,也是研究者进行交流与沟通的主要渠道和平台。档案学研究的学科集中度相当高,一方面,图书情报档案专业发表 3090 篇文献,占 3156 篇样本文献的 97.91%,聚焦于档案学本学科。另一方面,除图书情报档案之外,其他前 14 个学科覆盖了样本文献的 40% 以上,表现出研究既具有很高的学科交叉性,又有很高的学科集中度。从整体上看,档案学研究是偏重应用性的社会科学研究。研究有 197 篇文献得到国家、省级 39 种基金的资助,占全部样本的 6.24%;研究成果中一般性论证文献是绝对主体,宏观性及政策性研究则十分薄弱。这在历年档案学研究中是一个长期共性问题,多年来没有根本性改变。

从样本文献的计量分析情况看,2019 年档案学研究有相当数量的高产作者和核心作者群。从作者的所属单位看,高校作者是档案学研究的主体。从前 40 个机构中发表文献数量及占比情况看,高校发表文献的数量和占比均最高,且居前 30 位的均为高校,档案行政管理机关次之,企业居第三位,档案馆、事业单位和其他行政管理机构均没有进入前 40 位的。这从整体上说明高校参与并进行档案学研究的热情始终最高,档案行政管理机关、企业次之,档案馆、事业单位和其他机构的参与热情则相对较低。

从 3156 篇文献涉及的高频关键词看,使用频率最高的 40 个主题词共使用 5291 频次,占全部样本的 167.65%。40 个主题词涵盖了全部样本一次半以上。研究主要是围绕信息化、档案事务、档案、机构、档案人、档案学、文件 7 个方面展开的。近五年来相关研究的主要内容整体上集中,重点突出。

2019 年档案学研究的重点仍然集中在档案管理和信息化两个主要方向上。或者说,2019 年档案学研究主要是在档案管理与信息化两个方向上展开的。2019 年档案学研究的整体规模较大,有相当规模的高频共现关键词(20 次以上),形成了比较明显的高相关共现关键词群,研究的集中趋势明显。"档案管理"是使用频率最高的关键词,但不在群组的中间,中心度不高。中心度高的是使用频率并不高的"管理"。整个主群组涉及 14 个关键词,除 1 个关键词不在以"信息化""档案""信息化建设""大数据"4 个关键词围成的不规则四边形内,其他 13 个全部在这个不规则四边内,群组的集中度比较高。可见,2019 年档案学研究是围绕以"信息化"为核心的"档案""信息化建设""大数据"等主要内容展开的。

从研究内容上看,研究主要围绕档案学理论(包括档案学科、理论联系实际、档案学史、定量分析、研究方法等)、书评、档案学人、档案价值、档案与数据、双套制(多套制)与单套制、社交媒体、微信公众号、档案与记忆、档案信息化建设等问题展开。总之,2019 年档案学研究在基础理论方面有一定的进展。

二、档案管理

2019 年档案管理研究共发表文献 3306 篇,占全年 11 219 篇文献的 29.46%,涉及 4 个中文数据库。

从样本文献的统计情况看,2019 年档案管理研究涉及 5 类资源,期刊是档案管理研究文献的主要来源,也是研究者进行交流与沟通的主要渠道和平台。从研究涉及的学科看,研究在聚焦本专业的同时,具有很高的学科交叉性。从文献研究层次分布情况看,社会科学、自然科学、经济文化教育和其他的占比分别是:社会科学 2654 篇,占 80.28%;自然科学 338 篇,占 10.22%;经济文化教育 54 篇,占 1.63%;其他 260 篇,占 7.86%。研究明显属于社会科学的范畴。从研究得到的基金资助情况看,国家级资助力度高于地方的资助力度约一倍。从文献类型分布看,一般性论证文献在研究成果中占据了绝对主体,反映政策性及宏观性研究的政策研究类、综述类文献占比仅有 1% 多一点,显得非常薄弱。

从样本文献涉及的作者情况看,2019 年档案管理研究有相当数量的高产作者和核心作者群。从前 40 位作者的所属单位看,来自档案管理机构和综合档案馆的作者数量多于高校作者,成为 2019 年档案管理研究的主体。与档案学研究以高校作者为众正好相反。从文献涉及的机构看,事业单位居首,高校次之,档案行政管理机构再次之,企业居第四,其他行政管理机构居第五。从整体上看档案管理研究更趋近实践工作,而不是只局限于理论。从发表文献 35 篇及以上的前 14 种文献来源看,普通档案学期刊对2019年档案管理研究的关注度更高,是这一研究领域的主要阵地。与档案学研究中档案学核心期刊关注度与刊文量远高于普通期刊不同,核心期刊的关注度则相对较低。这反映出档案学核心期刊有着一种重理论、轻实践的趋向。

从3306篇文献涉及的关键词看,2019年档案管理研究主要集中在档案事务、机构、档案、信息化、规范化5类15个关键词所涉及的方面。其中档案事务共使用4033频次,占全部样本的121.99%,覆盖超过全部样本文献。它涵盖了档案事务的多个层面,但主要集中在各类档案管理上,包括各类专业专门档案的管理,是研究与关注度第一高的主题。近五年间档案管理、管理、问题、对策的相关研究一直是持续度最高的核心研究内容与方向,其次是档案研究。研究内容与主题在年度间连续性整体性好。近五年来相关研究的主要内容集中,重点突出。

由网络图谱解析可知,2019年档案管理研究的重点仍然集中在档案管理和问题对策措施两个主要方向上。2019年档案管理研究的整体规模较大,研究内容相对集中,形成了比较明显的高相关共现关键词群,研究的集中趋势明显。相关研究可以分为"对策"、"管理"与"档案"、"档案管理工作"、"人事档案管理"、"档案工作"、"档案管理"6个聚类群组。2019年档案管理研究是围绕以"对策"为核心,以"档案管理"为主的相关内容展开的。

从研究内容上看,2019年档案管理研究主要围绕档案管理理论、档案管理规范化、档案安全管理、科技档案管理、企业档案管理(涉及管理模式、对策措施)、城建档案管理(涉及对策建议、定量分析)、项目档案管理、高校档案管理、医院档案管理、乡村档案管理(涉及乡镇档案管理、村级档案管理)、其他档案管理等内容展开。

三、档案整理与出版

2019年档案整理与出版研究共发表文献1318篇,占全年11 219篇文献的11.74%,涉及5个中文数据库。

从样本文献的统计情况看,2019年档案整理与出版研究涉及5类资源,期刊仍然是研究文献的主要来源,也是研究者进行交流与沟通的主要渠道和平台。研究的学科分布较广泛,研究聚焦档案本学科的同时,具有较高的学科交叉性。除图书情报档案之外,发表文献最多的7个学科是教育、公共卫生与预防医学、工业经济、工商管理、政治、城市经济、公共管理。从基金资助的层次上看,国家级资助力度略小于部委与地方的资助力度,地方资助又高于部委资助力度。从地方基金资助的区域分布看,涉及15个省(市、区)。在研究成果中,一般性论证文献占据了主体位置,而代表政策性及宏观性研究的政策研究类和综述类文献体量很小,不到5%,显得非常薄弱。

从样本文献的计量分析情况看,研究已经形成了一定数量的高产作者和核心作者群。从前40位作者的所属单位看,来自高校与档案行政管理机构、综合档案馆的作者基本上相当,可以说高校和来自实践界的作者共同成为2019年档案整理与出版研究的主力与主体。从前40个机构发表文献数量及占比情况看,高校发表文献的数量及占比均为最高,档案行政管理机关次之,企业占第三位,档案馆第四。这说明档案整理与出版研究更趋近于纯理论研究,与档案实际工作还存在一定距离。从发表文献22篇及以上的前15种文献来源看,有14种为档案学期刊,发表文献702篇。在档案学期刊中又以档案学普通期刊略多(8种),发表499篇;核心期刊略少(6种),发表203篇。可以说,档案类期刊,无论是核心期刊,还是普通档案学期刊对2019年档案整理与出版研究的关注度更高,是这一研究领域的主要阵地。

从1318篇文献涉及的关键词看,主要集中在档案、档案业务、档案事务、机构、新技术5类15个关键词所涉及的方面。从主题词反映的研究内容看,研究关注的40个主要问题又可归并为档案、机构、档案业务、档案事务、档案人、新技术、文件7个大类。档案管理研究所涉及内容虽然十分广泛,但全部文献主要是围绕上述7个方面展开的。近五年来相关研究的主要内容集中,重点突出。

　　从共现组数看,高共现频率的 9 组关键词占全部共现关键词的 23.08%。2019 年档案整理与出版研究主要是围绕档案利用展开的。整体研究规模不是很大,研究内容相对分散,没有形成相对比较明显的高相关共现关键词群,研究的集中趋势不明显。从网络图谱看,研究是围绕档案利用、利用、开发利用 3 个核心内容展开的。"高校档案""档案保护"处于整个网络的边缘,不是研究的热点与重点。

　　从研究的主要内容看,2019 年档案整理与出版研究是围绕档案收集(涉及收集、征集)、档案整理(涉及理论研究、整理方法、对策与要求)、档案鉴定(涉及整理理论探讨、保管期限、其他)、档案保护、档案利用、档案编研、档案服务、档案开发、档案公布出版等内容展开的。

四、各类型档案

　　2019 年各类型档案研究共发表文献 1743 篇,占全年 11 219 篇文献的 15.53%,涉及 7 个中文数据库。

　　从样本文献的统计情况看,2019 年各类型档案研究涉及资源 7 类,期刊(期刊+学术辑刊)发表文献数量占比超过 95%,是研究文献的主要来源,同时也是研究者进行交流的主要渠道和沟通主要平台。研究的学科分布广泛,除档案学本学科之外,发表文献最多的 5 个学科是历史、公共卫生与预防医学、教育、工商管理、公共管理,显示研究的学科交叉性非常突出。研究有 122 篇得到 35 种国家、省部级基金的资助。在研究成果中,一般性论证文献占绝对多数,但宏观性及政策性的研究则明显薄弱。

　　从样本文献的计量分析情况看,研究者比较多,形成了一定数量的高产作者及核心作者群。从前 40 个机构发表文献数量及占比情况看,高校发表文献的数量及占比均为最高,档案行政管理机关次之,事业单位居第三,档案馆居第四。这表明各类型档案研究仍然偏于理论研究,距档案实际工作有些距离。从发表文献 22 篇及以上的前 15 种文献来源看,有 13 种为档案学期刊,发表文章 703 篇。在档案学期刊中又以普通期刊略多,有 8 种,发表文章 534 篇;核心期刊有 5 种,发表文章 169 篇。普通档案学期刊的关注度高,是这一研究领域的主要阵地,核心期刊的关注度相对比较低。

　　从 1743 篇文献涉及的关键词看,主要包括档案事务、档案、信息化、机构 4 类 15 个关键词所涉及的内容,其中又以管理、文书档案、档案管理、电子档案、人事档案 5 个内容为年度热点。从主题词使用频率看,研究关注的 40 个主要问题又可归并为档案管理事务、档案、信息化、文件、机构、档案人、其他 7 个大类。近五年来相关研究的主要内容集中,重点突出。

　　从共现组数看,2019 年各类型档案研究的重点集中在管理、电子档案、文书档案、人事档案 4 个主要方向上。研究的整体规模不大,内容相对集中。各类型档案研究领域有相对突出的高频(10 次以上)共现关键词(占比 10.84%),形成了比较明显的高相关共现关键词群,研究集中度趋显。从共现网络显示的情况看,2019 年各类型档案研究是以"管理""电子档案"为核心,以"人事档案""文书档案""电子文件""档案管理"等为主,涉及"档案""科技档案""声像档案""大数据"聚类的双极网络。关键词"档案"处于网络的边缘,目前不是研究的中心与热点。

　　从研究内容上看,电子档案(涉及电子档案管理、区块链技术、问题与对策)、文书档案(涉及创新、问题与对策等)、科技档案、声像档案(涉及声像档案数字化、问题与对策等)、照片档案、人事档案(涉及人事档案所有权、流动人员人事档案等)、口述档案(涉及口述档案的价值、综述等)、家庭档案,以及非遗档案管理、实物档案等是 2019 年各类型档案的主要研究内容。

五、建筑和设备

　　2019 年建筑和设备研究共发表文献 102 篇,占全年 11 219 篇文献的 0.9%,涉及 7 个中文数据库。

从样本文献的统计情况看,期刊是 2019 年建筑和设备研究文献的主要来源,占比超过全部样本的九成,也是研究者进行交流与沟通的主要渠道和平台。建筑和设备研究具有非常明显的学科交叉性。除图书情报档案外,发表文献最多的学科是教育、城市经济学科。研究仅得到国家、省部级 5 种基金的资助,数量稀少。从层级上看,地方及部门资助力度高于国家级资助力度 3 倍。从文献类型分布看,102 篇样本文献中超过 96% 的为一般性论证文献,政策研究类文献合计占比不到 4%。整个研究的政策性薄弱,宏观性的综述性研究缺失。

从样本文献的计量分析情况看,2019 年建筑和设备研究只有相当少量的高产作者,没有形成规模的核心作者群。从前 40 个机构发表文献数量及占比情况看,高校发表文献的数量及占比均为最高,档案行政管理机构次之,档案馆、企业、事业机构再次之。从前 14 种文献来源看,10 种为档案学期刊,发表文献 56 篇。在档案学期刊中,普通期刊数量多(7 种),发表文章也多(45 篇)。普通档案学期刊对 2019 年建筑和设备研究的关注度更高,是这一研究领域的主要阵地,其他期刊的关注度则相对较低。

从 102 篇文献涉及的关键词看,主要集中在机构、信息化、档案事务、档案、文化 5 类 15 个关键词所涉及的方面,可以说,机构、信息化、档案事务、档案、文化 5 类 15 个关键词是 2019 年建筑和设备研究的热点所在,而且又以高校档案馆、档案馆、高校、微信公众平台、大数据 5 个方面为热点。研究所涉及内容虽然十分广泛,但全部文献均包含在机构、信息化、档案、档案事务、档案人、其他 6 类问题上,或者说,2019 年建筑和设备研究主要是围绕机构、信息化、档案、档案事务、档案人、其他 6 个内容展开的。近五年来相关研究的主要内容相对集中,重点突出,同时新内容、新热点频出。

由共词网络图谱解析可知,2019 年建筑和设备研究的整体规模小,内容相对分散。研究是在"档案馆"群组中的"档案馆""高校档案馆""微信公众平台""智慧档案馆"多个不同方向交织展开的。而处在群组外围的"文化传承""智慧档案馆""创新""微信公众平台"4 个关键词,目前不是研究的主题与核心,但有可能成为日后的主题与核心。

从研究内容上看,档案馆介绍中,《中国档案》介绍了浙江省浦江县、浙江省新昌县、北京市、浙江省台州市椒江区、天津市西青区、浙江省庆元县、重庆市沙坪坝区、湖北省武汉市、湖南省湘潭市档案馆;《山东档案》介绍了山东省德州市、济宁市、曹县、沂源县、临沭县、高青县档案馆;企业档案馆介绍了中国一汽档案馆。另有档案馆建筑、档案设施设备、档案库房的介绍,此外还涉及档案馆建筑评价标准、档案馆搬迁等。

六、世界各国档案事业

2019 年世界各国档案事业研究共发表文献 74 篇,占全年 11 219 篇文献的 0.65%,涉及 3 个中文数据库。

从样本文献的统计情况看,2019 年世界各国档案事业研究涉及资源类型比较少,只有 3 种。期刊占比接近 96%,期刊是主要文献来源,也是相关研究者进行交流的主要平台与沟通渠道。研究学科分布相对比较狭窄,除图书情报档案学科外,历史、文化、政治、法学 4 个学科均只发表 1 篇文献,研究具有明显的学科交叉属性。从研究得到资助看,国家级资助是地方的 6 倍,部委基金是地方的 3 倍。在研究成果中,一般性论证文献占据了绝对主体,而宏观性研究则十分薄弱。政策性研究及政策研究类文献的缺失,更显得研究的价值仅仅体现在理论研究的层面。

从样本文献的计量分析情况看,2019 年世界各国档案事业研究已有少量高产作者,但并没有形成可持续的核心作者群。从前 31 个机构发表文献数量及占比情况看,高校 18 个,发表文献 40 篇,占比54.05%,无论是数量还是占比均为最高。这从另一个侧面表明世界各国档案事业研究更多的趋向理论研究。从前 14 种文献来源看,档案学期刊 12 种,其中档案学核心期刊 7 种,非核心期刊有 5 种。可以说,档案学核心期刊对 2019 年世界各国档案事业研究的关注度更高,是这一研究领域的主要阵地,非核心期刊和其他媒体的关注度则相对较低。

从 74 篇文献涉及的关键词看,研究涉及的 15 个高频关键词,可归并为档案、档案事务、机构、其他 4 个大类,没有明显的热点,研究主题相对分散。从主题词使用频率看,涉及内容广泛,但全部文献均包含在机构、国家与区域、档案事务、档案、档案人、信息化、其他 7 类问题上,或者说,2019 年世界各国档案事业研究主要是围绕机构、国家与区域、档案事务、档案、档案人、信息化、其他 7 个内容展开的。近五年来相关研究内容虽然重点不突出,但是有一定的集中趋势。近两年研究的新变化、新内容、新方向还是比较明显。

由共词网络图谱可知,2019 年世界各国档案事业的整体研究规模小,内容相对分散。2019 年世界各国档案事业研究领域没有特别突出的高频(2 次及以上)共现关键词,更没有形成比较明显的高相关共现关键词群,研究的集中趋势较弱。研究的突出特点是内容众多且分散,典型的同类,不同属特性。整个研究可分为 3 个不同聚类。各聚类中,多数关键词在同类中没有关联或只维持低强度的单线联系,各聚类相互之间没有或少有关联。

从研究内容上看,美国主要涉及国家档案馆战略规划、文化产品开发模式、美军档案工作、档案教育交流合作等,英国主要涉及国家档案的编制沿革及管理改革、档案封闭期、国家档案馆网站等,澳大利亚主要涉及档案保管模式、档案众包等。此外,还涉及加拿大、新加坡、尼泊尔、印度等其他国家的档案工作情况。在国外、对比与比较研究中,中美比较、多国比较是重点。国际档案理事会与国际档案大会成为另一个关注的重点。

七、中国档案事业

2019 年中国档案事业研究共发表文献 1676 篇,占全年 11 219 篇文献的 14.93%,涉及 5 个中文数据库。

从样本文献的统计情况看,2019 年中国档案事业研究涉及资源类型多样,期刊和报纸是研究文献的两大主要来源,其中期刊占比接近 95%,是研究者进行交流与沟通的首选渠道和平台。学科分布较为广泛,研究具有一定的学科交叉性。从基金分布情况看,1676 篇样本文献中有 46 篇得到 10 种国家或省部级基金的资助,仅占全部样本的 2.74%。从文献分布来类型看,一般性论证文献在研究成果中占据了近 97% 的份额,是绝对的主体,而涉及宏观性及政策性的研究成果非常薄弱。

从样本文献的计量分析情况看,2019 年中国档案事业已经拥有了一定数量的高产作者,并且已经形成相当规模的核心作者群。从机构分布情况看,档案行政机关参与并进行中国档案事业研究的热情最高,高校次之,档案馆再次,事业机构最低。档案事业研究更接近档案实际工作研究,距纯理论研究略远。从发表文献 29 篇及以上的前 15 种文献来源看,均为档案学期刊。特别是普通档案学期刊对 2019 年中国档案事业研究的关注度最高,是这一研究领域的主要阵地,其他期刊的关注度则相对较低。

从关键词词频看,2019 年中国档案事业研究主要集中在 15 个关键词所涉及的档案事务、机构、其他、档案 4 个方面,可以说,档案事务、机构、其他、档案 4 类 15 个关键词是 2019 年中国档案事业研究的热点所在。从研究主题上看,涉及内容虽然十分广泛,但全部文献均包含在机构、档案事务、档案、主题教育、档案人 5 类问题上,或者说,2019 年中国档案事业研究主要是围绕机构、档案事务、档案、主题教育、档案人 5 个内容展开的。2019 年,正值新一轮机构改革之时,档案机构再次成为档案界关注之重点,而事业单位性质的档案馆成为关注度最高的热门主题自然是理所应当的。近五年间档案、档案工作、档案馆研究的持续度最高,一直是研究的核心内容与方向;其次是档案文化,已经连续出现三年。

由共现矩阵可知,2019 年中国档案事业研究的重点集中在档案管理、档案、对策 3 个方向上,与 2018 年中国档案事业研究的重点集中在档案文化、改革开放、档案 3 个方向不完全相同,相同方向的频次规模也不相同。从共词网络图谱可以直观地看出,2019 年中国档案事业研究是在"管理"一个主要方向,围绕多个主题展开的。

从研究内容上看,档案事业涉及新中国 70 年档案事业的特点、历史性变化等,档案工作涉及新时期档案工作、民生档案工作、专业档案工作等,档案资源涉及民生档案资源整合共享、档案数字资源、社群档案资源建设等,数字档案室涉及思路与对策、评价指标等,档案职业涉及新时期档案职业的发展趋势、档案职业专业化等,档案宣传展览涉及国际档案日、档案宣传、档案展览等,档案中介服务涉及档案业务外包、外包人员管理的主要对策等,档案教育涉及参观教学法、参与式教学、档案学实训路径等,档案文化建设涉及建设路径、重要意义等,档案治理涉及理论探讨、实现路径等内容。

八、档案馆

2019 年档案馆研究共发表文献 3121 篇,占全年 11 219 篇文献的 27.81%,涉及 6 个中文数据库。

从样本文献的统计情况看,期刊(包括学术辑刊)和硕士学位论文是 2019 年档案馆研究的主要来源,硕士学位论文占比较其他研究明显增加。研究具有明显的学科交叉性。从基金资助的层次上看,3121 篇样本文献中有 252 篇得到 39 种国家、省部级基金的资助,占全部样本的 8.07%。从文献类型分布看,一般性论证文献在研究成果中占据了 94% 以上绝对的份额,政策性及宏观性的研究相对薄弱许多,相比之下政策研究类文献要高出综述类文献一倍。

从样本文献的计量分析情况看,发表文献 3 篇及以上的作者为档案馆研究核心作者,2019 年档案馆研究已有一定数量的高产作者,形成相当数量的核心作者群。从前 40 位作者的所属单位看,高校与档案行政管理机关作者是 2019 年档案馆研究的主力军。研究整体上趋向理论性,与实际工作有一定距离。从文献来源看,以档案学期刊为多。相对而言,档案学核心期刊 5 种,发表文献 690 篇,占比 22.11%;非核心期刊 10 种,发表文献 1136 篇,占比 36.40%。

从高频关键词词频上看,研究主要集中在档案馆、档案事务、档案、信息化、机构 5 类 15 个关键词所涉及的方面,是 2019 年档案馆研究的热点所在。从研究的主题看,研究所涉及内容虽然十分广泛,但全部文献均包含在上述档案馆、机构、档案、档案事务、主题教育、信息化、档案人、历史时期 8 类问题上。机构改革下的局馆分设,使档案馆与档案局成为 2019 年档案馆研究中特别突出的主题。近五年来相关研究的主要内容集中,重点突出。但重点内容的关注度自 2016 年之后均出现明显的持续下降趋势。

从共现词组数看,2019 年档案馆研究的重点集中在档案馆、数字档案馆、大数据 3 个主要方向上。2019 年档案馆的整体规模较大,内容相对集中。从关键词的网络共现聚类看,研究重心在"档案馆""数字档案馆"两个方面。由"档案馆"、"数字档案馆"、"档案工作"与"互联网"、"高校档案馆"4 个群组组成的主网络是 2019 年档案馆研究的重心。"综合档案馆""微信查档"两个群组不是 2019 年档案馆研究的重点与热点,但有可能成为日后的研究热点。

从研究内容上看,总论涉及档案馆文化事业机构定位、特性、业务建设评价等,综合档案馆涉及发展策略与对策、服务、功能发挥等,城建档案馆涉及建设与发展、社会服务功能等,企业档案馆涉及创新措施、文化建设等,高校档案馆涉及社会定位、建设路径等,数字档案馆涉及建设、发展趋势等,智慧档案馆涉及建设、服务功能等,以及绿色档案馆建设、私人档案馆等内容。

九、机构改革

2019 年机构改革研究共发表文献 153 篇,占全年 11 219 篇文献的 1.36%,涉及 6 个中文数据库。

从样本文献的统计情况看,期刊(包括学术辑刊)是 2019 年机构改革研究文献的主要来源,占比超过 90%,期刊是机构改革研究者进行交流与沟通的主要渠道和平台。从学科分布看,无论是从图书情报档案学科占比,还是学科统计数与实际文献数的差来看,研究都表现出明显的学科交叉性。研究仅得到了国家社会科学基金和 1 项省级基金的资助。研究成果以一般性论证文献为主体,占比接近

97%，宏观性及政策性的研究相对比较薄弱。

从样本文献的计量分析情况看，徐拥军、潘丽娟、任琼辉、李培元、张臻、杜俊河、李敏、张臻、黄凤平 9 位发表文献 2 篇及以上的作者，是 2019 年机构改革研究的高产作者及核心作者。从各类机构发表文献的数量及占比情况看，机构改革核心研究机构是档案行政管理机关，高校为辅助次之，事业单位再次之，档案馆位居第四。从文献来源看，发表论文 12 篇及以上的《黑龙江档案》《浙江档案》《云南档案》《中国档案》4 种文献来源是机构改革研究的核心。在期刊中，档案学普通期刊发表文献数量多于档案学核心期刊。档案学期刊整体上对 2019 年机构改革研究的关注度更高，非档案学期刊的关注度则相对较低。

从 153 篇文献涉及的高频关键词看，研究主要集中在机构改革、档案机构、档案事务、档案、信息化 5 类 15 个关键词所涉及的方面，是研究的热点所在。从主题词分布看，研究所涉及内容虽然十分广泛，但机构改革研究主要是围绕机构、档案事务、档案、机构改革、文件、信息化 6 个内容展开的。近五年来相关研究的主要内容不集中，近两年的重点突出。

2019 年，机构改革研究的整体规模不大，机构改革研究文献关键词共现只有 34 组，共现率为 17%。2 次以上的关键词组有 13 组。研究内容相对集中在机构改革、档案局、档案馆 3 个重点方向上，更没有形成比较明显的高相关共现关键词群，研究的面狭窄。从高频关键词的网络图谱可以直观地看出，相关研究可分为"机构改革"、"信息资源管理"、"档案馆"与"档案机构改革"3 个聚类群组。整个网络围绕核心群组的中心词"机构改革"呈星形分布，核心关键词的中心度高，形成了远近两个圈层的"机构改革"主题和"档案馆""档案机构改革""档案局"三足鼎立的研究重心。这说明机构改革研究的主题集中，重点突出。

从研究内容上看，档案管理体制涉及体制改革、管理体制的演变等，档案工作涉及关系整合、问题与对策等，档案机构（档案局）涉及机构改革的特点与影响、专业能力的建设等，档案馆涉及职责定位、存在的意义、发展展望等，档案处置与移交涉及对策措施、具体操作等，以及机构改革背景下档案学研究定位、职业发展、档案学会发展等内容。

十、事业单位

2019 年事业单位研究共发表文献 609 篇，占全年 11 219 篇文献的 5.42%，涉及 4 个中文数据库。

从样本文献的统计情况看，期刊占比接近 99%，是 2019 年事业单位研究文献的主要来源，也是研究者进行交流与沟通的主要渠道和平台。研究具有明显的学科交叉性。

从基金资助的层级上看，国家级资助力度高于地方的资助力度 6 倍；从区域分布看，全国仅有河南省对此类研究有所资助。一般性论证文献在研究成果中占据了绝对主体，占比超过 99%，而宏观性研究缺失，政策性研究十分薄弱，政策研究类文献数量占比不足 1%。

从样本文献的计量分析情况看，事业单位作者显然是 2019 年事业单位研究的主力。虽然研究已经有了一些高产作者，但远没有形成核心作者，更没有形成核心作者群。从前 40 个机构发表文献数量及占比情况看，事业机构发表文献的数量及占比均为最高，其他行政管理机构次之，高校再次之，档案行政管理机构列第四。从文献来源看，发表文献 7 篇及以上的前 12 种文献来源，4 种为档案学期刊，发表文章 113 篇；没有核心期刊。

从涉及的关键词看，2019 年事业单位研究主要集中在机构、档案事务、信息化、档案 4 类 15 个关键词所涉及的方面，是研究的热点所在，而其中又以事业单位、档案管理、信息化、人事档案等方面为热点。从研究的主题词分析看，研究所涉及内容虽然十分广泛，但主要是围绕机构、档案事务、档案、信息化 4 个内容展开的。近五年来相关研究的主要内容不断集中，重点内容突出。

从共现组数看，高共现频率的 12 组关键词的共现次数均在 20 次以上，2019 年事业单位研究的主要方向集中在以事业单位、档案管理和对策与问题 3 个方面。研究的整体规模有所扩大，研究内容相对集中。当年事业单位研究领域已经出现比较突出的高频(20 次以上)共现关键词,研究的集中趋强。从高频关键词的网络图谱可以看出,相关研究可分为"档案管理"、"人事档案"、"档案管理工作"与"规范化"、"文书档案"4 个聚类群组。从总体上看,各关键词以核心关键词为中心相互之间关联交叉,网络的聚集度高。研究的相关性与关联性以核心关键词为中心聚类。

从研究内容上看,档案管理工作涉及综合档案管理、日常管理、优化路径等,档案管理规范化涉及工作规范化、标准化等,创新涉及创新路径、思路分析等,问题对策建议,文书档案管理涉及优化途径、管理质量等,人事档案管理涉及现状及对策、思考建议等,信息化建设、数字化建设、大数据、互联网+以及服务能力等内容。

十一、档案法制与法治

2019 年档案法制与法治研究共发表文献 539 篇,占全年 11 219 篇文献的 4.80%,涉及 6 个中文数据库。

从样本文献的统计情况看,2019 年档案法制与法治研究涉及资源类型较多。期刊(包括学术辑刊)整体上占全部样本的近 87%,是 2019 年档案法制与法治研究文献的主要来源,也是研究者进行交流与沟通的主要渠道和平台。从学科分布看,研究具有明显的学科交叉性。从基金资助的层次上看,国家级资助力度高于地方的资助力度 2 倍,是部门资助的 12 倍。从研究成果上看,一般性论证文献占据了 91% 以上的份额,综述类、政策研究类文献合计占比不到 9%。

从作者的分布情况看,2019 年档案法制与法治研究已有一定数量的高产作者和少量有分量的核心作者群。从机构分布情况看,档案法制与法治研究的核心研究机构群为高校。高校排名第一,档案局排名第二,事业机构和其他行政管理机构并列排名第三。从文献来源分布看,发表文章 9 篇及以上的文献来源共有 15 种,发表文献 318 篇,占全部样本的 59.00%。其中,档案学期刊为多,有 14 种,发表文献 255 篇,占全部样本的 47.31%,特别是普通期刊 7 种,发表文献 161 篇,对档案法制与法治研究的关注度更高,是这一研究领域的主要阵地,核心期刊也是 7 种,但发表文献 94 篇,与普通档案学期刊相比关注度相对较低。与档案学相关学科期刊 1 种,但发表文献最多(63 篇)。

从涉及的关键词看,研究主要集中在档案事务、档案、档案法制、机构 4 类 15 个关键词所涉及的方面,可以说,档案事务、档案、档案法制、机构 4 类 15 个关键词是 2019 年档案法制与法治研究的热点所在,而其中又以档案管理、档案、对策、管理、高校、问题 6 个方面为重点。研究所涉及内容十分广泛,但主要是围绕档案事务、档案法制、机构、档案人、档案、档案信息化 6 个内容展开的。近五年来相关研究的主要内容集中,重点突出。

从高频关键词看,2019 年档案法制与法治研究是围绕档案管理、管理、对策、问题为重心展开的。档案法制与法治研究整体上初步形成规模,研究内容相对集中,已经形成比较明显的高相关共现关键词群,研究集中趋势日趋明显。

由共词网络图谱解析可知,相关研究可分为"档案管理""档案利用""档案工作""依法治档""人事档案""新时期"6 个聚类群组。群组聚类内部关系的紧密度不高,聚集度相对较低。"档案管理"聚类群组的中心度有限。"档案利用"聚类群组由"档案利用""档案开放""档案法"3 个关键词组成一个与其他群组不相关联的近距三角形。研究规模不大,处在整个网络的外围,不是 2019 年档案法制与法治的中心内容。但这反映出档案利用与开放在档案法研究中具有特别重要的位置,可能成为日后档案法制与法治研究的持续热点。

从研究内容上看,档案法研究涉及《档案法》修改、《档案法》内容研究等,档案法制与法治建设研究涉及建设思考、问题与对策、措施与路径等,依法治档研究涉及问题与对策、机制创新等,档案立法研究涉及档案馆专门立法、完善档案法规体系等,档案执法研究涉及加强执法、提高执法科学性等,还有档案司法以及档案标准等内容。

第二章 档案学

我们以中国知网为样本来源,检索范围:中国学术期刊网络出版总库,中国博士学位论文全文数据库,中国优秀硕士学位论文全文数据库,中国重要会议论文全文数据库,国际会议论文全文数据库,中国重要报纸全文数据库,中国学术辑刊全文数据库。

检索年限:2019 年。

检索时间:2020 年 3 月 27 日。

检索式:发表时间=2019-01-01 至 2019-12-31,并且专题子栏目=档案学(模糊匹配)。

样本文献总数:3156 篇。

第一节 文献统计分析

本节采用统计分析的方法,从资源类型分布、文献学科分布、文献研究层次分布、文献基金资助分布、文献类型分布5 个方面对样本文献进行分析。

一、资源类型分布

从资源类型分布看,3156 篇样本文献涉及 6 类资源,分别是期刊、硕士、国内会议、报纸、国际会议、学术辑刊。各类资源发表文献数量及占比情况见表2-1。

表 2-1 各类资源发表文献数量及占比情况

序号	资源类型	发表文献数量/篇	占全部样本/%
1	期刊	3046	96.51
2	硕士	56	1.77
3	国内会议	27	0.86
4	报纸	18	0.57
5	国际会议	8	0.25
6	学术辑刊	1	0.03
合计		3156	100.00

表2-1显示,期刊(包括学术辑刊)占比接近97%,是2019年档案学研究文献的主要来源,也是研究者进行交流与沟通的主要渠道和平台。硕士、国内会议、报纸、国际会议4种文献之和加起来,在规模上与期刊相差至少1个量级,单项比较相差2~3个数量级,在2019年档案学研究中只起辅助与点缀作用。

二、文献学科分布

从样本文献学科分布看,3156篇样本文献涉及超过15个学科。前15个学科发表文献数量及占比情况见表2-2。

表2-2　前15个学科发表文献数量及占比情况

序号	学科	发表文献数量/篇	占全部样本/%
1	图书情报档案	3090	97.91
2	教育	445	14.10
3	公共卫生与预防医学	260	8.24
4	公共管理	149	4.72
5	工商管理	119	3.77
6	工业经济	74	2.34
7	城市经济	74	2.34
8	计算机	64	2.03
9	政治	21	0.67
10	社会	20	0.63
11	法学	19	0.60
12	农业经济	17	0.54
13	保险	14	0.44
14	国民经济	14	0.44
15	新闻传播	13	0.41
	总计	4393	139.20
	实际	3156	100.00
	超出	1237	39.20

需要说明的是,按学科统计数为4393篇,占139.20%;超出实际文献数1237篇,占39.20%。这表明,2019年档案学研究的学科集中度相当高,一方面,图书情报档案专业以3090篇文献占全部样本的97.91%,聚焦于档案学本学科;另一方面,除档案学本学科之外,其他前14个学科就覆盖了样本文献40%以上,表现出研究既具有很高的学科交叉性,又有很高的学科集中度。

除图书情报档案之外,发表文献最多的4个学科是教育、公共卫生与预防医学、公共管理、工商管理。除图书情报档案外,排在前三位的学科与2018年的教育、公共卫生与预防医学、公共管理、计算机、工业经济5个学科中的前三位相同。这显示出2019年与档案学研究高相关的学科没有发生较大变化。

三、文献研究层次分布

从文献研究层次分布情况看,3156 篇样本文献涉及 15 个不同层次。各层次发表文献数量及占比情况见表 2-3。

表 2-3　各层次发表文献数量及占比情况

序号	层次	发表文献数量/篇	占全部样本/%
1	基础研究(社科)	1443	45.72
2	行业指导(社科)	598	18.95
3	职业指导(社科)	517	16.38
4	工程技术(自科)	78	2.47
5	基础与应用基础研究(自科)	76	2.41
6	专业实用技术(自科)	64	2.03
7	政策研究(社科)	35	1.11
8	行业技术指导(自科)	22	0.70
9	大众文化	14	0.44
10	基础教育与中等职业教育	9	0.29
11	高等教育	9	0.29
12	经济信息	7	0.22
13	高级科普(社科)	2	0.06
14	高级科普(自科)	1	0.03
15	其他	281	8.90
	合计	3156	100.00

如果按社会科学、自然科学、经济文化教育和其他来分类,各类文献数量及占比分别是:社会科学 2595 篇,占 82.22%;自然科学 241 篇,占 7.64%;经济文化教育 39 篇,占 1.24%;其他 281 篇,占 8.90%。社会科学较自然科学和其他高出 1 个数量级,较经济文化教育则高出 2 个数量级。研究总体属于社会科学的范畴。

如果按研究的基础性与应用性划分,基础性研究 1519 篇,占 48.13%;应用性研究 1637 篇,占 51.87%。两大类学科基本相同,略微偏重应用性研究。

因此,从整体上看,2019 年档案学研究是偏重应用性的社会科学研究。

四、文献基金分布

从文献基金资助分布情况看,3156 篇样本文献中有 197 篇得到 39 种国家、省、部级基金的资助,占全部样本的 6.24%,较 2018 年 4.16% 的占比增加了约 50%。各类基金资助发表文献数量及占比情况见表 2-4。

表2-4　各类基金资助发表文献数量及占比情况

序号	基金	发表文献数量/篇	占全部样本/%	占基金资助文献/%
1	国家社会科学基金	119	3.77	60.41
2	国家档案局科技项目	11	0.35	5.58
3	教育部人文社会科学研究项目	5	0.16	2.54
4	内蒙古自治区高等学校科学技术研究项目	4	0.13	2.03
5	中央高校基本科研业务费专项资金项目	3	0.10	1.52
6	广西高等学校教学质量与教学改革研究项目	3	0.10	1.52
7	辽宁省哲学社会科学规划基金项目	3	0.10	1.52
8	国家自然科学基金	3	0.10	1.52
9	河北省哲学社会科学规划研究项目	3	0.10	1.52
10	江西省高校人文社会科学研究项目	3	0.10	1.52
11	安徽省教育厅人文社会科学研究项目	2	0.06	1.02
12	广东省哲学社会科学规划项目	2	0.06	1.02
13	全国艺术科学规划课题	2	0.06	1.02
14	广东省高等教育教学改革项目	2	0.06	1.02
15	四川省教育厅自然科学研究项目	2	0.06	1.02
16	福建师范大学教学改革研究项目	2	0.06	1.02
17	黑龙江省哲学社会科学研究规划项目	2	0.06	1.02
18	河南省高等学校人文社会科学研究项目	2	0.06	1.02
19	浙江省教育厅科研计划	2	0.06	1.02
20	天津市哲学社会科学研究规划项目	2	0.06	1.02
21	山西省软科学研究计划	2	0.06	1.02
22	山东省教育厅人文社会科学研究项目	1	0.03	0.51
23	广西民族大学引进人才科研启动项目	1	0.03	0.51
24	广东省高等学校教学质量与教学改革研究项目	1	0.03	0.51
25	国家国际科技合作专项项目	1	0.03	0.51
26	江苏省教育厅高等学校哲学社会科学基金	1	0.03	0.51
27	中国博士后科学基金项目	1	0.03	0.51
28	保定市哲学社会科学规划研究课题	1	0.03	0.51
29	山西省社科联课题	1	0.03	0.51
30	中国人民大学科学研究项目	1	0.03	0.51
31	南阳市科技计划项目	1	0.03	0.51
32	江西省教育科学规划课题	1	0.03	0.51
33	湖南省哲学社会科学基金	1	0.03	0.51
34	湖南省教委科研基金	1	0.03	0.51

续表 2-4

序号	基金	发表文献数量/篇	占全部样本/%	占基金资助文献/%
35	南通大学教育教学研究课题	1	0.03	0.51
36	安徽省自然科学基金	1	0.03	0.51
37	湖南省自然科学基金项目	1	0.03	0.51
38	国土资源大调查项目	1	0.03	0.51
39	武汉大学自主科研项目	1	0.03	0.51
	合计	197	6.24	100.00
	总计	3156	100.00	

从基金资助层次上看,国家级基金 4 种 125 项,占全部基金资助文献的 63.45%,较 2018 年的 91.35%,下降了近三分之一;部委基金 5 种 21 项,占全部基金资助文献的 10.66%,较 2018 年的 1.92% 增加了近 5 倍;地方基金 30 种 51 项,占全部基金资助文献的 25.89%,较 2018 年的 6.73%,增加了近 3 倍。

从地方基金资助的区域分布看,涉及安徽省、福建省、广东省、广西壮族自治区、河北省、河南省、黑龙江省、湖南省、江苏省、江西省、辽宁省、内蒙古自治区、山东省、山西省、四川省、天津市、浙江省 17 个省(市、自治区),较 2018 年涉及河南省、黑龙江省、湖南省和湖北省 4 个省份,足足翻了两番。

综上,从层级上看,国家资助有所下降,仍高于部委与地方资助力度。部委与地方资助增长迅速,幅度成数倍扩大。从区域分布看,范围扩大 3 倍,但全国不均衡,资助项目数量有显著差别。

五、文献类型分布

从文献类型分布看,3156 篇样本文献涉及政策研究类、综述类、一般性 3 类。各类型文献数量及占比情况见表 2-5。

表 2-5 各类型文献数量及占比情况

序号	文献类型	文献数量/篇	占全部样本/%
1	政策研究类文献	55	1.74
2	综述类文献	32	1.01
3	一般性文献	3069	97.24
	合计	3156	100.00

由表 2-5 所示,超过 97% 的一般性文献是 2019 年档案学研究的绝对主体,具有宏观性及政策性研究性质的政策研究类、综述类文献占比不到 3%,显得十分薄弱。这在历年档案学研究中是一个共性问题,多年来没有根本性改变。

六、小结

从样本文献的统计情况看,2019 年档案学研究涉及资源类型较往年有所减少,但期刊仍然是研究文献的主要来源,也是研究者进行交流与沟通的主要渠道和平台。硕士、国内会议、报纸、国际会议4种文献之和加起来,在规模上与期刊相差至少1个量级,单项比较相差2~3个数量级,在2019年档案学研究中只起辅助与点缀作用。

从研究涉及的学科看,2019年档案学研究的学科集中度相当高,一方面聚焦于档案学本学科,另一方面表现出研究既具有很高的学科交叉性,又有很高的学科集中度。除图情情报档案之外,发表文献最多的4个学科中的前三位与2018年前五个学科中的前三位相同。这表明2019年与档案学研究高相关的学科没有发生大的变化。

按学科大类划分,研究总体属于社会科学的范畴。按研究的基础性与应用性划分,两大类型基本相同,略微偏重应用性研究。因此,从整体上看,2019年,档案学研究是偏重应用性的社会科学研究。

在基金资助方面,从层级上看,国家资助有所下降,但仍高于部委与地方资助力度;部委与地方资助增长迅速,幅度成数倍扩大。从区域分布看,范围扩大3倍,但全国不均衡,资助项目数量有显著差别。

在研究成果的类型上,一般性论证文献是2019年档案学研究的绝对主体,宏观性及政策性的研究则十分薄弱。这在历年档案学研究中是一个共性问题,多年来没有根本性改变。

第二节　文献计量分析

本节采用计量分析的方法,从文献作者分布、文献机构分布和文献来源分布3个方面对样本文献进行分析。

一、文献作者分布

从作者的分布情况看,发表文献前40位作者共发表文献180篇,较2018年的165篇有所增加,占全部样本的5.70%,较2018年6.60%的占比下降明显。前40位作者发表文献数量及占比情况见表2-6。

表2-6　前40位作者发表文献数量及占比情况

序号	作者	发表文献数量/篇	占全部样本/%
1	孙大东	7	0.22
2	赵彦昌	7	0.22
3	周文泓	7	0.22
4	潘连根	7	0.22
5	加小双	6	0.19
6	李子林	6	0.19
7	张斌	5	0.16
8	肖秋会	5	0.16
9	陈慧	5	0.16

续表 2-6

序号	作者	发表文献数量/篇	占全部样本/%
10	管先海	5	0.16
11	崔旭	5	0.16
12	雷稚蔷	5	0.16
13	谢永宪	5	0.16
14	王协舟	5	0.16
15	王巧玲	5	0.16
16	魏晓琳	5	0.16
17	丁华东	4	0.13
18	李月娥	4	0.13
19	斯庆	4	0.13
20	徐辛酉	4	0.13
21	赵雪芹	4	0.13
22	康昆展	4	0.13
23	许德斌	4	0.13
24	丁海斌	4	0.13
25	孙晓帆	4	0.13
26	牛力	4	0.13
27	陆阳	4	0.13
28	靳文君	4	0.13
29	徐拥军	4	0.13
30	聂勇浩	4	0.13
31	韩峰	4	0.13
32	蒋冠	4	0.13
33	李高峰	4	0.13
34	周林兴	4	0.13
35	尹小莉	3	0.10
36	李兴利	3	0.10
37	王霞	3	0.10
38	吴园园	3	0.10
39	张建波	3	0.10
40	胡春锐	3	0.10
合计		180	5.70
总计		3156	100.00

如果按照普赖斯提出的计算公式,核心作者候选人的最低发文数 $M = 0.749 \sqrt{N_{max}}$,其中 N_{max} 为最

高产作者发表文章数量。2019 年档案学研究作者中发表文献最多的为 7 篇，即 $N_{\max}=7$，所以 $M=0.749\sqrt{7}\approx1.982$。因此，孙大东、赵彦昌、周文泓、潘连根、加小双、李子林、张斌、肖秋会、陈慧、管先海、崔旭、雷稚蕾、谢永宪、王协舟、王巧玲、魏晓琳、丁华东、李月娥、斯庆、徐辛酉、赵雪芹、康昆展、许德斌、丁海斌、孙晓帆、牛力、陆阳、靳文君、徐拥军、聂勇浩、韩峰、蒋冠、李高峰、周林兴、尹小莉、李兴利、王霞、吴园园、张建波、胡春锐等前 40 位作者，是 2019 年档案学研究的高产作者及核心作者。2019 年档案学研究有相当数量的高产作者和核心作者群。

从前 40 位作者的所属单位看，高校作者仍然是 2019 年档案学研究的主体。

二、文献机构分布

从机构分布情况看，发表文献最多的前 40 个机构，发表文献 565 篇，占全部样本的 17.90%，较 2018 年的 486 篇，占全部样本的 19.45% 有所下降。前 40 个机构发表文献数量及占比情况见表 2-7。

表 2-7　前 40 个机构发表文献数量及占比情况

序号	机构	发表文献数量/篇	占全部样本/%
1	上海大学	70	2.22
2	中国人民大学	62	1.96
3	黑龙江大学	31	0.98
4	安徽大学	23	0.73
5	郑州大学	22	0.70
6	武汉大学	21	0.67
7	河北大学	18	0.57
8	山东大学	17	0.54
9	云南大学	17	0.54
10	湘潭大学	17	0.54
11	四川大学	16	0.51
12	辽宁大学	15	0.48
13	南昌大学	15	0.48
14	广西民族大学	14	0.44
15	中山大学	14	0.44
16	解放军国防大学	11	0.35
17	天津师范大学	11	0.35
18	西北大学	9	0.29
19	牡丹江师范学院	9	0.29
20	吉林大学	9	0.29
21	黑龙江工程学院	9	0.29
22	哈尔滨工业大学	9	0.29
23	郑州航空工业管理学院	9	0.29

续表 2-7

序号	机构	发表文献数量/篇	占全部样本/%
24	福建师范大学	8	0.25
25	华中师范大学	8	0.25
26	湖北大学	8	0.25
27	德州职业技术学院	8	0.25
28	哈尔滨工程大学	8	0.25
29	南阳医学高等专科学校	7	0.22
30	北京联合大学	7	0.22
31	浙江省档案局	7	0.22
32	齐鲁师范学院	7	0.22
33	浙江越秀外国语学院	7	0.22
34	青岛大学	6	0.19
35	上海师范大学	6	0.19
36	广西科技师范学院	6	0.19
37	湖北工业职业技术学院	6	0.19
38	中国船舶重工集团公司	6	0.19
39	苏州大学	6	0.19
40	西北农林科技大学	6	0.19
	合计	565	17.90
	总计	3156	100.00

如果使用普赖斯公式计算,核心机构的最低发文数 $M=0.749\sqrt{N_{max}}$,其中 N_{max} 为最高产机构发表文章数量。这里 $N_{max}=70$,所以 $M=0.749\sqrt{70}\approx6.267$,即发表文献 6 篇及以上的为核心研究机构。据此,表 2-7 中发表 6 篇以上(含 6 篇)文献的前 40 个机构均是研究的高产机构,其中前 30 个均为高校。

前 40 个高产机构中有 38 个是高校(发表文献 552 篇,占前 40 个机构发表文献数量的 97.70%),表明高校是 2019 年档案学研究核心研究机构群的主体。

从前 40 个机构发表文献数量及占比情况看,高校发表文献的数量和占比均最高,且居前 30 位的均为高校,档案行政管理机关次之,企业居第三位,档案馆、事业单位和其他行政管理机构均没有进入前 40 位的。这从整体上说明高校参与并进行档案学研究的热情始终最高,档案行政管理机关、企业次之,档案馆、事业单位和其他机构的参与热情则相对较低。

三、文献来源分布

从文献来源分布看,发表文献 48 篇及以上的文献来源共有 15 种,共发表文献 1792 篇,占全部样本的 56.78%,较 2018 年的发表 1172 篇,占全部样本的 46.90%,有所增长。前 15 种文献来源发表文献数量及占比情况见表 2-8。

表 2-8 前 15 种文献来源发表文献数量及占比情况

序号	文献来源	发表文献数量/篇	占全部样本/%
1	《办公室业务》	474	15.02
2	《兰台内外》	317	10.04
3	《兰台世界》	155	4.91
4	《城建档案》	152	4.82
5	《黑龙江档案》	107	3.39
6	《山西档案》	75	2.38
7	《才智》	75	2.38
8	《档案与建设》	74	2.34
9	《机电兵船档案》	62	1.96
10	《档案管理》	57	1.81
11	《中国档案》	50	1.58
12	《档案学通讯》	49	1.55
13	《浙江档案》	49	1.55
14	《档案学研究》	48	1.52
15	《中外企业家》	48	1.52
合计		1792	56.78
总计		3156（篇）	100.00

按照布拉德福定律,3156 种文献可分为核心区、相关区和非相关区,各个区的论文数量相等(1052篇)。因此,发表论文在 152 篇及以上的《办公室业务》《兰台内外》《兰台世界》《城建档案》(1098 篇)处于核心区之内;其他发表论文 48 篇及以上的《黑龙江档案》《山西档案》《才智》《档案与建设》《机电兵船档案》《档案管理》《中国档案》《档案学通讯》《浙江档案》《档案学研究》《中外企业家》(694 篇)以及少部分发表 37 篇及以下的期刊处于相关区;而多数发篇 37 篇以下的处于非相关区。

从发表文献 48 篇及以上的前 15 种文献来源看,有 12 种为档案学期刊,发表文章 1195 篇;档案学相关期刊 1 种;其他专业期刊 2 种。在档案学期刊中有 6 种为档案学核心期刊,发表文献 327 篇;6 种为普通期刊,发表文献 868 篇。可以说,普通档案学期刊对 2019 年档案学研究的关注度更高,是这一研究领域的主要阵地,核心期刊的关注度则相对略低。

四、小结

从样本文献的计量分析情况看,2019 年档案学研究有相当数量的高产作者和核心作者群。从作者的所属单位看,高校作者是 2019 年档案学研究的主体。

从前 40 个机构发表文献数量及占比情况看,高校发表文献的数量和占比均最高,且居前 30 位的均为高校,档案行政管理机关次之,企业居第三位,档案馆、事业单位和其他行政管理机关没有进入前40 位的。这从整体上说明高校参与并进行档案学研究的热情始终最高,档案行政管理机关、企业次之,档案馆、事业单位和其他机构的参与热情则相对较低。

从发表文献 48 篇及以上的前 15 种文献来源看,有 12 种为档案学期刊,发表文章 1195 篇;档案学相关期刊 1 种;其他专业期刊 2 种。在档案学期刊中有 6 种为档案学核心期刊,发表文献 327 篇;6 种为普通期刊,发表文献 868 篇。可以说,普通档案学期刊对 2019 年档案学研究的关注度更高,是这一研究领域的主要阵地,核心期刊的关注度则相对略低。

第三节　文献词频分析

本节采用关键词词频的方法,从关键词词频、主题词词频和近五年高频词变化 3 个方面对样本文献进行了分析。

一、关键词词频分析

从 3156 篇文献涉及的关键词看,档案管理、信息化、信息化建设、档案、大数据、数字化、档案信息化、信息化管理、事业单位、管理、高校、对策、医院、人事档案、数字档案馆等 15 个使用频率最高的关键词,共使用 2572 频次,占全部样本的 81.50%,即超八成文献使用这 15 个关键词。前 15 个高频关键词使用频率及占比情况见表 2-9。

表2-9　前 15 个高频关键词使用频率及占比情况

序号	关键词	使用频率/次	占全部样本/%
1	档案管理	655	20.75
2	信息化	357	11.31
3	信息化建设	230	7.29
4	档案	213	6.75
5	大数据	174	5.51
6	数字化	145	4.59
7	档案信息化	105	3.33
8	信息化管理	102	3.23
9	事业单位	101	3.20
10	管理	101	3.20
11	高校	98	3.11
12	对策	77	2.44
13	医院	76	2.41
14	人事档案	74	2.34
15	数字档案馆	64	2.03
合计		2572	81.50
总计		3156(篇)	100.00

相对而言,2019 年档案学研究的内容,依规模可以概括为信息化、档案事务、机构、档案 4 个大类,与 2018 年相同。但在相同的 4 个大类下,关键词不尽相同。2019 年,信息化类目涉及信息化、信息化建设、大数据、数字化、档案信息化、信息化管理,使用 1113 频次,占 35.27%;档案事务类目涉及档案

管理、管理、对策,使用833频次,占26.39%;机构类目涉及事业单位、高校、医院、数字档案馆,使用339频次,占10.74%;档案类目涉及档案、人事档案,使用287频次,占9.09%。

可以说,2019年档案学研究主要集中在上述15个关键词所涉及的方面。或者说,上述15个关键词是2019年档案学研究的热点,而其中又以档案管理、信息化、信息化建设、档案4个方面为重点。与2018年的重点信息化、管理、事业单位、档案4个方面相比有所变化,但变化不大。

二、主题词词频分析

从主题词使用频率看,2019年档案学研究涉及内容广泛,集中在信息化、档案事务、档案、机构、档案人、档案学、文件7个方面。使用频率最高的40个主题词分布情况见表2-10。

表2-10 使用频率最高的40个主题词分布情况

序号	主题词	使用频率/次	占全部样本/%
1	档案管理	692	21.93
2	档案管理工作	386	12.23
3	档案信息化建设	330	10.46
4	信息化建设	298	9.44
5	档案信息化管理	248	7.86
6	档案数字化	221	7.00
7	大数据	174	5.51
8	档案管理信息化	153	4.85
9	档案信息化	152	4.82
10	数字档案馆	151	4.78
11	大数据时代	145	4.59
12	档案信息	139	4.40
13	事业单位	119	3.77
14	档案馆	118	3.74
15	档案管理人员	116	3.68
16	医院档案管理	111	3.52
17	信息化管理	106	3.36
18	档案信息资源	100	3.17
19	高校档案管理	90	2.85
20	"互联网+"	90	2.85
21	信息化	88	2.79
22	档案管理系统	87	2.76
23	档案数据	84	2.66
24	人事档案管理	82	2.60
25	档案资源	79	2.50

续表 2-10

序号	主题词	使用频率/次	占全部样本/%
26	高校档案	76	2.41
27	数字档案	75	2.38
28	电子档案	72	2.28
29	数字化建设	71	2.25
30	档案学	70	2.22
31	人事档案	70	2.22
32	数字化管理	62	1.96
33	档案工作	60	1.90
34	电子文件	59	1.87
35	数字档案馆建设	58	1.84
36	数字档案资源	55	1.74
37	互联网+	53	1.68
38	智慧档案馆	51	1.62
39	数字档案室	51	1.62
40	人事档案信息化管理	49	1.55
	合计	5291	167.65
	总计	3156（篇）	100.00
	重叠	2135	67.65

　　从涉及的主题词看，使用频率最高的 40 个主题词共使用 5291 频次，占全部样本的 167.65%。也就是说，上述 40 个主题词涵盖了全部样本文献一次半以上。其中使用频率最高的是档案管理（692 频次），使用频率最低的是人事档案信息化管理（49 频次），平均使用频率为 132 频次。

　　从主题词反映的研究内容看，2019 年，档案学关注的 40 个主要问题又可归并为信息化、档案事务、档案、机构、档案人、档案学、文件 7 个大类。

　　信息化（档案信息化建设、信息化建设、档案信息化管理、档案数字化、大数据、档案管理信息化、档案信息化、大数据时代、信息化管理、"互联网+"、信息化、档案管理系统、数字化建设、数字化管理、数字档案馆建设、互联网+、人事档案信息化管理），共使用 2385 频次，占全部样本的 75.57%。它涵盖了档案信息化的多个方面，主要集中在信息化、数字化、大数据 3 个方面，是 2019 年档案学研究与关注度第一高的主题。

　　档案事务（档案管理、档案管理工作、医院档案管理、高校档案管理、人事档案管理、档案工作），共使用 1421 频次，占全部样本的 45.03%。它涵盖了档案事务的多个层面，但主要集中在管理层面，包括各类专业专门档案的管理，是 2019 年档案学研究与关注度第二高的主题。管理性特征突出。

　　档案（档案信息、档案数据、档案信息资源、档案资源、高校档案、数字档案、电子档案、人事档案、数字档案资源），共使用 750 频次，占全部样本的 23.76%。档案是档案学研究的本体，但从涉及的 9 个主题看，更注重对档案所承载的信息、数据、资源及专业专门和新型载体档案的关注。

　　机构（数字档案馆、事业单位、档案馆、智慧档案馆、数字档案室），共使用 490 频次，占全部样本的 15.53%。它是与档案事业、档案人关系最为密切的问题。2019 年，正值新一轮机构改革之时，档案机构再次成为档案界关注之重点，理所应当成为档案界研究关注的主题之一。其中档案馆，包括数字档案馆、智慧档案馆成为关注的主体。三大主体之一的档案局没有出现在关注范围之内。

档案人(档案管理人员),共使用116频次,占全部样本的3.68%。作为档案工作的主体,接近4%的占比已经足以说明档案界研究的关注点从来没有离开过档案人自身,遗憾的没有涉及我们服务的对象。这表明相关研究更多注重对档案工作者自身。只是数量与占比与前面4个内容相比,差着两个以上数量级。档案人对自己的研究远未成为档案学研究的重点。

档案学(档案学),共使用70频次,占全部样本的2.22%。这样的数量规模与占比,多少有些让人失望。

文件(电子文件),共使用59频次,占全部样本的1.87%。与"档案"相差近11倍,显示出其虽然与档案相关,但已然不是档案学研究关注的重点。而且文件研究的重点也不再是传统的文件材料,而是转向新型载体的电子文件。

可以说,2019年,档案学研究所涉及内容虽然十分广泛,但全部文献均包含在上述信息化、档案事务、档案、机构、档案人、档案学、文件7类问题上。或者说,2019年档案学研究主要是围绕上述信息化、档案事务、档案、机构、档案人、档案学、文件7个内容展开的。

三、近五年高频词变化

年度关键词的变化,特别是高频关键词的变化,能够反映出相关研究内容与主题、重点与热点的变化。

2015—2019年档案学研究年度关键词及高频关键词的变化情况,请扫描右侧二维码。

从近五年研究文献主要关键词的分布看,共使用7个关键词,即档案管理、信息化、信息化建设、档案、大数据、数字化、管理。

5年中,相邻年份中重复出现过的关键词有档案管理、信息化、信息化建设、档案4个,重复率为100%。

5年中,相邻年份中重复出现过的关键词还有大数据(相邻连续2年),重复率为40%。

5年中,不相邻年份中重复出现过的关键词有数字化(不相邻连续2年,中间间隔1年),重复率为40%。

5年中单独出现过一次的有管理(一年),出现频率为20%。

这说明近五年间,档案学研究关注的重点始终集中在档案管理、信息化、信息化建设、档案4个方向上。大数据有连续出现的趋势。

这些持续的重点内容的关注度在5年内变化不大,前后大致相当。

从总体上看,近五年来相关研究的主要内容整体上集中,重点突出,同一内容的强度差异不大,但不同内容之间的强度差异明显。

在2015—2019年出现的关键词最少时为142次,最多时达到605次。档案管理始终处于最高位。

四、小结

从3156篇文献涉及的高频关键词看,2019年档案学研究的内容,依规模可以概括为信息化、档案事务、机构、档案4个大类。2019年档案学研究主要集中在15个关键词所涉及的方面。或者说,15个关键词是2019年档案学研究的热点,而其中又以档案管理、信息化、信息化建设、档案4个方面为重点。与2018年的重点信息化、管理、事业单位、档案4个方面相比有所变化,但变化不大。

从涉及的主题词看,使用频率最高的40个主题词共使用5291频次,占全部样本的167.65%。也就是说,上述40个主题词涵盖了全部样本文献一次半以上。其中使用频率最高的是档案管理(692频次),使用频率最低的是人事档案信息化管理(49 频次),平均使用频率为 132 频次。从主题词反映的研究内容看,2019 年,档案学研究所涉及内容虽然十分广泛,但全部文献均包含在信息化、档案事务、档案、机构、档案人、档案学、文件 7 类问题上。或者说,2019 年档案学研究主要是围绕信息化、档案事务、档案、机构、档案人、档案学、文件 7 个内容展开的。

从近五年研究文献主要关键词的分布看,档案学研究关注的重点始终集中在档案管理、信息化、信息化建设、档案 4 个方向上。这些持续的重点内容的关注度在 5 年内变化不大,前后大致相当。可见大数据有连续出现的趋势。从总体上看,近五年来相关研究的主要内容整体上集中,重点突出,同一内容的强度差异不大,但不同内容之间的强度差异明显。档案管理始终处于最高位。

第四节　文献关键词共词分析

本节采用关键词共现分析的方法,从共现矩阵和共现网络两个方面对样本文献进行分析。

一、共现矩阵

矩阵提取使用频率最高的 20 个关键词,将这 20 个关键词形成 20×20 的共词矩阵。如果某两个关键词同时出现在一篇文章中时,就表明这两者之间存在相关关系,关键词右侧或下方对应位置的数值表示篇数。

图 2-1 是 2019 年档案学研究文献高频关键词共现矩阵。

图 2-1 显示,2019 年档案学研究文献关键词共现有 109 组,共现率为 54.5%。共现次数 100 次以上的关键词组合有 1 组,共现率为 0.5%;共现次数 50~99 次的关键词组合有 4 组,共现率为 2%;共现次数 30~49 次的关键词组合有 2 组,共现率为 1%;共现次数 20~29 次的关键词组合有 12 组,共现率为 6%。

以横轴为准计:

20 组共现关键词中有 18 组与档案管理直接相关,占共现关键词的 9%。

20 组共现关键词中有 14 组与信息化直接相关,占共现关键词的 7%。

20 组共现关键词中有 12 组与信息化建设直接相关,占共现关键词的 6%。

20 组共现关键词中有 11 组与大数据直接相关,占共现关键词的 5.5%。

20 组共现关键词中各有 10 组与档案、数字化直接相关,分别占共现关键词的 5%。

20 组共现关键词中有 7 组与信息化管理直接相关,占共现关键词的 3.5%。

20 组共现关键词中各有 5 组与档案信息化、管理直接相关,分别占共现关键词的 2.5%。

20 组共现关键词中各有 4 组与高校、对策、医院直接相关,分别占共现关键词的 2%。

20 组共现关键词中有 2 组与事业单位直接相关,占共现关键词的 1%。

20 组共现关键词中各有 1 组与数字档案馆、建设、高校档案直接相关,分别占共现关键词的 0.5%。

另有人事档案、大数据时代、"互联网+"、应用 4 个无共现关键词。

以共现频次为准计:

共现次数 100 次以上的关键词组合有 1 组,即:

档案管理与信息化:164 频次。

共现次数 50~99 次的关键词组合有 4 组,分别是:

档案管理与信息化建设:93 频次。

	档案管理	信息化	信息化建设	档案	大数据	数字化	档案信息化	信息化管理	管理	事业单位	高校	对策	医院	人事档案	数字档案馆	大数据时代	建设	高校档案	"互联网+"	应用
档案管理																				
信息化	164																			
信息化建设	93																			
档案	8	53	19																	
大数据	53	20	13	9																
数字化	40	7		20	6															
档案信息化	19	2	4		6															
信息化管理	12			17	5															
管理		32	9	24	4	14	7													
事业单位	52	21	28	10		4		13	4											
高校	28	25	8	14	5	10			6											
对策	21	13	12	12	5	3	5	6	3	6										
医院	27	15	11	7	6			7												
人事档案	6	16	10		6	7		12	8	9	5	3	9							
数字档案馆	5					6	3					6								
大数据时代	26	3	3			5						4								
建设	10	24		7	3	4	5	2		4	4	4		7						
高校档案	6	7	7		6	10		4				3					2			
"互联网+"	12		3	7		3	5	3					5					3		
应用	20	2				2			3		3		2							

图 2-1　2019 年档案学研究文献的高频关键词共现矩阵

档案管理与大数据:53 频次。

档案管理与事业单位:52 频次。

信息化与档案:53 频次。

共现次数 30～39 次的关键词组合有 2 组,分别是:

档案管理与数字化:40 频次。

信息化与管理:32 频次。

共现次数 20～29 次的关键词组合有 12 组,分别是:

档案管理与高校:28 频次。

档案管理与医院:27 频次。

档案管理与大数据时代:26 频次。

档案管理与对策:21 频次。

档案管理与应用:20 频次。

信息化与高校:25 频次。

信息化与建设:24 频次。

信息化与事业单位:21 频次。

信息化与大数据:20 频次。

信息化建设与事业单位:28 频次。

档案与管理:24 频次。

档案与数字化:20 频次。

从共现组数看,20 次以上的高共现频率词组有 19 组,占全部共现关键词的 17.43%,可见 2019 年档案学研究的重点仍然集中在档案管理和信息化两个主要方向上。或者说,2019 年档案学研究主要是在档案管理与信息化两个方向上展开的。

2019 年档案学研究的整体规模较大,研究内容相对集中。2019 年档案学研究领域有相当规模的高频(20 次以上)共现关键词,形成了比较明显的高相关共现关键词群,研究的集中趋势明显。

二、共现网络

在关键词共现网络中,关键词之间的关系可以用连线来表示,连线多少和粗细代表关键词间的亲疏程度,连线越多,代表该关键词与其他关键词共现次数越多,越是研究领域的核心和热点研究内容。

使用知网统计工具获得 2019 年档案学研究高频词共词网络图谱(扫描右侧二维码)。

从 2019 年档案学研究高频关键词的网络图谱可以直观地看出:相关研究可以分成"信息化""应用""高校档案馆""互联网+""档案信息化""大数据时代"6 个聚类团组。其中团组中关键词超过 2 个以上的只有"信息化"一个群组。其他 5 个群组均为单词群组。

团组最大的以"信息化"为核心关键词和以"档案""信息化建设""大数据"3 个辅关键词组成的不规则四边形网络主群组。

在这个主群组中,与核心关键词"档案管理"间联系密切,共现次数多的有"档案""管理""大数据",而距离近的有"档案""事业单位""管理""对策"等。"档案管理"是使用频率最高的关键词,但不在群组的中间,中心度不高。中心度高的是使用频率并不高的"管理"。整个主群组涉及 14 个关键词,除 1 个关键词不在以"信息化""档案""信息化建设""大数据"4 个关键词围成的不规则四边形内,其他 13 个全部在这个不规则四边形内,群组的集中度比较高。群组中各关键词之间多互有联系,网络密度高。

"应用""高校档案馆""互联网+""档案信息化"和"大数据时代"5 个单核心群组主要与"信息化"主群组相关联,与这个群组中的众多关键词存在关联。但"高校档案馆"群组、"互联网+"群组被围在主群组当中,"应用"群组、"档案信息化"群组和"大数据时代"群组则处在"档案管理"群组之外。

"互联网+"群组、"档案信息化"群组相互之间有关联,同时又是联系"高校档案馆"群组和"大数据时代"群组的桥梁。

"应用"群组只与"信息化"主群组有关联,与其他 4 个群组没有关联。

综上,2019 年档案学研究是围绕以"信息化"为核心,以"档案""信息化建设""大数据"等为主要内容展开的。"应用""大数据时代""数字档案馆"位于整个群组的外围,可能成为日后的热点。

三、小结

从共现组数看,20 次以上的高共现频率词组有 19 组,占全部共现关键词的 17.43%,可见 2019 年档案学研究的重点仍然集中在档案管理和信息化两个主要方向上。或者说,2019 年档案学研究主要是在档案管理与信息化两个方向上展开的。2019 年档案学研究的整体规模较大,有相当规模的高频

（20次以上）共现关键词,形成了比较明显的高相关共现关键词群,研究的集中趋势明显。

2019年档案学研究是围绕以"信息化"为核心,以"档案""信息化建设""大数据"等为主要内容展开的。"档案管理"是使用频率最高的关键词,但不在群组的中间,中心度不高。中心度高的是使用频率并不高的"管理"。整个主群组涉及14个关键词,除1个关键词不在以"信息化""档案""信息化建设""大数据"4个关键词围成的不规则四边形内,其他13个全部在这个不规则四边形内,群组的集中度比较高。群组中各关键词之间多互有联系,网络密度高。"应用""大数据时代""数字档案馆"位于整个群组的外围,可能成为日后的热点。

第五节　文献综述

一、档案学理论研究

（一）档案学科

上海大学图书情报档案系丁华东、东华大学档案馆张燕认为:"档案学研究中存在着人文、管理和技术三大研究取向,其各自的发展演化过程构成档案学的三条'延传变体链',并在新的社会历史条件下呈现出新的发展方向。从互有区别、存在关联的研究取向中,也可看到学科研究传统的存在、绵延和发展,且正在探讨解决越来越复杂的现实难题,也就看到了档案学学科发展的科学进步性、持久生命力和旺盛生机。"[①]

浙江越秀外国语学院中国语言文化学院潘连根认为:"档案学研究对象的终极抽象和概括是不可能脱离具体研究对象的,信息化时代档案学的研究对象并未发生根本改变,档案学作为独立的专业所依托的学科也未发生改变。由于学科的本质特征属于学科研究对象内涵的内容,因而只要档案学的研究对象没有发生根本性变革,档案学的本质特征依然是'档案现象及其运动规律'或'文件现象及其运动规律'。"[②]

上海大学图书情报档案系杨佳佳从生态位视角思考我国档案学科定位:①生态分离之特色定位。维护档案学科的独立性与自主性,就必须实现生态位的分离。②生态重叠之协调定位。档案学学科的发展不仅要与其他学科和谐共处,实现交流与融合,而且也需注重社会认知度和认可度的提高。③生态集群之延伸定位。档案学科应掌握主动权,将自身特色理论高质提炼,自信输出,改善学科交流中的不平衡关系,伴随集群延伸助力进一步提升自身的影响力。[③]

广西民族大学管理学院丁海斌"通过对档案学与相近、相关学科研究方法的比较发现,档案学与图书馆学在研究方法上的相似度并不高;情报学的研究对象相当于档案学的'后端',其方法可以借鉴,但不能取代;而档案学与社会学之间,由于研究对象皆植根于人类社会,其研究方法方面的契合度较高。历史学、哲学等基础学科研究方法对档案学亦具有基础意义,档案学应学习并使用其研究方法;同时,档案学研究对历史学、哲学等学科亦有反哺之功效。其中,档案学与历史学研究方法的关系最为密切"。[④]

---

① 丁华东,张燕.论档案学的三大研究取向及其当代发展[J].档案学通讯,2019(6):4-10.

② 潘连根.关于档案学本质特征的思考[J].档案管理,2019(1):9-13.

③ 杨佳佳.基于生态位视角的我国档案学科定位探究[J].档案与建设,2019(6):14-18.

④ 丁海斌.档案学研究方法与相关学科研究方法的比较与借鉴[J].北京档案,2019(5):7-13.

浙江大学档案馆傅天珍、浙江大学图书馆郑江平认为："计算档案学是近年来国外兴起的一个跨学科档案研究新领域。""在调查国外计算档案学发展历程和定义演变的基础上,梳理了计算档案学的内涵特征和核心理念,即融合计算思维和档案思维、应用大数据技术、构建跨学科知识体系。同时分析国外计算档案学在档案数据化项目和研究生教育中的实践探索,建议我国档案界应注重信息化工作、吸收国外先进理念、加强多元化合作、培养专业人才,以促进我国计算档案学的发展。"①

(二)理论联系实际

河南省濮阳市档案馆管先海、郑州大学信息管理学院孙大东认为："档案学是一门实践性很强的学科,档案学研究要理论联系实际,档案学理论只有从实际中来,到实际中去,理论与实践相结合,才能真正做实做强。我们既要承认档案理论对实践的作用,也要承认档案实践对理论的反作用。档案理论研究需要高深,也需要接地气;档案实践需要细致入微,也需要总结归纳上升到理论水平。学界和业界要共同携手从实际问题出发,开展研究,形成理论,再指导实际,真正实现理论和实际的有机融合。"②

广西民族大学管理学院丁海斌首次提出了档案学研究方法论的基本原则——"实践本体皈依法"。他认为："所谓'实践本体皈依法',就是指一切从人类社会实践及其规定下的档案工作实践出发,理论源于实践、指导实践。这里的实践是指社会实践和档案实践,它们分别是代表了整体与分支、母体与子体的两种实践。它们是客观存在的。"在此处提出的"实践本体皈依法",与以往在档案学研究中强调理论联系实际有两点重要不同。第一,强调宏观社会实践本体的重要意义,突出档案学实践本体论的意义,强调以本体论为理论基础。第二,强调档案学自身的特殊性、体系性,使之成为档案学体系中的有机组成部分。③

(三)档案学史

中国人民大学信息资源管理学院胡鸿杰认为："自中华人民共和国成立以来,具有中国特色的档案学专业的创办、档案学研究队伍的组织和壮大、档案学科体系的发展和逐步健全等成就标志着中国档案学研究的新纪元。中国档案学 70 年的发展历程要求学科建设要重视档案学高等教育、档案学术共同体、档案学研究成果、档案学理论的原创性、档案学的学科体系、档案学术评论、档案学研究方法和档案学研究的外部环境。"④

江苏开放大学王子鹏、潘虹认为："文书立卷制度伴随我国档案工作近 50 年,在特定历史时期做出了巨大的贡献,培育了几代档案人。文书立卷作为一种情愫,将永远留在中国档案人的心里。但是,在理论上——无论是西方档案学还是中国档案学——文书立卷皆缺乏理论依据;在实践上,文书立卷被证明不符合档案工作实践和未来发展方向。站在今天的历史高度,谈文书立卷和继承立卷思想显然不符合档案工作实际,而立卷制度在科技、专门档案工作中应用和继承问题有待进一步研究。"⑤

中山大学资讯管理学院王岑曦认为："17 世纪形成的古文献学在产生后的两个世纪里被档案工作者所大量借鉴和利用并为档案学的形成提供了最初的基础。虽然 19 世纪前的档案学在内容上与现代档案学还存在着较大的差异,但是从社会学相关理论来分析,受古文献学的影响,档案学科的独立性早在 19 世纪末来源原则的提出之前就已经确立了。"⑥

① 傅天珍,郑江平.计算档案学的兴起、探索与启示[J].档案学通讯,2019(4):28-33.
② 管先海,孙大东.档案学研究中理论如何联系实际[J].档案,2019(12):52-56.
③ 丁海斌.谈档案学研究方法的层次、体系与基本原则[J].北京档案,2019(3):4-9.
④ 胡鸿杰.新中国档案学研究 70 年回顾与展望[J].档案管理,2019(6):6-8.
⑤ 王子鹏,潘虹.关于文书立卷的批判性研究:与持"卷"论者商榷[J].档案管理,2019(3):9-12.
⑥ 王岑曦.前来源原则时代的档案学:简论 17 至 19 世纪古文献学与档案学的发展[J].档案学通讯,2019(5):85-92.

（四）定量分析

安徽大学管理学院靳文君通过"检索 CNKI 数据库中档案学硕士学位相关论文，提取并确定 51 个高频关键词，进行高频词共现矩阵分析、聚类分析和战略坐标分析。发现我国档案学硕士学位论文研究主题主要集中在档案价值功能、档案管理及法规建设、企业档案知识管理与信息化、数字档案管理与档案信息安全、档案利用服务与档案数字化、互联网+环境下档案信息服务发展、档案教育与档案工作者职业定位等 7 个方面"，"揭示出档案学硕士学位论文类内链接度不高和类间向心度差异明显的问题"。①

四川大学公共管理学院赵跃、乔健"基于研究主题的挖掘与演化分析，对改革开放以来我国档案学研究的主题结构、演化规律、热点变迁与研究前沿进行了透视"。他们发现：①"档案资源建设与服务"是改革开放以来我国档案学领域形成的规模最大且最具发展潜力的核心主题社区；②"档案资源 & 档案信息资源"主题形成前后，我国档案学领域出现改革开放以来最为明显的主题分化与融合现象；③改革开放以来我国档案学研究热点有很明显的"世纪分割"现象，"互联网+""大数据"等成为学科研究的前沿。同时指出，档案学研究中存在如下问题：①思维保守以致超前研究较匮乏；②盲目追求热度而研究深度不足；③国外经验与国内实践间的冲突。面对问题，档案界应：①做好规划，树立自信；②稳中求进，逆向思维；③正视差别，回归理性。②

四川大学公共管理学院赵跃、梅梦娜"分析了 100 名中国高校档案学者在不同年代研究方向的变化特征，发现：少数学者固守在传统档案学研究方向，多数学者在促进档案学主题的拓展，也有学者在继承的基础上向其他学科拓展研究方向，甚至渐渐脱离档案学共同体。同时，档案学者研究方向的变化也从侧面反映了我国档案学研究主题的时空演化特征：档案学基础理论研究的兴盛与衰落；电子文件与电子政务相关研究的兴起；'三个体系'建设所引发的研究集聚；档案保护技术研究方向的分化与嬗变"。③

北京电子科技学院李晓明"有针对性地查找我国档案学文献定量研究中存在的问题，通过对从 CNKI 收录的相关期刊论文中提取的差错进行统计和分析，发现信息检索问题明显、数据处理缺乏重视、经典定律盲目套用、定量分析创新不足、行文论述不够严谨是档案学文献定量研究的主要问题"。④

（五）研究方法

广西民族大学管理学院丁海斌认为："档案学的研究方法具有突出的多样性与全面性，超乎寻常的难度，高度的专业性，强调与社会实践相结合，具有国际性和学科之间的借鉴性。目前，中国档案学研究方法的不足之处还有很多，如定性研究、价值判断过多，实证研究较为缺乏；方法在前、概念炒作的现象很多，'方法主义'倾向严重；从经验总结式的认识方法到科学认识方法的过渡过程尚未彻底完成，过渡过程本身的自觉性不够；本位主义思维方式盛行；科学精神、科学研究方法的教育与培训严重不足，以及因理论水平和研究方法上的种种缺陷导致学术自信上的欠缺。从总体上看，档案学研究方法正从不成熟走向成熟。"⑤

郑州大学信息管理学院陈忠海、李果元认为："在档案学研究中问卷调查法被广泛使用，大量调查研究性文章层出不穷。学界热衷于使用此方法开展相关主题研究的同时，却缺少对问卷调查法本身的足够思考与自我批评。档案学者们近几年运用问卷调查法还存在调查问卷使用失范、样本容量不

① 靳文君. 我国档案学硕士学位论文研究热点分析［J］. 档案，2019（12）：28-34.
② 赵跃，乔健. 改革开放 40 年来中国档案学研究的全景透视：基于研究主题的挖掘与演化分析［J］. 档案学研究，2019（3）：44-54.
③ 赵跃，梅梦娜. 我国档案学研究的坚守、转向与进路：基于档案学者研究方向变化的审视［J］. 档案学通讯，2019（3）：4-11.
④ 李晓明. 档案学文献定量研究的问题与对策分析［J］. 档案管理，2019（3）：22-25.
⑤ 丁海斌. 谈我国档案学研究方法的特点与不足［J］. 北京档案，2019（4）：4-9.

合理、样本代表性不强等问题。"①

浙江越秀外国语学院中国语言文化学院潘连根认为："档案学曾经有过历史学、文件运动规律、信息资源管理等研究视角,目前有本原视角、多学科视角、范式视角等,呈现出研究视角多元化的趋势。档案学普遍采用文献调查法、观察法、思辨法、概念分析法、比较研究法、定量研究法、定性研究法等传统研究方法,但目前跨学科研究方法、实证研究方法日益受到重视,呈现出研究方法多样化的趋势。"②

（六）其他

中国人民大学信息资源管理学院张斌、杨文认为："构建新时代中国特色档案学话语体系,不仅是引领当代中国档案学现实发展的必需,而且是当代中国档案学走向世界的必需。""构建新时代中国特色档案学话语体系,需要明确目标,坚持实践性、统一性、继承性、开放性、时代性原则,从增强构建中国特色档案学话语体系的自信心与自觉性、立足中国实践总结和凝练具有中国特色的档案学成果、基于问题导向解决好档案学发展所面临的困境和难题、立足国际视野贯通中国特色档案学的通用性话语表达、完善和优化中国特色档案学话语体系的国际传播途径等方面下功夫。"③

黑龙江大学信息资源管理研究中心倪丽娟认为："改革开放四十年来,伴随国家发展理念的变化,尤其是经济社会发展引发的社会价值观的转变以及网络社会、数字技术与人工智能的发展,档案学研究引入哲学、管理学、文化学视角,推动了档案学术研究的深化和档案学学术性的提升。对以(互联网)网络技术为核心的现代信息技术发展的跟踪研究,在推动档案知识体系不断更新与优化的同时,推动档案学研究,档案工作发展与国家发展战略、社会发展的融合度不断提升,档案学研究与档案工作的社会影响力不断彰显。"④

天津师范大学管理学院蒋冠认为："公众档案研究主要关注与公众档案有关的各种现象,是一个正在兴起的研究领域。从横向来看,公众档案研究包括三个聚焦点,即个人存档、民间文献与社群档案。从纵向来看,公众档案研究包括三个层面,即基础层、阐释层与应用层。公众档案研究的产生与发展,是社会实践发展与理论思潮演变的结果,深入开展公众档案研究有重要的理论意义与实践意义。"⑤

上海大学图书情报档案系连志英认为："中国当代档案学在人才培养与学科发展等方面取得了很多成就,但仍面临着三大危机:生源危机、档案学研究方法论危机、档案学研究成果危机。为使中国档案学教育和研究成果更具社会影响力、档案学得到更广泛的其他学科及社会的认同,中国当代档案学还需加强跨学科科研与教育,发展和完善档案学研究方法论体系;中国档案学学术共同体还需要有更多的社会责任担当,档案学的研究主题需要有更多的现实关怀。"⑥

中山大学政治与公共事务学院陈泳欣、顺丰速运有限公司聂二辉认为："社会治理强调的是多元、冲突与互动,多元是指运动过程中的主体多元,冲突是指因碰撞而产生的对立和矛盾,互动是指因接触而产生的融通与共识。从作用于档案实践的不同因素出发,将档案思维分为专业型和拓展型,前者意为档案专业知识在档案实践领域应用过程中产生的方式方法和思想逻辑,后者是非档案专业知识或其与档案专业知识融合后在档案实践领域应用过程中产生的方式方法和思想逻辑。深入社会治理的视角,发现多元冲突和多元互动分别是专业型档案思维与拓展型档案思维发展的关键动力。"⑦

---

① 陈忠海,李果元.档案学研究运用问卷调查法存在问题分析[J].档案管理,2019(2):10-12.

② 潘连根.论档案学研究视角的多元化和研究方法的多样化[J].档案与建设,2019(1):4-7.

③ 张斌,杨文.论新时代中国特色档案学话语体系的构建[J].档案学通讯,2019(5):4-12.

④ 倪丽娟.改革开放四十年档案学研究路径拓展及其启示[J].档案学研究,2019(2):20-24.

⑤ 蒋冠.公众档案:一个正在兴起的研究领域[J].档案学研究,2019(3):32-36.

⑥ 连志英.中国当代档案学的危机与发展[J].档案学研究,2019(2):31-35.

⑦ 陈泳欣,聂二辉."多元冲突"与"多元互动":社会治理下的档案思维新发现[J].档案与建设,2019(2):24-27,18.

南京大学信息管理学院吕文婷认为:"20世纪50年代,以伊恩·麦克林、彼得·斯科特等人为代表的实践工作者在澳大利亚政府文档管理实践中积累了丰富的工作经验,形成了登记室体系、文件系列体系等管理制度和方法,其中文件形成背景的多元关联、事前归档等理念成为孕育文件连续体思想的基础。20世纪90年代,电子文件管理、社群档案管理等实践因素直接推动了弗兰克·阿普沃德等研究者对连续体思想的理论认知和升华,文件连续体理论终于在曲折中诞生,并对国际范围内的文件与档案管理理论与实践产生了深远影响。"①

中国人民大学信息资源管理学院冯惠玲、加小双"分析了后保管理论的发展脉络和核心思想,主要表现为四个方面的超越,即超越实体保管,关注背景和联系;超越保管地点,聚焦保管需求和能力;超越闭门保管,扩展档案管理功能;超越阶段性保管,在合作中走向连续,包括保管活动的连续性和合作机制等。"②

二、书评

太原理工大学档案馆樊振东"以冯惠玲、张辑哲主编的《档案学概论》被引数据为基础,从引用行为分布的文献类型、引用者数量、引用者所在机构,及机构所在的地域、引用时间分布等多种角度考察该专著被学术研究吸收利用的事实",认为:"在众多的《档案学概论》专著中,中国人民大学冯惠玲、张辑哲主编的《档案学概论》以其完善的体系和较高的理论水平得到认可和传播,成为档案学基础理论研究的代表性成果。"③

中国人民大学信息资源管理学院王宁、中国第一历史档案馆田呈彬认为:"殷钟麒所著《中国档案管理新论》,其视角主要聚焦机关档案工作,尤其重视行政组织与档案管理之间的关系,'组织'思想贯穿于著作始终。著作阐明了组织与档案工作之间的相互作用关系,体现了包括建立独立的档案组织体系、根据组织有机整体性开展档案工作和基于不同层次组织构建不同档案制度在内的档案管理理念。该著作以组织为核心视角的档案管理思想在当前的文件、档案工作实践中仍有重要的启发意义。"④

辽宁大学中国档案文化研究中心赵彦昌认为:上海大学图书情报档案系金波教授主编的"《档案学导论》是国家精品课程教材,该书从国家与社会发展层面上来理解档案学和档案事业,从当代信息技术发展和信息化建设的趋势上来把握专业学科的动向,突出了当代档案学和档案事业发展的前瞻领域,将理论与实践融为一体,引领性强。全书围绕档案学的基本理论、方法和技术,介绍档案资源、档案事业、档案职业、档案思想、档案文化、档案社会、档案信息资源建设、档案信息资源开发、档案信息化建设、数字档案馆建设、档案法制建设等内容。对读者了解和掌握档案学的基本理论、方法和技术,熟识档案的文化资源、信息资源、记忆资源性质和丰富的档案工作内容等具有参考和引导价值"。⑤

辽宁大学中国档案文化研究中心赵彦昌认为:西北大学公共管理学院黄新荣博士《云环境下我国综合数字档案馆建设模式研究》一书,"分析了我国综合数字档案馆建设中存在的问题,分析问题产生的原因,探索解决数字档案馆建设困境的对策,提出了技术和管理相融合的思路,解决数字档案馆建设中遇到的问题。分析我国数字档案馆建设的云模式,可分为宏观布局和微观结构两个层面,进一步提出了推进云模式数字档案馆建设的IT治理机制,并通过实例对云模式数字档案馆建设进行进一步

---

① 吕文婷.文件连续体理论的澳大利亚本土实践溯源[J].档案学通讯,2019(3):12-19.
② 冯惠玲,加小双.档案后保管理论的演进与核心思想[J].档案学通讯,2019(4):4-12.
③ 樊振东.冯惠玲、张辑哲《档案学概论》学术影响力分析[J].北京档案,2019(7):40-42.
④ 王宁,田呈彬.从"组织"视角看殷钟麒《中国档案管理新论》的理论贡献和现实意义[J].档案管理,2019(1):39-41,75.
⑤ 赵彦昌.金波《档案学导论》出版[J].档案学通讯,2019(3):48.

验证。理论与实践并重,对推动我国数字档案馆建设具有重要的借鉴价值"。①

三、档案学人

安徽大学罗吉鹏认为曾三档案利用思想的内容包括:①从"以利用为纲"到"积极开展档案资料的利用工作";②主张开放利用历史档案;③阐述利用与保密之间的关系;④明晰利用与档案工作其他各环节的关系;⑤强调加强科技档案的利用;⑥提出利用档案开展编史修志。②

中国工程物理研究院化工材料研究所叶萌萌认为杨冬权档案价值鉴定观的特点:首先,历史性是杨冬权档案价值鉴定观最本质的特征。其次,实践性是杨冬权档案价值鉴定观最鲜明的特征。最后,动态性则是杨冬权档案价值鉴定观不断发展完善最根源的特征。她还提出其局限:第一,理论性稍显不足。第二,完善性仍需提升。③

国家海洋信息中心滕连昌认为:"毛坤作为我国近代档案教育的重要开创者,对我国近代档案人才培养产生了重要影响。毛坤在求知、工作和教学过程中形成了'师古效西'、理论和实践'相需为用'、通识通才、经世致用、德才并重等档案教育理念,其教育理念对当今档案学教研、档案教育开办、档案人才培养等方面仍具有重要启发和借鉴意义。"④

武汉大学信息管理学院肖秋会、容依媚认为:"毛坤是近代中国档案专业教育的先驱,为中国档案事业发展做出了不可忽视的历史性贡献。他是第一位讲授档案课程的中国人,也是文华图专档案教育开办的主要策划者和推动者,使档案教育从一开始附属于图书馆学教育体系到独立设置专科,开辟了中国档案专业教育的新纪元。"⑤

中国人民大学信息资源管理学院杨文"以档案学十三本旧著作者群体为例,分析了该学人群体受当时政治环境、文化环境和学术环境等多种因素的交叉影响,最终形成了切实与致用、守正与创新、求是与求通的学术风格。三种学术风格的形成,为近代档案学界优良学术风气和学术精神的形成奠定了良好的基础,成为近现代档案学术体系建立与完善的重要推力"。⑥

武汉大学信息管理学院档案与政务信息学系肖秋会、刘子辰认为,黄彝仲的档案分类思想具有如下特点:①视野广阔,兼收并蓄。黄彝仲不仅吸收了英、美关于尊重档案原群的思想,也借鉴了苏联的"档范"(全宗)理论,掌握了档案分类的基本规律,从来源角度认识到形成机关的历史、组织机构和职能对于档案分类的重要性。②注重档案分类的实用性。③准确地认识图书与档案分类的共性和差异性。他不仅揭示了图书和档案管理的共性,将现代图书分类的技术和方法应用于档案分类实践,达到事半功倍的效果,同时,也准确区分了档案与图书在本质上的差异性,提出了档案分类的特殊原则。④从其档案分类的指导原则、体例结构、分类规则及编号方法来看,体现了科学性和实用性的结合、逻辑严密性和灵活性的结合,已经具备了现代档案分类的水准。⑦

天津师范大学管理学院李福君、天津师范大学后勤管理处徐琴认为:美国早期的档案学家玛格丽特·克罗斯·诺顿"将欧洲档案理论与美国的档案工作实际情况相结合,创造性地提出了自己的档案价值思想和鉴定理论。她提出的档案对文件原形成机关具有法律价值的思想,和在此基础上坚持的档案机构必须参与文件鉴定的主张,对于变革美国档案工作者的理念、应对和解决当时美国档案实践

① 赵彦昌.黄新荣《云环境下我国综合数字档案馆建设模式研究》出版[J].档案学通讯,2019(3):76.
② 罗吉鹏.曾三档案利用思想研究[D].合肥:安徽大学,2019.
③ 叶萌萌.杨冬权档案价值鉴定观研究[J].档案与建设,2019(11):6-9,14.
④ 滕连昌.毛坤档案教育理念及其启示[J].档案,2019(1):19-24.
⑤ 肖秋会,容依媚.论毛坤的档案学思想及当代价值[J].档案管理,2019(4):13-17.
⑥ 杨文.民国时期档案学人的学术风格研究:以档案学十三本旧著作者群体为例[J].档案学研究,2019(1):11-18.
⑦ 肖秋会,刘子辰.黄彝仲的档案分类思想研究:以其文华图专毕业论文为基础[J].档案管理,2019(6):9-11,15.

的困境,都发挥了极大的作用。因此,诺顿的档案思想对美国档案价值与鉴定思想的丰富和完善起到了非常积极的作用,因而成为美国档案组织与鉴定思想形成过程中的一个重要阶段。"①

四、档案价值

中船第九设计研究院工程有限公司信档部徐伊莉认为:"档案价值是指档案价值主体利用档案客体对象满足其社会实践活动的需要,并在认识世界和改造世界的过程中充分挖掘档案客体所蕴藏的各种'有用性'。它是主体(档案利用者及其利用需求)与客体(各个不同时代产生的各种类型、载体、内容的档案)之间的关系范畴。"②

山东大学历史文化学院陈艳、谭必勇认为:"在新旧动能转换背景下转型或淘汰的工业企业,其工业遗产档案的价值并未消失。由于产业规模的缩小增加了工业遗产的稀缺性价值,需要借助档案的原始记录对其进行保护和修复。而修复后的产区、车间、矿场、设备等工业遗产遗址本身就代表着转型或淘汰的企业所属时代的审美,讲述着企业的工业历史。最终,因新科技而产生的新旧动能转换产生的被淘汰的工业企业的落脚点又回归到促进新科技的发展的螺旋形路径上来,成为社会发展的新动力的源泉。"③

华南师范大学档案馆谭彩敏认为:"随着档案管理工作逐步向社会公共事务演变,尤其是社会人权、民主、公平、正义等理念在档案管理工作中的渗透,档案价值鉴定不可避免地受到冲击和挑战,为此,我们应当适应社会的发展引入新的鉴定标准和鉴定主体,构建多元化的鉴定标准体系和多层级的鉴定主体体系,以更好地实现构建完整的'社会记忆'以及满足日益广泛的社会利用需求的鉴定目标。"④

广东广业云硫矿业有限公司李彩红认为:"档案价值鉴定理论漫长的形成过程是伴随档案工作变革开始的。而且往往是档案工作者首先做出反应,改变之前档案管理工作中的一些管理方法,当这些变化造成的影响或者波及的范围累积到一定程度时,新的理论才会出现雏形。而理论在实践中的推广与应用,令其进一步完善了。也就是说档案工作在新的理论产生前已经发生工作形式的变化,或者实践的改变更容易推动理论的形成,然后在行程中完善,最后推广到所有档案工作中,迅速地改变档案工作。"⑤

上海大学图书情报档案系周林兴、汤波认为:"公民视角即指从公民的立场和需求去看待问题和解决问题。基于公民视角下的档案鉴定理论,具有公平性、社会性和服务性三方面价值维度。""公民视角在档案鉴定理论中的实现,需要贯彻到档案工作的具体实践中,不能脱离于档案工作实践。公民视角在档案鉴定理论发展中是社会公平性、档案的社会性和档案工作服务性的体现,在实践中支持公民参与鉴定工作,强调民生档案工作的重要性以及提高档案人员社会意识,是公民视角在档案鉴定理论中的价值实现途径。"⑥

五、档案与数据

国防大学政治学院刘庆悦、杨安莲认为:"在广义的理解中,档案数据可视为'与档案有关的数

---

①　李福君,徐琴.诺顿的档案思想研究[J].北京档案,2019(6):18-21.
②　徐伊莉.试述影响档案价值实现的若干因素[J].机电兵船档案,2019(6):34-36.
③　陈艳,谭必勇.新旧动能转换背景下的工业遗产档案价值再造路径探究[J].兰台世界,2019(9):11-14,10.
④　谭彩敏.新时期档案价值鉴定研究:背景、标准、主体[J].北京档案,2019(12):26-28.
⑤　李彩红.以档案价值鉴定理论为例浅析档案工作的革新对档案理论演变的影响[J].兰台内外,2019(10):79-80.
⑥　周林兴,汤波.公民视角在档案鉴定理论中的价值及实现策略[J].档案,2019(1):4-8.

据'，包括与档案相关的视频、语音、程序软件、聊天记录等丰富的存在形式，甚至人脑记忆的与档案相关的数据也属于档案数据。这里'有关'的范围过于宽泛，难以确定并落实。在狭义的理解中，档案数据可视为'作为档案的数据'，即档案数据既是数据又是档案。这种理解略显狭隘，不仅与数字档案资源的内涵重合，还忽略了大量存在于档案工作中、可被管理和利用的元数据、统计数据、实时数据等数据。总体而言，这两种理解均不适用于指导档案实践。"她们还"倾向于将档案数据理解为'承载档案信息的数据以及在档案信息管理利用活动中产生的数据'"①。

郑州航空工业管理学院刘永、庞宇飞、荆欣认为："档案数据大脑是指由档案数据单元组成的档案数据有机体集合。随着技术与数据的深入融合，档案数据有机体有望逐步发展为档案数据智能体（Achieves Data Agent）。"②

四川大学公共管理学院赵跃认为："档案数据化被认为是档案数字化发展的新阶段，它是指档案部门以用户需求和业务需要为导向，将数字档案资源转换为可供阅读、分析和处理的档案数据资源的过程。档案数据化对大数据时代档案工作的数据转型与纵深发展具有重要现实意义，它有助于突破档案信息资源深度开发瓶颈、创新以需求为导向的档案服务模式以及推动档案管理业务流程实现智慧化。但由于诸多不确定性因素的存在，档案数据化工作同样面临困境，主要体现为政策与动力层面的困境、人才与技术层面的困境。"③

西藏民族大学管理学院赵生辉、云南大学历史与档案学院胡莹认为："档案文本数据化需要遵循'面向领域，需求驱动'的原则，以'语义框架库'和'词元本体库'为依托，按照'文本层级化、信息颗粒化和词元语义化'的思路，通过'后端结构化''前端结构化''云端结构化'三种实践路径来实现。"④

上海大学图书情报档案系王向女、郑州大学信息管理学院袁倩认为："数据科学背景下的档案数据管理，既不是一场不切实际的'美梦'，其发展也应无惧道路上的'陷阱'。在数据科学的影响下，档案数据管理转型升级的过程是缓慢的，前途是光明的。从长远来看，档案数据管理不会困于数据科学描绘的'美梦'，因为它灵活地将数据科学的优势转化为自身转型的突破口，在实践中进一步发展；档案数据管理自然也不会畏惧数据科学带来的威胁和障碍，因为它脚踏实地，稳步前进。"⑤

苏州大学社会学院丁家友认为："在大数据背景下，档案工作要立足于数字保全，从传统的档案保存向档案数据保全转变，因为两者在档案本质属性上的信托关系发生了根本性改变。"⑥

六、双套制（多套制）与单套制

开封大学综合档案室苏瑞认为："电子文件'单套制'渐成趋势，但电子文件'单套制'并非等于电子档案的'单套制'，更不等于档案的'单套制'。'多套制'是文件档案保管的共识和传统，是档案安全备份最常见的方式、方法，是不同载体过渡时期的常态；'电子档案多套'长期共存是客观现实，也是历史必然。'多套制'是档案人应有的立场和思维模式。"⑦

河南省郑州市世纪游乐园李春慧认为："电子档案没有'原稿'概念，没有确定的法律地位；所支撑硬件系统和应用软件系统各不相同，对软硬件依赖大，寿命短，其影像记录的稳定期限不长。纸质档案虽具有真实性、可靠性、法律地位确定的优势，但有信息容量小、占据空间大、管理检索不便等弱点。

① 刘庆悦，杨安莲.档案数据：概念、分类及特点初探[J].档案与建设，2019(10)：4-7.
② 刘永，庞宇飞，荆欣.档案数据化之浅析：档案数据大脑的构建[J].档案管理，2019(3)：31-34.
③ 赵跃.大数据时代档案数据化的前景展望：意义与困境[J].档案学研究，2019(5)：52-60.
④ 赵生辉，胡莹.档案文本结构化：概念、原理与路径[J].浙江档案，2019(12)：23-25.
⑤ 王向女，袁倩.美梦还是陷阱：论数据科学背景下的档案数据管理[J].档案与建设，2019(9)：4-7，12.
⑥ 丁家友.大数据背景下的档案数据保全探析[J].档案学通讯，2019(1)：34-39.
⑦ 苏瑞.电子文件"单套制"趋势下应有的档案"多套制"思维[J].档案，2019(3)：53-55.

因此说,电子文件的原始性成了转化为电子档案的主要障碍,而实行'双套制'收集归档后正好融合了电子文件与纸质文件的优势,既可发挥高效存取和快速检索的功能,又可保证归档文件的原始性和凭证作用。"①

长江水利委员会长江科学院文振兴认为:"在电子档案单套制的技术、标准尚未成熟的前提下,各单位在双套制的基础上衍生出的电子档案单套制、互补制、混合制,实则是对现实的一种'妥协',是一种暂行手段。"②

山东省菏泽第一中学李艳娟认为:区块链淘汰"双套制"是历史的必然。"在区块链技术真正落地应用到档案行业之前,不可否认,电子档案'双套制'在解决纸质档案和电子档案证据作用强弱上的矛盾,摒弃双方劣势发挥各自优势上,起到了重要的作用。不过,从历史角度看,'双套制'仅能算作一种过渡手段或模式。区块链技术凭其不可篡改性与数据可完整追溯的特性,很快将以压倒性态势淘汰掉'双套制'。"③

中山大学资讯管理学院苏焕宁认为:"在电子环境下的文件归档应当遵从单套制原则,而在转型时期所形成的纸质文件只能视为对电子文件的一种必要补充,是原则之下的例外,切不可以将例外的双套制当作常态。从总体趋势来看,电子文件将逐步取代纸质文件,归档工作的重点也应顺应这种趋势向电子文件倾斜,为电子文件单轨制管理的完全实现做足准备,积累经验,奠定基础,积极推进单套制转型,争取早日实现无纸化档案管理的目标。"④

甘肃省档案馆宛志亮认为:"在电子文件单套制管理的大趋势和社会、技术、法律、文化、人本等因素的作用与影响下,档案的管理模式将呈现多样化。不同的档案管理机构或同一个档案管理机构中,对于不同类型的档案会采取不同的管理模式,因此,档案管理的单套制、双套制以及'多套制'必将长期共存。为此,只有立足长远,因'档'制宜,科学灵活地选择适宜的档案管理模式,才是实现档案长久、安全、妥善保管的正确选择。"⑤

七、社交媒体

四川大学公共管理学院周文泓认为:"当前档案界对社交媒体信息保管的参与有限,正面临失却先发契机、错失发展资源、弱化档案话语权的危机。同时,由于社交媒体乃至互联网信息保管的复杂性,档案领域依旧拥有参与的巨大空间:为匹配庞杂社交媒体信息保管补充资源、为缓解信息边界难分引发的主体矛盾贡献方法、为显性化构建社交媒体作为档案库整体的关联提供思路、为多元保管方式融合汇聚焦点、为共推保管能力综合建设指引升级方向。"⑥

上海大学图书情报档案系李德敏"从技术环境、制度环境和社会环境三方面的变化深刻阐述了机关社交媒体文件归档的动因,并从树立归档意识、提升归档技术、培育归档人才、创新协作方式和建设法治环境五个方面提出了当前机关社交媒体文件的归档策略,期望对之后相关制度的研究和法律的完善有所帮助"。⑦

中国人民大学劳动人事学院、中国人民大学信息资源管理学院魏扣、李子林、郝琦"运用SWOT分

① 李春慧.纸质档案与电子档案"双套制"管理探析[J].档案管理,2019(3):92,94.
② 文振兴.双套制的发展、衍变与实践反思[J].档案管理,2019(3):39-41.
③ 李艳娟.电子档案管理"双套制"或将退出历史舞台[J].山东档案,2019(5):43-44,46.
④ 苏焕宁.原则与例外:电子文件归档的单套制与双套制选择[J].山西档案,2019(6):5-12.
⑤ 宛志亮.电子文件单套制管理趋势下的档案"多套制"管理模式长期共存[J].档案,2019(7):16-20.
⑥ 周文泓.我国网络空间中档案领域的缺位审视和参与展望:基于社交媒体信息保管行动的解析[J].档案与建设,2019(9):13-17.
⑦ 李德敏.机关社交媒体文件归档动因及策略探析[J].档案与建设,2019(8):29-32,47.

析法分析了档案部门应用社交媒体提供档案知识服务的内部优势、劣势和外部机会、威胁因素,提出应多措并举提升社会档案意识、多举并施提升档案知识服务水平、多角度全方位保障档案知识服务的顺利实施,发挥社交媒体为档案部门在提供档案知识服务方面的最大效用"。[①]

大连大学档案馆刘瑛认为:"在档案建设工作中运用社交媒体已成为档案建设的关键任务之一。在档案建设工作中合理运用社交媒体,可以提高档案建设工作的工作效率,增加档案工作的透明度和公开性,更好地为社会提供服务。"[②]

八、微信公众号

山东大学历史文化学院陈艳"从网络社群的角度出发,选取由微信公众号'档案微平台研究'所发布的 2018 年度省级类档案微信公众号排行榜的前十名作为研究对象,分析得出档案微信公众号在运营过程中均考虑到了内容、交互和关系链这三大要素,其可以从明确功能定位、培养核心用户、活化生态圈三个角度入手完善公众号的运营策略"[③]。

湖北大学历史文化学院赵雪芹、上海大学图书情报档案系邢慧认为:"新媒体环境下,综合档案馆利用微信公众号开展服务已经成为趋势,探究公众号用户接受意愿的影响因素有利于增强其社会影响力,提高服务质量。"他们通过"研究发现,档案馆微信服务用户接受意愿影响机制包括:任务——技术匹配度、努力期望对绩效期望有显著正向影响;用户的任务——技术匹配度、绩效期望、使用习惯是影响接受意愿的重要因素;用户的努力期望、社会影响对接受意愿没有预期的正向影响。基于研究结果和实际调研提出了完善功能设计,增强用户绩效期望;塑造自身风格,提升公众号质量;加强互动反馈,提高用户参与度等提升策略"。[④]

中国石油勘探开发研究院谢童柱探讨了企业档案馆微信公众平台的长期发展对策:①转变档案管理理念,完善人才队伍建设;②强化交互功能,提高用户满意度;③做好推广工作,提高用户关注度;④注重信息维护,提升用户黏合度。[⑤]

中国矿业大学档案馆李月娥、中国矿业大学公共管理学院黄馨提出了高校档案馆微信公众号的运营建议:①明确发展方向,丰富服务内容;②拓展宣传方式,增强宣传力度;③稳定推送频率,打造精品推文;④强化交互功能,提升用户体验。[⑥]

福建省厦门大学档案馆张璐阳、连念提出了高校档案馆微信公众号建设的对策建议:①丰富推送内容;②优化服务功能;③增强互动交流;④加大宣传力度;⑤拓宽共享渠道。[⑦]

九、档案与记忆

上海大学图书情报档案系郑爽、丁华东"以档案记忆与数字人文二者间异同为切入点,揭示二者存在差异、互联与交叠关系。根据当前数字人文研究对实现档案记忆功能的影响,提出可以从深化档案记忆资源开发、积极参与跨领域交流以及培养'刺猬狐'型档案人才三方面来实现数字人文视域下

　　① 魏扣,李子林,郝琦. 社交媒体应用于档案知识服务的 SWOT 分析[J]. 档案学研究,2019(1):69-74.
　　② 刘瑛. 社交媒体与档案社会化资源建设[J]. 兰台世界,2019(8):67-70.
　　③ 陈艳. 基于网络社群视角的档案微信公众号运营策略探究:以十个省级微信公众号平台为研究对象[J]. 档案与建设,2019(2):14-18.
　　④ 赵雪芹,邢慧. 综合档案馆微信服务用户接受意愿实证研究[J]. 浙江档案,2019(11):26-28.
　　⑤ 谢童柱. 企业档案馆微信公众平台的构建及长期发展策略研究[J]. 黑龙江档案,2019(5):102-103.
　　⑥ 李月娥,黄馨. 高校档案馆微信公众号建设情况研究[J]. 档案天地,2019(8):40-43.
　　⑦ 张璐阳,连念. 高校档案馆微信公众号建设探索[J]. 中国档案,2019(2):42-43.

的档案记忆功能"。①

黑龙江大学信息管理学院陈明"以档案与社会记忆二者间同根同源为切入点,探讨二者在器物、制度、观念层次上的紧密联系,据此对当前档案文化功能在维护社会记忆情境下的现实困境进行剖析,从文化结构入手,提出以面向行为层次的多渠道协同运作、立足表象层次的多维度记忆共谋、引导认知层次的多主体信仰延续来重新审视档案文化功能,实现档案文化功能的嬗变与复合发展"。②

上海大学图书情报档案系何玉颜认为:"文件连续体理论作为档案学理论中的重要组成部分,对档案参与社会记忆建构具有理论和现实的指导价值。文件连续体理论中所包含的文件与档案具有社会建构性、文件与档案保管最终为了建构完整的社会记忆、档案参与社会记忆的建构过程可以文件运动连续性等思想为参考,为档案参与社会记忆建构提供了理论支撑。文件连续体理论主张文件保管需要多方的参与合作,明确了社会记忆建构主体是与文件相关的每一个人;主张档案概念具有丰富多元的释义,丰富了社会记忆的建构资源;同时文件连续体理论的现实应用——参与式档案馆模式和档案自治模式正在对社会记忆建构实践产生积极且具重要意义的影响。"③

上海大学图书情报档案系刘鋆认为:"证据性是档案所具有的最重要的一项价值属性。同时,档案作为社会记忆的众多承载物之一,与其他信息载体最重要的区别就在于档案的证据神圣性。因此,在忽视档案证据性的情况下来谈档案的记忆功能是既不现实也不可靠的。关于文件连续体理论与档案参与社会记忆建构的联结,可以算作一种考虑到文件形成主体多元性和形成过程复杂性的发散性思考,但不是文件连续体理论提出的本意和其期望实现的首要功能。"④

十、档案信息化建设

上海大学图书情报档案系方海瑞认为:"当前,我国正处于信息技术革新、信息服务融合的转型期,更加强调信息惠民,推进社会生活信息化。档案信息化建设应明确这一时代要求,积极探索开放融合的信息化建设路径,推动档案信息服务更好地满足人民群众的现实需求。"⑤

中国人民大学信息资源管理学院钱毅以三态为分析视角,以档案信息化中信息资源、标准规范和人才队伍三种典型要素为研究对象,探讨了不同档案对象空间中信息化建设重点,"认为应该保障不同态别档案资源对象规范完整、夯实三态视角下的标准规范体系、提升档案机构与人员的专业能力"。⑥

江苏省档案馆许燕梅认为:"新时期事业单位档案信息化建设,应适应新时代、新形势、新任务的要求,主动融入社会治理、公共服务和本单位事业跃升的大格局,在制度建设、依法管理、技术创新、队伍建设等方面做细做实,才能将档案信息化建设的成果,切实转化为推进档案工作现代化的新动力。"⑦

浙江广播电视集团金虹认为:"开展干部人事档案信息化管理,能减少纸质档案的使用频率,既提高了工作效率,又确保了干部人事档案信息的准确性,还有效避免了查阅过程中出现的原件受损、被涂改或遗失等情况,推进干部人事档案管理提质增效。要推进干部人事档案信息化建设,需要提高档案信息化意识、建立统一的技术标准、建立电子档案库和管理系统、建立安全保障体系。"⑧

① 郑爽,丁华东.数字人文对档案记忆功能实现的启示[J].档案与建设,2019(7):23-26.
② 陈明.社会记忆背景下档案文化功能实现层次建构[J].档案与建设,2019(1):31-34,30.
③ 何玉颜.社会记忆视域下文件连续体理论的生命力[J].档案学通讯,2019(1):29-33.
④ 刘鋆."证据"与"记忆"的逻辑错配:基于文件连续体理论模型的批判性思考[J].档案与建设,2019(8):20-24.
⑤ 方海瑞.国家信息化战略背景下档案信息化发展趋势探析[J].档案,2019(11):25-29.
⑥ 钱毅.基于三态视角重新审视档案信息化建设[J].浙江档案,2019(11):18-21.
⑦ 许燕梅.事业单位档案信息化建设工作探讨[J].档案与建设,2019(12):56-58.
⑧ 金虹.推进干部人事档案信息化建设的实践探析[J].浙江档案,2019(8):62-63.

第三章　档案管理

我们以中国知网为样本来源,检索范围:中国学术期刊网络出版总库,中国博士学位论文全文数据库,中国优秀硕士学位论文全文数据库,中国重要会议论文全文数据库,国际会议论文全文数据库,中国重要报纸全文数据库,中国学术辑刊全文数据库。

检索年限:2019 年。

检索时间:2020 年 3 月 27 日。

检索式:发表时间=2019-01-01 至 2019-12-31,并且专题子栏目=档案管理(模糊匹配)。

样本文献总数:3306 篇。

第一节　文献统计分析

本节采用统计分析的方法,从资源类型分布、文献学科分布、文献研究层次分布、文献基金分布、文献类型分布 5 个方面对样本文献进行分析。

一、资源类型分布

从资源类型分布看,3306 篇样本文献涉及期刊、硕士、报纸、国内会议 4 种类型。各类型资源发表文献数量及占比情况见表 3-1。

表 3-1　各类型资源发表文献数量及占比情况

序号	资源类型	发表文献数量/篇	占全部样本/%
1	期刊	3221	97.43
2	硕士	33	1.00
3	报纸	31	0.94
4	国内会议	21	0.64
合计		3306	100.00

从表 3-1 显示的情况看,期刊是 2019 年档案管理研究文献的主要来源,也是研究者进行交流与沟通的主要渠道和平台,体量远超硕士、报纸、国内会议之和两个数量级。与期刊相比,硕士、报纸、国

内会议论文只起点缀作用。

二、文献学科分布

从样本文献学科分布看,3306 篇样本文献涉及超过 15 个学科。前 15 个学科发表文献数量及占比情况见表 3-2。

表 3-2　前 15 个学科发表文献数量及占比情况

序号	学科	发表文献数量/篇	占全部样本/%
1	图书情报档案	3187	96.40
2	公共卫生与预防医学	494	14.94
3	公共管理	299	9.04
4	工商管理	296	8.95
5	工业经济	148	4.48
6	农业经济	89	2.69
7	城市经济	88	2.66
8	教育	66	2.00
9	国民经济	59	1.78
10	社会	56	1.69
11	政治	55	1.66
12	保险	44	1.33
13	水利工程	37	1.12
14	法学	34	1.03
15	交通运输经济	31	0.94
	总计	4983	150.73
	实际	3306	100.00
	超出	1677	50.73

需要说明的是,按学科统计数为 4983 篇,占 150.73%;超出实际文献数 1677 篇,占 50.73%。图书情报档案专业就发表 3187 篇,占全部样本的 96.40%。研究在聚焦本专业的同时,具有很高的学科交叉性。

除图书情报档案之外,发表文献最多的 4 个学科分别是公共卫生与预防医学、公共管理、工商管理、工业经济,与 2018 年相同。

三、文献研究层次分布

从文献研究层次分布看,3306 篇样本文献涉及 17 个不同层次。各层次发表文献数量及占比情况见表 3-3。

表 3-3　各层次发表文献数量及占比情况

序号	层次	发表文献数量/篇	占全部样本/%
1	基础研究（社科）	1212	36.66
2	职业指导（社科）	808	24.44
3	行业指导（社科）	595	18.00
4	基础与应用基础研究（自科）	116	3.51
5	专业实用技术（自科）	113	3.42
6	工程技术（自科）	56	1.69
7	行业技术指导（自科）	50	1.51
8	政策研究（社科）	39	1.18
9	大众文化	31	0.94
10	经济信息	10	0.30
11	基础教育与中等职业教育	8	0.24
12	高等教育	4	0.12
13	政策研究（自科）	2	0.06
14	标准与质量控制（自科）	1	0.03
15	文艺作品	1	0.03
17	其他	260	7.86
	合计	3306	100.00

如果按社会科学、自然科学、经济文化教育和其他来分类,各类文献数量及占比分别是:社会科学 2654 篇,占 80.28%;自然科学 338 篇,占 10.22%;经济文化教育 54 篇,占 1.63%;其他 260 篇,占 7.86%。研究明显属于社会科学的范畴。

如果按研究的基础性与应用性划分,基础性研究 1328 篇,占 40.17%;应用性研究 1978 篇,占 59.83%。研究偏重应用性。

综上,从整体上看,2019 年档案管理研究是偏重应用性的社会科学研究。

四、文献基金分布

从样本文献的基金分布情况看,3306 篇样本文献中有 34 篇得到 14 种国家、省、部级基金的资助,占全部样本的 1.03%。其中国家基金 2 种 22 篇;地方基金 8 种 8 篇;部委及其他 4 种 4 篇。各类基金资助发表文献数量及占比情况见表 3-4。

表 3-4　各类基金资助发表文献数量及占比情况

序号	基金	发表文献数量/篇	占全部样本%	占基金资助文献/%
1	国家社会科学基金	21	0.64	61.76
2	南京大学人文社会科学研究项目	1	0.03	2.94
3	连云港市哲学社会科学规划基金	1	0.03	2.94

续表3-4

序号	基金	发表文献数量/篇	占全部样本%	占基金资助文献/%
4	国家档案局科技项目	1	0.03	2.94
5	中国人民大学科学研究项目	1	0.03	2.94
6	广东省高等教育教学改革项目	1	0.03	2.94
7	国家留学基金	1	0.03	2.94
8	广西高等学校教学质量与教学改革项目	1	0.03	2.94
9	国家级大学生创新创业训练计划	1	0.03	2.94
10	江苏省教育厅高等学校哲学社会科学研究项目	1	0.03	2.94
11	四川省教育厅人文社会科学研究项目	1	0.03	2.94
12	山东省医药卫生科技发展计划	1	0.03	2.94
13	浙江省教育厅科研计划	1	0.03	2.94
14	安徽省教育厅人文社会科学研究项目	1	0.03	2.94
	合计	34	1.03	100.00
	总计	3306	100.00	

从层级上看,国家级资助力度高于地方的资助力度约一倍。从地方基金资助的区域分布看,仅涉及广东省、广西壮族自治区、江苏省、四川省、山东省、浙江省、安徽省。地方对这类研究关注与重视程度不同。

五、文献类型分布

从文献类型分布看,3306篇样本文献涉及综述类、政策研究类、一般性3类。各类型文献数量及占比情况见表3-5。

表3-5　各类型文献数量及占比情况

序号	文献类型	文献数量/篇	占全部样本/%
1	政策研究类文献	43	1.30
2	综述类文献	6	0.18
3	一般性文献	3257	98.52
	合计	3306	100.00

综上,从表3-5中可以明显地看到,一般性论证文献在文献研究成果中占据了近99%的份额,而反映政策性及宏观性研究的政策研究类、综述类文献占比仅有1%多一点,显得非常薄弱。

六、小结

从样本文献的统计情况看,2019年档案管理研究涉及5类资源,期刊是2019年档案管理研究文献的主要来源,也是研究者进行交流与沟通的主要渠道和平台。其他资源仅起点缀作用。

从研究涉及的学科看,研究在聚焦本专业的同时,具有很高的学科交叉性。除图书情报档案之外,发表文献最多的 4 个学科分别是公共卫生与预防医学、公共管理、工商管理、工业经济,与 2018 年相同。

从研究的层次分布看,研究明显属于社会科学的范畴,并且更偏重应用性研究,较 2018 年比重有所增加。

从基金资助的层次上看,国家级资助力度高于地方的资助力度约一倍。从地方基金资助的区域分布看,仅涉及广东省、广西壮族自治区、江苏省、四川省、山东省、浙江省、安徽省。地方对这类研究关注与重视程度不同。

从文献类型分布看,一般性论证文献在研究成果中占据了绝对主体,反映政策性及宏观性研究的政策研究类、综述类文献占比仅有 1% 多一点,显得非常薄弱。

第二节　文献计量分析

本节采用计量分析的方法,从文献作者分布、文献机构分布和文献来源分布 3 个方面对样本文献进行分析。

一、文献作者分布

从作者的分布情况看,前 40 位作者共发表文献 136 篇,占全部样本的 4.11%。前 40 位作者发表文献数量及占比情况见表 3-6。

表 3-6　前 40 位作者发表文献数量及占比情况

序号	作者	发表文献数量/篇	占全部样本/%
1	丁德胜	9	0.27
2	马春荣	6	0.18
3	孙庆楠	5	0.15
4	李兴利	4	0.12
5	管先海	4	0.12
6	尤贞	4	0.12
7	王巍	4	0.12
8	潘运方	4	0.12
9	周向阳	3	0.09
10	翟菲	3	0.09
11	武虹	3	0.09
12	田煜	3	0.09
13	赵晨旭	3	0.09
14	褚丽娜	3	0.09

续表 3-6

序号	作者	发表文献数量/篇	占全部样本/%
15	林建辉	3	0.09
16	宋媛媛	3	0.09
17	马敬	3	0.09
18	邓晓亮	3	0.09
19	陈康	3	0.09
20	齐璐阳	3	0.09
21	李宗富	3	0.09
22	高燕春	3	0.09
23	张蕾	3	0.09
24	刘冀平	3	0.09
25	梁丽明	3	0.09
26	马秀娟	3	0.09
27	张明奇	3	0.09
28	林秀霞	3	0.09
29	胡桂娟	3	0.09
30	赵晓敏	3	0.09
31	崔荣星	3	0.09
32	汤得阳	3	0.09
33	史凤明	3	0.09
34	李灵雪	3	0.09
35	田鑫	3	0.09
36	韩峰	3	0.09
37	史敬阳	3	0.09
38	刘明阳	3	0.09
39	高荣欣	3	0.09
40	朱秀娟	3	0.09
合计		136	4.11
总计		3306	100.00

如果按照普赖斯提出的计算公式,核心作者候选人的最低发文数 $M=0.749\sqrt{N_{max}}$,其中 N_{max} 为最高产作者发表文章数量。2019 年档案管理研究作者中发表文献最多的为 9 篇,即 $N_{max}=9$,所以 $M=0.749\sqrt{9}=2.247$ 。因此,发表文献 2 篇及以上的作者均可视为高产作者和核心作者。

从统计结果看,丁德胜、马春荣、孙庆楠、李兴利、管先海、尤贞、王巍、潘运方等前 40 位作者是 2019 年档案管理研究的高产作者与核心作者。这说明 2019 年档案管理研究有相当数量的高产作者和核心作者群。

从前 40 位作者的所属单位看,来自档案管理机构的作者数量多于高校作者,成为 2019 年档案管理研究的主体。与档案学研究以高校作者为众正好相反。

二、文献机构分布

从机构分布情况看,前 40 个机构发表文献 256 篇,占全部样本的 7.74%。前 40 个机构发表文献数量及占比情况见表 3-7。

表 3-7   前 40 个机构发表文献数量及占比情况

序号	机构	发表文献数量/篇	占全部样本/%
1	黑龙江大学	21	0.64
2	中国人民大学	21	0.64
3	国家档案局	15	0.45
4	云南省档案局	11	0.33
5	郑州大学	11	0.33
6	菏泽市立医院	10	0.30
7	上海大学	10	0.30
8	云南大学	7	0.21
9	安徽大学	7	0.21
10	河北大学	7	0.21
11	山东省德州市农业科学研究所	7	0.21
12	广东省地质局	6	0.18
13	海南医学院	6	0.18
14	成都市新都区人民医院	6	0.18
15	广西民族大学	5	0.15
16	河南省濮阳市档案局	5	0.15
17	陕西延长中煤榆林能源化工有限公司	5	0.15
18	江苏省档案局	5	0.15
19	中国电子科技集团公司	5	0.15
20	河北省唐山市妇幼保健院	5	0.15
21	吉林省洮南市档案局	5	0.15
22	渤海造船厂集团有限公司	4	0.12
23	唐山工人医院	4	0.12
24	中国联通河南省分公司	4	0.12
25	山东大学	4	0.12
26	济宁市第一人民医院	4	0.12
27	山东省千佛山医院	4	0.12
28	中国船舶重工集团公司	4	0.12
29	潍坊医学院附属医院	4	0.12
30	上海外高桥造船有限公司	4	0.12

续表3-7

序号	机构	发表文献数量/篇	占全部样本/%
31	临沂市中医院	4	0.12
32	黑龙江省齐齐哈尔市档案局	4	0.12
33	河南省焦作市档案局	4	0.12
34	吕梁市人民医院	4	0.12
35	国家电网公司	4	0.12
36	四川大学	4	0.12
37	辽宁省阜新市档案局	4	0.12
38	广东省水利厅	4	0.12
39	国华徐州发电有限公司	4	0.12
40	济宁医学院附属医院	4	0.12
	合计	256	7.74
	总计	3306	100.00

如果使用普赖斯公式计算,核心机构的最低发文数 $M = 0.749\sqrt{N_{max}}$,其中 N_{max} 为最高产机构发表文章数量。这里 $N_{max} = 21$,所以 $M = 0.749\sqrt{21} \approx 3.432$,即发表文献3篇及以上的为核心研究机构。据此,发表文献4篇及以上的前40个机构是2019年档案管理研究的高产机构和核心研究机构。

40个高产机构中有10个高校,发表文献97篇,占全部样本的2.93%;12个事业单位,发表文献62篇,占全部样本的1.88%;8个档案行政管理机关,发表文献53篇,占全部样本的1.60%;8个企业,发表文献34篇,占全部样本的1.03%;2个其他行政管理机构,发表文献10篇,占全部样本的0.30%。

这说明,一方面,高校仍然是2019年档案管理研究核心研究机构群的主体之一,发表文献最多的前10位中有7个为高校。另一方面,在前40个机构中非高校数量(30个)多于高校(10个),其中事业单位数量(12个)就高于高校(10个)。从整体上看,档案管理研究更趋近实践工作,而非理论。

三、文献来源分布

从文献来源分布看,3306篇样本文献中,发表文献35篇及以上的文献来源有《办公室业务》《兰台内外》《城建档案》《黑龙江档案》《兰台世界》《才智》《中外企业家》《机电兵船档案》《中国档案》《山东档案》《现代经济信息》《档案天地》《陕西档案》《档案管理》等14种,发表文献2005篇,占全部样本的60.63%,接近全部样本的六成,是档案管理研究的核心媒体。

前14种文献来源发表文献数量及占比情况见表3-8。

表3-8　前14种文献来源发表文献数量及占比情况

序号	文献来源	发表文献数量/篇	占全部样本/%
1	《办公室业务》	757	22.90
2	《兰台内外》	382	11.55
3	《城建档案》	127	3.84

续表 3-8

序号	文献来源	发表文献数量/篇	占全部样本/%
4	《黑龙江档案》	123	3.72
5	《兰台世界》	120	3.63
6	《才智》	84	2.54
7	《中外企业家》	72	2.18
8	《机电兵船档案》	58	1.75
9	《中国档案》	57	1.72
10	《山东档案》	56	1.69
11	《现代经济信息》	53	1.60
12	《档案天地》	42	1.27
13	《陕西档案》	39	1.18
14	《档案管理》	35	1.06
	合计	2005	60.63
	总计	3306	100.00

按照布拉德福定律,3306 篇文献可分为核心区、相关区和非相关区,各个区的论文数量相等(1102 篇)。故发表论文居前两位的《办公室业务》《兰台内外》(1139 篇)处于核心区之内;发表 35 篇及以上的《城建档案》《黑龙江档案》《兰台世界》《才智》《中外企业家》《机电兵船档案》《中国档案》《山东档案》《现代经济信息》《档案天地》《陕西档案》《档案管理》(866 篇)处于相关区;其他发表文献 35 篇及以下的少数处在相关区,多数则处在非相关区。

从发表文献 35 篇及以上的前 14 种文献来源看,10 种为档案学期刊,发表文章 1039 篇;且多数(8 种)为档案学普通期刊,发表文章 947 篇;核心期刊有 2 种,发表文章 92 篇。可以说,普通档案学期刊对 2019 年档案管理研究的关注度更高,是这一研究领域的主要阵地。与档案学研究中档案学核心期刊关注度与刊文量远高于普通期刊不同,核心期刊的关注度则相对较低。这反映出档案学核心期刊有着一种重理论、轻实践的趋向。

其他非档案期刊 4 种,发表文献 966 篇,超过档案学期刊,反而是档案管理问题的主要关注者和研究者,一方面表明档案管理问题的社会普遍性,另一方面反映出档案学期刊在档案管理问题上的覆盖面有限。

四、小结

从样本文献涉及的作者情况看,2019 年档案管理研究仍然有相当数量的高产作者和核心作者群。从前 40 位作者的所属单位看,来自档案管理机构和综合档案馆的作者数量,多于高校作者,成为 2019 年档案管理研究的主体。与档案学研究以高校作者为众正好相反。

从文献涉及的机构看,事业单位居首,高校次之,档案行政管理机构再次之,企业居第四,其他行政管理机构居第五。这说明,一方面,高校仍然是 2019 年档案管理研究核心研究机构群的主体之一,发表文献最多的前 10 位中有 7 个为高校。另一方面,在前 40 个机构中非高校数量(30 个)多于高校(10 个),其中事业单位数量(12 个)就高于高校(10 个)。从整体上看,档案管理研究更趋近实践工作,而不是只局限于理论。

　　从发表文献 35 篇及以上的前 14 种文献来源看,普通档案学期刊对 2019 年档案管理研究的关注度更高,是这一研究领域的主要阵地。与档案学研究中档案学核心期刊关注度与刊文量远高于普通期刊不同,核心期刊的关注度则相对较低。这反映出档案学核心期刊有着一种重理论,轻实践的趋向。其他非档案期刊 4 种,发表文献 966 篇,超过档案学期刊,反而是档案管理问题的主要关注者和研究者,一方面表明档案管理问题的社会普遍性,另一方面反映出档案学期刊在档案管理问题上的覆盖面有限。

第三节　文献词频分析

　　本节采用关键词词频的方法,从关键词词频、主题词词频和近五年高频词变化 3 个方面对样本文献进行了分析。

一、关键词词频分析

　　表 3-9 是前 15 个高频关键词使用频率及占比情况。其中使用频率最高的是档案管理,使用 1129 频次。前 15 个高频关键词合计使用 2754 频次,占全部样本的 83.30%,即 15 个关键词覆盖了八成以上样本文献。

表 3-9　前 15 个高频关键词使用频率及占比情况

序号	关键词	使用频率/次	占全部样本/%
1	档案管理	1129	34.15
2	管理	186	5.63
3	问题	184	5.57
4	对策	180	5.44
5	事业单位	171	5.17
6	档案	156	4.72
7	医院	148	4.48
8	创新	96	2.90
9	人事档案	82	2.48
10	大数据	78	2.36
11	信息化	76	2.30
12	策略	73	2.21
13	规范化	73	2.21
14	新时期	64	1.94
15	新形势	58	1.75
合计		2754	83.30
总计		3306(篇)	100.00

上述 15 个高频关键词可以归纳为档案事务(档案管理、管理、问题、对策、创新、策略、新时期、新形势)、机构(事业单位、医院)、档案(档案、人事档案)、信息化(大数据、信息化)、规范化(规范化)5 个大类。

相对而言,2019 年档案管理研究主要集中在上述档案事务、机构、档案、信息化、规范化 5 类 15 个关键词所涉及的方面。可以说,上述 5 类 15 个关键词是 2019 年档案管理研究的热点所在,而其中又以档案管理、管理、问题、对策、事业单位 5 个方面为热点。与 2018 年档案管理、管理、问题、对策、事业单位 5 个热点相比,没有变化。

需要指出的是,由于档案管理研究内容所反映出的广泛性,每年的研究热点只会相对集中,总会有新的热点与重点出现。

二、主题词词频分析

从主题词使用频率看,2019 年档案管理研究涉及内容广泛,集中在档案事务、档案、机构、档案人、大数据、文件 6 个方面。使用频率最高的 40 个主题词分布情况见表 3-10。

表 3-10　使用频率最高的 40 个主题词分布情况

序号	主题	使用频率/次	占全部样本/%
1	档案管理	1168	35.33
2	档案管理工作	1162	35.15
3	档案管理人员	230	6.96
4	医院档案管理	217	6.56
5	事业单位	210	6.35
6	档案工作	141	4.26
7	新形势下	136	4.11
8	人事档案管理	107	3.24
9	企业档案管理	107	3.24
10	人事档案管理工作	97	2.93
11	事业单位档案管理	97	2.93
12	档案工作者	92	2.78
13	大数据时代	89	2.69
14	人事档案	83	2.51
15	存在的问题及对策	80	2.42
16	大数据	79	2.39
17	档案资料	76	2.30
18	问题及对策	73	2.21
19	新时期	70	2.12
20	单位档案管理	68	2.06
21	医院档案	60	1.81
22	档案管理制度	59	1.78

续表 3-10

序号	主题	使用频率/次	占全部样本/%
23	档案信息	58	1.75
24	档案馆	58	1.75
25	档案管理部门	55	1.66
26	档案管理模式改革	51	1.54
27	档案管理创新	51	1.54
28	文件材料	48	1.45
29	新形势	48	1.45
30	如何做好	47	1.42
31	问题与解决措施	46	1.39
32	工程档案管理	45	1.36
33	档案资源	45	1.36
34	办公室档案管理	45	1.36
35	档案材料	44	1.33
36	项目档案管理	44	1.33
37	工程档案	42	1.27
38	城建档案	40	1.21
39	档案规范化	37	1.12
40	管理工作	37	1.12
	合计	5342	161.58
	总计	3306（篇）	100.00
	重叠	2036	61.58

从涉及的主题词看,使用频率最高的 40 个主题词共使用 5342 频次,占全部样本的 161.58%。也就是说,上述 40 个主题词涵盖了全部样本文献一次半以上。其中使用频率最高的是档案管理(1168 频次),使用频率最低的是管理工作(37 频次),平均使用频率为 136 频次。

从主题词反映的研究内容看,2019 年,档案学关注的 40 个主要问题又可归并为档案事务、档案、机构、档案人、大数据、文件 6 个大类。

档案事务(档案管理、档案管理工作、医院档案管理、档案工作、新形势下、人事档案管理、企业档案管理、人事档案管理工作、事业单位档案管理、存在的问题及对策、问题及对策、新时期、单位档案管理、档案管理制度、档案管理模式改革、档案管理创新、新形势、如何做好、问题与解决措施、工程档案管理、办公室档案管理、项目档案管理、档案规范化、管理工作),共使用 4033 频次,占全部样本的 121.99%,覆盖全部样本文献。它涵盖了档案事务的多个层面,但主要集中在各类档案管理上,包括各类专业专门档案的管理,是 2019 年档案管理研究与关注度第一高的主题。管理性特征突出。在规模上与后面 5 个主题相差一到两个数量级,是名副其实的大问题。

档案(人事档案、档案资料、医院档案、档案信息、档案资源、档案材料、工程档案、城建档案),共使用 488 频次,占全部样本的 13.55%。档案是档案学研究的本体,但从涉及的 8 个主题看,更注重对各类专业专门档案及档案所承载的信息的关注。它是档案管理研究与关注度第二高的主题。

机构(事业单位、档案馆、档案管理部门),共使用 323 频次,占全部样本的 9.77%。它是与档案事业、档案人关系最为密切的问题,包括档案局、档案馆、档案室三大研究主题中的唯一一个事业单位——档案馆。2019 年,正值新一轮机构改革之时,档案机构再次成为档案界关注之重点,而事业单位性质和档案馆成为理所应当的关注点之一。

档案人(档案管理人员、档案工作者),共使用 322 频次,占全部样本的 9.74%。作为档案工作的主体,接近 10% 的占比已经很好地说明档案界研究的关注点从来没有离开过档案人自身,稍显遗憾的是没有涉及我们服务的对象。这也表明档案管理相关研究中档案人更多注重对档案工作者自身的研究,而不是我们的服务对象。

大数据(大数据时代、大数据),共使用 186 频次,占全部样本的 5.08%。研究主要集中在大数据上,是 2019 年档案学界研究与关注度第五高的主题。

文件(文件材料),共使用 48 频次,占全部样本的 1.45%。与"档案"相差 9 倍,显示出其虽然与档案相关,但明显不再是档案管理研究关注的重点。

可以说,2019 年,档案管理研究所涉及内容虽然十分广泛,但全部文献均包含在上述 6 类问题上,或者说,2019 年档案管理研究主要是围绕上述 6 个内容展开的。

三、近五年高频词变化

年度关键词的变化,特别是高频关键词的变化,能够反映出相关研究内容与主题、重点与热点的变化。

2015—2019 年档案管理研究年度关键词及高频关键词的变化情况,请扫描右侧二维码。

从近五年研究文献主要关键词的分布看,共使用 6 个关键词,与 2018 年相同,涉及的关键词有档案管理、管理、问题、对策、档案、事业单位。

5 年中,相邻年份中全部重复出现的关键词有档案管理、管理、问题、对策 4 个,重复率为 100%。相邻年份重复出现 3 年的关键词有档案 1 个,重复率为 60%。相邻年份重复出现 2 年的关键词有事业单位 1 个。这说明近五年间档案管理、管理、问题、对策的相关研究一直是持续度最高的核心研究内容与方向,其次是档案研究。研究内容与主题在年度间连续性非常好。多数年份有 80% 以上的研究内容是上一年的重点。

但也必须看到,这些传统重点内容的关注度也有变化。2016 年是一个转折点,2016 年前,所有研究基本上是有升有降,而 2016 年后所有内容基本上都呈现下降态势。

事业单位是 2018 年新出现的研究热点,有持续的趋势。

在 2015—2019 年出现的关键词最少时为 152 次,最多时达到 1347 次。

总之,近五年来相关研究的主要内容集中,重点突出。

四、小结

从 3306 篇文献涉及的关键词看,2019 年档案管理研究主要集中在档案事务、机构、档案、信息化、规范化 5 类 15 个关键词所涉及的方面。可以说,上述 5 类 15 个关键词是 2019 年档案管理研究的热点所在,而其中又以档案管理、管理、问题、对策、事业单位 5 个方面为热点。与 2018 年档案管理、管理、问题、对策、事业单位 5 个热点相比,没有变化。

从主题词使用频率看,2019 年档案管理研究涉及内容广泛,集中在档案事务、档案、机构、档案人、大数据、文件 6 个方面。其中档案事务共使用 4033 频次,占全部样本的 121.99%,覆盖全部样本文献。它涵盖了档案事务的多个层面,但主要集中在各类档案管理上,包括各类专业专门档案的管理,是 2019 年档案学界研究与关注度第一高的主题。管理性特征突出。在规模上与后面 5 个主题相差一到两个数量级,是名副其实的大问题。

近五年间,档案管理、管理、问题、对策的相关研究一直是持续度最高的核心研究内容与方向,其次是档案研究。事业单位是 2018 年新出现的研究热点,有持续的趋势。研究内容与主题在年度间连续性整体性好。可见,近五年来相关研究的主要内容集中,重点突出。

第四节　文献关键词共词分析

本节采用关键词共现分析的方法,从共现矩阵和共现网络两个方面对样本文献进行分析。

一、共现矩阵

矩阵提取使用频率最高的 20 个关键词,将这 20 个关键词形成 20×20 的共词矩阵。如果某两个关键词同时出现在一篇文章中时,就表明这两者之间存在相关关系,关键词右侧或下方对应位置的数值表示篇数。

图 3-1 是 2019 年档案管理研究文献高频关键词共现矩阵。

关键词	档案管理	管理	问题	对策	事业单位	档案	医院	创新	人事档案	大数据	信息化	策略	规范化	新时期	人事档案管理	新形势	档案管理工作	现状	重要性	档案工作
档案管理																				
管理																				
问题	87	17																		
对策	74	18	90																	
事业单位	105	7	16	19																
档案	5	56	4		4															
医院	81	6	9	13		8														
创新	55	5	5	2	19	7	6													
人事档案	12	18	7	8	13		8													
大数据	51	5	2					7	3											
信息化	37	4			12	4	4	3	4	2										
策略	45	4	14					5			3									
规范化	31	11			10	11				3	3									
新时期	31	4			10			3	4											
人事档案管理			8	10	20			2	5				5							
新形势	37		3	3	10			2	6					4						
档案管理工作			5	3	8			3					8			7				
现状	27		2	20	3							6			3					
重要性	23	4	2	5			6					6	4							
档案工作	5				4			4					4							

图 3-1　2019 年档案管理研究文献高频关键词共现矩阵

　　图 3-1 显示,2019 年档案管理研究文献关键词共现有 98 组,共现率为 49%。共现次数 100 次以上的关键词组合有 1 组,共现率为 0.5%;共现次数 50~99 次的关键词组合有 7 组,共现率为 3.5%;共现次数 20~49 次的关键词组合有 9 组,共现率为 4.5%。

　　依横轴为准计:

　　20 组共现关键词中有 16 组与档案管理直接相关,占共现关键词的 8%。

　　20 组共现关键词中各有 13 组与管理、问题分别相关,分别占共现关键词的 6.5%。

　　20 组共现关键词中有 11 组与事业单位直接相关,占共现关键词的 5.5%。

　　20 组共现关键词中各有 9 组与对策、医院分别相关,分别占共现关键词的 4.5%。

　　20 组共现关键词中有 7 组与创新直接相关,占共现关键词的 3.5%。

　　20 组共现关键词中各有 4 组与档案、策略分别相关,分别占共现关键词的 2%。

　　20 组共现关键词中各有 3 组与大数据、规范化分别相关,分别占共现关键词的 1.5%。

　　20 组共现关键词中有 2 组与信息化直接相关,占共现关键词的 1%。

　　20 组共现关键词中各有 1 组与人事档案、新时期、人事档案管理、新形式直接相关,分别占共现关键词的 0.5%。

　　另有档案管理工作、现状、重要性、档案工作 4 个无共现高频关键词。

　　依共现频次计:

　　共现次数 100 次以上的关键词组合有 1 组,即:

　　档案管理与事业单位:105 频次。

　　共现次数 50~99 次的关键词组合有 7 组,分别是:

　　档案管理与问题:87 频次。

　　档案管理与对策:74 频次。

　　档案管理与医院:81 频次。

　　档案管理与创新:55 频次。

　　档案管理与大数据:51 频次。

　　管理与档案:56 频次。

　　问题与对策:90 频次。

　　共现次数 20~49 次的关键词组合有 9 组,分别是:

　　档案管理与策略:45 频次。

　　档案管理与新形势:37 频次。

　　档案管理与信息化:37 频次。

　　档案管理与规范化:31 频次。

　　档案管理与新时期:31 频次。

　　档案管理与现状:27 频次。

　　档案管理与重要性:23 频次。

　　对策与现状:20 频次。

　　事业单位与人事档案管理:20 频次。

　　从共现组数看,高共现频率的关键词有 17 组,占全部共现词组的 17.35%,可见 2019 年档案管理研究的重点仍然集中在档案管理和问题对策措施两个主要方向上。或者说,2019 年档案管理研究主要是围绕档案管理和问题对策措施展开的。管理特性明显,问题导向突出。

　　2019 年档案管理研究的整体规模较大,研究内容相对集中。2019 年档案管理研究领域有相当规模的高频(20 次以上)共现关键词,形成了比较明显的高相关共现关键词群,研究的集中趋势明显。

二、共现网络

在关键词共现网络中,关键词之间的关系可以用连线来表示,连线多少和粗细代表关键词间的亲疏程度,连线越多,代表该关键词与其他关键词共现次数越多,越是研究领域的核心和热点研究内容。

使用知网工具获得 2019 年档案管理研究高频词共词网络图谱(扫描右侧二维码)。

从 2019 年档案管理研究高频关键词的网络图谱可以直观地看出:相关研究可以分为"对策"、"管理"与"档案"、"档案管理工作"、"人事档案管理"、"档案工作"、"档案管理"6 个聚类群组。除"管理"与"档案"为双核心单词群组外,其他 5 个均为单核心群组,其中"档案管理工作""档案工作""人事档案管理""档案管理"4 个聚类群组是单核心单词群组。

最大群组是以"对策"为核心关键词,由"问题""人事档案""事业单位""医院"4 个辅关键词组成的核心群组。在这个大群组中,核心关键词"对策"与"问题"间联系最密切,共现次数多,而距离近的有"人事档案""医院",距离略远的有"事业档案"1 个次重要关键词,关联度高。14 个群组关键词整体关联性较为均衡,但核心关键词没有居于整个群组中心位置。

双核心群组"管理"与"档案"有四个特性,一是与"对策"主群组间有强联系,二是群组内联系也同样比较强,三是群组与其他群组关联性相对较弱,四是群组两个关键词位于"对策"主群组外围。

"档案管理工作""人事档案管理"两个单核心单词群组相互间没有关联,位于"对策"主群组之内,仅与"对策"主群组有关联。

"档案工作""档案管理"两个单核心单词群组相互间有弱关联,位于"对策"主群组之外,均与"对策"主群组有关联。其中"档案管理"不仅与"对策"主群组中的多个关键词,包括核心关键词"对策",有着强而密切的关联性,而且自身是使用频率最多的关键词,中心度甚至超过了核心关键词"对策"。虽然处在核心群组的外围,但已经成为档案管理研究的主题与核心。

从总体上看,2019 年档案管理研究是围绕以"对策"为核心,以"档案管理"为主的相关内容展开的。

三、小结

从共现组数看,高共现频率的关键词有 17 组,占全部共现词的 17.35%,可见 2019 年档案管理研究的重点仍然集中在档案管理和问题对策措施两个主要方向上。或者说,2019 年档案管理研究主要是围绕档案管理和问题对策措施展开的。管理特性明显,问题导向突出。2019 年档案管理研究的整体规模较大,研究内容相对集中。2019 年档案管理研究领域有相当规模的高频(20 次以上)共现关键词,形成了比较明显的高相关共现关键词群,研究的集中趋势明显。

从共词网络图谱看,2019 年档案管理研究可以分为"对策"、"管理"与"档案"、"档案管理工作"、"人事档案管理"、"档案工作"、"档案管理"6 个聚类群组。其中"档案管理"不仅与"对策"主群组中的多个关键词,包括核心关键词"对策",有着强而密切的关联性,而且自身是使用频率最多的关键词,中心度甚至超过了核心关键词"对策"。虽然处在核心群组的外围,但已经成为档案管理研究的主题与核心。从总体上看,2019 年档案管理研究是围绕以"对策"为核心,以"档案管理"为主的相关内容展开的。

第五节　文献综述

一、档案管理理论

山东省鱼台县档案馆陈正凯、蒋秀兰认为全宗号编制应遵循的基本原则包括：①唯一性原则；②合理性原则；③稳定性原则，也叫持续性原则；④扩充性原则；⑤简单性原则。他们还提出机构改革中档案全宗号编排意见：①新组建机构自成立之日起形成的档案，由各部门单位新设档案全宗，县档案馆新给定全宗号。②不再保留、纳入重新组建机构、撤销建制的部门单位，自变动之日起，其档案全宗终止，该档案全宗号实行封口管理，档案整体移交新组建机构代管。③保留原机构名称、优化职能或部分职责发生变化的，沿用原全宗，其全宗号不变。④更名、调整领导管理体制的机构，继续沿用原档案全宗，其全宗号不变。⑤两个或两个以上机构合并成一个新机构的，合并后其档案自新单位成立之日起形成一个新的全宗，合并前各单位的档案各自为一个全宗。⑥新成立的派出机构，不是立档单位，故其形成的档案材料不构成独立全宗，档案馆也不给予其全宗号。①

河南大学教务处马梁认为："传统编号管理模式下，对于同一管理对象（如建筑物、设备等固定资产），单位基建（房产）管理部门和设备管理（实验室或生产车间）部门分别采用房产编号和设备编号，财务部门采用固定资产编号，档案部门采用档案分类编号，三个部门分别采用三种（有些单位基建部门和房产部门为一个部门，设备管理和设备使用为一个部门）不同的编号标识本单位的同一管理对象，同一座建筑物、同一台设备分别使用三个不同编号。这种情况下，当各个业务部门与其他相关部门有工作交接或业务联系时，往往会因管理对象在各部门的编号不同而影响工作的快速开展，给业务技术管理和科技档案管理和利用带来诸多不便。"他还"认为可以对管理对象采用'三二一'编号管理法来达到统一编号、统一管理的目的。'三二一'编号管理主要是指科技档案（基建档案、设备档案等）的'三号统一'和人事档案的'二号统一'编号管理。科技档案的'三号统一'指科技（业务）管理、固定资产（财务）管理和档案编号（档案）管理的统一，人事档案的'二号统一'指的是人事部门员工编号（业务）管理和人事档案编号（档案）管理的统一。"②

辽宁省沈阳市口腔医院孙晓帆探讨了"互联网+"时代档案管理模式的新特征：①档案数据资源大且迅猛增长。②档案数据的内容更加丰富。互联网的普及、网民人数的增多以及网页数量的暴涨使得网上信息成为档案数据的主要来源之一。档案部门更关注民生民意是档案数据来源的另一大变化。③档案数据类型增多。④档案数据的来源更广泛。大数据时代档案数据的来源更多地倾向网络化、社会化、平民化。③

郑州大学信息管理学院邢变变、杨晗认为：《现阶段区块链技术在档案管理中不可行分析》一文的观点存在片面性、孤立性和静止性。他们还提出区块链技术规则并不能限制管理者参与区块链档案管理应用的积极性。新技术的应用先于国家标准、行业标准的制定，没有颁布相关标准并不能阻碍现阶段区块链档案管理的研究和实践。在区块链档案管理中，需要用法律进行监管，但是现阶段没有法

①　陈正凯,蒋秀兰.县级机构改革中档案全宗号编制之我见[J].山东档案,2019(3):66-67.
②　马梁."三二一"编号管理法在档案工作中的应用[J].档案管理,2019(3):42.
③　孙晓帆."互联网+"背景下档案管理模式变化探析[J].城建档案,2019(5):70-71.

律监管并不能作为制约其推广的因素。①

二、档案管理规范化

国家海洋局温州海洋环境监测中心站高美丽认为:"在新形势的发展下,加强对档案工作的管理,是各单位稳定发展的重要基础,结合自身的发展情况综合分析,制定完善的管理制度,优化管理理念、创新管理模式,完善相关法律法规,重视对档案管理人员的培训,提升人员的专业水平与综合能力。采用现代化的科学技术,加强对档案信息数据的保护,都能够确保档案管理良好进行,以此来规范档案管理的工作,提高管理质量。"②

河北大学管理学院齐璐阳认为:"信息化时代背景下,信息技术和网络技术快速发展,在新的形势下档案管理需要紧跟时代步伐,促使档案管理朝着信息化方向发展。""随着网络信息技术的发展,目前很多档案的管理工作都开始走向信息化和数字化,原有的纸质档案管理工作正在逐步退出历史舞台。所以在目前档案的管理规范化过程中,应该做好二者的结合工作,提升档案管理的规范化水平。"③

中国建筑西北设计研究院有限公司欧阳风华提出了档案管理工作规范化建设的对策:①改变思想观念提高知识技能。②档案管理流程规范化。第一,要根据企业实际情况制定一套适合本企业的规范化流程;第二,规范档案收集归档工作;第三,整理编目合理规范;第四,规范借阅使用制度。③档案管理责任到人。④多方合作,促进规范化。④

北京市北运河管理处杨丽娜、张猛、刘宇同、杨伟超提出了档案标准化管理的对策建议:①完善监管机制,强化规范管理顶层设计。②建立档案专业平台,确保人员素质提升。③厘清管理职责,加强档案监督管理。④梳理档案编研理念,建立智慧档案系统。⑤

云南省建水第一中学李翠松提出了事业单位档案管理规范化标准化的措施与建议:①加大内部宣传教育力度。②建立健全立卷归档标准。③完善档案管理制度与机制。④规范信息化建设标准。⑤规范档案著录与分类号。⑥

山东省鱼台县李阁镇政府满玉平提出了乡镇政府档案管理规范化中存在问题的解决措施:①提高认识,进一步加强对档案工作的领导。②做好档案的管理和保密工作。③增加投入,完善基础设施。④档案整理方面的注意事项。⑤对档案进行科学合理的管理。⑥严格把控档案的销毁工作。⑦档案发生移交应注意的地方。⑦

广东省东莞市路桥投资建设有限公司林丽媚提出了提升企业档案管理规范化的举措:①增强档案管理意识,强化档案管理的全过程规范。②重视档案管理人员教育与培训,全面提升档案管理人员专业能力与综合素质。③加快企业档案管理信息化建设,提升档案资源使用效率,增强共享性。④构建完善的档案管理制度,将管理职责落实到位。⑧

陕西省西安市鄠邑区城市建设档案馆聂敏环提出了城市建设档案管理的规范化措施:①提高重

① 邢变变,杨晗.现阶段区块链技术在档案管理中可行性应用的哲学透视:兼与李高峰、马国胜、胡国强商榷[J].档案管理,2019(2):13-15.

② 高美丽.探究新形势下档案管理工作的规范化[J].兰台内外,2019(29):31-32.

③ 齐璐阳.档案管理的规范化与途径研究[J].传播力研究,2019,3(15):298.

④ 欧阳风华.新形势下档案管理工作规范化的探讨[J].陕西档案,2019(4):43-44.

⑤ 杨丽娜,张猛,刘宇同,等.档案标准化监管长效机制研究:以北运河管理处为例[J].北京档案,2019(11):37-38,50.

⑥ 李翠松.新常态下事业单位档案管理规范化标准化建设探究[J].办公室业务,2019(14):120,142.

⑦ 满玉平.乡镇综合管理背景下的档案管理规范化分析[J].现代交际,2019(9):128,127.

⑧ 林丽媚.企业档案管理规范化中遇到的问题与解决思路[J].兰台内外,2019(12):60-61.

视程度,增加资金投入。②规范档案资源收集与处理。③注重城建档案管理信息化建设。④提升档案管理人员综合素质。①

三、档案安全管理

河北大学管理学院秦杨认为:"档案人要防止被茫茫数字迷惑了双眼,认清自身管理权责的内容与边界,回归管理权责本身,以保障数据时代的档案安全为重。管理权责的回归过程,是回归初心的过程,是一个强化档案人管理能力与实践结合的过程,一个不单是管理'档案'这种物体,也是通过整合和协调档案所联系的各方组织,从而进行更好的档案管理和价值开发的过程,更是找到档案人未来方向的过程。"②

河南省图书馆学刊编辑部徐黎娟认为:"档案安全风险点多面广,仅靠个人、科室乃至部门不仅是不现实的,也是远远不够的。面对日益严峻的档案安全风险挑战,只有构建开放合作的格局,充分发挥物业的安保、水电暖通维护等优势,档案工作人员的专业技术优势,消防部门的培训及实践优势,信息技术人员的网络安全优势,协同作战,才能有效防范、应对档案安全风险。"③

浙江广播电视传媒集团有限公司王晶认为:档案室作为信息安全重要场所,一定要做到库房、整理区和利用区"三分开"。档案在利用过程中一定要做好利用登记,包括利用人员、利用时间、利用内容和利用目的等,尤其是档案外借,须本人签字确认并承诺归还时间,确保档案利用过程中的安全。这些制度实施,是确保企业档案利用安全的必要举措,对于有密级档案的管理利用,需要更加严格严谨,做到万无一失,确保绝对安全。④

河北省沧州市东光县档案局刘萍认为:"档案管理部门是事业单位的重要部门,在经济、社会、科技不断变革的时代背景下,事业单位应积极转变传统经营理念,完善档案安全管理工作,以此才能够促使其在激烈的社会竞争中稳定发展。因此,针对当前一些档案安全管理问题,事业单位应积极运用信息化管理模式,更新其档案管理观念。同时,要积极完善其档案安全管理制度,提升其管理水平,这样才能够促进事业单位良性发展与永续经营。"⑤

肇庆市技师学院周春红认为:"当前社会信息技术迅速发展,对社会的各行业的发展也会产生重要的影响。档案管理部门已经认识到应用信息技术管理档案信息的多种优势,在实际的档案管理工作积极应用信息化技术,逐渐实现档案管理的信息化。但是,在应用信息化技术开展档案管理工作的过程中发现存在档案信息安全管理问题。基于此,就必须要对档案信息安全管理体系建设进行探究,构建安全的档案信息管理体系。"⑥

山东省滕州市财贸医院谢锋提出了档案信息安全管理体系的建设路径:其一,加快档案基础设施建设。①更新硬件设备;②软件维护升级;③引入先进的档案安全防护技术。其二,完善档案管理法律体系。①健全法律法规;②加大执法力度;③对人员进行优化配置;④完善人才结构。⑦

吉林省白城市洮北区疾病预防控制中心闫广军认为:"为提高档案安全管理水平,维护档案信息安全,要采取措施提高档案安全管理意识,通过不同途径提高管理人员业务能力和综合素质,依据国家法律法规制定并完善档案管理制度,制定档案安全管理应急预案,做好档案保密工作,严格档案信

① 聂敏环. 城市建设档案管理现状与规范化措施[J]. 城建档案,2019(12):47-48.
② 秦杨. 数据环境下档案安全问题的反思:基于 2018 年 Facebook 数据泄露事件[J]. 档案管理,2019(2):50-52.
③ 徐黎娟. 论基于"黑天鹅"与"灰犀牛"理论的档案安全风险防范[J]. 档案管理,2019(6):34-36.
④ 王晶. 企业密级档案管理利用的风险防控建议[J]. 浙江档案,2019(8):65.
⑤ 刘萍. 新时期加强档案安全管理的措施研究[J]. 办公室业务,2019(5):185.
⑥ 周春红. 档案信息安全管理体系建设探究[J]. 兰台内外,2019(4):73-74.
⑦ 谢锋. 档案安全管理价值及管理体系建设路径探析[J]. 山东档案,2019(4):71-72.

息化管理方式,提高档案管理和利用水平,充分发挥档案的功能,切实促进基层单位健康发展。"①

云南省公路科学技术研究院崔荣星针对行政事业单位档案安全管理问题提出了解决方案:①加强单位领导对档案管理工作安全性的重视。②提升档案管理人员技能素质,保证电子档案安全管理。③对员工离职后的档案工作进行合理的安全交接。④加强行政事业单位的档案保管能力和利用率。②

四、科技档案管理

大港油田勘探开发研究院张旭认为:"针对石油科技档案管理工作的创新,实际上指的是由传统纸质档案管理向电子档案管理的转变,无论是从资料存储还是在资料提取方面均发生了很大的改变,这也推动了档案管理方式的变革。""在形成电子档案之后,进行资料查阅与提取则可以直接在网络平台中实现,并且资料提取的效率也可得到有效保障。通过建设网上查询系统可以为用户提供更加高效便捷的档案服务,同时在联网的基础上也可以实现多个地区资源的有效整合与共享,打破地区的限制,使石油科技档案的信息服务范围更加广阔。"③

中国疾病预防控制中心传染病预防控制所陈燕虹认为:"科技档案管理的法律体系较为传统,不能与时俱进,很多法律条令都是针对很久以前的档案管理体制机制而言的,不再适用于管理现状,亟待调整修订。相关的法律制度对于科技档案管理的要求不够清晰明确、模棱两可。此外,管理科技档案的标准得不到统一,使得科技档案的管理无据可依,不能起到很好的整合作用,给档案的整理归纳以及电子档案的接收保存都产生了很大的阻碍,进而影响了科技档案资源的良好共享作用。"④

北部湾大学综合档案室陈一红提出了辩证认识高校科技档案管理中的几个矛盾:①科技档案多样性与集中统一保管的矛盾。②科技档案现行性与保密性的矛盾。③科技档案专业性与档案人员知识体系相对单一性的矛盾。④科技档案质与量的矛盾。⑤科技档案信息开发利用中的矛盾。⑤

辽宁省营口市中心医院王丹提出了新思维下的科技档案管理:①对档案管理思想的更新。②对部门档案管理制度的完善。③对档案管理实施网络化管理。④对档案数据库的完善需要加强。⑤处理好网络化与资料保存的关系。⑥

西安电子工程研究所基础四室董兆林,西安电子工程研究所张睿哲、薛文华提出了科技档案管理工作改善方向:①前期介入。②建立现行文件管理模式。③三次鉴定。在接收相关人员归档的文件材料时必须对文件材料进行首次鉴定。在整理各阶段上会文件材料时进行二次鉴定。在整理定型审查会文件材料时进行三次鉴定。④立基于 PDM 的归档流程。⑤基于档案服务器的电子文档管理。⑥优化文件提供利用流程,建立全生命周期的文件管理利用流程。⑦以数字档案馆建设为抓手提升管理水平。⑦

国网辽宁省电力有限公司电力科学研究院秦丽莉、李丹提出了大数据背景下科技档案管理的优化措施:①积极引进利用先进技术。②建立健全科技档案监管系统。③优化人才结构和提高科技档案管理人员基本素质。⑧

新疆水利水电勘测设计研究院迪力奴尔·阿克提出了基于"互联网+"的科技档案管理创新策略:

① 闫广军.浅谈基层单位档案安全管理措施[J].科技创新导报,2019,16(32):133-134.

② 崔荣星.加强事业单位档案安全管理措施研究[J].办公室业务,2019(23):122.

③ 张旭.浅析石油科技档案管理工作的创新[J].办公室业务,2019(16):129.

④ 陈燕虹.我国科技档案管理体制机制的现存问题[J].办公室业务,2019(6):124.

⑤ 陈一红.从辩证思维的角度认识高校科技档案管理[J].兰台内外,2019(9):69-70.

⑥ 王丹.新思维下的科技档案管理[J].兰台世界,2019(S1):77-78.

⑦ 董兆林,张睿哲,薛文华.基于现行文件的科技档案全生命周期的管理[J].机电兵船档案,2019(2):62-64.

⑧ 秦丽莉,李丹.大数据背景下的科技档案管理浅析[J].东北电力技术,2019,40(3):57-58.

①提高思想认知。②结合"互联网+"特点建设相关法律制度。③收集完整,建立专门的数据库。④重置流程结构,健全管理机制。①

北京市农林科学院马明远、杨国航、耿东梅、吴琼提出了加强农业科技档案管理工作的对策与建议:①树立正确的工作意识。②加强科学化、规范化建设。③加大档案资源的开发力度。④建立健全奖惩机制。②

五、企业档案管理

(一)管理模式

上海大学图书情报档案系杨鹏认为:苏州市对改制企业档案管理实施了一系列创造性举措,形成独具特色的"苏州模式"。其创新内容主要在于勇于把握时代赋予的新契机、以"集中"为主线进一步充实"条块结合"、探索多元主体协作的档案管理模式和整合特色馆藏构建"苏州记忆"。③

国网上海市电力公司李敏、陈雪萍提出了"集体企业档案管理的'1+3'管理模式:'1'即一个信息平台,在上海公司所属集体企业范围内部署、实施及推广统一的档案管理信息系统,实现对各集体企业和各门类档案的标准化、规范化管理。'3'即三种主业化管理的形式,以档案管理系统为平台,一是'放',调整国网上海市电力公司所属各单位与集体企业职责界面,合理分权授权,压紧压实各集体企业责任;二是'管',基于平台的'管'重点在于强化事中、事后监管,履行制定标准、监督考核职责;三是'服',重点在于发挥国网上海市电力公司所属各单位的档案管理优势,从提供资源支持、搭建交流平台、协调解决问题等方面为集体企业做好服务。"④

中国交通建设集团公司第二公路工程局谢国强、西北大学公共管理学院黄新荣提出档案管理中心是集团企业高效能的档案管理模式。"具体表现在如下方面:①通过对流程进行标准化并恰当地运用信息技术手段,档案管理中心能以较低的成本提供高质量的服务。②建设施工单位的大量项目档案是在建设过程中形成的,可以通过档案管理平台,只保存这些过程文件的电子版,仅将项目招投标、合同及验收等重要文件按双套制保存,这样将大大降低下属各单位纸质文件的保存量,减少了实体档案对存储空间的需求。③档案管理中心的模式将档案业务工作集成于业务系统,便于进行有效的资源整合,许多需要专职档案人员完成的工作,可以让业务人员或办公室人员兼职完成,减少了档案管理的人员成本。④通过档案管理中心的建设,使得接收和保管的难题得以解决,档案工作的重心转移到为企业提供资源共享和利用方面,真正发挥档案信息资源在企业中的价值。"⑤

扬州大学社会发展学院孙军对我国境外企业档案管理进行思考,"认为不同的境外机构模式对档案管理规则的适用是有极大影响的,无论何种机构模式,毋庸置疑必须遵从所在国的管理规定,这是我们探讨是否应当及以何种形式遵从我国档案管理规定时必然要考虑的前提。办事处等临时性的境外机构模式,大部分不具备所在国独立法人资格,可以视为国内企业在境外的同等主体资格的延伸,在档案管理方面尚可理解为应当执行我国国内法的规定(但至少还需遵守所在国最低程度的管理要求),而那些稳定的、长期的境外机构模式,基本都具有所在国独立法人资格,该资格产生了诸多权利和义务的法律后果,在研讨能否适用我国档案管理规则问题时必须谨慎论证"。⑥

---

①　迪力奴尔·阿克.基于"互联网+"的科技档案管理创新[J].办公室业务,2019(24):150-151.

②　马明远,杨国航,耿东梅,等.农业科技档案管理工作绩效评价研究[J].安徽农业科学,2019,47(23):264-265,274.

③　杨鹏.我国改制企业档案管理模式的实践创新:"苏州模式"[J].档案与建设,2019(4):36-39.

④　李敏,陈雪萍.电网集体企业档案一体化管理实践[J].中国档案,2019(7):66-67.

⑤　谢国强,黄新荣.云环境下大型企业的档案管理模式:企业档案管理中心[J].中国档案,2019(1):64-66.

⑥　孙军.我国境外企业档案管理的困惑和思考[J].档案学研究,2019(5):133-136.

（二）对策措施

江苏核电有限公司查凤华认为企业档案管理难点：一是档案形成不规范；二是档案移交进度滞后。他还提出前端控制管理对策："通过优化机构设置、提高档案管理意识、提升档案管理队伍素质、优化文档管理流程等控制措施，在项目开工前，将档案管理要求纳入项目管理和合同管理中；在业务系统建设前，提前嵌入档案管理要求；在文件编制前，明确文件编制和提交要求，落实档案管理前端控制要求。"[1]

国家能源投资集团有限责任公司高燕春提出了提升企业档案管理水平的思路与举措：①责任分工到位。②经费保障到位。③制度执行到位。④指导检查到位。⑤监督考核到位。⑥专业提升到位。[2]

中国联通河南省分公司档案馆田煜对河南联通18个省辖市分公司档案管理状况进行调查，并提出建议及对策：①综合施策，补齐人员短板。②完善制度，推进依法依规治档。③优化库藏，突出特色。④配置设备因地制宜，库房建设从长计议。⑤多措并举，提升档案信息化水平。⑥精准施策，突破利用瓶颈。[3]

河南省国有资产经营集团有限公司严淑丽提出了国企改革中的档案管理工作对策：①加强对档案工作的重视。②创新国有企业档案工作监督指导方式。③加强印章档案管理。④加强档案工作队伍建设。⑤加强档案工作信息化建设。[4]

六、城建档案管理

（一）对策建议

广州市国土资源和规划委员会档案管理处刘洁贞"依据来源原则，在剖析城建档案信息资源中电子档案的来源元数据构成及作用的基础上，提出应用来源元数据加强城建档案信息资源数据管理及完善信息管理平台构建的建议，以提升档案信息资源管理效能，为档案信息的融通共享和便捷利用提供保障"。[5]

广东省中山市自然资源档案馆熊家庆"针对中山市地下管线的档案管理中存在的重视不够、缺乏协调配合、档案信息滞后和专业设备人才不足等问题，提出建立全市地下管线档案管理法规、树立统一协调配合机制、订立更新机制以及加大人才培养等思路，力求实现对中山地下管线档案的动态管理，为服务城市人民和领导决策提供依据"。[6]

重庆市璧山区城乡建设档案馆彭利提出了新时期城建档案管理工作的改进措施：①扩大档案收集范围，丰富馆藏资源。②规范管理城建档案，提高工作效率。③落实档案防护措施，保证信息安全。④科学调控档案管理，优化档案服务。[7]

福建省福鼎市机关事业单位社会保险管理中心周秦提出了县级市城建档案建设的改进措施：①开发城建档案信息资源，为社会利用创造必要的基础。②加大档案收集力度，加强重点项目工程竣工档案的收集。③认真贯彻档案管理标准，提高城建档案著录和保管水平。④做好档案接收工作，特

---

① 查凤华.核电企业档案管理前端控制工作实践[J].中国档案,2019(7):64-65.
② 高燕春.提升企业档案管理水平的思路与举措[J].中国档案,2019(9):62-63.
③ 田煜.河南联通省辖市分公司档案管理状况调查研究[J].档案管理,2019(4):54-56.
④ 严淑丽.浅析新形势下国企改革中的档案管理工作[J].档案管理,2019(04):91.
⑤ 刘洁贞."来源原则"在城建档案信息资源管理中的应用[J].城建档案,2019(7):65-67.
⑥ 熊家庆.中山市地下管线档案管理的问题与思路[J].城建档案,2019(7):60-62.
⑦ 彭利.新时期城建档案管理工作的改进探讨[J].城建档案,2019(5):61-63.

别是声像档案的收集及编研资料的保护。①

山东省菏泽市城建档案技术咨询服务中心高慧提出了提高城建档案数字化工作水平的几点建议：①重视并加强数字化硬件建设。②提升数字化扫描工作能力和水平。③培养具有综合能力的城建档案管理人员队伍。②

湖南省郴州市城乡建设档案馆刘蓉认为："随着我国城市建设的不断加快，城建档案也呈现出多样化和复杂化的趋势。在此背景下，城建档案管理工作势必会面临更加严峻的挑战。因此，在今后的建设和管理过程中，相关单位和档案管理人员必须要树立正确的信息管理意识，针对现阶段档案信息化管理过程中存在的问题进行深入的分析和研究，并采取有效措施进行应对，在提升城建档案信息化管理效率的同时，节省档案管理成本，为城建档案馆社会服务功能的提升以及城市的可持续发展奠定坚实的基础。"③

（二）定量分析

河南省驻马店市城建档案馆张曼琴利用统计和主题分析方法，对 1984—2018 年地下管线档案研究规模、速度、年度、主题分布进行梳理归纳，认为：1984 年以来，地下管线档案研究文献总量上翻了近6 番，年均增速 26.27%，总体上呈阶梯式上升趋势；研究主题集中在档案、机构、档案管理、管线、信息化、工程、区域 7 个方面的结论。④

黑龙江大学信息管理学院蒋美太对 2012—2018 年来智慧城市背景下城建档案的研究水平和发展现状进行了总结和评价，认为：①对智慧城市背景下城建档案的研究的重视程度趋于增强。②尚未形成稳定的核心作者群。③智慧城市背景下城建档案研究的论文质量有待提高。④研究内容重理论轻实践。⑤

七、项目档案管理

中国工程物理研究院激光聚变研究中心杨晓瑜、刘楠、张茜、王伟国认为："对于大型科研固投项目建设单位而言，项目文件及档案管理工作是建设单位一项整体性工作，需高度重视、系统策划并投入必要的资源。为做好此项工作，必须在项目启动之初，做好文件档案管理策划，细化要求，专人专事，全程参与，与科研人员一起，共同努力，才能顺利有效地完成项目文件归档和验收工作，保障项目最终通过主管单位的验收。"⑥

中国航空工业空气动力研究院黄英、任宏宇认为："航空工业气动院项目档案管理工作通过建立健全相关的规章制度，实施前端控制、全过程管理等，形成固定资产投资项目档案体系化管理模式，使项目的档案管理工作与项目建设同步进行，项目档案工作计划更加完整、准确，项目档案管理的指导性和可操作性更强，保证了航空工业气动院固定资产投资项目档案的完整性、准确性和系统性，提高了为科研、生产和项目建设提供有效服务的能力。"⑦

国家能源集团泰州发电有限公司张晓平、江苏省泰州市档案馆吴文凤提出了做好电力企业技术改造项目档案管理的措施：①提高对电力企业技术改造档案重要性的认识。②健全电力企业技术改造档案管理制度。③加大电力企业技术改造项目文件材料收集力度。④提高电力企业技术改造项目

① 周秦.县级市城建档案建设中的常见问题及改进策略[J].城建档案,2019(5):96-98.
② 高慧.城建档案的数字化实践与管理探析:以菏泽市城建档案馆为例[J].山东档案,2019(5):79-80.
③ 刘蓉.城建档案信息化管理工作的发展现状及未来展望[J].城建档案,2019(11):19-20.
④ 张曼琴.1984—2018 地下管线档案研究规模、速度及主题分布[J].办公自动化,2019,24(4):51-53.
⑤ 蒋美太.智慧城市背景下城建档案管理研究综述[J].兰台世界,2019(8):84-87.
⑥ 杨晓瑜,刘楠,张茜,等.大型科研固投项目文件档案管理[J].北京档案,2019(10):38-41.
⑦ 黄英,任宏宇.航空工业固定资产投资项目档案工作管理探讨[J].北京档案,2019(5):31-34.

归档文件的质量。⑤规范电力企业技术改造项目归档案卷。⑥提升电力企业技术改造档案信息化管理水平。①

国投云顶湄洲湾电力有限公司黄巧芳认为:国投云顶湄洲湾电力有限公司经多方研究和咨询,档案管理实行业主统揽目标、总承包过程管理、监理监督检查、施工单位具体执行的业主、监理、总承包、施工单位"四方"一体化的管理模式。一是建立"四方"管理体系程序文件,实行项目文件标准化、程序化管理。二是制定统一的项目文件编号体系。三是制定标准清单并及时更新。四是建立"四方"文档控制管理系统。五是建立"四方"数字档案信息管理收集整编共享平台,在线归档、整理、汇总、审核电子数据。②

贵州高速公路集团有限公司李妮提出了加强高速公路建设项目档案管理的若干要点:①加强档案管理的制度建设。②加强档案的规范化管理。③加强档案的整合与开发利用。④加强档案的安全保管。③

中国铁路济南局集团有限公司档案馆崔红提出规范铁路项目档案的措施:①制定档案管理制度、业务标准。②做好项目档案管理工作提前介入。③做好项目档案管理工作全过程指导。④强化对档案管理网络部门考核与参建单位的合同兑现。④

江苏省连云港市广播电视台王新伟提出了广电基建档案管理存在问题的解决方法:①强化全员档案管理意识。②健全基建档案管理制度。③加强基建档案的数字化建设。④提高基建档案管理人员业务水平。⑤

国网安徽省电力有限公司操松元、张征凯、林世忠、安旸、杨鹏开展技改大修项目档案管理实践研究,认为:一是统一规划设计,制定技改大修项目档案管理规范。二是变革管理方式,提高技改大修项目档案数字化管理水平。三是数据共享融合,实现项目工程档案全生命周期管理。⑥

八、高校档案管理

陕西广播电视大学商洛分校张慧林分析了网络教务环境中的电大学籍档案管理存在的主要问题,主要是忽视学籍档案管理重要性、学籍档案内容缺乏统一性。他提出了提高电大学籍档案管理水平的相关措施:要增强学籍档案管理意识,完善相关制度,实现学籍档案管理信息化,构建奖惩制度。⑦

山东临沂职业学院孙红源"分析了高校文书档案管理工作在高校建设发展中的作用及存在的问题,并从规范文书工作与档案管理的衔接,重视人才引进、加大培训力度,领导重视、做好文书档案管理工作,提高创新能力、提高服务效率,加强制度建设、保障执行力度等五个方面提出了做好高校文书档案管理工作的一些建议"。⑧

广东科学技术职业学院王卓认为:"信息资源共享是新时期高校档案管理工作的趋势和路径选择,高校决策者和档案管理者都应转变传统管理理念,高度重视信息资源共享。一是要主动学习现代档案管理理论,深刻理解新时代高校档案信息资源的含义及价值。二是要时刻关注教育事业和社会

① 张晓平,吴文凤.电力企业技术改造项目档案工作中存在问题与思考[J].档案与建设,2019(9):52-54.

② 黄巧芳.火电 EPC 总承包项目档案管理实践[J].中国档案,2019(8):70-71.

③ 李妮.加强高速公路建设项目档案管理的若干要务[J].浙江档案,2019(7):65.

④ 崔红.规范铁路项目档案　助力精品工程建设[J].中国档案,2019(7):68-69.

⑤ 王新伟.广电部门基建项目档案管理的现状与思考:以连云港市广播影视文化产业城项目为例[J].档案与建设,2019(6):59-60.

⑥ 操松元,张征凯,林世忠,等.安徽电力技改大修项目档案管理实践[J].中国档案,2019(12):69.

⑦ 张慧林.浅议网络教务环境中的电大学籍档案管理[J].新西部,2019(14):140,142.

⑧ 孙红源.做好高校文书档案管理工作之我见[J].兰台内外,2019(26):19-20.

发展对档案信息的需求,加大高校档案信息资源的收集、管理和编研,为社会提供全面的档案信息服务。从人力、物力和财力等方面加大对高校档案资源信息化共享的支持力度,持续做好档案信息系统的升级改造,为高校档案管理信息资源共享提供必要的保障。"①

广东医科大学吴哲提出了信息化时代下高校档案管理创新与发展策略:①转变档案管理思想观念。②增强档案管理服务意识。③构建档案管理信息化平台。④优化档案管理信息化设备。⑤提升档案管理人员综合素养。②

佳木斯大学王玉武认为:"高校档案工作是重要的基础性工作之一,高校应当增强档案意识,改善基础设施,健全管理制度,创新管理手段,构建高素质的管理队伍,加强档案资源开发编研,拓宽利用渠道,推进档案网络化、数字化进程,努力提高档案管理工作质量,只有这样,才能使高校的档案工作更好地为高校的发展和社会的进步做出更大贡献。"③

首都师范大学李雪茹提出了高校档案管理体制全面发展趋势:①设立档案管理委员会实行高校"大档案"管理体系。②运用电子化档案管理平台,建立"大档案数据",整合高校档案信息资源,统管全校档案管理利用。③深化档案管理人事制度改革,建立专业档案人才团队。④

国防大学政治学院西安校区潘虹探讨了新时期我国档案管理理论的发展方向:首先,从档案管理的主体来看,要坚持党的领导,坚持档案管理工作为人民服务、为中国特色社会主义建设服务为基本方向。其次,从档案管理的客体来看,档案信息的真实性、完整性一直以来是档案管理理论关注的重点。再次,要凸显档案管理工作的法治精神。最后,要强调理论对档案管理实践的指导作用。一是理论要明确档案管理实践在不同部门之间的具体分工,确保档案管理工作的顺利开展;二是要强调服务属性,即档案管理的目的是为档案信息使用者服务。⑤

晋中师范高等专科学校杨柳认为:"新时期,高校档案管理面临着诸多挑战,要实现最大效益产出,应重视先进科技导入,依托大数据技术支持,不断创新工作模式,同时注重转变思想认知,提高重视程度,加强管理建设、服务建设以及人才建设。综合来讲,高校档案管理作为一项系统化工程,其在未来的发展还有很长一段路,希望学术界大家持续关注此课题研究,结合实际情况,全方位解析高校档案管理所面临着的各项挑战,并依托现代科技,针对性地提出更多有效发展策略,不断优化其服务结构,最大限度地实现其价值产出,从而推动高等教育持续发展。"⑥

九、医院档案管理

浙江省桐庐县中医院叶芬认为:"县级医院对患者就诊过程中所形成的诊断记录、检查报告、治疗方案、会诊记录、手术记录等一系列诊疗资料及患者个人所提供的一些与疾病有关的信息材料进行收集、分类和整理、归档,形成患者就诊'微档案',不仅可以为临床疾病诊疗提供有效的信息参考,也可为基层医院提高医疗服务水平、改善医患关系提供基础信息保障。"⑦

河南中医药大学第一附属医院焦钧提出了新时期中医医院档案管理工作发展的新途径:①重视档案,积极开发和利用其价值。②注重人才培养,提高档案人员的专业素质。③加快档案管理现

① 王卓.信息资源共享视角下高校档案管理模式思考[J].档案时空,2019(6):15-16.
② 吴哲.信息化时代下高校档案管理的创新及发展[J].兰台内外,2019(5):39-40.
③ 王玉武.高校档案管理工作的思考[J].办公室业务,2019(1):101,104.
④ 李雪茹.高校档案管理体制与发展研究[J].兰台内外,2019(8):21-22.
⑤ 潘虹.新时期我国高校档案管理理论发展研究[J].办公室业务,2019(12):144-145.
⑥ 杨柳.新时期高校档案管理面临的挑战研究[J].兰台内外,2019(22):23-24.
⑦ 叶芬.县级医院规范就诊"微档案"管理初探[J].档案,2019(3):60-62.

代化。①

山东省邹平市人民医院徐芳认为："档案管理质量保障体系的建设是医院档案管理的发展趋势"；"医院档案管理质量保障体系需要合理地运用国际先进的档案管理办法,合理计算和统计成本,从局部和整体的角度形成现代化网络管理布局,对其进行统一的质量规划,使其在最优的质量前提下,将质量管理的风险降到最低,使其控制方案达到最合理。改善医院现有档案管理模式的缺陷,利用现代化和新型化的档案质量保管方法,建立起医院档案管理工作的体系化建设,让医院的档案管理更加标准化,发挥出医院档案管理工作的作用,利用质量管理体系,将档案管理建设做到最好"。②

广西玉林市红十字会医院吴国芬认为应加强对医院档案管理过程中风险的控制,"医院应建立一个系统的风险控制机制,并且定期对档案进行风险分析和评估。对可能会出现的风险,要认真进行确认,研究风险产生的范围和会造成哪些问题的发生,应该采取什么样的解决措施,尽量避免风险的发生或者降低风险发生带来的损失程度。根据风险的预警,来对档案的管理进行级别判定,并且确定不同的处理方式。同时,在日常的档案管理过程中,应加强对档案人员对风险处理方式的培训"。③

江苏省南京市中医院综合档案室储丽莎提出建构名老中医网络档案管理系统。"创立数字化名老中医网络档案管理系统,从用户注册登录、相关资料的录入并保存、有关人士阅读相关资料、数据备份等辅助功能设置等方面设计和使用。对于录入名老中医管理系统的数据,要精心选择、有序录入并保存、安全使用。一般可以从以下三个方面考虑:一是反映名老中医医学成果的传记材料及个人研究成果、获奖情况等;二是反映名老中医活动的文章、报道及音像材料、实物等;三是名老中医的口述历史材料及病患们对其评价、病历、就医经历等回忆性材料。三个方面分别作为一级层次模块,在它们下面再分别设置二级层次,甚至更多层级模块。要构建严格的名老中医网络档案管理权限层次级机制,可以根据使用者的身份设置不一样档案阅读权限,生成制度化的借阅规则。"④

中南大学湘雅医学院附属海口医院黎秀雯"分析医院文书档案管理中存在的问题,主要有文件资料收集工作不规范、档案管理规范化流程和制度方案未及时修订、档案工作人员专业化水平不够、医院不够重视档案管理工作、档案管理设备设施不完备、档案电子化建设滞后等",并提出"解决对策,主要包括改进文书档案收集方式、完善档案工作制度及工作流程、树立档案管理意识、提高档案工作人员专业化水平、配备配齐档案管理设备设施、加快文书档案电子化建设进程等"。⑤

山东省德州市中医医院董成燕提出了新医改背景下医院档案管理对策:①推进医院档案管理体制改革。②建立健全各项医院档案管理制度。③加强档案管理工作人员规范化培训。④拓展档案资源服务范围和利用效率。⑤提升医院档案管理信息化发展水平。⑥

宁夏回族自治区妇幼保健院(儿童医院)蔡晶提出了做好医院档案管理的基本措施:①实行档案集中统一管理。②规范医院档案管理。③推进档案管理信息化。④保障档案信息安全。⑤加强业务档案管理。⑥重视档案干部队伍建设。⑦

---

① 焦钧. 新时期中医医院档案管理发展途径探析[J]. 档案管理,2019(6):50.
② 徐芳. 医院档案管理质量保障体系建设研究[J]. 管理观察,2019(22):199-200.
③ 吴国芬. 医院档案管理及风险预警和控制[J]. 兰台内外,2019(9):52-53.
④ 储丽莎. 医院档案管理创新探微[J]. 兰台内外,2019(33):76-77.
⑤ 黎秀雯. 医院文书档案管理存在问题与解决对策[J]. 兰台内外,2019(32):33-34.
⑥ 董成燕. 新医改背景下的医院档案管理对策研究[J]. 山东档案,2019(1):63-64.
⑦ 蔡晶. 浅谈医院档案管理工作[J]. 兰台内外,2019(24):47-48.

十、乡村档案管理

(一)乡镇档案管理

吉林省镇赉县档案馆李晓丹提出了加强乡镇档案管理工作的对策:①加强档案法宣传力度,增强全员档案意识。②完善档案管理工作体系,健全档案管理制度。③加快管理硬件建设,保证档案实体安全。④加强档案队伍建设,提高档案管理水平。⑤积极推进档案管理现代化。①

山东省鱼台县李阁镇政府满玉平提出了乡镇政府档案管理信息化建设措施:①建立完善的乡镇档案管理信息制度。应该确立完善的档案信息管理制度,给档案管理信息化的发展提供一定的制度保障。②加强档案管理信息化的宣传工作。③引进先进的电子档案管理软件。④提高乡镇档案管理的信息化水平。②

(二)村级档案管理

山东省诸城市档案馆娄红认为:村级“档案集中保管在企业中已经是一种比较常见的方式。集中保管既可以方便管理,也可以极大地节约成本”。“比如笔者所在的县级市,就不乏村档案保存在村企业的例子,但这种由企业代管村档案的方式只适用于有大型企业的村,并不具有普遍性。笔者在调查中还发现,村档案最重要的是经济类档案,而此类档案有相当数量是由乡镇经管站代管的,也有的规模很小的村将本村档案寄存在临近规模大、经济基础好的村档案室。这两种方式在短期内是可行的,但从长远来看,其可持续性是无法保证的。较为可行的方式是以社区为单位,建立社区中心档案室或者档案馆,并设立专职档案员,由社区集中保管各村档案,这样可以确保村级档案的长期有效保管,同时也可以减轻各村的负担,避免重复另建档案室造成浪费。”③

陕西省商洛市商州区档案局李娜提出了做好村级档案管理工作的主要对策:①实行村级档案管理责任人备案和责任追究制度。②加强村级档案执法检查和业务指导力度。③落实村级档案工作“三查”制度。即一查档案制度的建立与收集整理。重点查收集齐全不齐全,整理规范不规范;二查档案设施与保管。重点查保管设施完善不完善,保管措施得力不得力,现状安全不安全;三查档案的移交与借阅。重点查村级工作人员变动时档案的移交到位不到位,档案借阅归还及时不及时。④落实村级档案管理“十有”目标,消灭村级档案管理“三难”现象。“十有”即:有村级综合档案室,有分管领导和档案人员,有档案存放装具,有档案工作经费,有档案管理制度,有归档范围和保管期限表,有档案目录,有保管设施设备,有档案工作台账,有档案工作检查整改记录。“三难”即村级档案收集难、移交难和借阅归还难。④

陕西省宝鸡市档案局(馆)齐周怀认为:“各级档案行政管理部门要以目标管理为抓手,推进村级档案实现规范化、科学化管理。”一要加强检查指导。加强对村级档案室软硬件建设、文件材料收集整理、档案安全保管、档案服务利用等方面的督促指导。二要规范档案管理。狠抓档案室规范化建设。三要搞好目标认证。对基础条件较好的村,要重点指导,规范提升,促进档案管理上质量、上水平。⑤

浙江省桐乡市档案馆周伟国、钟琴、谭一音提出了解决农业农村档案工作存在问题的对策:一要提高政治站位,强化顶层设计。各级党委政府要坚持从“档案工作姓党”入手,强化党对档案工作的全面领导。二要把握有利时机,加大工作力度。三要加强专题培训,提高工作技能。四要强化监督检

① 李晓丹. 乡镇档案管理工作的现状及对策[J]. 兰台内外,2019(30):46.
② 满玉平. 乡镇政府档案管理信息化建设分析[J]. 中国新通信,2019,21(13):118.
③ 娄红. 村级档案管理的关键在于双元结构[J]. 北京档案,2019(10):29-30.
④ 李娜. 浅谈村级档案管理[J]. 陕西档案,2019(5):52.
⑤ 齐周怀. 宝鸡市村级档案管理情况调研报告[J]. 陕西档案,2019(4):16-18.

查,严格业务标准。五要注重队伍建设,增强组织活力。①

十一、其他档案管理

中国科学院档案馆李淼提出了科研类境外机构档案管理对策:①坚持优先遵循所在国家或地区法律法规的原则。②建立职责明确的境外机构档案管理责任体系。第一,制度层面管控;第二,档案工作组织体系层面管控;第三,项目层面管控。③加强境外机构档案资源的集中统一管理。④构建境外机构重要档案资源体系。②

中国戏曲学院王莹提出了戏曲档案管理对策:①提高戏曲档案工作者乃至全社会的戏曲档案意识。②建立并完善戏曲档案归档标准及规范。③加强戏曲档案管理的软硬件设施建设。④围绕重大活动、重大项目做好戏曲档案收集与整理。③

河北省社会保险事业管理局赵松、秦皇岛市失业保险事业管理处孙长虹认为机构改革背景下社保档案管理的新情况包括:第一,机构改革前有关单位档案管理制度不统一,需要思考档案管理衔接问题。第二,档案类别与数量迅速增长,增加了相关部门管理的难度。第三,档案信息化管理亟待加强。第四,查询利用需求迅速攀升。并提出加强社保档案管理的若干思考:①确保社保档案绝对安全。②夯实规范化管理基础。③推进三个一体化建设。业务与档案一体化。纸质与电子档案一体化。管理与服务利用一体化。④

中国医学科学院放射医学研究所桑晟认为:"银行的授信档案区别于一般档案,有产生机构的复杂性、存在状态的动态性、载体形式的多样性三个方面的特点,因此在授信档案的管理中存在着收集难度大、保管方式陈旧、信息化程度不高的问题,通过在实际工作中的研究和总结,提出采取加强整体规划、制定标准规范、构建信息化平台三个方面的对策来解决授信档案管理中的问题。"⑤

---

①　周伟国,钟琴,谭一音.农业农村档案工作存在问题与解决对策:以桐乡市为例[J].浙江档案,2019(8):38-39.

②　李淼.科研类境外机构档案管理的挑战与对策分析:以中国科学院境外机构档案管理为例[J].北京档案,2019(11):32-34.

③　王莹.戏曲档案管理现状及对策研究[J].中国档案,2019(9):58-59.

④　赵松,孙长虹.机构改革后社保档案管理研究[J].浙江档案,2019(6):56-57.

⑤　桑晟.银行授信档案管理中存在问题及对策[J].档案管理,2019(2):84-85.

第四章 档案整理与出版

我们以中国知网为样本来源,检索范围:中国学术期刊网络出版总库,中国博士学位论文全文数据库,中国优秀硕士学位论文全文数据库,中国重要会议论文全文数据库,国际会议论文全文数据库,中国重要报纸全文数据库,中国学术辑刊全文数据库。

检索年限:2019 年。

检索时间:2020 年 3 月 27 日。

检索式:发表时间=2019-01-01 至 2019-12-31,并且专题子栏目=收集与整理、保管和利用、公布、出版(模糊匹配)。

样本文献总数:1318 篇。

第一节 文献统计分析

本节采用统计分析的方法,从资源类型分布、文献学科分布、文献研究层次分布、文献基金分布、文献类型分布 5 个方面对样本文献进行分析。

一、资源类型分布

从资源类型分布看,1318 篇样本文献,涉及 5 个类型,包括:期刊、硕士、报纸、国内会议、国际会议。各类资源发表文献数量及占比情况见表 4-1。其中期刊合计占比超过 92%,总体量超过会议论文、学位论文和报纸发表文献之和一个量级。

表 4-1 各类资源发表文献数量及占比情况

序号	资源类型	发表文献数量/篇	占全部样本/%
1	期刊	1224	92.87
2	硕士	60	4.55
3	报纸	19	1.44
4	国内会议	13	0.99
5	国际会议	2	0.15
合计		1318	100.00

从表 4-1 显示可见,期刊仍然是 2019 年档案整理与出版研究文献的主要来源,也是研究者进行交流与沟通的主要渠道和平台。相比之下会议论文、学位论文和报纸发表文献在研究中只起点缀作用。

二、文献学科分布

从样本文献学科分布看,1318 篇样本文献涉及图书情报档案、教育、公共卫生与预防医学、工业经济、工商管理、政治、城市经济、公共管理、历史、农业经济、新闻传播、社会、水利工程、法学、文化等学科。前 15 个学科发表文献数量及占比情况见表 4-2。

表 4-2　前 15 个学科发表文献数量及占比情况

序号	学科	发表文献数量/篇	占全部样本/%
1	图书情报档案	1221	92.64
2	教育	102	7.74
3	公共卫生与预防医学	54	4.10
4	工业经济	52	3.95
5	工商管理	39	2.96
6	政治	29	2.20
7	城市经济	29	2.20
8	公共管理	25	1.90
9	历史	21	1.59
10	农业经济	19	1.44
11	新闻传播	16	1.21
12	社会	13	0.99
13	水利工程	12	0.91
14	法学	11	0.83
15	文化	9	0.68
	总计	1652	125.34
	实际	1318	100.00
	超出	334	25.34

从表 4-1 可见,按学科统计数为 1652 篇,占 125.34%;超出实际文献数 334 篇,占 25.34%。其中图书情报档案 1221 篇,占 92.64%。研究在聚焦档案本学科的同时,具有较高的学科交叉性。

除图书情报档案之外,发表文献最多的 7 个学科是教育、公共卫生与预防医学、工业经济、工商管理、政治、城市经济、公共管理。与 2018 年涉及最多的 7 个学科教育、工业经济、公共卫生与预防医学、工商管理、历史、公共管理、城市经济相比,缺少历史学科,增加政治学科。其他学科只是发表文献数量次序有所变化。

三、文献研究层次分布

从文献研究层次分布情况看,1318 篇样本文献涉及基础研究(社科)、行业指导(社科)、职业指导(社科)、基础与应用基础研究(自科)、政策研究(社科)、专业实用技术(自科)、工程技术(自科)、行业技术指导(自科)、文艺作品、经济信息、基础教育与中等职业教育、大众文化、高级科普(社科)、高级科普(自科)、其他等 17 个层次。各层次发表文献数量及占比情况见表 4-3。

表 4-3　各层次发表文献数量及占比情况

序号	层次	发表文献数量/篇	占全部样本/%
1	基础研究(社科)	642	48.71
2	行业指导(社科)	304	23.07
3	职业指导(社科)	150	11.38
4	基础与应用基础研究(自科)	35	2.66
5	政策研究(社科)	31	2.35
6	专业实用技术(自科)	14	1.06
7	工程技术(自科)	14	1.06
8	行业技术指导(自科)	12	0.91
9	文艺作品	4	0.30
10	经济信息	3	0.23
11	基础教育与中等职业教育	2	0.15
12	大众文化	2	0.15
13	高级科普(社科)	1	0.08
14	高级科普(自科)	1	0.08
17	其他	103	7.81
合计		1318	100.00

如果按社会科学、自然科学、经济文化教育和其他来分类,各类文献数量及占比分别是:社会科学 1128 篇,占 85.58%;自然科学 76 篇,占 4.86%;经济文化教育 23 篇,占 1.75%;其他 103 篇,占 7.81%。研究基本上属于社会科学的范畴。

如果按研究的基础性与应用性划分,基础性研究 667 篇,占 51.37%;应用性研究 641 篇,占 48.63%。研究略偏重理论性。

综上,从整体上看,2019 年档案整理与出版研究属于略微偏重理论性的社会科学范畴。

四、文献基金分布

从样本文献基金分布情况看,1318 篇样本文献中有 106 篇得到 36 种国家和省部级基金的资助,占全部样本的 8.04%。各类基金资助发表文献数量及占比情况见表 4-4。

表4-4　各类基金资助发表文献数量及占比情况

序号	基金	发表文献数量/篇	占全部样本/%	占基金资助文献/%
1	国家社会科学基金	49	3.72	46.23
2	教育部人文社会科学研究项目	7	0.53	6.60
3	国家档案局科技项目	6	0.46	5.66
4	江苏省教育厅高等学校哲学社会科学基金	3	0.23	2.83
5	上海市哲学社会科学规划课题	3	0.23	2.83
6	北京市哲学社会科学规划项目	3	0.23	2.83
7	全国教育科学规划课题	2	0.15	1.89
8	安徽省教育厅人文社会科学研究项目	2	0.15	1.89
9	甘肃省哲学社会科学规划项目	2	0.15	1.89
10	河南省哲学社会科学规划项目	2	0.15	1.89
11	国家自然科学基金	2	0.15	1.89
12	国土资源大调查项目	1	0.08	0.94
13	辽宁省哲学社会科学规划基金项目	1	0.08	0.94
14	贵州省教育厅高等学校人文社会科学基金	1	0.08	0.94
15	山东省艺术科学重点课题	1	0.08	0.94
16	河南省软科学研究计划	1	0.08	0.94
17	江苏省教育科学规划课题	1	0.08	0.94
18	广西教育科学规划课题	1	0.08	0.94
19	教育部"春晖计划"	1	0.08	0.94
20	广西高等学校教学质量与教学改革研究项目	1	0.08	0.94
21	广西壮族自治区哲学社会科学规划研究项目	1	0.08	0.94
22	青岛市社会科学规划项目	1	0.08	0.94
23	山东省哲学社会科学规划研究项目	1	0.08	0.94
24	江西省高校人文社会科学研究项目	1	0.08	0.94
25	河南省高等学校重点科研项目	1	0.08	0.94
26	河南省高等教育教学改革研究项目	1	0.08	0.94
27	中国人民大学科学研究项目	1	0.08	0.94
28	福建省社会科学规划项目	1	0.08	0.94
29	湖南省教委科研基金	1	0.08	0.94
30	黑龙江省哲学社会科学研究规划项目	1	0.08	0.94
31	福建省教育科学规划课题	1	0.08	0.94
32	河北省高等学校人文社会科学研究项目	1	0.08	0.94
33	河北省哲学社会科学规划研究项目	1	0.08	0.94
34	江苏省社会科学基金项目	1	0.08	0.94

续表 4-4

序号	基金	发表文献数量/篇	占全部样本/%	占基金资助文献/%
35	安徽省哲学社会科学规划项目	1	0.08	0.94
36	江苏科技大学人文社科基金	1	0.08	0.94
	合计	106	8.04	100.00
	总计	1318	100.00	

从基金资助的层次上看,国家级基金 2 种 51 篇,占全部基金资助文献的 48.11%;部委基金 6 种 18 篇,占全部基金资助文献的 16.98%;地方基金 28 种 37 篇,占全部基金资助文献的 34.91%。

从地方基金资助的区域分布看,涉及安徽省、北京市、福建省、甘肃省、广西壮族自治区、贵州省、河北省、河南省、黑龙江省、湖南省、江苏省、江西省、辽宁省、山东省、上海市 15 个省(区、市),接近全部一半省(区、市)。

综上,从层级上看,国家级资助力度略小于部委与地方的资助力度,地方资助又高于部委资助力度。从区域分布看,全国只有少数省份对这类研究有所资助,资助力度十分有限。

五、文献类型分布

从文献类型分布看,1318 篇样本文献中,政策研究类 55 篇,占 4.17%;综述类文献 9 篇,占 0.68%;一般性文献 1254 篇,占 95.14%。各类型文献数量及占比情况见表 4-5。

表 4-5　各类型文献数量及占比情况

序号	文献类型	文献数量/篇	占全部样本/%
1	政策研究类文献	55	4.17
2	综述类文献	9	0.68
3	一般性文献	1254	95.14
	合计	1318	100.00

综上,从表 4-5 中可以明显地看到,一般性论证文献在研究成果中占据了主体位置,而代表政策性及宏观性研究的政策研究类文献和综述类文献体量很小,不到 5%,显得薄弱。

六、小结

从样本文献的统计情况看,2019 年档案整理与出版研究涉及 5 类资源。期刊仍然是 2019 年档案整理与出版研究文献的主要来源,也是研究者进行交流与沟通的主要渠道和平台。相比之下,会议论文、学位论文和报纸发表文献在研究中只起点缀作用。

研究的学科分布较广泛,研究在聚焦档案本学科的同时,具有较高的学科交叉性。除图书情报档案之外,发表文献最多的 7 个学科是教育、公共卫生与预防医学、工业经济、工商管理、政治、城市经济、公共管理。与 2018 年涉及最多的 7 个学科教育、工业经济、公共卫生与预防医学、工商管理、历史、公共管理、城市经济相比,缺少历史学科,增加政治学科。其他学科只是发表文献数量次序有所变化。

从整体上看,2019 年档案整理与出版研究属于略微偏重理论性的社会科学范畴。

从基金资助的层次上看,国家级资助力度略小于部委与地方的资助力度,地方资助又高于部委资助力度。从地方基金资助的区域分布看,涉及 15 个省(区、市),接近全部一半省(区、市)。

在研究成果中,一般性论证文献占据了主体位置,而代表政策性及宏观性研究的政策研究类和综述类文献体量很小,不到 5%,显得十分薄弱。

第二节 文献计量分析

本节采用计量分析的方法,从文献作者分布、文献机构分布和文献来源分布 3 个方面对样本文献进行分析。

一、文献作者分布

从作者的分布情况看,前 40 位作者共发表文献 135 篇,占全部样本的 10.24%。前 40 位作者发表文献数量及占比情况见表 4-6。

表 4-6 前 40 位作者发表文献数量及占比情况

序号	作者	发表文献数量/篇	占全部样本/%
1	赵彦昌	7	0.53
2	华林	7	0.53
3	刘东斌	6	0.46
4	宋雪雁	6	0.46
5	李宗富	5	0.38
6	黄霄羽	5	0.38
7	周林兴	5	0.38
8	张伟	4	0.30
9	管先海	4	0.30
10	吴雁平	4	0.30
11	陈倩	3	0.23
12	周耀林	3	0.23
13	廖倩	3	0.23
14	周丽	3	0.23
15	张瑞雪	3	0.23
16	丁德胜	3	0.23
17	沙洲	3	0.23
18	牛力	3	0.23
19	陈婷玉	3	0.23

续表 4-6

序号	作者	发表文献数量/篇	占全部样本/%
20	李婧楠	3	0.23
21	古同日	3	0.23
22	陈子丹	3	0.23
23	张美芳	3	0.23
24	杨显志	3	0.23
25	郭东升	3	0.23
26	曾静怡	3	0.23
27	苏君华	3	0.23
28	赵妍	3	0.23
29	梁思思	3	0.23
30	黄健	3	0.23
31	向阳	3	0.23
32	马丽祯	3	0.23
33	聂二辉	2	0.15
34	梁艳丽	2	0.15
35	聂云霞	2	0.15
36	夏秀丽	2	0.15
37	刘泽珊	2	0.15
38	韩峰	2	0.15
39	袁倩	2	0.15
40	张强	2	0.15
合计		135	10.24
总计		1318	100.00

如果按照普赖斯提出的计算公式,核心作者候选人的最低发文数 $M=0.749\sqrt{N_{max}}$,其中 N_{max} 为最高产作者发表文章数量。2019 年档案整理与出版研究作者中发表文献最多的为 7 篇,即 $N_{max}=7$,所以 $M=0.749\sqrt{7}\approx1.982$。因此,表 4-6 中发表 2 篇文献以上(含 2 篇)的作者均为 2019 年档案整理与出版研究的高产作者与核心作者。

2019 年档案整理与出版研究已经形成了一定数量的高产作者和核心作者群。

从前 40 位作者的所属单位看,来自高校与档案行政管理机构和综合档案馆的作者基本上相当,可以说,高校和来自实践界的作者共同成为 2019 年档案整理与出版研究的主力与主体。

二、文献机构分布

从机构分布情况看,前 40 个机构发表文献 344 篇,占全部样本的 26.10%。前 40 个机构发表文献数量及占比情况见表 4-7。

表4-7　前40个机构发表文献数量及占比情况

序号	机构	发表文献数量/篇	占全部样本/%
1	云南大学	35	2.66
2	中国人民大学	29	2.20
3	上海大学	25	1.90
4	黑龙江大学	22	1.67
5	安徽大学	21	1.59
6	辽宁大学	18	1.37
7	河北大学	13	0.99
8	河南省濮阳市档案局	10	0.76
9	山东大学	9	0.68
10	南昌大学	9	0.68
11	吉林大学	9	0.68
12	武汉大学	9	0.68
13	郑州大学	8	0.61
14	湘潭大学	8	0.61
15	云南省档案局	7	0.53
16	国家档案局	7	0.53
17	上海市档案局	7	0.53
18	天津市档案局	6	0.46
19	辽宁省阜新市档案局	6	0.46
20	北京市档案局	6	0.46
21	南京大学	6	0.46
22	解放军国防大学	6	0.46
23	广西民族大学	6	0.46
24	中山大学	5	0.38
25	黑龙江省档案局	5	0.38
26	四川省档案馆	4	0.30
27	黑龙江省大庆市档案局	4	0.30
28	黑龙江省肇东市档案局	4	0.30
29	河南省开封市档案局	4	0.30
30	中国船舶重工集团公司	4	0.30
31	华中师范大学	4	0.30
32	郑州航空工业管理学院	4	0.30
33	山东省档案局	3	0.23
34	上海航空工业(集团)有限公司	3	0.23
35	中国商用飞机有限责任公司	3	0.23

续表 4-7

序号	机构	发表文献数量/篇	占全部样本/%
36	贵州师范学院	3	0.23
37	青岛大学	3	0.23
38	苏州市职业大学	3	0.23
39	福建师范大学	3	0.23
40	北京城市建设档案馆	3	0.23
	合计	344	26.10
	总计	1318	100.00

如果使用普赖斯公式计算,核心机构的最低发文数 $M = 0.749\sqrt{N_{max}}$,其中 N_{max} 为最高产机构发表文章数量。这里 $N_{max} = 35$,所以 $M = 0.749\sqrt{35} \approx 4.431$,即发表文献 4 篇及以上的为核心研究机构。据此,发表文献 4 篇以上(含 4 篇)的云南大学、中国人民大学、上海大学、黑龙江大学、安徽大学、辽宁大学、河北大学、河南省濮阳市档案局、山东大学、南昌大学、吉林大学、武汉大学、郑州大学、湘潭大学、云南省档案局、国家档案局、上海市档案局、天津市档案局、辽宁省阜新市档案局、北京市档案局、南京大学、解放军国防大学、广西民族大学、中山大学、黑龙江省档案局、四川省档案馆、黑龙江省大庆市档案局、黑龙江省肇东市档案局、河南省开封市档案局、中国船舶重工集团公司、华中师范大学、郑州航空工业管理学院等 32 个机构是研究的高产机构。

发表文献最多的前 7 个机构均为高校,前 14 个机构中有 13 个是高校。32 个高产机构中有 19 个是高校,占核心研究机构的 59.38% ,说明高校仍然是 2019 年档案整理与出版研究核心研究机构群的主体。

在前 40 个机构中,高校 23 个,占 57.5% ;发表文献 258 篇,占全部样本 19.56% 。档案行政管理机关 12 个,占 30% ;发表文献 69 篇,占全部样本 5.24% 。企业 3 个,占 7.5% ;发表文献 10 篇,占全部样本 0.76% 。档案馆 2 个,占 5% ;发表文献 7 篇,占全部样本 0.53% 。

从前 40 个机构发表文献数量及占比情况看,高校发表文献的数量及占比均为最高,档案行政管理机关次之,企业居第三,档案馆居第四。这说明档案整理与出版研究更趋近于纯理论研究,与档案实际工作还存在一定距离。

三、文献来源分布

从文献来源分布看,1318 篇样本文献中,发表文献 22 篇及以上的文献来源有《办公室业务》《兰台世界》《兰台内外》《黑龙江档案》《城建档案》《机电兵船档案》《档案天地》《档案与建设》《北京档案》《浙江档案》《中国档案》《档案管理》《档案学研究》《四川档案》《山西档案》共发表文献 840 篇,占全部样本的 63.73% 。前 15 种文献来源发表文献数量及占比情况见表 4-8。

表 4-8　前 15 种文献来源发表文献数量及占比情况

序号	文献来源	发表文献数量/篇	占全部样本/%
1	《办公室业务》	138	10.47
2	《兰台世界》	127	9.64
3	《兰台内外》	105	7.97

续表 4-8

序号	文献来源	发表文献数量/篇	占全部样本/%
4	《黑龙江档案》	75	5.69
5	《城建档案》	54	4.10
6	《机电兵船档案》	51	3.87
7	《档案天地》	41	3.11
8	《档案与建设》	40	3.03
9	《北京档案》	38	2.88
10	《浙江档案》	36	2.73
11	《中国档案》	33	2.50
12	《档案管理》	31	2.35
13	《档案学研究》	25	1.90
14	《四川档案》	24	1.82
15	《山西档案》	22	1.67
	合计	840	63.73
	总计	1318	100.00

按照布拉德福定律,1318 篇文献可分为核心区、相关区和非相关区,各个区的论文数量相等(约439 篇)。因此,发表论文居前 4 位的《办公室业务》《兰台世界》《兰台内外》《黑龙江档案》(445 篇)处于核心区之内;发表论文居第 5~15 位的《城建档案》《机电兵船档案》《档案天地》《档案与建设》《北京档案》《浙江档案》《中国档案》《档案管理》《档案学研究》《四川档案》《山西档案》(395 篇)处于相关区;发表 21 篇文献及以下的则少数处于相关区,多数处在非相关区。

从发表文献 22 篇以上(含 22 篇)的前 15 种文献来源看,有 14 种为档案学期刊,发表文献 702篇。在档案学期刊中又以普通期刊略多,8 种发表 499 篇;核心期刊略少,6 种发表 203 篇。可以说,档案类期刊,无论是核心期刊,还是普通期刊对 2019 年档案整理与出版研究的关注度更高,是这一研究领域的主要阵地。档案学期刊以外的其他期刊的关注度相对较低。

四、小结

2019 年档案整理与出版研究已经形成了一定数量的高产作者和核心作者群。从前 40 位作者的所属单位看,来自高校与档案行政管理机构和综合档案馆的作者基本上相当,可以说高校和来自实践界的作者共同成为 2019 年档案整理与出版研究的主力与主体。

从前 40 个机构发表文献数量及占比情况看,高校发表文献的数量及占比均为最高,档案行政管理机关次之,企业居第三,档案馆居第四。这说明档案整理与出版研究更趋近于纯理论研究,与档案实际工作还存在一定距离。

从发表文献 22 篇以上(含 22 篇)的前 15 种文献来源看,有 14 种为档案学期刊,发表文献 702篇。在档案学期刊中又以普通期刊略多,8 种发表 499 篇;核心期刊略少,6 种发表 203 篇。可以说,档案类期刊,无论是核心期刊,还是普通期刊对 2019 年档案整理与出版研究的关注度更高,是这一研究领域的主要阵地。档案学期刊以外的其他期刊的关注度相对较低。

第三节　文献词频分析

本节采用关键词词频的方法,从关键词词频、主题词词频和近五年高频词变化 3 个方面对样本文献进行了分析。

一、关键词词频分析

从 1318 篇文献涉及的关键词看,使用频率在 21 次以上(含 21 次)的有档案、档案利用、开发利用、档案管理、利用、档案编研、档案馆、档案服务、对策、高校、创新、档案信息资源、大数据、问题、收集等 15 个关键词,可以归并为档案(档案、档案信息资源)、档案业务(档案利用、开发利用、利用、档案编研、档案服务、收集)、档案事务(档案管理、对策、创新、问题)、机构(档案馆、高校)、新技术(大数据)5个大类。

前 15 个高频关键词共使用 516 频次,占全部样本的 39.15% ,即近四成的文献使用这 15 个关键词。表 4-9 是前 15 个高频关键词使用频率及占比情况。

表 4-9　前 15 个高频关键词使用频率及占比情况

序号	关键词	使用频率/次	占全部样本/%
1	档案	68	5.16
2	档案利用	55	4.17
3	开发利用	48	3.64
4	档案管理	45	3.41
5	利用	41	3.11
6	档案编研	36	2.73
7	档案馆	29	2.20
8	档案服务	28	2.12
9	对策	27	2.05
10	高校	27	2.05
11	创新	24	1.82
12	档案信息资源	23	1.75
13	大数据	22	1.67
14	问题	22	1.67
15	收集	21	1.59
合计		516	39.15
总计		1318(篇)	100.00

相对而言,2019 年档案整理与出版研究主要集中在上述档案、档案业务、档案事务、机构、新技术 5 类 15 个关键词所涉及的方面。可以说,上述档案、档案业务、档案事务、机构、新技术 5 类 15 个关键

词是 2019 年档案整理与出版研究的热点所在,与 2018 年的档案、档案业务、档案事务、机构、新技术相比没有变化。

二、主题词词频分析

从主题词使用频率看,2019 年档案整理与出版研究涉及内容广泛,集中在档案、机构、档案业务、档案事务、档案人、新技术、文件 7 个方面。使用频率最高的 40 个主题词分布情况见表 4-10。

表 4-10　使用频率最高的 40 个主题词分布情况

序号	主题	使用频率/次	占全部样本/%
1	档案馆	122	1.23
2	档案信息资源	70	0.71
3	档案利用	69	0.70
4	档案编研	65	0.66
5	档案资源	60	0.60
6	开发利用	59	0.59
7	档案管理	58	0.58
8	档案服务	57	0.57
9	编研成果	45	0.45
10	档案收集	43	0.43
11	档案信息	40	0.40
12	档案编研工作	40	0.40
13	档案管理工作	39	0.39
14	档案保护	32	0.32
15	档案信息资源开发	32	0.32
16	档案利用服务	29	0.29
17	档案工作	28	0.28
18	大数据时代	27	0.27
19	档案征集	27	0.27
20	开发与利用	25	0.25
21	编研工作	24	0.24
22	民生档案	24	0.24
23	档案展览	24	0.24
24	档案管理人员	23	0.23
25	档案信息服务	22	0.22
26	档案部门	22	0.22
27	大数据	22	0.22
28	档案资源开发	22	0.22

续表 4-10

序号	主题	使用频率/次	占全部样本/%
29	档案工作者	21	0.21
30	档案材料	21	0.21
31	综合档案馆	20	0.20
32	文件材料	20	0.20
33	高校档案	19	0.19
34	收集工作	18	0.18
35	城建档案	18	0.18
36	档案资料	18	0.18
37	档案利用工作	18	0.18
38	归档范围	17	0.17
39	档案开发利用	17	0.17
40	纸质档案	17	0.17
	合计	1374	104.25
	总计	1318(篇)	100.00
	重叠	56	4.25

从涉及的主题词看,使用频率最高的 40 个主题词共使用 1374 频次,占全部样本的 104.25%,也就是说,上述 40 个主题词涵盖了全部样本文献。其中使用频率最高的是档案馆(122 频次),使用频率最低的是归档范围、档案开发利用、纸质档案(各 17 频次),平均使用频率为 34 频次。

从主题词反映出的研究内容看,2019 年档案整理与出版研究关注的 40 个主要问题又可归并为档案、机构、档案业务、档案事务、档案人、新技术、文件 7 个大类。与 2018 年相同。

档案业务(档案利用、档案编研、开发利用、档案服务、编研成果、档案收集、档案编研工作、档案保护、档案信息资源开发、档案利用服务、档案征集、开发与利用、编研工作、档案展览、档案信息服务、档案资源开发、收集工作、档案利用工作、归档范围、档案开发利用),共使用 685 频次,占全部样本的 51.97%。聚焦档案利用服务环节。这表明 2019 年档案整理与出版研究主要聚焦在档案业务工作中的利用服务各环节上。它是档案整理与出版研究关注度第一高的主题。

档案(档案信息资源、档案资源、档案信息、民生档案、高校档案、城建档案、纸质档案、档案材料、档案资料),共使用 287 频次,占全部样本的 21.78%。档案是档案学研究的本体,但从涉及的 9 个主题看,涉及各类各种载体的专业专门档案及不同档案材料。它是档案整理与出版研究关注度第二高的主题。

机构(档案馆、档案部门、综合档案馆),共使用 164 频次,占全部样本的 12.44%。它是与档案事业、档案人关系最为密切的问题,包括档案局、档案馆、档案室三大研究主题。2019 年,正值新一轮机构改革之时,档案馆成为档案界关注之重点是理所应当的结果。

档案事务(档案管理、档案管理工作、档案工作),共使用 125 频次,占全部样本的 9.48%。涉及档案事务的宏观层面,管理性特征突出。但与前三个主题相差 1 个数量级。

新技术(大数据时代、大数据),共使用 49 频次,占全部样本的 3.72%。研究集中在大数据方面,是 2019 年档案整理与出版研究关注度第五高的主题。

档案人(档案管理人员、档案工作者),共使用 44 频次,占全部样本的 3.34%。作为档案工作的主体和服务对象,3%的占比说明档案整理与出版研究的关注点从来没有离开过档案人自身。

文件(文件材料),共使用20频次,占全部样本文献的1.2%。与"档案"相差近14倍,显示出其虽然与档案相关,但在档案整理与出版研究中已经不再是重点。

可以说,2019年,档案整理与出版研究所涉及内容虽然十分广泛,但全部文献均包含在上述7类问题上,或者说,2019年的档案整理与出版研究主要是围绕上述7个内容展开的。

三、近五年高频词变化

年度关键词的变化,特别是高频关键词的变化,能够反映出相关研究内容与主题、重点与热点的变化。

2015—2019年档案整理与出版研究年度关键词及高频关键词的变化情况,请扫描右侧二维码。

从近五年研究文献主要关键词的分布看,共使用6个关键词,分别是档案、档案利用、开发利用、利用、档案管理、收集。与2018年涉及的管理、开发利用、档案、档案利用、档案管理5个关键词大部分重合,增加了收集一词。

5年中,档案、档案利用、开发利用、利用4个关键词均在相邻年份中重复出现过,重复率为100%。这说明近五年间档案、开发利用、档案利用、利用的相关研究持续稳定,一直是研究的核心内容与方向。5年中,档案管理1个关键词在4个不相邻年份中重复出现过,重复率为80%。只有收集1个关键词,出现1年。总体上研究内容与主题在年度间连续性非常好。

但也要看到,2015年后所有重点内容均出现不同程度下降。在2015—2019年中出现的关键词最少时为27次,最多时达到142次。

从总体上讲,近五年来相关研究的主要内容集中,重点突出。

四、小结

从1318篇文献涉及的关键词看,2019年档案整理与出版研究主要集中在档案、档案业务、档案事务、机构、新技术5类15个关键词所涉及的方面,与2018年的档案、档案业务、档案事务、机构、新技术相比没有变化。

从主题词反映的研究内容看,2019年,档案整理与出版研究关注的40个主要问题又可归并为档案、机构、档案业务、档案事务、档案人、新技术、文件7个大类。与2018年的主题归类相同。2019年,档案整理与出版研究所涉及内容虽然十分广泛,但全部文献均包含在上述7类问题上,或者说,2019年档案整理与出版研究主要是围绕上述7个内容展开的。

近五年间档案、开发利用、利用、档案利用的相关研究持续稳定,一直是研究的核心内容与方向。研究内容与主题在年度间连续性非常好。但2015年后所有研究主题出现频次均有所下降。从总体上讲,近五年来相关研究的主要内容集中,重点突出。

第四节　文献关键词共词分析

本节采用关键词共现分析的方法,从共现矩阵和共现网络两个方面对样本文献进行分析。

一、共现矩阵

矩阵提取使用频率最高的 20 个关键词,将这 20 个关键词形成 20×20 的共词矩阵。如果某两个关键词同时出现在一篇文章中时,就表明这两者之间存在相关关系,关键词右侧或下方对应位置的数值表示篇数。

图 4-1 是 2019 年档案整理与出版研究文献高频关键词共现矩阵。

	档案	档案利用	开发利用	档案管理	利用	档案编研	档案馆	档案服务	对策	高校	创新	档案信息资源	问题	大数据	收集	开发	社交媒体	档案保护	高校档案	档案资源
档案																				
档案利用																				
开发利用	5																			
档案管理		6	2																	
利用	7																			
档案编研				2																
档案馆		5																		
档案服务		4				5														
对策	4	2		2	2															
高校	3	3		2	3		1	2												
创新		2		2	3															
档案信息资源	1	8						2												
问题	2			2	2				9	2										
大数据		4							2											
收集	3					2														
开发	3					13														
社交媒体			2	1																
档案保护																				
高校档案								2												
档案资源		7																		

图 4-1　2019 年档案整理与出版研究文献高频关键词共现矩阵

图 4-1 显示,2019 年档案整理与出版研究文献关键词共现有 39 组,共现率为 19.5%。而共现次数 5 次以上的关键词组合有 9 组,共现率为 4.5%。

以横轴为准计:

20 组共现关键词中有 8 组与档案直接相关,占共现关键词的 4%。

20 组共现关键词中有 7 组与利用直接相关,占共现关键词的 3.5%。

20 组共现关键词中各有 5 组与档案利用、开发利用直接相关,分别占共现关键词的 2.5%。

20 组共现关键词中各有 4 组与档案编研、档案服务直接相关,分别占共现关键词的 2%。

20 组共现关键词中有 3 组与对策直接相关,占共现关键词的 1.5%。

20 组共现关键词中各有 1 组与档案管理、档案馆、高校直接相关,分别占共现关键词的 0.5%。

另外还有创新、档案信息资源、问题、大数据、收集、开发、社交媒体、档案保管、高校档案、档案资源 10 个无共现关键词。

以共现频次计:

共现次数在 10 次以上的关键词有 1 组,即:

利用与开发:13 频次。

共现次数在 5~9 次的关键词有 8 组,分别是:

档案与开发利用:5 频次。

档案与利用:7 频次。

档案利用与档案管理:6 频次。

档案利用与档案馆:5 频次。

开发利用与档案信息资源:8 频次。

档案利用与档案资源:7 频次。

档案馆与档案服务:5 频次。

对策与问题:9 频次。

可见,利用与开发利用是重头。

从共现组数看,高共现频率的关键词有 9 组,占全部共现关键词的 23.08%。2019 年档案整理与出版研究的重点集中在档案利用这个主要方向上。或者说,2019 年档案整理与出版研究主要是围绕档案利用展开的。

2019 年档案整理与出版研究的整体研究规模不是很大,研究内容相对分散,没有形成相对比较明显的高相关共现关键词群,研究的集中趋势不明显。

二、共现网络

在关键词共现网络中,关键词之间的关系可以用连线来表示,连线多少和粗细代表关键词间的亲疏程度,连线越多,代表该关键词与其他关键词共现次数越多,越是研究领域的核心和热点研究内容。

使用知网工具获得 2019 年档案整理与出版研究高频词共词网络图谱(扫描右侧二维码)。

从共词的网络图谱可以直观地看出:相关研究可划分为"利用""档案利用""开发利用""高校档案""档案保护"5 个聚类群组。所有 5 个群组均为单核心群组。其中"利用""档案利用""开发利用"为单核心多词群组,"高校档案""档案保护"为单核心单词群组。

3 个单核心多词群组中,"利用"群组最大,涉及 8 个关键词。群组间紧密度相对高,与"开发利用"群组交织在一起,并与"档案利用"群组有较多关联。它是"档案利用""开发利用""高校档案"3 个群组联系的桥梁。

"开发利用"群组被"利用"群组包裹其中,两个群组交织在一起,联系紧密。"开发利用"群组在通过"利用"群组与"档案利用"群组发生关联的同时,也与"档案利用"群组存在关联。

"档案利用"群组是整个群组中规模第二大的群组,有 7 个关键词。群组独立成群,与"开发利用"群组和"利用"群组相邻,并与这两个群组中多个关键词相关联。群组内各关键词间的距离较松散,主关键词"档案利用"在群组中的中心度较高。"档案利用"群组与其他四个群组中间有一个明显的间隔,表明相互之间有主题差别存在。

"档案保护"群组与其他四个群组之间没有关联,互不往来,且相距较远。

这表明 2019 年档案整理与出版研究是围绕"档案利用""利用"与"开发利用"3 个核心内容展开的。"高校档案""档案保护"处于整个网络的边缘,不是研究的热点与重点。

三、小结

从共现组数看,高共现频率的关键词有 9 组,占全部共现关键词的 23.08%。2019 年档案整理与出版研究是主要围绕档案利用展开的。整体研究规模不是很大,研究内容相对分散,没有形成相对比较明显的高相关共现关键词群,研究的集中趋势不明显。

从网络图谱看,2019 年档案整理与出版研究是围绕"档案利用""利用""开发利用"3 个核心内容展开的。"高校档案""档案保护"处于整个网络的边缘,不是研究的热点与重点。

第五节　文献综述

一、档案收集

(一)收集

广东省深圳市文档服务中心周霭认为:"档案管理工作是构成档案事业发展的基础部分,而档案收集工作则是形成档案管理的出发点,只有在档案收集中发挥良性操作功能并且重视档案收集工作的每一个具体的阶段和环节,才有可能促成档案管理的有效完成。而抓好档案收集工作的初始任务则在于档案收集人员对于档案管理这项工作的态度和主体意识,以及在意识的指引下形成的业务执行和业务能力的发挥,还包括在具体的档案收集中所使用到的档案管理系统技术的持续支持。"[①]

中国石油天然气股份有限公司吉林油田分公司档案馆张会玲提出了文书档案收集与归档工作水平提高策略:①提高档案收集与归档意识。②提高自动化办公程度。③提高档案管理人员专业水平。[②]

山西汾西矿业集团中兴煤业曹永吉针对企业档案收集问题提出对策:①提高档案管理人员收集意识。②完善现有档案管理制度。③提高档案收集人员的综合素质。[③]

福建中医药大学郑新兴提出"点""面"兼顾,加强中医药档案收集。"点"有两层含义:一是以名老中医为关键点,多渠道、多方面、多角度收集名老中医的档案、资料。二是以中医药院校、中医院和科研院所为关键点。"面"也有两层含义:一是除了抓住名老中医的档案资料收集外,也要注意散落民间的中医药文献、抄本医书、医家处方验方等中医药档案的收集,全面收集各类中医药档案资料;二是除了中医药院校、中医院和科研院所的关键点外,还应鼓励社会力量收集中医药档案资料,鼓励社会力量投入资金建立中医药文化博物馆、展览馆等,扩大收集中医药档案资料的覆盖面。[④]

中央戏剧学院翟菲提出了戏曲艺术档案收集行为问题的对策:①畅通获取私人档案资料的收集渠道。②确立去粗取精的档案收集原则。③运用多元、特色、系统的收集方法。④完整而有价值地收

①　周霭.浅谈如何抓好档案收集工作[J].办公室业务,2019(11):80,82.
②　张会玲.办公室文书如何开展档案收集与归档工作[J].办公室业务,2019(24):128,130.
③　曹永吉.企业档案收集工作中存在的问题与对策[J].办公室业务,2019(22):155,157.
④　郑新兴.试论中医药档案收集与利用[J].兰台内外,2019(36):4-5.

集个人戏曲艺术档案。①

山西大学经济与管理学院尚珊、施亚玲提出了社交媒体档案收集范围与类目划分:第一,删除类目。删除社交媒体平台中不具有档案基本属性的出现频率较低的信息。第二,合并类目。社交媒体平台中天文、军事、艺术、航天类档案数量相对较少,但有一定价值,故合并入其他类。第三,增设类目。对于社会大众关注度较高但学科分类目录中不存在的类目,增设相应的类目。第四,单独设类目。与学科分类类目相比,社交媒体平台中档案数量较多的类目,单独设类。第五,类目设定。一、二级类目按学科划分;三级类目参照《中国分类主题词表》设定;根据来源原则设定四级类目,即社交网站、微博、微信、博客、论坛、播客六大类;五级类目根据具体年份设定;六级类目根据载体设定,即网页、视频、音频。②

(二)征集

北京市城市建设档案馆蒋蓉提出了建立档案征集工作机制:①建立档案行政管理部门统筹机制。②建立跨行业、部门、地域协同机制。③建立全社会参与机制。④建立市场经济机制。③

黑龙江大学信息管理学院王栓认为:征集海外档案是一项整体性系统工程,在征集工作过程中要时刻保持工作的整体性,只有保持了工作的整体协调,才能最大限度地将工作做好。首先,要摸清具体哪些档案流失海外、流失的原因、现存状况等基本问题,做到心中有数,从而有针对性地展开追索工作。其次,要建立海外档案征集指导机构,建立全国统一领导机构的意义在于集中全国相关力量,建立健全海外流失档案的数据库。④

江苏省苏州市工商档案管理中心周玲凤"立足于苏州中国丝绸档案馆的实际征集工作,思考如何更好地规范管理丝绸档案的征集,从而更好地推动丝绸档案征集工作有序发展。其途径应当包括执行征集计划、多方共建丝绸档案馆、施行征集管理办法、建立馆企合作基地、扩大丝绸档案宣传、加强征集人员队伍建设等"。⑤

云南大学历史与档案学院邱志鹏、蒋韬、杜仕若提出了云南省少数民族碑刻档案征集的对策:①应用现代技术,采用多种征集方式征集。②整合社会资源,建立统一的领导协调征集机制。③加快法律法规的制定。④加大征集经费的投入。⑥

二、档案整理

(一)整理理论研究

上海大学图书情报档案系黄帅、唐筲杰认为:"20世纪对事由原则与来源原则的取舍是技术的局限造成的一种'将就',随着信息技术的发展,数据库平台的'索引'技术可使得逻辑联系与历史联系相统一。""在信息时代电子文件的管理方面,事由原则与来源原则应处于平等地位。"⑦

天津外国语大学崔杰认为:"'全宗群整理'是形成'全宗群'的档案整理。具体地说,全宗群整理是形成'与历史具有同构性内在关系的档案物质形态'的档案整理。"解析"全宗群整理"的这一定义,可以得到如下几点:①档案整理的实质是整理"档案历史联系";②档案整理的体系结构——二元档案

① 翟菲.基于问题视角探讨戏曲艺术档案的收集行为[J].兰台世界,2019(6):82-84.
② 尚珊,施亚玲.基于内容的社交媒体档案收集探析[J].兰台世界,2019(2):24-29.
③ 蒋蓉.建立档案征集工作机制探讨[J].中国档案,2019(2):38-39.
④ 王栓.浅谈征集海外档案的工作策略[J].办公室业务,2019(7):75.
⑤ 周玲凤.规范档案征集工作的实践要务:以苏州中国丝绸档案馆为例[J].浙江档案,2019(9):62-63.
⑥ 邱志鹏,蒋韬,杜仕若.云南省少数民族碑刻档案征集研究[J].云南档案,2019(2):59-62.
⑦ 黄帅,唐筲杰.基于"事由原则"对电子文件整理的再认识[J].兰台内外,2019(30):4-7.

整理实践;③档案整理层次——案卷整理、全宗整理、全宗群整理的连续体体系。①

(二)整理方法

贵州财经大学学生处粟红英认为:"民国时期,从孙中山开始特别重视档案的管理与整理工作,为此政府对档案整理方法与管理制度等采取了一系列改革措施。受新文化、新思想的影响,在整理方法上模仿西方国家的整理方法,并有专门的人员来记录和整理各种机构的文书。对公文程式、公文用纸、文书档案保存细则、填写方法等方面都制订了严密的使用方法和细则,从这一点看大多数的学者都从组织、登记、分类、编目、归卷与调卷、归卷之方法以及保藏等等环节说明了整理与管理之方法。"②

中国南方电网广州供电局有限公司蓝素文探讨了家庭档案的整理,认为:"件"是家庭档案的归档整理单位。①"件"的定义:通常一份归档资料为一"件"。如一份毕业证为一"件",一块奖牌为一"件";完整的一套资料以组合形式集中存放,也可作为一"件",如一套家庭装修购买材料的票据可作为一"件"。②保管期限划分。按保管时间长短划分"永久""长期"和"短期"。"永久"的如家谱、房产证等;"长期"的如发票、家电使用说明等;"短期"的如水、电交费凭证、工资单等。③

(三)对策与要求

广东储备物资管理局七三三处颜育珊探讨了基建档案整理与归档问题及对策:①查漏补缺档案资料。②基建档案细分到项目。③进行专业化人才培养。④基建档案的排序和目录。④

江苏省盐城市亭湖区人事档案室杜则良提出做好新时期干部人事档案整理工作的对策:①加大干部人事档案新政策宣传力度,提升依法管档意识。②健全干部人事档案整理工作机制,提升档案整理效率。③积极推动干部人事档案精细化管理,提高档案整理水平。⑤

甘肃庆阳市陇东学院胡相禹探讨了精准扶贫档案的整理:①归档文件符合要求。②分类科学便于利用。③准确划分保管期限。④整理符合规范要求。⑤重视电子档案的收集管理。⑥

辽宁省鞍山市不动产登记中心周文红探讨了不动产登记档案整理的质量要求:①装订整理是档案管理工作的重要环节,卷内文件材料排列应遵循一定的逻辑关系分类排列。②卷内文件若有小于A4幅面的,如各种收费收据、购房发票、完税证明应粘贴到A4专用粘贴纸上,每页粘贴纸上票据数量适当,能重叠。③卷内文件材料材质过柔的(如《动迁扩大面积通知单》)应粘贴到A4粘贴纸上,卷内文件材料应保持文件原有面貌,不应人为剪裁或改动。④收集好并按规定顺序排列的材料应采取左、下角对齐,三孔一线方法装订成册,装订孔中心线距离文件左边际应为 12.5 mm,孔距不应少于40 mm,使材料不散,便于翻阅利用。⑤卷内所有材料应遵从阅读习惯,即保持材料正立、正像、平整,不得镜像、倾斜、卷边、粘连。⑥装订入库的文件内容如有增减、替换,应由相关科室责任人配合出具相关证明文字,并由档案管理相关工作人员实施具体拆补,把证明文字附于卷中相应位置,其他人员无权做任何处理。⑦如遇合卷情况,除应增补新材料外,目录项目也应作相应内容的增补并做到目录和材料内容一一对应。⑦

三、档案鉴定

(一)理论探讨

吉林省大安市档案馆周春紫探讨了档案鉴定的原则:①必须从国家和人民的整体利益出发来准

① 崔杰. 全宗群及全宗群整理:档案元数据核心集构建的理论基础研究[J]. 档案天地,2019(4):28-31.
② 粟红英. 民国档案整理与管理方法探析[J]. 兰台内外,2019(9):10-11.
③ 蓝素文. 家庭档案的整理和保存研究[J]. 山西档案,2019(4):137-142.
④ 颜育珊. 新时期基建档案整理与归档问题研究[J]. 办公室业务,2019(8):124.
⑤ 杜则良. 新时期干部人事档案整理工作对策研究[J]. 兰台内外,2019(36):59-60.
⑥ 胡相禹. 浅谈精准扶贫档案的管理与整理[J]. 档案管理,2019(4):83-84.
⑦ 周文红. 谈不动产登记档案的收集与整理[J]. 兰台世界,2019(S1):16.

确地判定档案的价值。②必须从反映本单位职能出发,来鉴定档案。③必须用全面的、历史的、发展的观点来鉴定档案。①

浙江省杭州市下城区教育局陈秀芳、浙江省立同德医院办公室应晓燕、浙江大学信息资源管理研究所何嘉荪认为:"今后对传统载体档案的价值鉴定,可以仅仅依据其文物价值决定取舍,其他档案则一律数字化以后与原生电子文件、数据一起存入云端。换言之,我们主张大大降低价值鉴定环节的重要性和复杂性,起码在归档的时候,除了剔除重复件以外,不再划分保管期限,留待将来档案移交进馆时再鉴定其文物价值;档号中也不再纳入保管期限,向科技档案看齐。"②

黑龙江省七台河市城乡规划局城建档案馆孙妍认为:"城建档案鉴定工作应以科学的档案价值鉴定理论为指导,合理运用档案价值鉴定的原则,法律规范、标准、程序和方法,判定档案的保存价值,确定档案保存期限,决定档案'存''毁'的一项专业性档案业务管理工作。"③

(二)保管期限

河南省鹤壁市不动产登记中心王伟英认为:"不动产登记档案应按'年度+不动产登记业务类型'分类,合并办理的业务随其中一个类型归类;保管期限不同的档案宜分开存放,即永久类和定期类档案分开存放管理;定期类档案到期后,其纸质档案列入可销毁范围,但在国家不动产登记档案管理办法出台之前,暂不实施销毁。"④

中国电力建设集团有限公司王洋认为:审查保管期限应按照"以'我'为主""以人为本""资产为重""追责为重""总结重要"等原则,确保将与人、与资产、与资本、与法律责任有关的文件材料的保管期限划为永久。同样内容的文件材料,如由本企业产生的则比外单位产生的重要。至于"总结重要"原则,可以按照企业、部门、职能、具体工作划分总结层级,应将职能及以上层级的总结划为永久,具体工作总结可划定期。⑤

(三)其他

甘肃省档案馆陈肃认为:"档案开放鉴定工作开始于 20 世纪 80 年代,原有的案卷级别的划控现已不能适应人民群众日益增长的档案利用需求。目前,档案开放鉴定工作已由探索阶段走向总结、成熟阶段,由粗放方式过渡到精细方式。而由过去的案卷级鉴定发展到现在的文件及鉴定,不仅对鉴定人员的业务水平要求更高,而且工作量倍增、工作难度更大、档案馆的鉴定负担更重。为此,应建立合理的档案开放鉴定工作的体制机制,完善与之相配套的法律法规,严格控制新收入档案的涉密清理,把档案开放鉴定问题解决在档案进馆之前。"⑥

中山大学资讯管理学院杨茜茜、杜珝崎认为:"档案开放鉴定的程序设置便是要立足社会利益,允许国家、集体和个人利益的代表者从中充分表达其不开放档案的权利,并最终达成对档案开放鉴定结果的认同,这是档案开放鉴定程序正义的必然要求。档案馆作为最广泛的社会利益的代表者,并非要与其他档案鉴定参与者及其所代表的利益形成对抗,而是要充当仲裁者的角色,通过建立相对公平的秩序,为其他利益相关者提供充分表达的时空条件,以求最终在平衡多方利益的基础上,最大限度地满足社会利益的知情权要求。"⑦

山东省滨州市社会保险服务中心王丹探讨了新时代社保档案鉴定工作策略:①提升档案鉴定专

①　周春紫.浅谈档案鉴定的原则、方法与标准[J].兰台内外,2019(15):18,20.

②　陈秀芳,应晓燕,何嘉荪.对"保管期限纳入档号"的质疑与思考[J].浙江档案,2019(4):22-24.

③　孙妍.浅谈城建档案的鉴定工作[J].黑龙江档案,2019(3):80.

④　王伟英.不动产登记档案分类方法和保管期限探析[J].浙江档案,2019(2):58-59.

⑤　王洋.企业文件材料归档范围和档案保管期限表审查研究[J].中国档案,2019(1):67-69.

⑥　陈肃.对做好新时代档案开放鉴定工作的思考:以甘肃省档案馆为例[J].档案,2019(12):60-63.

⑦　杨茜茜,杜珝崎.综合档案馆档案开放鉴定研究:程序制度的构建[J].档案与建设,2019(6):4-9.

业素能。②增强档案鉴定信息水平。③完善档案鉴定管理规定。①

四、档案保护

河南省图书馆学刊编辑部徐黎娟"基于'黑天鹅'与'灰犀牛'理论的档案安全风险包括自然灾害、突发事件、病毒入侵带来的档案安全风险,也包括无力改变的档案馆舍建设、设施设备管理不善、制度不完善、制度落实不力、人员培训不能满足工作需要等带来的档案安全风险,因此,要树立预防为主的理念、居安思危的意识,具备化危为机的能力、按照防治结合的原则,构建开放合作的格局进行防范"。②

江西省核工业地质局档案馆胡珺珺提出档案保护体系的构建:①预防保护阶段。"以防为主,防治结合"是档案保护工作的基本原则。一是档案馆建设的要求;二是档案装具方面的要求;三是库房日常管理要求。②治理性保护阶段。对已经受到损害的档案,需要采取抢救和修复措施,各个档案管理部门可以根据档案的重要程度和破损程度选择档案修复的优先顺序。③再生性保护阶段。为延长档案寿命,可以将档案信息从一种载体转移到另一种载体上进行保存。③

武汉大学信息管理学院周耀林认为:"我国档案保护源远流长,已由经验总结式保护、学科专业化保护步入当前的深化发展型保护阶段。面对新时代的新机遇和新挑战,未来我国档案保护需要以新发展理念为指导锐意创新,包括:保护理论科学化、保护技术先进化、保护手段差异化、保护管理制度化、保护环境整体化和保护评价常态化。"④

福建师范大学社会历史学院陈淑华"提出构建以实现档案安全为最终目标的异地备份制度。从宏观角度提出法律、资金、人才等保障手段,并建立起以档案异地备份基地为核心的微观安全体系框架,希望能对档案异地备份工作的全面开展有所启示"。⑤

国防大学政治学院彭远明"从入库档案消毒保护、馆(室)藏档案的保管保护、出库档案的安全管理、面向破损档案的抢救修复等四个方面探析了基于全过程安全管理的档案保护新模式,为新时代档案保护提供参考和工作思路"。⑥

河北大学管理学院秦杨"针对 2018 年 Facebook 社交平台的用户数据泄露事件,从档案管理者、中介机构、管理职能、数据内容和法律角度对数据环境下档案的安全问题进行反思。认为档案机构的档案管理权责未随着档案管理位置的变动而转移,要防止档案第三方服务机构成为'数字巫师',档案管理中监督职能将在未来崛起和强化,迭代数据环境中数据成为档案的鉴定标准,用强制性法律规范和管控混乱数据"。⑦

黑龙江省肇东市档案馆赵妍提出了加强档案保护工作的相应对策:①更新观念增强保护意识,档案保护与安全。②科学投入,建立约束机制。③提升素质,努力应用新技术。⑧

苏州大学附属第二医院张莉提出了档案保管外包模式的相关建议:①档案行政管理部门监督指导和政策扶持并举。②档案保管外包服务委托方加强对保管外包的过程管控。③档案保管外包服务

① 王丹. 新时代档案鉴定工作的困境与对策[J]. 兰台内外,2019(21):47-48.
② 徐黎娟. 论基于"黑天鹅"与"灰犀牛"理论的档案安全风险防范[J]. 档案管理,2019(6):34-36.
③ 胡珺珺. 档案保护体系构建的探索[J]. 办公室业务,2019(14):113,144.
④ 周耀林. 我国档案保护发展的历程回顾与创新趋向[J]. 浙江档案,2019(4):13-15.
⑤ 陈淑华. 我国档案异地备份制度发展脉络、主要问题与建构策略研究[J]. 档案与建设,2019(7):27-31.
⑥ 彭远明. 新时代档案保护的新理念与新模式[J]. 浙江档案,2019(10):18-21.
⑦ 秦杨. 数据环境下档案安全问题的反思:基于 2018 年 Facebook 数据泄露事件[J]. 档案管理,2019(2):50-52.
⑧ 赵妍. 也谈档案保护工作的现状及对策[J]. 黑龙江档案,2019(6):27-28.

机构加强自我建设和提升。①

　　吉林省军队离退休干部服务管理站于宝芸提出了做好档案保护工作的对策建议：①积极争取领导重视。②加强档案库房设施建设。③建立健全档案保护制度。④提高档案保护技术知识含量。⑤提升档案管理人员素质。②

五、档案利用

　　广东开放大学梁建梅认为："大数据的出现给档案工作带来了新的机遇与挑战，档案部门要坚持服务社会、高效及时、全面准确、开拓创新的档案利用原则，要创新利用服务理念，加大资源开发力度，构建智能化服务平台，强化安全防范措施等等，积极融入国家大数据发展战略，满足人民群众对信息快捷便利的利用需求，走上可持续发展道路，让档案在大数据时代焕发新的生机和活力。"③

　　中国工程物理研究院激光聚变研究中心崔延莉、武汉大学档案学系刘亚婷认为："档案部门的档案管理工作中，其中一项重要的内容就是档案的利用，它与顾客发生强关联，其质量好坏直接影响着顾客的使用感受。因此，提升档案质量管理有助于提高档案利用系统顾客满意度。在利用过程中，遵循改进和循证决策的管理原则又能保证档案管理过程中的协调与发展，促进整个管理体系持续提升。'以顾客为关注焦点'是档案利用系统最重要的出发点，如何满足顾客要求并且努力超越顾客期望也是中心档案室强大的发展动力。只有顾客有效利用档案，才能充分发挥馆藏档案的作用，实现档案的利用价值。"④

　　河南省濮阳市档案馆刘东斌认为："综合档案馆馆藏档案利用具有'用少性'的特征，这是由档案利用的被动性决定的。档案利用工作是一项保险性服务，其核心是为预防万一而用，其'用'为少用档案或者不用档案。通过对全国综合档案馆 1983—2017 年馆藏档案利用统计分析，得出的结论是 35 年来年平均利用率只有 7.75%。可见，档案利用中少用是常态，而相对多用则是非常态。"⑤"档案利用具有时效性的特征，档案价值的时效律决定档案利用的时效性。"⑥"档案利用具有地域性，档案产生和记录内容的地域性决定档案利用的地域性。从档案的凭证作用与参考作用来看，档案利用也同样具有地域性。通过对河南濮阳市档案馆 1983—2017 年档案利用（人次）的地域统计，得出的结论是与档案地域有关的档案利用者占全部利用者的 99.90%，与档案地域没有关系的外地实际利用者只有0.10%；与档案地域没有关系的外地实际利用者几乎可以忽略不计，这足以说明档案利用具有地域性。"⑦"档案利用具有专指的特点，档案产生和记录内容的专指性决定档案利用的专指性。不论是文书档案，还是科技档案、专业（专门）档案，从其作用上看都具有专指性。通过对河南省濮阳市档案馆1983—2017 年档案利用（人次）与内容专指情况统计，得出的结论是专指利用占到了全部档案利用者的 98% 以上，而非专指利用的只占不到全部档案利用者的 2%，几乎可以忽略不计，可见档案利用具有专指性。"⑧

　　河南省濮阳市档案馆刘东斌、河南省开封市档案馆吴雁平认为："档案利用具备'黑天鹅事件'小概率和不可预测特征，即不经常被利用和无法预测。无法预测的不经常被利用就构成了档案利用的

　　① 张莉.医院档案保管外包服务模式探析：以苏州大学附属第二医院为例[J].黑龙江档案,2019(6):52-54.
　　② 于宝芸.档案保护工作存在的问题及对策研究[J].兰台内外,2019(3):70.
　　③ 梁建梅.大数据背景下档案利用工作的挑战与对策[J].兰台世界,2019(8):108-110.
　　④ 崔延莉,刘亚婷.遵循和贯彻 ISO9000 质量管理原则 加强档案利用系统质量管控[J].兰台世界,2019(12):76-78.
　　⑤ 刘东斌.论档案利用的"用少性"：综合档案馆馆藏利用定律之一[J].档案,2019(9):4-13.
　　⑥ 刘东斌.论档案利用的时效性：档案馆利用定律之二[J].档案,2019(10):4-11.
　　⑦ 刘东斌.论档案利用的地域性：档案馆利用定律之三[J].档案,2019(11):17-24.
　　⑧ 刘东斌.论档案利用的专指性：综合档案馆馆藏利用定律之四[J].档案,2019(12):13-21.

用少性,档案利用大都应对的是'黑天鹅事件'。不经常被利用是由档案记忆备忘本质决定的,无法预测是由档案价值不可知决定的。预防'黑天鹅事件'的最好做法,就是用最少成本保存尽可能齐全的档案,并以熟悉馆藏之'不变',应利用黑天鹅之'万变'。"①

西北师范大学历史文化学院华信辉、尚季芳"从利用档案进行学术研究、档案编研、查阅利用档案等方面分析甘肃省档案馆档案利用的现状。指出其存在编研能力不强、利用档案进行学术研究的时空分布不均衡、档案利用的内容主要涉及社会经济方面、档案利用的群体主要分布在甘肃省且集中在个别高校、档案利用的类型主要是文字档案、档案开发利用率较低、现代化程度不高和服务意识不强等问题,并提出建议:面向市场,以社会需求为导向;提高公共服务意识,优化服务;完善利用渠道,共享档案资源;重视科技,强化技术保障"。②

辽宁大学历史学院赵彦昌、中国人民大学信息资源管理学院张丹认为:"供给侧改革视域下,档案利用优化要以'用户为中心'为原则,以'提供有效的档案供给'为最终目标,丰富档案利用内容,创新档案利用方式,并健全制度、技术、人才等方面的保障,以期满足社会公众需要,提升档案的供需水平。"③

河北工程大学综合档案室关美提出了改进档案利用工作的地方:①加强档案宣传工作的力度。②丰富形式,开发新渠道。③提高档案工作者的服务质量。④

新疆维吾尔自治区阿拉尔市档案馆崔莉认为数字化对档案利用工作有十分重要的意义:"一是利用档案的意识有了显著的加强,利用档案的领域越来越普遍。二是对档案利用的时间值开始有了更为高效的要求,要求尽最大努力做到迅速、及时、准确。三是对档案利用的便捷性开始有了更高的期待,希望能通过网络快捷进行自动检索、编目、统计等一系列烦琐的程序。"⑤

河北省唐山市城市建设档案馆宋晓艳提出了"数字政府"背景下城建档案利用发展的对策:①建立城建档案利用核心信息保护机制。②培养专业的高素质城建档案管理人才。③重视大数据在城建档案管理中的应用。④相关部门信息共享。⑥

六、档案编研

黑龙江省档案馆韩峰、管东成认为:"档案传播渗透力的增强需要潜在'情感冲动'的激发,这种尝试看似与档案真实相悖。但是,在当前档案编研工作的双向追寻下,编研工作者需要将二者进行有机融合。档案真实具有多元属性,且档案文化传播的渗透力对档案真实具有情感引擎作用,而通过建立其二维语境,可以化解由二者引发的双元悖论,促进档案文化传播与档案真实在档案编研工作中的创新应用,使其为编研工作服务。"⑦

上海政法学院方乐莺认为:"有一种小范围传播的档案专题片,一直被学界所忽视,即一部分由具体某机关、企事业单位档案部门制作(或联合制作)的、用于特定目的的专题片,如用于某专题工作汇报的汇报专题片、用于展现某单位发展历程的历史宣传片、用于某一重大活动展示的汇编影像等。此

---

① 刘东斌,吴雁平.档案利用与"黑天鹅事件":论档案利用的小概率及不可预测[J].档案管理,2019(3):55-57.
② 华信辉,尚季芳.甘肃省档案馆档案利用述论[J].档案学研究,2019(3):98-105.
③ 赵彦昌,张丹.供给侧改革视域下档案利用优化的路径与保障[C]//2019 年全国青年档案学术论坛论文集.北京:中国档案学会,2019:56-62.
④ 关美.探讨如何借利用者的心理来提升档案利用工作[J].兰台内外,2019(9):12-13.
⑤ 崔莉.论数字化对档案利用工作的重要意义[J].办公室业务,2019(16):183.
⑥ 宋晓艳."数字政府"背景下的城建档案利用优化策略探析[J].兰台内外,2019(31):5-6.
⑦ 韩峰,管东成.档案文化传播的渗透力与档案真实二维语境下的档案编研工作发展方向研究[J].档案,2019(8):17-21.

类专题片由于不需要大面积传播,也不需要公开出版播放,如同单位内部汇编文件一样,具有文献价值,也是档案编研产品的一种。"①

河南省濮阳市档案局管先海、山东省临清市档案局郭东升、郑州大学信息管理学院李宗富认为:"笼统来讲,档案编研应编研'档案利用者'需求的档案。具体来说,就是打造为党政领导决策提供参考服务的档案编研成果精品是档案编研的首要任务;开发深受社会大众喜爱的能够满足其知识、教育、文化等需求的档案编研成果精品已成为新时代档案编研的一项重要任务;编辑出版为研究人员提供参考借鉴服务的档案史料汇编是档案编研的重要内容;编纂编辑深受编史修志人员喜爱的档案编研成果是多年以来档案编研的又一项重要内容;编辑编纂向外来宾朋客商宣传介绍当地经济社会文化发展大好形势的档案编研成果是对外开放新形势下档案编研的一项新内容。"②

河南省濮阳市档案局管先海、山东省临清市档案局郭东升、河南省中原油田档案管理中心黄琥认为:"目前来讲,档案馆人员单独编研是档案编研的基本方式,档案编研的'主体'主要还是档案馆人员;档案馆与有关部门、人员联合编研是档案编研的辅助形式,'档案局馆与有关部门、人员'共同构成联合编研的'主体';档案馆借力编研是档案编研的补充形式,档案馆与借助的外力共同构成借力编研的'主体';新型编研是新时代档案编研的崭新形式,所有热衷于历史和文化传承的单位、部门、机构和个人都可以成为新型编研的'主体'。"③

河南省濮阳市档案馆范玉春、管先海,山东省临清市档案局郭东升,河南省信阳市浉河区档案馆陈莹莹认为:"笼统来讲,档案编研应打造满足社会各方面利用需要的高质量档案编研精品,既要突出档案编研的时效性、地域性、可读性、创新性,奠定打造高质量档案编研精品的坚实基础;又要突出档案编研的协作性、借力性、展编性、专栏性,汇聚打造高质量档案编研精品的合力。"④

河北大学管理学院董思琦、李颖认为:"数据时代档案编研工作产生了一些新特点,顺应时代的短篇系列化编研成果受到关注,电子编研方式新意不断,借助互联网络的档案编研与公众的融合程度日益加深。与此同时,档案编研工作也存在一些亟待解决的问题,诸如编研工作者观念转变不彻底,现有成果影响力不足、传播范围较小,并未充分利用社会力量和科学技术等。数据时代信息技术的发展以及公众档案意识的提升都使得档案编研工作有了更多提升的机会和可能性,档案部门站在新的时代起点上,不断强化开放与协作意识,探求档案编研工作的新理念;激活档案资源的多维价值,提高编研成果的易获取性;运用科学技术创新档案编研方式,增加编研成果的亲民性;注重编研成果的宣传与推广,提升档案编研工作影响力,多管齐下才能推动编研工作的进一步提升。"⑤

华南农业大学张家英、易五舟"从供给侧视角针对档案编研存在服务意识不到位、编研成果质量不高、编研载体和服务模式单一、编研人员素质偏低等问题,提出以创新编研理念、强化编研质量、拓宽服务渠道、提高编研人员素质等对策推进编研工作供给侧结构性优化"。⑥

浙江省嘉兴市第四高级中学符慧芳、浙江省嘉兴市档案馆慈波提出推动档案编研工作转型发展的若干思考:首先,实现编研选题的市场化。其次,实现编研力量的社会化。再次,实现档案资源的多样化。最后,实现编研成果的特色化。⑦

中国人民大学信息资源管理学院吴志杰认为:"新技术环境给档案编研工作提出了新的要求,同时也给档案编研工作带来了新的发展机遇。档案工作者应面向现阶段档案编研工作的主要矛盾,通

① 方乐莺.作为影视类编研产品的档案专题片概念探讨[J].档案管理,2019(1):54-55.
② 管先海,郭东升,李宗富.档案编研:编研什么:档案编研基本问题思考之二[J].档案,2019(3):46-52.
③ 管先海,郭东升,黄琥.档案编研:谁来编研:档案编研基本问题思考之三[J].档案,2019(4):42-48.
④ 范玉春,管先海,郭东升,等.档案编研:怎么编研:档案编研基本问题思考之四[J].档案,2019(12):21-27.
⑤ 董思琦,李颖.数据时代档案编研工作发展策略研究[J].山西档案,2020(1):112-117.
⑥ 张家英,易五舟.从供给侧视角谈档案编研[J].云南档案,2019(1):50-53.
⑦ 符慧芳,慈波.档案编研工作转型发展路径探析[J].浙江档案,2019(3):60-61.

过转变编研理念、革新编研技术、整合编研力量、建立全空间宣传利用体系等策略来实现档案编研工作的信息化转变。"①

中国船舶重工集团公司第七二三研究所档案与情报研究中心张璐认为新时代档案编研工作者应具备的素养:①坚持存真精神。②树立创新意识。③加强信息素养。②

河南省开封市妇产医院永白荣对新时代做好机关档案室编研工作进行思考,认为:①加强宣传,争取领导的重视和支持。②提高认识,树立正确的工作观念。③积极调研,拓展编研选题的广度和深度。④加强学习教育,提高档案人员的综合素质和业务水平。⑤认真对待,处理好编研作品的机密性。⑥勇于创新,多形式开拓编研工作的路子。③

七、档案服务

上海大学图书情报档案系刘莹认为:"民生档案社区'一站式'服务作为一种档案信息资源共享服务平台,是提升档案公共服务能力、解决民生档案服务与社会需求矛盾的一种有效途径。所谓民生档案社区'一站式'服务,是一种社区服务窗口为前台,负责受理查档申请,档案馆甚至涉民部门作为后台,提供档案信息,双方通过共享平台协同办理实现在社区就近查阅,就地出证的一种服务模式。"④

安徽大学管理学院李财富、靳文君认为:"创新档案信息服务体系应从档案信息服务主体、档案信息资源、档案信息服务体制、档案信息服务理念、档案信息服务方式等方面入手,同时注意处理好创新与继承、先易后难与全面推进、统一性与多样性之间的关系。"⑤

广东省水利电力勘测设计研究院陈鸣川认为:"在信息化浪潮的推动下,用户信息需求与日俱增,逐步呈现网络化、技术化等特征。传统的档案服务已不能满足用户多元化的信息需求和使用期望,承载并传播档案资源的介质也随之不断变化,在技术与需求的驱动下,服务模式提升迫在眉睫。因此,要重视将档案服务与大数据时代相融合,以数字档案资源为切入点,加快档案管理服务模式的转变,切实提升档案服务效果,以便为档案功能的发挥与价值实现创造有利的条件。"⑥

中山大学档案馆舒忠梅提出了大数据时代档案利用服务策略:①树立以用户为中心、主动提供档案利用服务的理念。②构建基于档案大数据的全生命周期管理模型。③建立"人""事"和"时间"的三维立体档案模型。④形成以大数据技术运用为支撑的智能服务体系。⑦

上海大学图书情报档案系周林兴、丁京晶认为:"在'人人都有麦克风'的新媒体时代,利用抖音等短视频传播档案文化是档案服务创新的新亮点。用户从平台获取档案信息,进行文化、思想和价值观的交流和碰撞,是繁荣网络文化、实现'网络强国'战略的重要体现。因此,档案界应将视野放宽,关注短视频这一全新形式,依据自身资源创造优秀档案文化产品,推动新形势下档案开放与利用。"⑧

盐城师范学院档案馆周莹莹、湘潭大学公共管理学院杨楠提出了 5G 网络时代档案创新服务的路径:①创新服务理念。②创新服务内容。③创新服务手段。第一,5G+VR 实现档案个性化服务;第

① 吴志杰. 新技术环境下档案编研工作探析[J]. 北京档案,2019(6):25-27.

② 张璐. 论新时代档案编研工作[J]. 机电兵船档案,2019(1):56-58.

③ 永白荣. 新时代做好机关档案室编研工作的思考[J]. 开封教育学院学报,2019,39(9):247-248.

④ 刘莹. 民生档案社区"一站式"服务的模式研究[J]. 档案管理,2019(1):44-46.

⑤ 李财富,靳文君. 档案信息服务体系创新研究[J]. 档案与建设,2019(9):8-12.

⑥ 陈鸣川. 大数据时代档案服务模式提升的有效途径[J]. 城建档案,2019(12):89-90.

⑦ 舒忠梅. 大数据时代基于可视化分析的档案利用与服务研究:以中山大学 2018 年度档案利用数据分析为例[J]. 山西档案,2019(5):94-102.

⑧ 周林兴,丁京晶. 视觉化的档案服务:档案文化传播新路径探析[J]. 档案与建设,2019(12):4-8.

二,5G+AI 实现档案智能化服务;第三,5G+区块链实现档案超便捷服务。①

上海大学图书情报档案系苏君华、周丽,南昌大学人文学院邹莎认为:"构建科学档案服务评价机制,必须先通过理性思辨来理顺档案服务评价机制的系统结构,为后续档案服务定量研究提供可具体实施的分析框架。信息治理视域下,服务质量影响因素的定性研究对档案服务质量评价至关重要,对档案服务质量优化具有指导意义。档案服务质量优化控制评价体系主要包括服务效果质量评价、服务效率质量评价、服务意识质量评价、服务层次质量评价、服务反馈质量评价、服务资源质量评价和服务技术质量评价。"②

上海大学图书情报档案系郑爽提出了社交媒体时代下档案知识服务的转型路径:①搭建与完善既有网络新媒体产业矩阵。②垂直性知识社群的组织与搭建。③线上线下联动推动知识服务。③

八、档案开发

中国人民大学信息资源管理学院牛力、刘慧琳,中国人民大学人文北京研究中心曾静怡,北京航空航天大学经济管理学院韩小汀认为:"数字时代,档案资源创新开发利用呼吁 3 个转变:视角转换、路径转型、实践转向。"他们还"提出数字档案资源开发利用应从记忆技术(关注存管)走向技术记忆(关注内容),实现视角的转换;进而基于技术记忆视角,分析数字档案资源开发利用路径转型,表现在3 个方面:档案开发从表征向深度复杂计算转型,档案利用从单一向高阶多维价值发现转型,关键技术应从分布离散应用向融合协同创新转型,最后探索面向数字人文的档案资源创新开发利用,推动实践转向"。④

广东省顺德职业技术学院李伟春认为:"档案编研开发工作是档案工作体系的重要组成模块,也是档案部门向社会提供资源服务的基础模块。因此,为满足区域文化建设需求,档案编研开发人员应主动适应形势需要,积极开拓创新,开发利用蕴含区域丰富文化的档案,为档案编研开发成果传播、利用提供依据,保障档案编研开发成果文化价值的充分发挥。"⑤

安徽省安庆市迎江区档案馆程颖认为:"档案信息资源的开发利用可以通过举办档案展览、开展特色活动、充分利用微信公众号等社交媒体及与其他单位合作共建共享等方式,满足档案用户的需求。从目前档案供给来看,存在着馆藏档案资源建设不完善,档案工作人员信息素养不高及档案用户的档案利用意识不强等问题。而要解决这些问题,需要拓展档案收集渠道,丰富档案馆藏内容,提高工作人员素质,进行档案的数字化建设,加强和档案用户之间的交流。"⑥

福州大学档案馆陈伟斌、张庆顺认为:"发展乡村记忆档案文化创意产品,有助于拓展乡村档案部门的服务方式,弥补乡村档案文化产品的缺失,有效增强乡村记忆档案的社会效益和经济效益。乡村档案部门开发和利用乡村记忆档案文化创意产品,要充分体现乡土性、真实性、合法性、创新性和实用性的特点,以跨界合作的形式,开发乡村记忆档案文化创意产品,并采用线上线下相结合的宣传和销售途径,积极做好乡村记忆档案文化创意产品的开发与利用。"⑦

黑龙江省牡丹江林业中心医院宋芳认为:"档案信息资源开发一直是档案部门服务民生、服务社会的重任之一,对社会发展的意义是积极的,不论从文化角度还是经济发展角度又或是社会需求层面

①　周莹莹,杨楠.5G 环境下的档案创新服务探析[J].盐城师范学院学报(人文社会科学版),2019,39(5):94-97.
②　苏君华,周丽,邹莎.信息治理视域下档案服务质量优化评价机制构建[J].兰台世界,2019(3):18-23,12.
③　郑爽.社交媒体视域下档案知识服务的转型思考[J].山东档案,2019(4):21-24.
④　牛力,刘慧琳,曾静怡,等.数字时代档案资源开发利用的重新审视[J].档案学研究,2019(5):67-71.
⑤　李伟春.基于文化自信背景的档案编研开发探索[J].城建档案,2019(3):47-48.
⑥　程颖.基于供给视角的档案信息资源开发利用:以安庆迎江区档案馆为例[J].池州学院学报,2019,33(5):96-98.
⑦　陈伟斌,张庆顺.乡村记忆档案文化创意产品的开发与利用[J].北京档案,2019(11):27-29.

来讲,都有其深远的历史意义和重大的现实意义。因此,人们对于档案信息这一工作展开了更加深入的研究,不断开发档案信息工作的新功能、新用途,并在不断地探索中取得了越来越多的成绩。但是,受到我国现在经济、社会、科技的发展限制,对于档案信息资源的工作研究一直没有做到最好,也面临了很多困难和阻碍,因此我们必须从其他方向再次发展创新与探索。"①

温州医科大学苏程对认为:"红色档案信息资源进行利用已经成为中国特色社会主义文化建设与高校思政建设的主要路径,党和国家也高度重视红色文化,提出要将其作为文化建设的主要媒介。基于此,各个馆藏机构要提高对红色档案信息资源开发与利用的重视程度,要能够在现代化发展背景下,对各种先进的技术进行利用,提高红色档案信息资源的共享度。具体可从信息建设与高校建设两个角度出发,对红色档案信息资源进行充分的价值挖掘,实现红色文化与当代文化的深度融合。"②

山东省青岛市李沧区政府办公室王岩认为:"政务信息公开为机关档案信息资源的开发利用创造了有利条件,相关部门应该转变传统的档案管理理念,建立开发利用的档案意识,从制度建设入手,规范机关档案管理流程,强化信息技术在档案资源开发利用过程中的重要作用,并加强对档案管理人员的培训,多管齐下,共同实现机关档案信息资源的有效利用。"③

广东机电职业技术学院裴鑫对高职院校档案资源开发利用规范化进行思考:①加强高层领导对档案利用规范化的重视。②制定细化的、针对性的档案利用制度。③提升档案工作人员的素质和能力。④加强对档案利用规范化的宣传教育。④

九、档案公布出版

为庆祝中华人民共和国成立 70 周年,纪念淮海战役、渡江战役胜利 70 周年,江苏省档案馆与南京市档案馆、徐州市档案馆、扬州市档案馆、泰州市档案馆,以及淮海战役纪念馆、江苏人民出版社、南京出版社等单位,2019 年 4 月 22 日在南京联合召开新闻发布会,向社会公布一批淮海战役、渡江战役支前档案。江苏省档案局李扬、周云峰认为:"此次公布的淮海战役、渡江战役支前档案特点鲜明:一是全面。支前档案囊括支前准备、民工动员、组织实施、总结表彰、民工复员全过程,涵盖当时江苏省内参与支前工作的各地委、各分区、各支前机构,具有时间上的连续性、工作上的系统性、内容上的全面性。二是翔实。对每个工作阶段的记录都比较详细,以往较少披露的县乡级支前工作开展情况,档案也有充分记录。三是丰富。支前档案集中了 70 年前江苏境内不同机构、不同单位、不同地区开展支前工作的各类文书,涵盖领域宽,档案种类多,内容丰富广泛。四是稀缺。这批或油墨印刷,或人工手书的淮海战役、渡江战役支前档案,是原原本本反映当年举世瞩目两大战役支前工作的原始记录,具有无可比拟的真实性和独一无二的稀缺性。"⑤

辽宁大学历史学院赵彦昌、姜珊对四川清代档案汇编出版特点进行分析,认为:"可以发现目前所形成的四川清代档案汇编出版物在编排体例上存在着一定的特点:出版主题多样、出版机构权威、地方特色浓厚与图文互为补充。"①出版主题多样。改革开放以来出版的档案编纂成果的编纂主题涵盖了多个领域,有反帝斗争领域的汇编,如四川省档案馆编《四川保路运动档案选编》;有契约文书类的,如自贡市档案馆《自贡盐业契约档案选辑》;有司法类的,如四川省档案局编《清代巴县档案整理初编(司法卷·乾隆朝)》;有反映县级政权的,如四川省南充市档案馆编《清代四川南部县衙门档案》。

① 宋芳.档案信息资源开发利用的创新与思考[J].办公室业务,2019(9):51.
② 苏程.红色档案信息资源的开发利用研究[J].山西档案,2019(6):93-98.
③ 王岩.政务信息公开背景下机关档案信息资源的开发与利用[J].城建档案,2019(11):43-44.
④ 裴鑫.高职院校档案资源开发利用的思考[J].资源信息与工程,2019,34(4):171-172.
⑤ 李扬,周云峰.江苏公布淮海战役、渡江战役支前档案史料[J].档案与建设,2019(4):1.

②出版机构权威。改革开放以来四川清代档案汇编分别在不同的出版社出版,这些出版社都在全国出版事业占据重要地位。例如出版了《自贡盐业契约档案选辑》的中国社会科学出版社,其出版图书的国际学术影响力在全国也是名列前茅的。③地方特色浓厚。四川省各档案馆整理出版的四川清代档案编纂成果反映了浓厚的四川特色。《四川教案与义和拳档案》与《四川保路运动档案选编》是将义和团运动和保路运动这两个运动的相关文献进行整理后出版的成果。④图文互为补充。图文并茂的形式使得书籍的内容更具可读性,图片与文字相结合进行编纂是四川清代档案编纂的一大特色。书籍类汇编,是四川清代档案编纂成果最主要的形式,可划分为抄录汇编与影印汇编两种类型,而影印汇编的形式,是通过档案原件的照片,采用彩色印刷呈现档案。例如《清代巴县档案整理初编(司法卷·嘉庆朝)》与《清代巴县档案整理初编(司法卷·道光朝)》以全彩印的形式展现档案内容,同时还为每一案件编撰出案情导读,对案件大体情况进行简要介绍,方便读者阅读和利用。①

---

① 赵彦昌,姜珊.改革开放以来四川清代档案整理与出版研究[J].西华师范大学学报(哲学社会科学版),2019(1):50-55.

第五章　各类型档案

我们以中国知网为样本来源,检索范围:中国学术期刊网络出版总库,中国博士学位论文全文数据库,中国优秀硕士学位论文全文数据库,中国重要会议论文全文数据库,国际会议论文全文数据库,中国重要报纸全文数据库,中国学术辑刊全文数据库。

检索年限:2019 年。

检索时间:2020 年 3 月 27 日。

检索式:发表时间=2019-01-01 至 2019-12-31,并且专题子栏目=各类型档案(模糊匹配)。

样本文献总数:1743 篇。

第一节　文献统计分析

本节采用统计分析的方法,从资源类型分布、文献学科分布、文献研究层次分布、文献基金分布、文献类型分布 5 个方面对样本文献进行分析。

一、资源类型分布

从资源类型分布看,1743 篇样本文献涉及期刊、硕士、报纸、学术辑刊、国内会议、国际会议、博士7 类资源。各类资源发表文献数量及占比情况见表5-1。

表 5-1　各类资源发表文献数量及占比情况

序号	资源类型	发表文献数量/篇	占全部样本/%
1	期刊	1653	94.84
2	硕士	33	1.89
3	报纸	32	1.84
4	学术辑刊	12	0.69
5	国内会议	9	0.52
6	国际会议	3	0.17
7	博士	1	0.06
合计		1743	100.00

由表5-1可见,期刊(包括学术辑刊)发表文献数量占比超过95%,是2019年各类型档案研究文献的主要来源,同时也是研究者进行交流的主要渠道和沟通主要平台。相比之下,硕博学位论文、报纸发表文献、国内国际会议论文数量只占不到5%,在数量规模上与期刊相差两个数量级,只能算是起点缀作用。

二、文献学科分布

从样本文献学科分布看,1743篇样本文献涉及图书情报档案、历史、公共卫生与预防医学、教育、工商管理、公共管理、管理学、政治、工业经济、法学、城市经济、农业经济、文化、社会、军事等学科。前15个学科发表文献数量及占比情况见表5-2。

表5-2　前15个学科发表文献数量及占比情况

序号	学科	发表文献数量/篇	占全部样本/%
1	图书情报档案	1609	92.31
2	历史	120	6.88
3	公共卫生与预防医学	106	6.08
4	教育	100	5.74
5	工商管理	62	3.56
6	公共管理	59	3.38
7	管理学	51	2.93
8	政治	51	2.93
9	工业经济	46	2.64
10	法学	29	1.66
11	城市经济	28	1.61
12	农业经济	26	1.49
13	文化	21	1.20
14	社会	13	0.75
15	军事	13	0.75
总计		2334	133.91
实际		1743	100.00
超出		591	33.91

需要说明的是,按学科统计数为2334篇,占133.91%;超出实际文献数591篇,占33.91%。其中图书情报档案学科发表文献1609篇,占92.31%。显示出研究的学科交叉性非常突出。

除图书情报档案之外,发表文献最多的5个学科是历史、公共卫生与预防医学、教育、工商管理、公共管理,与2018年的教育、公共卫生与预防医学、历史、管理学、工业经济相比,有一定变化。

三、文献研究层次分布

从文献研究层次分布情况看,1743篇样本文献涉及基础研究(社科)、行业指导(社科)、职业指导

（社科）、基础与应用基础研究（自科）、政策研究（社科）、工程技术（自科）、专业实用技术（自科）、基础教育与中等职业教育、高级科普（社科）、文艺作品、大众文化、行业技术指导（自科）、高级科普（自科）、高等教育、标准与质量控制（自科）、政策研究（自科）、其他等 17 个不同层次。各层次发表文献数量及占比情况见表 5-3。

表 5-3　各层次文献数量及占比情况

序号	层次	发表文献数量/篇	占全部样本/%
1	基础研究（社科）	818	46.93
2	行业指导（社科）	332	19.05
3	职业指导（社科）	317	18.19
4	基础与应用基础研究（自科）	34	1.95
5	政策研究（社科）	25	1.43
6	工程技术（自科）	20	1.15
7	专业实用技术（自科）	14	0.80
8	基础教育与中等职业教育	5	0.29
9	高级科普（社科）	4	0.23
10	文艺作品	4	0.23
11	大众文化	4	0.23
12	行业技术指导（自科）	4	0.23
13	高级科普（自科）	2	0.11
14	高等教育	2	0.11
15	标准与质量控制（自科）	1	0.06
16	政策研究（自科）	1	0.06
17	其他	156	8.95
	合计	1743	100.00

如果按社会科学、自然科学、经济文化教育和其他来分类，各类文献数量及占比分别是：社会科学 1496 篇，占 85.83%；自然科学 81 篇，占 4.65%；经济文化教育 10 篇，占 0.57%；其他 156 篇，占 8.95%。研究整体上基本属于社会科学的范畴。

如果按研究的基础性与应用性划分，基础性研究 852 篇，占 48.88%；应用性研究 891 篇，占 51.12%。研究略微偏重应用性。

综上，从整体上看，2019 年各类型档案研究属于略微偏重应用性的社会科学研究。

四、文献基金分布

从文献基金分布情况看，1743 篇样本文献中有 122 篇得到 35 种国家、省部级基金的资助。各类基金资助发表文献数量及占比情况见表 5-4。

表5-4　各类基金资助发表文献数量及占比情况

序号	基金	发表文献数量/篇	占全部样本/%	占基金资助文献/%
1	国家社会科学基金	70	4.02	57.38
2	国家档案局科技项目	9	0.52	7.38
3	国家自然科学基金	3	0.17	2.46
4	教育部人文社会科学研究项目	3	0.17	2.46
5	广东省教育科学规划项目	2	0.11	1.64
6	河南省高等学校人文社会科学研究项目	2	0.11	1.64
7	北京市哲学社会科学规划项目	2	0.11	1.64
8	内蒙古自治区高等学校科学技术研究项目	2	0.11	1.64
9	安徽省教育厅人文社会科学研究项目	2	0.11	1.64
10	河北省哲学社会科学规划研究项目	2	0.11	1.64
11	河南省高等教育教学改革研究项目	1	0.06	0.82
12	江苏省研究生科研与实践创新计划	1	0.06	0.82
13	中央高校基本科研业务费专项资金项目	1	0.06	0.82
14	浙江省哲学社会科学规划课题	1	0.06	0.82
15	海南省高等学校科学研究项目	1	0.06	0.82
16	辽宁经济社会发展立项课题	1	0.06	0.82
17	江苏省教育厅高等学校哲学社会科学基金项目	1	0.06	0.82
18	上海市哲学社会科学规划课题	1	0.06	0.82
19	贵州省教育厅高等学校人文社会科学研究项目	1	0.06	0.82
20	广西壮族自治区研究生教育创新计划项目	1	0.06	0.82
21	云南省教育厅科学研究基金	1	0.06	0.82
22	重庆市哲学社会科学规划项目	1	0.06	0.82
23	黑龙江省哲学社会科学研究规划项目	1	0.06	0.82
24	四川省教育厅科学研究项目	1	0.06	0.82
25	司法部法治建设与法学理论研究部级科研项目	1	0.06	0.82
26	广西民族大学研究生教育创新计划	1	0.06	0.82
27	河南省哲学社会科学规划项目	1	0.06	0.82
28	陕西省教育厅科研计划项目	1	0.06	0.82
29	四川省哲学社会科学规划项目	1	0.06	0.82
30	河南省科技计划项目	1	0.06	0.82
31	全国艺术科学规划课题	1	0.06	0.82
32	广东省哲学社会科学规划项目	1	0.06	0.82
33	黑龙江省教育科学规划课题	1	0.06	0.82
34	北京市与中央在京高校共建项目	1	0.06	0.82
35	吉林省教育厅人文社会科学研究项目	1	0.06	0.82
	合　计	122	7.00	100.00
	总　计	1743	100.00	

从基金资助的层次上看,国家级基金 3 种 74 篇,占全部基金资助文献的 60.66%;部委基金 4 种 14 篇,占全部基金资助文献的 11.48%;地方基金 28 种 34 篇,占全部基金资助文献的 27.87%。与 2018 年相比,地方基金从 4 种扩大到 28 种,发表文献数量从 4 篇增加到 34 篇,占全部基金资助文献的比例从 7.41% 涨至 27.87%。

从地方基金资助的区域分布看,2018 年只涉及 4 个省份,发展到安徽省、北京市、广东省、广西壮族自治区、贵州省、海南省、河北省、河南省、黑龙江省、吉林省、江苏省、辽宁省、内蒙古自治区、陕西省、上海市、四川省、云南省、浙江省、重庆市 19 个省(市、自治区)。

从层级上看,国家级资助力度虽然高于部委与地方的资助力度,资助数量是部委与地方的资助数相差已经不大。从区域分布看,全国多数省份对这一问题关注度与资助力度均有大幅度提升。

五、文献类型分布

从文献类型分布看,1743 篇样本涉及综述类、政策研究类和一般性 3 类文献。各类型文献数量及占比情况见表 5-5。

表 5-5　各类型文献数量及占比情况

序号	文献类型	文献数量/篇	占全部样本/%
1	综述类文献	103	5.91
2	政策研究类文献	102	5.85
3	一般性文献	1538	88.24
	合计	1743	100.00

综上,从表 5-5 中可以明显地看到,一般性论证文献在研究成果中占据绝大多数,而反映宏观性及政策性研究的综述类、政策研究类文献明显薄弱。

六、小结

从样本文献的统计情况看,2019 年各类型档案研究涉及资源 7 类。期刊(包括学术辑刊)发表文献数量占比超过 95%,是 2019 年各类型档案研究文献的主要来源,同时也是研究者进行交流的主要渠道和沟通主要平台。相比之下,硕博学位论文、报纸发表文献、国内国际会议论文数量只占不到 5%,在数量规模上与期刊相差两个数量级,只能算是起点缀作用。

研究的学科分布广泛,除档案学本学科之外,发表文献最多的 5 个学科是历史、公共卫生与预防医学、教育、工商管理、公共管理,与 2018 年的教育、公共卫生与预防医学、历史、管理学、工业经济相比,有一定变化。这显示出研究的学科交叉性非常突出。

从整体上看,2019 年各类型档案研究属于略微偏重应用性的社会科学研究。

研究有 122 篇得到 35 种国家、省部级基金的资助。从地方基金资助的区域分布看,2018 年只涉及 4 个省份,发展到 19 个省(市、自治区),全国多数省份对这一问题关注度与资助力度均有大幅度提升。从层级上看,国家级资助力度虽然高于部委与地方的资助力度,资助数量和部委与地方的相差已经不大,其中地方资助力度增幅最大。

在研究成果中,一般性论证文献占绝对多数,宏观性及政策性研究则明显薄弱。

第二节　文献计量分析

本节采用计量分析的方法,从文献作者分布、文献机构分布和文献来源分布 3 个方面对样本文献进行分析。

一、文献作者分布

从作者的分布情况看,前 40 位作者共发表文献 105 篇,占全部样本的 6.02%。前 40 位作者发表文献数量及占比情况见表 5-6。

表 5-6　前 40 位作者发表文献数量及占比情况

序号	作者	发表文献数量/篇	占全部样本/%
1	王媛	9	0.52
2	赵彦昌	7	0.40
3	周文泓	4	0.23
4	邱莹	4	0.23
5	薛四新	4	0.23
6	刘迎红	3	0.17
7	向禹	3	0.17
8	许多	3	0.17
9	张成丽	3	0.17
10	丁海斌	3	0.17
11	帖梅	3	0.17
12	吴静	3	0.17
13	张晓霞	2	0.11
14	宋芳	2	0.11
15	乔福锦	2	0.11
16	王雪	2	0.11
17	陈佳杰	2	0.11
18	黄宁	2	0.11
19	于英香	2	0.11
20	于尼	2	0.11
21	方军	2	0.11
22	张卫东	2	0.11
23	蒋建峰	2	0.11

续表 5-6

序号	作者	发表文献数量/篇	占全部样本/%
24	胡臻	2	0.11
25	熊明佳	2	0.11
26	王晖	2	0.11
27	王雪荻	2	0.11
28	朱武梅	2	0.11
29	孙晓彤	2	0.11
30	宋世佳	2	0.11
31	罗维央	2	0.11
32	于长海	2	0.11
33	李影	2	0.11
34	韩晓华	2	0.11
35	孙馨阳	2	0.11
36	吴建华	2	0.11
37	李元霞	2	0.11
38	胡珺珺	2	0.11
39	冯瑞文	2	0.11
40	甘霖芳	2	0.11
合计		105	6.02
总计		1743	100.00

如果按照普赖斯提出的计算公式,核心作者候选人的最低发文数 $M = 0.749\sqrt{N_{max}}$,其中 N_{max} 为最高产作者发表文章数量。2019 年各类型档案研究作者中发表文献最多的为 9 篇,即 $N_{max} = 9$,所以 $M = 0.749\sqrt{9} = 2.247$ 。据此,发表 2 篇以上(含 2 篇)文献的作者,是 2019 年各类型档案研究的高产作者及核心作者。

因此,表 5-6 中前 40 位发表 2 篇以上(含 2 篇)文献的作者,是 2019 年各类型档案研究的高产作者及核心作者。2019 年各类型档案研究已有一定数量的高产作者和核心作者群。

二、文献机构分布

从文献机构分布情况看,前 40 个机构发表文献 278 篇,占全部样本的 15.95%。前 40 个机构发表文献数量及占比情况见表 5-7。

表 5-7　前 40 个机构发表文献数量及占比情况

序号	机构	发表文献数量/篇	占全部样本/%
1	云南大学	25	1.43
2	中国人民大学	22	1.26

续表5-7

序号	机构	发表文献数量/篇	占全部样本/%
3	黑龙江大学	19	1.09
4	辽宁大学	14	0.80
5	上海大学	13	0.75
6	中国第一历史档案馆	12	0.69
7	四川大学	10	0.57
8	昆明医科大学	9	0.52
9	山东大学	8	0.46
10	河北省档案局	8	0.46
11	广西民族大学	7	0.40
12	湘潭大学	7	0.40
13	海南师范大学	6	0.34
14	河北广播电视台	6	0.34
15	国家档案局	6	0.34
16	辽宁省档案局	6	0.34
17	郑州航空工业管理学院	6	0.34
18	安徽大学	6	0.34
19	中国现代文学馆	6	0.34
20	中山大学	6	0.34
21	中国电影资料馆	5	0.29
22	武汉大学	5	0.29
23	云南省档案局	4	0.23
24	南京大学	4	0.23
25	吉林大学	4	0.23
26	德州职业技术学院	4	0.23
27	吉林省艺术研究院	4	0.23
28	中南大学	4	0.23
29	复旦大学	4	0.23
30	北京大学	4	0.23
31	扬州大学	4	0.23
32	清华大学	4	0.23
33	江苏省档案局	4	0.23
34	邯郸学院	4	0.23
35	天津市档案局	3	0.17
36	上海交通大学	3	0.17
37	山东省国土测绘院	3	0.17

续表 5-7

序号	机构	发表文献数量/篇	占全部样本/%
38	贵州大学	3	0.17
39	中国工程物理研究院	3	0.17
40	西北民族大学	3	0.17
	合计	278	15.95
	总计	1743	100.00

如果使用普赖斯公式计算,核心机构的最低发文数 $M=0.749\sqrt{N_{max}}$,其中 N_{max} 为最高产机构发表文章数量。这里 $N_{max}=25$,所以 $M=0.749\sqrt{25}\approx3.745$,即发表文献 4 篇及以上的为核心研究机构。据此,表 5-7 中发表 4 篇以上(含 4 篇)文献的云南大学、中国人民大学、黑龙江大学、辽宁大学、上海大学、中国第一历史档案馆、四川大学、昆明医科大学、山东大学、河北省档案局、广西民族大学、湘潭大学、海南师范大学、河北广播电视台、国家档案局、辽宁省档案局、郑州航空工业管理学院、安徽大学、中国现代文学馆、中山大学、中国电影资料馆、武汉大学、云南省档案局、南京大学、吉林大学、德州职业技术学院、吉林省艺术研究院、中南大学、复旦大学、北京大学、扬州大学、清华大学、江苏省档案局、邯郸学院等 34 个机构是研究的高产机构。

在前 40 个机构中,有 28 个是高校,发表文献 212 篇,占全部研究机构发表文献数的 12.12%,说明高校是 2019 年各类型档案研究核心机构群的主体。

从前 40 个机构发表文献数量及占比情况看,高校发表文献的数量及占比均为最高,档案行政管理机关次之(6 个,发表文献 31 篇,占 1.78%);事业单位居第三(4 个,各发表文献 18 篇,占 1.03%);档案馆居第四(2 个,发表文献 17 篇,占 9.98%)。

可见,各类型档案研究仍然偏于理论性,距档案实际工作有些距离。

三、文献来源分布

从文献来源分布看,1743 篇样本文献中,发表文献 22 篇及以上的文献来源共有 15 种,发表文献 1021 篇,占全部样本的 58.58%。这 15 种文献来源是:《办公室业务》《兰台内外》《兰台世界》《城建档案》《黑龙江档案》《浙江档案》《档案天地》《档案与建设》《中国档案》《机电兵船档案》《山西档案》《才智》《档案时空》《档案管理》《档案学通讯》。前 15 种来源发表文献数量及占比情况见表 5-8。

表 5-8　前 15 种文献来源发表文献数量及占比情况

序号	文献来源	发表文献数量/篇	占全部样本/%
1	《办公室业务》	290	16.64
2	《兰台内外》	184	10.56
3	《兰台世界》	112	6.43
4	《城建档案》	63	3.61
5	《黑龙江档案》	46	2.64
6	《浙江档案》	45	2.58
7	《档案天地》	41	2.35

续表5-8

序号	文献来源	发表文献数量/篇	占全部样本/%
8	《档案与建设》	39	2.24
9	《中国档案》	37	2.12
10	《机电兵船档案》	33	1.89
11	《山西档案》	29	1.66
12	《才智》	28	1.61
13	《档案时空》	26	1.49
14	《档案管理》	26	1.49
15	《档案学通讯》	22	1.26
合计		1021	58.58
总计		1743	100.00

按照布拉德福定律,1743 篇文献可分为核心区、相关区和非相关区,各个区的论文数量相等(581篇)。因此,发表论文居前 3 位的《办公室业务》《兰台内外》《兰台世界》(586 篇)处于核心区之内;发表论文居第 4～15 位的《城建档案》《黑龙江档案》《浙江档案》《档案天地》《档案与建设》《中国档案》《机电兵船档案》《山西档案》《才智》《档案时空》《档案管理》《档案学通讯》处于相关区;发表 22 篇及以下的少数处于相关区,多数处于非相关区。

从发表文献 22 篇以上(含 22 篇)的前 15 种文献来源看,13 种为档案学期刊,发表文章 703 篇。在档案学期刊中又以普通期刊略多,有 8 种,发表文章 534 篇;核心期刊有 5 种,发表文章 169 篇。可以说,档案类期刊,特别是普通档案学期刊对 2019 年各类型档案研究的关注度高,是这一研究领域的主要阵地,核心期刊的关注度相对比较低。

四、小结

从样本文献的计量分析情况看,2019 年各类型档案研究者比较多,形成了一定数量的高产作者及核心作者群。

从前 40 个机构发表文献数量及占比情况看,高校发表文献的数量及占比均为最高,档案行政管理机关次之(6 个,发表文献 31 篇,占 1.78%);事业单位居第三(4 个,各发表文献 18 篇,占 1.03%);档案馆居第四(2 个,发表文献 17 篇,占 9.98%)。这表明各类型档案研究仍然偏于理论研究,距档案实际工作有些距离。

从发表文献 22 篇以上(含 22 篇)的前 15 种文献来源看,13 种为档案学期刊,发表文章 703 篇。在档案学期刊中又以普通期刊略多(8 种),发表文章 534 篇;核心期刊有 5 种,发表文章 169 篇。可以说,档案类期刊,特别是普通档案学期刊对 2019 年各类型档案研究的关注度高,是这一研究领域的主要阵地;核心期刊的关注度相对比较低。

第三节　文献词频分析

本节采用关键词词频的方法,从关键词词频、主题词词频和近五年高频词变化 3 个方面对样本文献进行分析。

一、关键词词频分析

表5-9是前15个高频关键词使用频率及占比情况。前15个高频关键词中使用频率最高的是管理(118频次),最低的是科技档案、事业单位(各34频次)。前15个高频关键词合计使用970频次,占全部样本的55.65%,即5成以上文献使用这15个关键词。

这15个高频关键词分别是管理、文书档案、档案管理、电子档案、人事档案、电子文件、信息化、档案、对策、人事档案管理、问题、医院、干部人事档案、科技档案、事业单位,可以归纳为档案事务(管理、档案管理、对策、人事档案管理、问题)、档案(文书档案、电子档案、人事档案、档案、干部人事档案、科技档案)、信息化(电子文件、信息化)、机构(医院、事业单位)4个方面。

表5-9   前15个高频关键词使用频率及占比情况

序号	关键词	使用频率/次	占全部样本/%
1	管理	118	6.77
2	文书档案	115	6.60
3	档案管理	111	6.37
4	电子档案	107	6.14
5	人事档案	82	4.70
6	电子文件	65	3.73
7	信息化	47	2.70
8	档案	47	2.70
9	对策	45	2.58
10	人事档案管理	42	2.41
11	问题	42	2.41
12	医院	42	2.41
13	干部人事档案	39	2.24
14	科技档案	34	1.95
15	事业单位	34	1.95
合计		970	55.65
总计		1743(篇)	100.00

可以说,2019年各类型档案研究主要集中在档案事务、档案、信息化、机构4个方面15个关键词所涉及的内容,其中又以管理、文书档案、档案管理、电子档案、人事档案5个内容为年度热点。与2018年的年度热点电子档案、管理、档案管理、文书档案、人事档案相比,内容没有变化,热度与发表文献数量有所变化。这体现出相同内容在不同年度的热度差异。由于研究内容广泛,研究热点只是相对集中。每个年度均会产生变化。

二、主题词词频分析

从主题词使用频率看,2019 年各类档案研究涉及内容广泛,集中在档案管理事务、档案、信息化、文件、机构、档案人、其他 7 个方面。使用频率最高的 40 个主题词分布情况见表 5-10。

表 5-10　使用频率最高的 40 个主题词分布情况

序号	主题	使用频率/次	占全部样本/%
1	电子档案	152	8.72
2	文书档案	142	8.15
3	档案管理	120	6.88
4	电子文件	113	6.48
5	文书档案管理工作	105	6.02
6	档案管理工作	92	5.28
7	电子档案管理	87	4.99
8	文书档案管理	76	4.36
9	干部人事档案	74	4.25
10	人事档案	74	4.25
11	人事档案管理	74	4.25
12	人事档案管理工作	61	3.50
13	事业单位	57	3.27
14	干部人事档案管理	55	3.16
15	档案管理人员	48	2.75
16	档案馆	44	2.52
17	声像档案	42	2.41
18	干部人事档案工作	41	2.35
19	科技档案	41	2.35
20	科技档案管理	31	1.78
21	新形势下	31	1.78
22	纸质档案	30	1.72
23	城建档案	28	1.61
24	电子文件归档	28	1.61
25	医院文书档案	27	1.55
26	归档工作	26	1.49
27	家庭档案	26	1.49
28	档案工作	26	1.49
29	照片档案	26	1.49
30	大数据	25	1.43

续表 5-10

序号	主题	使用频率/次	占全部样本/%
31	存在的问题	22	1.26
32	电子文件管理	22	1.26
33	信息化背景	22	1.26
34	大数据时代	21	1.20
35	口述档案	21	1.20
36	信息时代	19	1.09
37	新时期	19	1.09
38	医院文书档案管理	18	1.03
39	文件归档	18	1.03
40	档案资源	18	1.03
合计		2002	114.86
总计		1743(篇)	100.00
重叠		259	14.86

从涉及的主题词看,使用频率最高的 40 个主题词共使用 2020 频次,占全部样本的 114.86%,也就是说,上述 40 个主题词涵盖了全部样本文献。其中使用频率最高的是电子档案(152 频次),使用频率最低的是医院文书档案管理、文件归档、档案资源(各 18 频次),平均使用频率为 50 频次。

从主题词反映的研究内容看,2019 年关注档案学的 40 个主要问题又可归并为档案管理事务、档案、信息化、文件、机构、档案人、其他 7 个大类。

档案管理事务(档案管理、文书档案管理工作、档案管理工作、电子档案管理、文书档案管理、人事档案管理、人事档案管理工作、干部人事档案管理、干部人事档案工作、科技档案管理、归档工作、档案工作、存在的问题、电子文件管理、医院文书档案管理、文件归档),共使用 874 频次,占全部样本的 50.14%,占比过半数。它主要涉及档案事务的管理层面,16 个关键词中有 11 个涉及管理,可见各类型档案研究的管理性特征十分突出。它是各类型档案研究关注度第一高的主题。

档案(电子档案、文书档案、人事档案、声像档案、科技档案、纸质档案、城建档案、医院文书档案、家庭档案、照片档案、口述档案、档案资源、干部人事档案),共使用 701 频次,占全部样本的 40.22%。档案是档案学研究的本体,涉的 13 个主题完美地反映了这一点,成为各类型档案研究关注度第二高的主题。

文件(电子文件、电子文件归档),共使用 141 频次,占全部样本的 8.09%。与"档案"相差近 5倍,显示出其虽然与档案相关,但在各类型档案研究中不是重点。

机构(事业单位、档案馆),共使用 101 频次,占全部样本的 5.79%。它是与档案事业、档案人关系最为密切的问题,包括档案局、档案馆、档案室三大研究主题中的一个。2019 年,正值新一轮机构改革之时,档案机构再次成为档案界关注之重点,而事业单位性质成为理所应当的关注点之一,但体量不大。

信息化(大数据、信息化背景、大数据时代、信息时代),共使用 87 频次,占全部样本的 4.99%。它集中在大数据和信息化两个方面,是 2019 年各类型档案研究关注度第五高的主题。但体量不大,与档案管理事务和档案主题相比差着一个数量级。

档案人(档案管理人员),共使用 48 频次,占全部样本的 2.75%。作为档案工作的主体,约 3% 的占比说明档案界在各类型档案研究中关注点也没有离开过档案人自身。但它在整个研究中位列最后。

其他(新形势下、新时期),共使用 50 频次,占全部样本的 2.87%。

可以说,2019 年各类型档案研究所涉及内容虽然十分广泛,但全部文献均包含在上述档案管理事务、档案、信息化、文件、机构、档案人、其他 7 类问题上。或者说,2019 年各类型档案研究主要是围绕上述档案管理事务、档案、信息化、文件、机构、档案人、其他 7 个内容展开的。

三、近五年高频词变化

年度关键词的变化,特别是高频关键词的变化,能够反映出相关研究内容与主题、重点与热点的变化。

2015—2019 年各类型档案研究年度关键词及高频关键词的变化情况,请扫描右侧二维码。

从近五年研究文献主要关键词的分布看,涉及的关键词有管理、档案管理、电子档案、文书档案、人事档案、电子文件、问题 7 个,与 2018 年的电子档案、管理、档案管理、人事档案、文书档案、问题、对策相比,多了一个电子文件,少了一个对策,其他完全相同。相同的内容,差异只表现在同一关键词发表文献数量的多少,在排序上发生变化。

5 年中,相邻年份中均重复出现过的关键词有管理、档案管理、电子档案(各 5 年),重复率为100%;文书档案(4 年),重复率为80%。

不相邻重复出现 4 年的有人事档案,重复率为80%。

电子文件、问题 2 个关键词没有年度重复。

这说明近五年间管理、档案管理、电子档案的相关研究持续度最高,一直是研究的核心内容与方向;其次是文书档案和人事档案问题。

研究内容与主题在年度间连续性保持得非常好。多数年份有 80% 以上的研究内容与上一年重复。但也要看到,这些持续的重点内容的关注度也有变化,自 2015 年起,总体上呈现渐次下降的趋势。在 2015—2019 年中出现的关键词最少时为 77 次,最多时达到 206 次。

总之,近五年来相关研究的主要内容集中,重点突出。

四、小结

从 1743 篇文献涉及的关键词看,2019 年各类型档案研究主要集中在档案事务、档案、信息化、机构 4 个方面 15 个关键词所涉及的内容,其中又以管理、文书档案、档案管理、电子档案、人事档案 5 个内容为年度热点。与 2018 年的年度热点电子档案、管理、档案管理、文书档案、人事档案相比,内容没有变化,热度与发表文献数量有所变化。这体现出相同内容在不同年度的热度差异。由于研究内容广泛,研究热点只是相对集中。每个年度均会产生变化。

从主题词使用频率看,2019 年各类型档案研究关注的 40 个主要问题又可归并为档案管理事务、档案、信息化、文件、机构、档案人、其他 7 个大类。

近五年间管理、档案管理、电子档案的相关研究持续度最高,一直是研究的核心内容与方向;其次是文书档案和人事档案问题。多数年份有 80% 以上的研究内容与上一年的内容重复。但自 2015 年起,总体上呈现渐次下降的趋势。总之,近五年来相关研究的主要内容集中,重点突出。

第四节　文献关键词共词分析

本节采用关键词共现分析的方法,从共现矩阵和共现网络两个方面对样本文献进行分析。

一、共现矩阵

矩阵提取使用频率最高的 20 个关键词,将这 20 个关键词形成 20×20 的共词矩阵。如果某两个关键词同时出现在一篇文章中时,就表明这两者之间存在相关关系,关键词右侧或下方对应位置的数值表示篇数。

图 5-1 是 2019 年各类型档案研究文献高频关键词共现矩阵。

关键词	管理	文书档案	档案管理	电子档案	人事档案	电子文件	信息化	档案	对策	人事档案管理	医院	问题	干部人事档案	科技档案	事业单位	声像档案	文书档案管理	大数据	策略	创新
管理																				
文书档案	37																			
档案管理		13																		
电子档案	11		13																	
人事档案	21		5																	
电子文件	5		6	12																
信息化	3		14	10	2	4														
档案	8				2															
对策	3	3	5	2		3														
人事档案管理								3												
医院	6	7	3	2	8		3		2	5										
问题	6	4	5			4			24		2									
干部人事档案	5		5						2		2	5								
科技档案	5		6			2			2				3							
事业单位	4		8	3	5		3			9				2						
声像档案	3		3																	
文书档案管理							5					6	4	5		5				
大数据	3		6	3	2						2									
策略	4		6	3		2	1		3				2	3	3					
创新	6	5	4			4		4					2			2		3	2	

图 5-1　2019 年各类型档案研究文献高频关键词共现矩阵

图 5-1 显示,2019 年各类型档案研究文献关键词共现有 83 组,共现率为 41.5%。而共现次数

20次以上的关键词组合有3组,共现率为1.5%;共现次数10~19次的关键词组合有6组,共现率为3%。

依横轴为准计:

20组共现关键词中有16组与管理直接相关,占共现关键词的8%。

20组共现关键词中有13组与档案管理直接相关,占共现关键词的6.5%。

20组共现关键词中各有8组与文书档案、人事档案直接相关,分别占共现关键词的4%。

20组共现关键词中各有6组与电子档案、信息化、对策直接相关,分别占共现关键词的3%。

20组共现关键词中各有5组与人事档案管理、问题直接相关,分别占共现关键词的2.5%。

20组共现关键词中有4组与医院直接相关,占共现关键词的2%。

20组共现关键词中各有2组与电子文件、事业单位直接相关,分别占共现关键词的1%。

20组共现关键词中各有1组与文书档案管理、策略直接相关,分别占共现关键词的0.5%。

另有档案、干部人事档案、科技档案、声像档案、大数据、创新6个无共现高频关键词。

以共现频次计,共现次数10次及以上的关键词有9组,分别是:

管理与文书档案:37频次。

管理与电子档案:11频次。

管理与人事档案:21频次。

文书档案与档案管理:13频次。

文书档案与信息化:14频次。

档案管理与电子档案:13频次。

档案管理与信息化:10频次。

电子档案与电子文件:12频次。

对策与问题:使用24频次。

从共现组数看,2019年各类型档案研究的重点集中在管理、电子档案、文书档案、人事档案4个主要方向上。或者说,2019年各类型档案研究主要是在上述管理、电子档案、文书档案、人事档案4个方向上展开的。与2018年相比,增加了管理一项,突出了档案管理的管理特性。

2019年各类型档案研究的整体规模不大,内容相对集中。2019年各类型档案研究领域有相对突出的高频(10次及以上)共现关键词(占比10.84%),形成了比较明显的高相关共现关键词群,研究集中度趋显。

二、共现网络

在关键词共现网络中,关键词之间的关系可以用连线来表示,连线多少和粗细代表关键词间的亲疏程度,连线越多,代表该关键词与其他关键词共现次数越多,越是研究领域的核心和热点研究内容。

使用知网工具获得2019年各类型档案研究高频词共词网络图谱(扫描右侧二维码)。

从共词网络图谱可以直观地看出:相关研究各分成"管理""电子档案""档案""科技档案""声像档案""大数据"6个不同聚类。其中"管理""电子档案"是单核心多词群组,"档案""科技档案""声像档案""大数据"是单核心单词群组。

"管理"单核心多词群组是整个网络中的最大核心群组,涉及13个关键词。所有13个关键词均聚集在以"管理""文书档案""人事档案"3个主关键词构成的三边形当中。其中"文书档案"的使用与核心关键词"管理"的使用频次相当,两者都超过了"人事档案"。在这个大群组中,三个组合是整个网络中联系最为紧密的相关内容。13 个关键词当中,3 个涉及档案,3 个涉及人事档案,2 个涉及文书档案。群组是一个以"管理"为核心,"文书档案""人事档案"为重点的高聚类群组。这个群组与"电子档案""档案""科技档案""声像档案""大数据"5 个群组关联密切,其中"科技档案""声像档案""大数据"直接嵌入"管理"群组当中,可以视为以"管理"群组为中心,也可以视为"管理"群组是其他各群组的桥梁。"管理"群组整体上在网络中的中心度要高于"管理"在"管理"群组中的中心度。

"电子档案"单核心多词群组是整个网络中的次一位的大核心群组,涉及"档案管理""电子档案""电子文件"3 个关键词,构成一个与"管理""档案""声像档案""大数据"四个群组交织在一起的三边形。"电子档案"在群组中的中心度不高,但与"管理"共同形成了整个网络的两级,统率作用明显。

"科技档案""声像档案""大数据"3 个聚类,夹在"管理""电子档案"两个群组中间,同时与两个群组保持近身弱联系,但三者之间没有直接关联。

"档案"群组偏离整个网络之外,仅与"管理""电子档案"两个主群组中的"管理""电子文件"两个关键词有较弱的关联。

三、小结

从共现组数看,2019 年各类型档案研究的重点集中在管理、电子档案、文书档案、人事档案 4 个主要方向上。与 2018 年相比,增加了管理一项,突出了档案管理的管理特性。2019 年各类型档案研究的整体规模不大,内容相对集中。2019 年各类型档案研究领域有相对突出的高频(10 次及以上)共现关键词(占比 10.84%),形成了比较明显的高相关共现关键词群,研究集中度趋显。

从共现网络显示的情况看,2019 年各类型档案研究是以"管理""电子档案"为核心,以"人事档案""文书档案""电子文件""档案管理"等为主,涉及"档案""科技档案""声像档案""大数据"聚类的双极网络。关键词"档案"处于网络的边缘,目前不是研究的中心与热点。

第五节　文献综述

一、电子档案

(一)电子档案管理

广州市妇女儿童医疗中心龙莉文认为:"电子档案管理工作运用信息化技术手段,也要根据电子档案的特点,注重安全的同时,更要注重软件建设,建立科学、系统的电子资料管理制度,提升安全管控,强化各个环节,真正实现资源的优化配置。电子资料的电子化管理是顺应时代发展的,能够提供优质高效的信息资源,最终做到提高信息时代电子档案管理的水平和提升工作效率。"[①]

陕西省安康学院刘勇认为:"在信息时代背景下电子档案管理工作要想有序实施,在使用电子档案的过程中也需要对其加强管理与控制。首先,在管理过程中可以结合各种人员设置利用级别来进行权限认定,基于此来进行系统注册登录,这样就能避免不相关人员使用电子档案。其次,还可以按照电子档案使用人员的需求来对其使用权限进行确认,之后才能进行拷贝与制作,在这一过程中一定要尽可能地避免信息的全部拷贝,这样才能避免档案信息出现丢失。最后,对于电子档案信息内容在

---

① 龙莉文.浅析信息时代电子档案管理问题[J].办公室业务,2019(10):186.

管理过程中也可以结合其秘级层次来进行管理,而系统则可以对他人档案信息使用全过程进行监督与管理,从而有效提升电子档案管理质量和效率。"①

陕西省渭南市中心血站钱华探讨了电子档案管理的相关策略:①提升电子档案管理领域的人才技术水准。②各单位应加大资金投入力度。③健全网络化的电子档案管理设施。④确保档案信息安全。②

山西省大同市城建档案馆赵新芳认为:"电子档案利弊共存,建立电子档案不需要很多的存储空间,易于保存,查找便捷,而且能实现资源共享。但电子档案对环境和设备依赖性较强,缺乏直观可视性,系统控制技术复杂,而且极易失真。面对逐年增加的电子档案数量,档案管理部门应加强电子档案管理,确保电子档案的稳定及载体安全,严格控制电子档案的转换,建立完善电子档案体制,建立优质的档案管理队伍,从而最大限度地为查阅者提供有用的参考数据。"③

(二)区块链技术

中国人民大学、中国中元国际工程有限公司刘晗琳探讨了基于区块链的技术档案管理解决方案:①防伪造。建立档案指纹,防止档案内容被篡改。②防黑客攻击。档案认证信息进行分片存储,随机验证使黑客无固定攻击目标。③简化档案利用手续。通过平台建立共享机制,简化行政手续。④可溯源。基于档案信息的共享交换记录,可查询任意时刻的档案管理业务行为。⑤可管控。通过联系对比可得知,与电子档案联系最为密切、实际应用最佳的应该是联盟链。对违规共享交换行为,可实施阻止和预警。④

山西省档案馆石磊认为:"电子档案管理工作需要区块链技术的支持,在应用区块链技术时,电子档案管理人员要认识到区块链技术的特性。在具体应用过程中,则要重视对电子档案信息安全性的管理,要避免出现档案信息被删改的情况,同时还要具有档案利用和共享意识。而在未来电子档案管理的过程中,对区块链技术进行应用则要设计更加科学的电子档案管理模型,并加深区块链背景下电子档案管理适用性研究,积极寻求更加可靠的元数据替代方案,重视电子档案的在线利用服务功能的开拓,确保提高区块链技术下电子档案管理工作的成效。"⑤

上海大学图书情报档案系陈晞认为区块链技术在电子档案管理中的应用优势:①信息不可篡改与防止删改优势。②去中心化与安全存贮优势。③开放性与促进共享优势。⑥

(三)问题与对策

吉林省洮南市社会救助事业中心吴鸿鹏认为电子档案管理存在的问题包括:①对电子档案管理重视度不够。②电子档案管理的保密问题。③电子档案的真实性、完整性、安全性问题。④机构设置不完善,人员少。他还提出了解决问题的措施:首先,各单位要高度重视电子档案管理工作。加强电子档案工作队伍建设。其次,制定电子档案管理保密制度。最后,加强电子档案的安全保护措施。⑦

深圳信息职业技术学院杨云贤认为当前电子档案管理面临的问题包括:①对电子档案管理的重视程度参差不齐,难以把握电子档案的真实性。②档案管理的长久性与保密性不足。③电子档案管理软件存在安全风险。④电子档案存档格式暂未建立统一标准。他还提出了对策:①重视档案管理队伍建设,提高档案管理的专业化水平。②健全相关法律法规与管理制度。③采用数据格式标准统

① 刘勇.信息时代背景下电子档案管理探讨[J].兰台内外,2019(25):1-2.
② 钱华.信息时代电子档案管理研究[J].办公室业务,2019(23):182-183.
③ 赵新芳.如何做好电子档案管理[J].城建档案,2019(6):58-59.
④ 刘晗琳.大数据时代区块链技术在电子档案管理中的应用初探[J].机电兵船档案,2019(6):80-82.
⑤ 石磊.基于区块链技术的电子档案管理[J].山西档案,2019(2):77-80.
⑥ 陈晞.区块链技术在电子档案管理中应用的思考[J].办公室业务,2019(2):171-172.
⑦ 吴鸿鹏.浅谈电子档案管理存在的问题与措施[J].兰台内外,2019(36):69.

一的软件,严格按规范开展归类整理工作。④加强电子档案的安全性管理。①

浙江省委办公厅(省档案局)档案信息化处宋华认为电子政务环境下电子文件归档管理存在的主要问题包括:①以各地分散性探索为主,顶层设计不足。②电子文件管理机制割裂,分工协调不清。③电子文件的证据效力仍存在技术瓶颈。她还提出了对策:①加强顶层设计与法规政策研究制订。②建立相关部门分工协作、联动共治的机制。③加快电子文件归档系统与电子档案管理平台建设。②

黑龙江省哈尔滨市结核病防治所王金钢认为电子档案安全管理中的问题表现是:①电子档案载体安全问题。②电子档案信息安全问题。③电子档案的长期保存问题。他还提出了保障电子档案安全的基本策略:①电子档案的实体安全方面。②电子档案的信息安全方面。③维护电子档案安全的制度建设方面。③

二、文书档案

(一)创新

浙江省诸暨市人民医院王金秀认为:"文书档案管理工作如果想要实现本质上的创新,首先要做的一点就是要将自身的管理理念进行一定的创新。而现在的文书档案管理工作故步自封这一现状是必须要进行改变的,必要的时候可以公开招聘一些人才,使得先进的工作思想传入文书档案管理工作当中。除此之外,企业自身还可以设置一定的培训人员,不过要注意的一点是培训人员的文书档案管理素质要求非常高,这样才能将企业中的员工带动起来,文书档案管理工作才能具有新鲜的活力,管理工作的理念才能在这个过程当中一点点融合进来,最终实现文书档案管理理念上的创新。"④

中铁一局集团物资工贸有限公司居华峰认为:第一,文书档案管理的创新最为基础的一点在于,强化文书档案管理的基础,扎实做好档案管理当中的基础业务工作,包括档案接收、保存、业务指导、利用、编研等工作。第二,完善硬件基础设施(包括功能相对强大的计算机、服务器、网络设备、扫描仪、数码相机、条码扫描枪等)。第三,要强化监管,做到同步部署、同步实施、同步检查、同步验收,工作走到哪里,档案服务工作就做到哪里。第四,因为文书档案有电子档案和纸质档案两种类型,电子档案本质是纸质档案的延伸,方便使用,而纸质档案如何保存是非常值得考虑的问题。第五,做好文书档案管理当中的保密工作。第六,人才是关键。⑤

广西壮族自治区医学科学信息研究所伍永红提出了实现文书档案管理信息化创新的措施:①建立健全信息化档案管理体系。②加大信息化档案管理技术及设备的资源投入。③强化对档案管理人员的信息化培训。⑥

辽宁大唐国际阜新煤制天然气有限责任公司贺福梅探讨了文书档案管理工作创新方法:①充分利用办公自动化,形成一套完整的档案信息化管理系统。②建立稳定的管理团队,提高文书档案管理人员的整体素质。③加强沟通与协调,完善及优化文书档案工作模式及管理制度。⑦

(二)问题与对策

福建省宁德市中医院行政科林英华认为当前文书档案管理信息化存在的主要问题是:①对文书档案管理信息化认识不到位。②文书档案管理工作流程比较烦琐,信息化程度普遍不高。③文书档

---

① 杨云贤.电子档案管理存在的问题及优化对策[J].城建档案,2019(12):18-19.
② 宋华.在线政务服务平台电子文件归档管理对策研究[J].浙江档案,2019(5):20-23.
③ 王金钢.电子档案安全管理中存在的问题及调适策略[J].黑龙江档案,2019(3):56.
④ 王金秀.创新文书档案管理工作分析[J].办公室业务,2019(20):115,150.
⑤ 居华峰.信息化背景下文书档案管理创新对策[J].办公室业务,2019(19):97-98.
⑥ 伍永红.基于信息化背景的文书档案管理工作创新研究[J].城建档案,2019(1):64-65.
⑦ 贺福梅.基于信息化背景的文书档案管理工作创新[J].办公室业务,2019(16):106.

案管理信息化存在安全性问题。他还提出了对策:①创新理念,完善文书档案信息化管理制度。②引进完善的信息化工具。③通过建立新模式,规范文书档案管理的信息化流程。①

新疆阿勒泰地区布尔津县市场监督管理局杨丽认为机关文书档案管理工作中存在的问题是:①对机关文书档案管理工作的认识不到位。②文书档案的连接混乱。③档案管理人员的素质有待提高。她还提出了对策:①提高对文书档案管理工作的重视度。②理清文书和档案管理工作之间的关系。③加强文书档案管理工作的监督和指导。④提升档案管理工作的数字化程度。②

宁夏大学档案馆马瑞认为当前文书档案管理工作中存在的问题是:①仍然以纸质作为主要的载体形势。②文书工作和档案工作的脱节。③文书档案管理者技能和素质的缺失。④检索形式相对落后。她还提出了新时期做好文书档案管理工作的对策和措施:①提高文书档案管理者的责任意识和管理能力。②进一步规范文书档案管理工作的程序和方法。③借助网络科技的力量促进文书档案管理的现代化。③

(三)其他

中国五环工程有限公司李应萍对我国2007—2017年文书档案管理论文进行了统计分析,认为,文书档案管理的研究并不成熟,目前处在发展的初级阶段,文书档案管理的研究潜力巨大。文书档案管理领域不是研究的热点,存在研究领域遇冷的情况。文书档案管理这一研究主题并没有理论与新方法的创新,没有突破性的研究热点出现。文书档案管理论文这一研究课题目前处于不受关注的状态。学者的研究热情和该领域的研究水平堪忧。④

天津市美术中等专业学校王雪认为:文书档案实现办公自动化有着重要的作用:一是促进了档案管理工作更加集中、有序;二是提高了信息检索的效率;三是延长了文件储存时间;四是实现资源的共享。⑤

中共黑龙江省农垦牡丹江管理局委员会党校张华认为:"在新时代,文书档案管理在各机关、团体和企事业单位中发挥着重要的作用。但是在文书档案管理过程中部分部门存在着领导重视程度不够、部门之间协调配合不好以及档案管理人员素质不高等问题。所以,各部门要积极探索加强文书档案管理的措施,使文书档案管理工作进入新的阶段。"⑥

西南电力设计院有限公司吴梅认为:"信息时代作为当代社会的发展潮流,为文书档案管理工作带来了机遇与挑战,为了从管理机制、管理理念、基础业务等方面全方位增强信息时代文书档案管理的服务创新及综合应变能力,必须做到统筹全局、夯实基础、整合资源、人才先行,加强文书档案管理队伍建设,实现文书档案管理整体水平的全面提升。"⑦

三、科技档案

中物院成都科学技术发展中心尹娟"着重从'互联网+'的起源及其发展历程讲起,而后介绍传统科技档案管理工作中所暴露出的诸多现实问题,并结合当前互联网络技术与管理现状提出创新性应用,搭建科技档案管理网络化平台,开发、融合、分享与利用信息资源,以此适应当前网络时代大趋势、

---

① 林英华.信息化背景下文书档案管理工作研究[J].办公室业务,2019(23):107-108.

② 杨丽.浅析机关文书档案管理中的常见问题及解决策略[J].办公室业务,2019(10):104.

③ 马瑞.探究新形势下如何做好文书档案管理工作[J].兰台内外,2019(10):22-23.

④ 李应萍.近十年我国文书档案管理现状及发展概况研究:基于维普(2007—2017)文书档案管理论文的统计分析[J].办公室业务,2019(2):173-174.

⑤ 王雪.办公自动化环境下文书档案管理的思考[J].办公室业务,2019(2):117.

⑥ 张华.文书档案管理存在的问题及强化措施[J].办公室业务,2019(13):88.

⑦ 吴梅.信息时代文书档案管理的现实思考[J].办公室业务,2019(1):42.

信息时代资源共享大方向"①。

中国特种飞行器研究所郭雪萍"主要针对科技类档案管理中数字档案载体和格式过时问题进行了研究与思考,提出了相对可行的科技类数字档案管理机制,即采用技术典藏、档案定期转存,并结合纸质说明文档相结合的方法来应对该问题,以期对存在类似问题的企业以一定借鉴"。②

四达机械制造公司郑勇宏、吴黎认为:"科技文件的积累工作是一项贯穿在科技活动始终的经常性工作,要做好这项工作必须做到:一是要有制度措施防止失散、损坏,确保科技文件材料的齐全、完整和准确;二是要将形成和积累与查阅和利用有机地结合起来,利于科技档案的广泛使用;三是要培养工程技术人员档案意识和良好科研作风,为科技档案的形成和积累奠定基础。"③

西安电子工程研究所基础四室董兆林、张睿哲、薛文华探讨了基于现行文件的科技档案全生命周期的管理,认为:"建档人员承担设计文件全生命周期的管理,从单件接收到上会文件材料的整理,再到组卷、上架,全程管理。文件全生命周期的提供利用,甚至解密、销毁等均由建档人员负责。应将建档人员的工作上伸和下延,上伸到项目论证阶段,作为项目团队的一员,负责项目档案归档要求的建立;下延到档案定型后组卷移交到库房。档案的存储地址由现行文件库移到档案库房,但管理人员仍然是建档人员。一是建档人员全程参与了该项目,经过方案、工程设计、定型等阶段,对项目档案可以说了然于胸、非常熟悉,查找和提供利用非常方便;二是若后期有增加的案卷,也非常方便加卷;三是减少了移交的环节,减少了总工作量。"④

中国核动力研究设计院江群探讨了科技档案融入科研项目管理,认为:"档案融入项目管理,就是要将文档管理工作与项目管理的各阶段糅合在一起,参与到项目管理的每一个环节。从项目审批开始就融入项目管理中,将档案工作的控制管理扩展到项目实施的每一个阶段、每一个环节、每一份形成的文件上,使每份文件的形成、积累、整理、归档都处于档案人员的控制状态之下,避免项目结束后才发现档案遗漏的问题,造成原始数据的遗失、违误。"⑤

中国铁路南宁局集团有限公司玉林工务段黄媛萍认为科技档案整理归档的问题:①收集资料不齐全。②整理资料不规范。③移交档案不及时。她还提出了解决措施与建议:①广泛收集相关资料。②认真做好资料整理。③及时向相关部门移交。⑥

黑龙江省大庆市让胡路区勘探开发研究院科技资料室赵翔燕认为:"科技档案专题服务是深度挖掘科技档案价值的有力抓手,也是加快科技档案流通率和利用率的重要方式。一方面,单位应当设置相应的服务流程,做到有据可依和有章可循,为科技档案管理人员提供参考。另一方面,档案管理人员应当以更加积极主动的态度去对待管理工作,提高科技档案服务效能,使科技档案能够创造出应有的社会效益和经济效益。档案管理人员要做好信息反馈和定向跟踪工作,全方位了解相关档案需求,及时对服务内容予以变动。"⑦

中国电子科技集团公司第四十研究所信息化部魏甜甜认为:"科技档案保密工作应以方便利用为原则,不可因保密而限制利用,也不可因利用而忽略保密。档案人员应改变传统的档案管理模式,由重保管向重服务转变,积极做好科技档案的续密、降密和解密工作,既要减少借查阅档案时不必要的审批手续,又要充分发挥科技档案的价值。"⑧

---

①　尹娟. "互联网+"环境下科技档案工作的创新性研究[J]. 兰台世界,2019(6):43-45.

②　郭雪萍. 技术过时的科技类数字档案管理问题及对策[J]. 兰台内外,2019(2):19-20.

③　郑勇宏,吴黎. 科技文件形成积累的影响因素[J]. 陕西档案,2019(6):39.

④　董兆林,张睿哲,薛文华. 基于现行文件的科技档案全生命周期的管理[J]. 机电兵船档案,2019(2):62-64.

⑤　江群. 科技档案融入科研项目管理探析[J]. 兰台世界,2019(7):119-122.

⑥　黄媛萍. 科技档案整理归档问题的分析与对策[J]. 办公室业务,2019(6):59.

⑦　赵翔燕. 科技档案服务高效化策略研究[J]. 办公室业务,2019(12):132.

⑧　魏甜甜. 科技档案利用与保密工作的关系[J]. 机电兵船档案,2019(6):39-41.

四、声像档案

(一)声像档案数字化

黑龙江省牡丹江林业中心医院宋芳认为:"迁移声像档案数字化就是运用现代信息技术将传统声像档案数字化格式转化成为其他格式,并适用于用户电脑的计算机,便于提高用户的浏览效率。但是在声像档案数字化格式转化中,极其容易造成声像文件的损坏与破坏,严重威胁声像档案信息的完整性。""为此,转化声像档案格式方面形式可以总结西方发达国家的经验,进而制定完善的格式转变限定的统一标准,事前针对需要格式转化的声像档案做好备份,确保声像档案的完整,才能够规避声像档案流失的风险。"①

湖北省宜昌市兴山县广播电视台蔡德潜认为:"档案部门应加快推进库存磁性声像档案的数字化工作。一是要制定完善的数字化工作方案,确保数字化工作统筹规划、分步实施、合理有序开展。二是要确立数字化工作制度,坚持用制度管理和规范磁性声像档案的数字化工作,包括岗位责任制度、数字化成果管理制度、设备使用及操作流程规则等。三是要配备数字化专业人员,做到人员稳定,各司其职。四是要有磁性声像档案配套还原设备和采集设备,确保数字化工作各项技术指标符合要求。五是要有安全可靠的数字化加工场地,配备防盗报警、视频监控设备,保证磁性声像档案实体安全和信息安全。"②

(二)问题与对策

中国航发西航安文政提出企业声像档案开发利用应关注的问题是:①声像档案的信息安全问题。②声像档案数据的规范性、标准化问题。③强化保护措施,建设安全的保护环境。④注意声像档案数字化与转移迁移工作。⑤加强声像档案管理人员的培训。③

73601部队王博琼提出加强云环境下声像档案管理效率的对策:①积极优化和完善管理制度,规范档案收集整理程序。②努力提高档案管理人员的专业素养。③建立配套的软硬件设施。④提高服务品质,不断创新应用。④

广东省广州市城市建设档案技术咨询服务公司黄雅雯提出了新时期对声像档案管理的建议与对策:①健全管理制度,狠抓制度落实。②加强宣传,提高档案管理意识。③强化风险意识,加强声像档案保密管理。④拓宽声像档案的收集渠道,保障档案来源。⑤加大物质投入,增强声像档案的硬件建设。⑥加强对声像档案管理人员的培训与交流,提高业务水平。⑤

(三)其他

中国人民大学信息资源管理学院张美芳认为:"面向数字人文研究的声像档案建设不只是关注过去的资源,还有不断产生的大量数字声像档案资源,鲜活的正在发生的历史越来越成为主流。为了能在全国范围内共享声像档案资源,逐步实现为人文研究服务,可以采取以下措施:一是将全国范围内分散在不同地域或机构的声像档案数据库、工具软件或平台进行分类汇总整理,用专门的网站或页面集中展示,方便人文学者了解使用。二是依托档案馆已有的声像资源、技术和存储优势,创建可促进人文研究的数据集或大规模结构化数据,并提供一种新的声像档案打开方式、查询方式、呈现方式。"⑥

湖南省衡东县住房和城乡建设局谭美琴认为:"声像档案工作是一个专业性、连续性要求很高的

① 宋芳.声像档案数字化处理与长期保存对策[J].办公室业务,2019(11):37.
② 蔡德潜.磁性声像档案的管理与保护[J].中国档案,2019(9):72.
③ 安文政.新媒体时代声像档案的开发和利用[J].陕西档案,2019(2):39-41.
④ 王博琼.加强云环境下声像档案管理效率的对策研究[J].兰台内外,2019(17):67-68.
⑤ 黄雅雯.新时期声像档案的管理与发展[J].城建档案,2019(8):42-43.
⑥ 张美芳.面向数字人文的声像档案信息资源组织利用的研究[J].档案学研究,2019(4):72-76.

工作,它要求从业人员具备良好的身体素质和刻苦耐劳的精神,还要有耐心、平和心。只有广泛接触社会、深入建设施工现场、跟踪建设全过程,才能获得优秀、全面的素材,创造出优秀的作品。同时还要具备足够的专业知识,有一定的编研能力,能够将收集的声像档案整理、归纳、编辑、做成专题并及时提供利用,才能够充分发挥声像档案的作用,为城市规划、设计、管理服务,为领导决策提供依据。"①

中铁大桥局集团武汉地产有限公司干泉认为:"声像档案作为一种具有纪实性、直观性和便捷利用等特点的特殊载体档案,在科学技术、社会活动、经济教育等方面也发挥着越来越重要的作用。做好声像档案归档工作,确保各类别档案的齐全完整,是新时代深化档案资源建设的重要手段,也是开展深层次档案利用开发的前提条件。"②

五、照片档案

北京市档案馆齐文台、荆涛、李峭,北京联合大学应用文理学院徐华认为:"凭证级照片档案的修复如果在合法和专业的档案部门进行,对信息缺失的情况,遵循历史背景、相关文献或其他档案能够相互印证修复后的真实性,经鉴定有效,可以视同为原件的副本,盖档案馆章提交利用者,具备法律效力。展览级、收藏级照片档案的修复,在维持主题内容不变的情况下,为辅助主题表达,相对于原始破损照片档案,进行渲染、色彩调整,增加或减少了部分非关键信息,可视同为档案文化建设中照片档案的开发产品,不具备凭证性的法律效力。"③

上海报业集团陈春红认为:"新闻照片档案的科学管理,特别是计算机网络化管理并不是手工管理工序的简单复制,而是要在新闻照片档案管理的全过程中以计算机网络为平台,替代以往对新闻照片信息的重复性操作处理,通过计算机网络平台,实现从收集、整理、保管、鉴定到提供利用的全过程控制,进一步保证新闻照片档案信息资源的完整和归档新闻照片的质量,实现归档新闻照片信息的一次录入、多次利用,减少重复劳动带来的人力、物力和财力浪费,提高档案工作的管理效率和质量。"④

辽宁省档案馆王英丹提出了照片档案现代化管理创新路径:①健全制度,理顺职责,狠抓落实。②重视源头,严格标准,遵循规律。③分组说明,分级存放,安全保管。一是设立组别进行管理;二是分级文件规范管理;三是建立数据库网络化管理;四是落实安全执行力度。⑤

山东省济南市城建档案馆彭璐认为:"首先,由于城建活动的照片资料覆盖面比较广泛,接收报送照片非常有限,因此,城建档案管理部门应该建立健全相关的制度,积极主动地向新闻单位、展览单位等有关方面进行征集活动,将具有保存价值的反映城市发展变迁的历史照片征集进馆。其次,要不定期向社会征集照片。城建档案馆在保护好拍摄者作品版权的前提下,向关注城市建设的摄影爱好者征集,会取得事半功倍的效果。"⑥

广东省有色金属地质局蔡婷婷认为照片档案管理中存在的不足与问题是:①照片档案管理工作尚未在全员范围内得到重视,影响归档的及时性与完整性。②缺乏完善的制度与机制,照片档案管理工作无据可依。③照片档案投入不足,制约基础设施的完善以及保管条件的提升。④数码照片增加了照片档案管理的复杂性,管理标准与要求更高。她还提出了对策:①依托行业经验与成果,积极构建完善与科学的管理制度。②在全员范围内扩大照片档案管理宣传工作,增强档案管理思想与观念。③明确照片档案管理工作重点,提升档案收集管理质量水平。④合理增加照片管理投入,加快照片档

① 谭美琴.县级城建档案馆(室)声像档案工作探索[J].城建档案,2019(11):34-36.
② 干泉.做好声像档案归档前处理的思考研究[J].办公室业务,2019(15):89,91.
③ 齐文台,荆涛,李峭,等.破损照片档案数字修复的应用研究[J].档案学研究,2019(5):120-126.
④ 陈春红.关于加强新闻照片档案管理的思考[J].机电兵船档案,2019(4):65-67.
⑤ 王英丹.照片档案现代化管理创新路径研究[J].兰台内外,2019(14):75-76.
⑥ 彭璐.谈城建照片档案的收集与管理[J].信息记录材料,2019,20(12):142-143.

案管理信息化进程。⑤积极构建数据库,强化传统照片档案与数码照片档案的统一化管理。①

　　中国石油化工股份有限公司广州分公司徐微探讨了数码照片档案管理的主要方法:①提高数码照片档案管理意识,完善档案收集、鉴定方法。②加强数码照片档案整理标准化、规范化。③采用多元化保存方式。②

　　吉林省农业科学院翟季、栾天浩认为:"照片档案的数字化工作是档案数字化工作的重要组成部分,且实施过程相对其他类别纸质档案来说较为简单,转化后档案利用率、实效性高,对原档案保护效果明显,是基层档案部门尝试档案数字化工作的首选门类。通过认真细致的工作,完成本部门的照片档案数字化工作,将其作为基层档案部门档案数字化的起点,可以为建设基层数字档案馆工作打下良好的基础。"③

　　湖南食品药品职业学院邹莎提出了提升照片档案编研质量的对策:①把握重点,严格把握编研环节。②提高认识,着力增强编研能力。③建章立制,规范档案编研管理。④

六、人事档案

(一)人事档案所有权

　　浙江师范大学档案馆易涛认为:"人事档案所有权决定了人事档案归谁所有、由谁处置的根本问题,是解决我国现行人事档案各种管理'乱象'的理论前提和逻辑起点。这些'乱象'背后的非国家所有权观点,根源于对人事档案与私人档案、人事档案当事人与人事档案所有权人、单位占有与单位所有、作用变化与所有权变化等问题的认识偏差。人事档案归国家所有,既是法律规定也是现实需要。在强化国家所有权的基础上,国家需要完善人事档案免费管理制度、集中统一管理死亡人员人事档案、建构完备的人事档案法律体系并让档案部门更多地参与其中。"⑤

　　浙江大学宁波理工学院蒋思佳认为:"在人事档案管理过程中,如公权力与私权利发生冲突,应当适用国家与公共利益优先的原则。公权力的享有者为各级国家机关及其授权的具有管理公共事务职能的社会组织,其主张以履行职责为前提,代表的是国家利益或社会公共利益。国家与公共利益优先是普遍适用的法制规则。同样,若保护个人隐私会危及国家及社会公共利益,就必须公开人事档案中有关个人隐私的部分内容。我国人事档案属于国家所有,同时国家也建立了人事档案工作机制,对档案收集、整理、保管以及利用提出了明确要求,因而人事档案在维护公权力方面有力且稳定。与此同时,人事档案的个人知情权和隐私权也需要国家观照。"⑥

(二)流动人员人事档案

　　山西省临汾市襄汾县人才交流服务中心曹丽娜认为:"流动人员人事档案的管理工作应充分利用大数据带来的便利,进行人事资源整合,打破以往的服务壁垒。积极对档案管理进行模式创新,充分发挥流动人员带来的行业互通,使各行业更加具有专业性,同时也进一步提高了社会公共服务能力。应加强档案管理人才建设,打造一批高素质、高水准、专业化的人才队伍,为有关流动人员提供更便捷、更高效、更全面的服务,从而促进国家经济和人才的强劲发展。"⑦

　　中国人民大学信息资源管理学院黄霄羽、裴佳勇认为:"现有法律及行政规章对流动人员人事档

　　①　蔡婷婷.照片档案管理中的问题及对策[J].兰台内外,2019(9):27-28.
　　②　徐微.关于数码照片档案管理的思考[J].兰台内外,2019(22):21-22.
　　③　翟季,栾天浩.基层档案馆照片档案数字化案例分析[J].兰台内外,2019(33):19-20.
　　④　邹莎.照片档案编研研究[J].兰台内外,2019(9):25-26.
　　⑤　易涛.基于各种"乱象"的我国人事档案所有权思考[J].档案与建设,2019(8):37-40.
　　⑥　蒋思佳.人事档案"三权"问题探讨[J].浙江档案,2019(4):58-59.
　　⑦　曹丽娜.有关流动人员档案管理的现状及发展趋势[J].兰台内外,2019(1):15-16.

案所有权并未做明确规定,而实践中出现的'弃档''死档'和私自拆封档案等一系列问题,均与所有权不明确密切相关。明确流动人员人事档案归国家所有具有十分重要的现实意义,经文献研究、新闻案例研究和实地调研等途径,笔者发现现实意义主要体现在流动人员本人、档案形成单位、档案保管机构及国家四个方面。"①

(三)其他

陕西历史博物馆张艳歌认为:"在现在的新形势下,我国的事业单位应该重视人事档案管理工作,对传统的管理方法和模式及时加以革新,加强对人事档案管理队伍的建设,制定科学合理的人事档案管理制度,采用现代计算机技术,提高档案管理工作的信息化程度,这些综合起来才能有效地提高我国人事档案管理工作的水平,为事业单位和社会的发展做出贡献。"②

内蒙古自治区兴安盟人民医院赵梓淇认为:"人事档案管理实现社会化,其重要的流程之一就是信息的标准化建设工作。一般来说,信息标准化建设需要包括的内容有全国人才信息资源、地区人才信息资源以及本机构的资源。通过多种软件进行信息的录用整合,按照统一的结构与内容模式进行编排,可以有效提升人事档案管理的工作效率与质量。除此之外,还需要着重实现人事档案的信息管理中信息的存储与交换标准化,这也是确保全社会综合利用人事档案管理信息,提升信息的应用价值的必要途径。"③

海南广播电视大学李萍苹提出了提升干部人事档案管理水平的实践路径:①加强对人事档案管理的重视。②遵循按需分配原则配备档案管理人员。③组织档案管理专业培训。④引入信息化管理技术。④

山西省忻州市高级技工学校吴启瑞提出了新时期人事档案信息化管理策略:①完善人事档案信息化管理制度。②打造高素质管理队伍。③加强人事档案信息化管理的安全意识。④加大基础设施建设力度。⑤构建人事档案信息数据库。⑤

七、口述档案

(一)口述档案的价值

郑州科技学院可新方认为口述档案的价值是:①口述档案能够弥补历史的不足。②口述档案能够拯救民族文化遗产。③口述档案有助于现实变革。④口述档案能够还原历史。⑥

湖南师范大学档案馆孟月认为:"口述档案具有档案属性,基于档案双元价值观视阈,口述档案的价值可从信息价值与工具价值两方面理解。"口述档案的信息价值理解是:①共享。共享,是口述档案信息价值的核心体现。②补缺。补缺,是口述档案信息价值的基本体现,可以从广度和厚度两个角度来理解。补缺的广度,是希望在历史的发展过程中尽量不出现缺段。补缺的厚度,是希望在某一特定时期尽量不出现社会缺层。③抢救。抢救,是口述档案信息价值的独特体现,主要涉及高龄老人和少数民族两个群体。口述档案的工具价值理解是:①口述档案工具价值"硬"体现。一般地,大家认为档案工具价值强调权威与客观,一个重要的应用实例就是档案凭证作用的发挥。②口述档案工具价值"软"体现。口述档案在这个方面就大有可为。口述档案是有意识保存和主动采集的产物,其中口述话题的选定、口述者的选定、口述过程中的互动无一不体现出了控制,这是对人类记忆的主动固化,也

---

① 黄霄羽,裴佳勇.关于流动人员人事档案所有权的思考[J].档案学通讯,2019(6):87-93.
② 张艳歌.人事档案管理的创新性研究[J].办公室业务,2019(20):162.
③ 赵梓淇.人事档案管理工作改进的思考[J].办公室业务,2019(17):143.
④ 李萍苹.提升干部人事档案管理水平的实践路径分析[J].兰台内外,2019(13):20-21.
⑤ 吴启瑞.新时期人事档案信息化管理的思考[J].办公室业务,2019(12):165-166.
⑥ 可新方.口述档案的价值分析[J].办公室业务,2019(21):92,94.

是对社会记忆的主动建构。①

山东大学李星玥认为历史研究视角下口述档案的价值是：①填补历史空白。②挖掘历史真相。③多维历史视角。④历史细节生动。②

西安理工大学档案馆王雪荻认为："口述档案数字资源的开发给档案价值的提升和校园文化内涵的提升带来了双向共赢：一方面，学校相关领导、学科带头人参与口述档案的采访制作过程，可以加深其对口述档案在抢救校园记忆、再现校园历史层面的价值理解，提高其对档案资源的重视；口述档案数字化成果以多样化的形式在校园文化建设中发挥作用，也改变了档案的固有印象，增强了校领导对档案工作助力校园文化建设的信心。另一方面，口述档案与校园新媒体融合，充实校园文化内在精神力的同时，档案存史、资政、育人的价值也得到充分的发挥，二者在内容建设和价值追求层面具有一定共性，以校园数字媒体为契机进一步开发口述档案成果，可以实现二者的价值共赢。"③

（二）综述

云南大学历史与档案学院陈海玉、万小玥、杨久达、赵冉对我国口述档案研究的回顾与前瞻，认为我国口述档案研究的主要局限是：①口述档案来源。学界对口述档案的来源认识存在分歧。表现在：一是口述档案的来源范围不清；二是口述档案与口述史料、口述资料、音像资料混淆。②口述档案概念。口述档案的概念众说纷纭，从提出至今尚无权威标准的解释。我国口述档案研究的趋势是：①口述档案史研究。②口述档案法律问题研究。一是口述档案的著作权等法律问题；二是口述档案的凭证性等法律地位问题。③口述档案信息化研究。④口述档案专题研究。⑤口述档案与相关学科、领域的交叉研究。④

黑龙江大学信息管理学院孙馨阳基于知识图谱的我国口述档案研究述评，认为当前我国口述档案研究存在的问题及未来研究设想是：①实践成果较为丰富，理论成果深度有待加强。②重复性研究成果较多，合作程度有待加强。⑤

辽宁大学历史学院任剑认为：少数民族口述档案学术研究的数量和质量不断提高，研究范围和研究领域也在不断扩大，并且研究层次也在不断提高。但我国少数民族口述档案研究过程中也存在很多问题。第一，研究内容不够深。第二，各民族覆盖面不够广。第三，合作率与合作度不够高。针对上述存在的问题，对我国少数民族口述档案的研究可以从以下几个方面进行推动。第一，要加强对民族口述档案进一步开发利用的研究。第二，要拓宽各民族研究覆盖面。第三，要建立良好的合作机制。⑥

（三）其他

郑州航空工业管理学院荆欣、刘国华，航空经济发展河南省协同创新中心武利红探讨了口述档案的开发利用原则：①口述档案的采集原则。②口述档案整理原则。③口述档案服务利用原则。⑦

辽宁省彰武县住房和城乡建设服务中心王涧洋认为："口述档案是对个人记忆的输出和整理，是联系个人记忆和社会记忆的桥梁，是社会记忆建构的基础。一个人的记忆若不表达出来仅仅存在脑海里，只是一种潜在的信息，无法被感知，而口述档案就是通过选定某个对历史和社会有价值的主题，拟定提纲，引导口述者逐渐从自己的记忆中提取研究者需要的信息，经过口述档案制作发表，就实现隐性知识向显性的社会记忆过渡的过程，从而使社会记忆能够一代一代传承下去，因此口述档案是联

① 孟月.口述档案的价值理解：基于档案双元价值观视阈[J].资源信息与工程,2019,34(6):129-131,135.

② 李星玥.历史研究视角下口述档案的价值实现[D].济南：山东大学,2019.

③ 王雪荻.数字环境下口述档案在校园文化建设中的价值[J].办公室业务,2019(4):146.

④ 陈海玉,万小玥,杨久达,等.我国口述档案研究的回顾与前瞻[J].档案管理,2019(5):26-29.

⑤ 孙馨阳.基于知识图谱的我国口述档案研究述评[J].兰台世界,2019(9):36-39,43.

⑥ 任剑.少数民族口述档案研究综述[J].档案天地,2019(3):32-36.

⑦ 荆欣,刘国华,武利红.口述档案相关概念辨析及开发利用原则探微[J].档案管理,2019(5):23-25.

系过去与现在的桥梁,是社会记忆传承的保障。"①

　　广东农工商职业技术学院罗晓哲探讨了建立口述档案的路径:首先,档案馆全体人员要积极配合口述档案日常管理工作,便于档案管理部门工作人员开展日常管理工作。其次,健全电子档案管理的管理体系。最后,需要先优化工作环境,确保档案管理库的防火、防潮、现代化设施设备达标,优化服务环境,为工作人员提供优质的口述档案管理服务效能,确保档案的收集与整理能够满足现代化档案管理体系的要求。②

八、家庭档案

　　湖南省宁乡市住房保障局陈洪波认为:"家庭档案是一个家庭的历史记录,也是国家档案资源的重要补充。建立家庭档案,既能记载家庭和家庭成员人生历程的重要印记,也有利于反映其所处的社会经济发展情况,对于促进社会稳定和发展,具有不可估量的价值。"③

　　黑龙江大学信息管理学院蒋美太认为:"《红楼梦》蕴含着丰富的家庭档案文化,而其在贾府的日常管理事务中得到了广泛运用。封建贵族家庭日常生活、社交活动纷繁复杂,所以档案在处理家庭事务中具有非常重要的作用。"《红楼梦》中贾府家庭档案的功能是:①管理贾府的日常事务。②解决家庭纠纷。③维护家庭成员的身体健康。④

　　中国南方电网广州供电局有限公司蓝素文认为:"家庭是构成社会的基本单元,家庭档案不仅仅是记录家族或家庭发展的历史,同时也能折射出社会的基本面貌,是社会档案的有效补充。家庭档案是每一代家庭成员的共同记忆,把它整理、保存好并一代一代地流传下去,能为子孙后代留下丰硕的物质及精神财富。"⑤

　　吉林省公主岭市档案局李静波认为:"'家庭档案'既然是档案,就必须进行科学的、规范的管理,决不能做原始的、自然的材料堆积,更不能搞成不分类别、人员的'大杂烩'。事实上,家庭档案存留于千家万户的家庭成员手中,而负责保存档案资料的家庭成员绝大多数不掌握档案管理的专业知识,无能力进行家庭档案的立卷归档工作,也无办法使之形成较为完整、规范的家庭档案。所以,各级档案管理部门必须下功夫抓好家庭档案的收集、鉴定、整理、立卷归档等技术指导与技术服务工作。"⑥

　　辽宁省广播电视技术保障中心张秀楷认为家庭档案文化功能主要体现在以下几方面:①家庭档案的社会文化凭证功能。②家庭档案的社会文化教育功能。③家庭档案的社会文化传播功能。⑦

九、其他

　　河北科技大学冯雪探讨了提高非遗档案管理效能:第一,可与非遗中心协作,定期或不定期地举办内容丰富生动、形式灵活多样的非遗实物档案展出。第二,可将表演艺术类非遗项目的教学、演出、获奖等资料制作成短视频或 PPT,上传至官方网页。第三,可利用档案馆资源优势,安排专门档案人员从事非遗档案的编研利用,真正提炼出其中的思想和智慧,编印非遗档案专项研究手册,进一步提

①　王涧洋.口述档案参与社会记忆的探索与实践[J].城建档案,2019(12):97-98.
②　罗晓哲.建立口述档案的路向探索[J].兰台内外,2019(7):75-76.
③　陈洪波.新时代家庭档案建设之我见[J].档案时空,2019(6):62-64.
④　蒋美太.家庭档案功能探究:以《红楼梦》中贾府的家庭档案为例[J].兰台世界,2019(7):29-32.
⑤　蓝素文.家庭档案的整理和保存研究[J].山西档案,2019(4):137-142.
⑥　李静波.家庭建档工作存在的问题及对策[J].兰台内外,2019(15):62-37.
⑦　张秀楷.家庭档案社会文化功能探究[J].兰台世界,2019(S1):115-116.

高非遗档案管理效能。①

中国民航大学高云燕提出了加强高校实物档案收集工作的对策:①加强宣传力度,提高档案意识。②更新观念,转变实物档案收集方式。③强化服务意识,积极提供实物档案利用。④保障经费,为实物档案提供良好的保管空间。②

中国核电海南核电有限公司倪腾探讨了企业纸质档案原件的问题,认为:"原件有着复印件无可比拟的真实性的特点,其价值远远高于复制件。企业在对外签订合同时,应在条款中明确档案原件的归属,同时加强对承包商的过程控制和监督。在档案收集的过程中,对于凭证型档案应尽最大的可能收集原件或与原件等效的文件,对于参考型档案可以收集复制件或指向原件的复制件。当从传统意义上的定义无法区分档案是否是原件时,应当从文件效力的角度思考该文件是否能自证其真实性,从而判断文件是否是原件。"③

① 冯雪.建构高校非遗档案收集分类新模式:基于河北科技大学非遗档案管理实践[J].档案天地,2019(11):33-36.
② 高云燕.高校实物档案收集工作存在的问题及对策[J].城建档案,2019(11):99-100.
③ 倪腾.企业纸质档案原件问题研究[J].兰台世界,2019(S2):110-111.

第六章　建筑和设备

我们以中国知网为样本来源,检索范围:中国学术期刊网络出版总库,中国博士学位论文全文数据库,中国优秀硕士学位论文全文数据库,中国重要会议论文全文数据库,国际会议论文全文数据库,中国重要报纸全文数据库,中国学术辑刊全文数据库。

检索年限:2019 年。

检索时间:2020 年 3 月 27 日。

检索式:发表时间=2019-01-01 至 2019-12-31,并且专题子栏目=建筑和设备(模糊匹配)。

样本文献总数:102 篇。

第一节　文献统计分析

本节采用统计分析的方法,从资源类型分布、文献学科分布、文献研究层次分布、文献基金分布、文献类型分布 5 个方面对样本文献进行分析。

一、资源类型分布

从资源类型分布看,102 篇样本文献仅涉及期刊、硕士学位论文、报纸、国内会议 4 类资源。各类资源发表数量及占比情况见表 6-1。

表 6-1　各类资源发表数量及占比情况

序号	资源类型	发表文献数量/篇	占全部样本/%
1	期刊	95	93.14
2	硕士	5	4.90
3	报纸	1	0.98
4	国内会议	1	0.98
	合计	102	100.00

由表 6-1 可见,期刊是 2019 年建筑和设备研究文献的主要来源,占比超过全部样本的九成,也是研究者进行交流与沟通的主要渠道和平台。硕士学位论文、报纸发表文章、国内会议论文合计占比不

足一成,只起辅助与点缀作用。

二、文献学科分布

从文献学科分布看,102 篇样本文献涉及图书情报档案、教育、城市经济、工业经济、新闻传播、考古、军事、政治、控制工程等学科。前 9 个学科发表文献数量及占比情况见表 6-2。

表 6-2　前 9 个学科发表文献数量及占比情况

序号	学科	发表文献数量/篇	占全部样本/%
1	图书情报档案	44	43.14
2	教育	6	5.88
3	城市经济	3	2.94
4	工业经济	1	0.98
5	新闻传播	1	0.98
6	考古	1	0.98
7	军事	1	0.98
8	政治	1	0.98
9	控制工程	1	0.98
	总计	59	57.84
	实际	102	100.00

需要说明的是,图书情报档案发表 44 篇,占 43.14%;教育、城市经济、工业经济、新闻传播、考古、军事、政治、控制工程 8 个学科和部分没有列入的学科占比为 56.86%。这表明 2019 年建筑和设备研究具有非常明显的学科交叉性。

除图书情报档案外,发表文献最多的 5 个学科是教育、城市经济、工业经济、新闻传播、考古,与 2018 年的法学、教育、工商管理、美术、舞蹈有明显不同。

三、文献研究层次分布

从文献研究层次分布情况看,102 篇样本文献涉及基础研究(社科)、行业指导(社科)、职业指导(社科)、工程技术(自科)、政策研究(社科)、大众文化、高等教育、其他 8 个不同层次。各层次发表文献数量及占比情况见表 6-3。

表 6-3　各层次发表文献数量及占比情况

序号	层次	发表文献数量/篇	占全部样本/%
1	基础研究(社科)	61	59.80
2	行业指导(社科)	18	17.65
3	职业指导(社科)	8	7.84
4	工程技术(自科)	3	2.94

续表 6-3

序号	层次	发表文献数量/篇	占全部样本/%
5	政策研究(社科)	2	1.96
6	大众文化	2	1.96
7	高等教育	1	0.98
8	其他	7	6.86
	合计	102	100.00

如果按社会科学、自然科学、经济文化教育和其他来分类,各类文献数量及占比分别是:社会科学89 篇,占 87.25%;自然科学 3 篇,占 2.94%;经济文化教育 3 篇,占 2.94%;其他 7 篇,占 6.86%。研究大体上属于社会科学的范畴。

如果按研究的基础性与应用性划分,基础性研究 61 篇,占 59.80%;应用性研究 41 篇,占 40.20%。研究偏重理论性。

综上,从整体上看,2019 年建筑和设备研究是偏重基础理论的社会科学研究。

四、文献基金分布

从文献基金分布情况看,102 篇样本文献中有 5 篇得到国家、省级基金 5 种基金的资助,占全部样本的 4.90%。各类基金资助发表文献数量及占比情况见表 6-4。

表 6-4　各类基金资助发表文献数量及占比情况

序号	基金	发表文献数量/篇	占全部样本%	占基金资助文献/%
1	安徽高等学校省级教学质量与教学项目	1	0.98	20.00
2	东北财经大学科研项目	1	0.98	20.00
3	江苏省教育厅人文社会科学研究基金	1	0.98	20.00
4	四川省教育厅科学研究项目	1	0.98	20.00
5	国家社会科学基金	1	0.98	20.00
	合计	5	4.90	100.00
	总计	102	100.00	

从基金资助的层次上看,国家级基金 1 种 1 篇,占全部基金资助文献的 20.00%;地方基金 3 种 3 项,占全部基金资助文献的 60%;部门 1 种 1 篇,占全部基金资助文献的 20.00%。

从地方基金资助的区域分布看,涉及安徽省、江苏省、四川省 3 个省份。

综上,从层级上看,省部级资助力度高于国家级的资助力度 3 倍;从区域分布看,全国极不均衡,只有 3 个省份对这一类项目给予资助。

五、文献类型分布

从文献的类型分布看,102 篇样本涉及政策研究类和一般性 2 类文献。各类型文献数量及占比情况见表6-5。

表6-5　各类型文献数量及占比情况

序号	文献类型	文献数量/篇	占全部样本/%
1	政策研究类	4	3.92
2	一般性文献	98	96.08
	合计	102	100.00

从文献的类型分布看,102 篇样本文献中超过 96% 的为一般性论证文献,政策研究类文献合计占比不到 4%。整个研究的政策性薄弱,宏观性的综述性研究缺失。

六、小结

从样本文献的统计情况看,期刊是 2019 年建筑和设备研究文献的主要来源,占比超过全部文献的九成,也是研究者进行交流与沟通的主要渠道和平台。硕士学位论文、报纸发表文章、国内会议论文合计占比不足一成,只起辅助与点缀作用。

2019 年建筑和设备研究具有非常明显的学科交叉性。除图书情报档案外,发表文献最多的 5 个学科是教育、城市经济、工业经济、新闻传播、考古,与 2018 年的法学、教育、工商管理、美术、舞蹈有明显不同。

从整体上看,2019 年建筑和设备研究是偏重基础理论的社会科学研究。

研究仅得到国家、省部级 5 种基金的资助,数量稀少。从层级上看,地方及部门资助力度高于国家级资助力度 3 倍,从区域分布看,全国不均衡,只有 3 个省份对这一类项目给予资助,资助范围十分有限。

从文献类型分布看,102 篇样本文献中超过 96% 的为一般性论证文献,政策研究类文献合计占比不到 4%。整个研究的政策性薄弱,宏观性的综述性研究缺失。

第二节　文献计量分析

本节采用计量分析的方法,从文献作者分布、文献机构分布和文献来源分布 3 个方面对样本文献进行分析。

一、文献作者分布

从作者的分布情况看,102 篇文献涉及 96 位作者。前 40 位作者共发表文献 46 篇,占全部样本的 45.10%,占比低于上年(2018 年)的 64.29% 和前年(2017 年)的 71.19%。前 40 位作者发表文献数量及占比情况见表6-6。

表 6-6　前 40 位作者发表文献数量及占比情况

序号	作者	发表文献数量/篇	占全部样本/%
1	郭艳	3	2.94
2	周向玲	2	1.96
3	陈洪静	2	1.96
4	张丽平	2	1.96
5	李月娥	2	1.96
6	伍艳锦	1	0.98
7	王彦章	1	0.98
8	王春晖	1	0.98
9	杨燕敏	1	0.98
10	张立云	1	0.98
11	李兴利	1	0.98
12	谭必勇	1	0.98
13	刘杜鹏	1	0.98
14	许高杰	1	0.98
15	孙康燕	1	0.98
16	史华梅	1	0.98
17	陈锦全	1	0.98
18	刘少朋	1	0.98
19	吴灵子	1	0.98
20	史林玉	1	0.98
21	陈海平	1	0.98
22	王卉乔	1	0.98
23	袁志芳	1	0.98
24	朱靓	1	0.98
25	张杰	1	0.98
26	胡焕芝	1	0.98
27	杜玉春	1	0.98
28	于健	1	0.98
29	夏红兵	1	0.98
30	岳丹丹	1	0.98
31	赵维超	1	0.98
32	张颜春	1	0.98
33	窦贤琨	1	0.98
34	刘静静	1	0.98
35	汤涛	1	0.98

续表6-6

序号	作者	发表文献数量/篇	占全部样本/%
36	李薇	1	0.98
37	蒋涵睿	1	0.98
38	张文静	1	0.98
39	蔡艳杰	1	0.98
40	王涛	1	0.98
合计		46	45.10
总计		102	100.00

如果按照普赖斯提出的计算公式,核心作者候选人的最低发文数 $M = 0.749\sqrt{N_{max}}$,其中 N_{max} 为最高产作者发表文章数量。2019年建筑和设备研究作者中发表文献最多的为3篇,即 $N_{max} = 3$,所以 $M = 0.749\sqrt{3} \approx 1.297$ 。因此,郭艳、周向玲、陈洪静、张丽平、李月娥5位作者,是2019年建筑和设备研究的高产作者及核心作者。其中郭艳2018年也在高产作者(邓君、郭艳、王卉乔、朱黎琴)之列。2019年建筑和设备研究只有少量的高产作者,没有形成规模的核心作者群。

二、文献机构分布

从机构分布情况看,102篇文献涉及88个机构。前40个机构发表文献54篇,占全部样本的52.94%,多于上年(2018年)的发表数量。前12个机构发表文献26篇,占全部样本的25.49%,高于上年(2018年)的数量与占比值。前40个机构发表文献数量及占比情况见表6-7。

表6-7　前40个机构发表文献数量及占比情况

序号	机构	发表文献数量/篇	占全部样本/%
1	东北石油大学	3	2.94
2	山东大学	3	2.94
3	太原理工大学	2	1.96
4	云南大学	2	1.96
5	哈尔滨工程大学	2	1.96
6	湘潭大学	2	1.96
7	哈尔滨工业大学	2	1.96
8	玉林师范学院	2	1.96
9	中国矿业大学	2	1.96
10	深圳大学	2	1.96
11	黑龙江大学	2	1.96
12	广东机电职业技术学院	2	1.96
13	上海交通大学	1	0.98
14	厦门大学	1	0.98

续表 6-7

序号	机构	发表文献数量/篇	占全部样本/%
15	济南工程职业技术学院	1	0.98
16	中南民族大学	1	0.98
17	中央财经大学	1	0.98
18	青岛大学	1	0.98
19	河南省焦作市档案局	1	0.98
20	贵州民族大学	1	0.98
21	四川旅游学院	1	0.98
22	河南财经政法大学	1	0.98
23	安徽大学	1	0.98
24	广西民族大学	1	0.98
25	杭州电子科技大学	1	0.98
26	大连外国语大学	1	0.98
27	安徽工业大学	1	0.98
28	德州职业技术学院	1	0.98
29	浙江医药高等专科学校	1	0.98
30	西安电子科技大学	1	0.98
31	四川外国语大学	1	0.98
32	河北省档案局	1	0.98
33	中国船舶重工集团公司	1	0.98
34	山西省档案局	1	0.98
35	山西大学	1	0.98
36	泰国商会大学	1	0.98
37	惠州学院	1	0.98
38	山东劳动职业技术学院	1	0.98
39	安徽省阜阳市城建档案馆	1	0.98
40	山东省菏泽广播电视台	1	0.98
	合计	54	52.94
	总计	102	100.00

　　如果使用普赖斯公式计算,核心机构的最低发文数 $M = 0.749\sqrt{N_{max}}$,其中 N_{max} 为最高产机构发表文章数量。这里 $N_{max} = 3$,所以 $M = 0.749\sqrt{3} \approx 1.297$,即发表文献 2 篇及以上的为核心研究机构。因此,发表 2 篇以上(含 2 篇)文献的东北石油大学、山东大学、太原理工大学、云南大学、哈尔滨工程大学、湘潭大学、哈尔滨工业大学、玉林师范学院、中国矿业大学、深圳大学、黑龙江大学、广东机电职业技术学院 12 个机构是研究的高产机构。12 个高产机构均为高校,说明高校仍然是 2019 年建筑和设备核心研究机构群的主体。与 2018 年的吉林大学、东北石油大学、中央财经大学、河南省漯河市城建档案馆、黑龙江大学 5 个机构相比,相同的是东北石油大学、黑龙江大学仍然在列,不同的是少了一个

事业性档案馆。

从前40个机构发表文献数量及占比情况看,高校34个,占前40个机构的85%;发表文献48篇,占全部样本的47.06%。档案行政管理机关3个,占前40个机构的7.5%;发表文献3篇,占全部样本的2.97%。档案馆1个,占前40个机构的2.5%;发表文献1篇,占全部样本的0.98%。企业1个,占前40个机构的2.5%;发表文献1篇,占全部样本的0.98%。事业机构1个,占前40个机构的2.5%;发表文献1篇,占全部样本的0.98%。

总之,高校发表文献的数量及占比均为最高,档案行政管理机构次之,档案馆、企业、事业机构再次之。

三、文献来源分布

从文献来源分布看,102篇样本文献涉及52种文献来源。《兰台世界》、《黑龙江档案》、《兰台内外》、《城建档案》、《办公室业务》、《中国档案》、《档案天地》、《档案管理》、《玉林师范学院学报》、《档案与建设》、《机电兵船档案》、湘潭大学、《山西档案》、《劳动保障世界》等前14种文献来源共发表文献68篇,占全部样本的66.67%。前14种文献来源发表文献数量及占比情况见表6-8。

表6-8 前14种文献来源发表文献数量及占比情况

序号	文献来源	发表文献数量/篇	占全部样本/%
1	《兰台世界》	12	11.76
2	《黑龙江档案》	9	8.82
3	《兰台内外》	8	7.84
4	《城建档案》	8	7.84
5	《办公室业务》	6	5.88
6	《中国档案》	5	4.90
7	《档案天地》	4	3.92
8	《档案管理》	4	3.92
9	《玉林师范学院学报》	2	1.96
10	《档案与建设》	2	1.96
11	《机电兵船档案》	2	1.96
12	湘潭大学	2	1.96
13	《山西档案》	2	1.96
14	《劳动保障世界》	2	1.96
合计		68	66.67
总计		102	100.00

按照布拉德福定律,102篇样本文献可分为核心区、相关区和非相关区,各个区的论文数量相等(34篇)。因此,《兰台世界》、《黑龙江档案》、《兰台内外》、《城建档案》(37篇)处于核心区之内;《办公室业务》、《中国档案》、《档案天地》、《档案管理》、《玉林师范学院学报》、《档案与建设》、《机电兵船档案》、湘潭大学、《山西档案》、《劳动保障世界》(31篇)处于相关区;其他38种文献来源则处于非相关区。

从表6-8所列的前14种文献来源看,10种为档案学期刊,发表文献56篇。在档案学期刊中普通期刊数量多(7 种),发表文章也多(45 篇)。普通档案学期刊对 2019 年建筑和设备研究的关注度更高,是这一研究领域的主要阵地;其他期刊的关注度则相对较低。

四、小结

从样本文献的计量分析情况看,郭艳、周向玲、陈洪静、张丽平、李月娥 5 位作者,是 2019 年建筑和设备研究的高产作者及核心作者。其中郭艳 2018 年也在高产作者(邓君、郭艳、王卉乔、朱黎琴)之列。2019 年建筑和设备研究只有少量的高产作者,没有形成成规模的核心作者群。

从前 40 个机构发表文献数量及占比情况看,高校发表文献的数量及占比均为最高,档案行政管理机构次之,档案馆、企业、事业机构再次之。

从前 14 种文献来源看,10 种为档案学期刊,发表文献 56 篇。在档案学期刊中普通期刊数量多(7 种),发表文章也多(45 篇)。普通档案学期刊对 2019 年建筑与设备研究的关注度更高,是这一研究领域的主要阵地;其他期刊的关注度则相对较低。

第三节　文献词频分析

本节采用关键词词频的方法,从关键词词频、主题词词频和近五年高频词变化 3 个方面对样本文献进行分析。

一、关键词词频分析

表 6-9 是前 15 个高频关键词使用频率及占比情况。前 15 个高频关键词中使用频率最高的是高校档案馆,使用 25 频次。而且,前 15 个高频关键词合计使用 95 频次,占全部样本的 93.14%,即几乎全部样本使用了这 15 个关键词。

这 15 个高频关键词分别是高校档案馆、档案馆、高校、微信公众平台、大数据、档案、数字档案馆、图书馆、智慧档案馆、策略、文化传承、私人档案馆、档案管理、信息化、网络环境,可以归纳为机构、信息化、档案事务、档案、文化 5 个大类,与 2018 年的机构、新媒体、档案服务、信息化、档案 5 个大类相比,有两类产生了变化。

表 6-9　前 15 个高频关键词使用频率及占比情况

序号	关键词	使用频率/次	占全部样本/%
1	高校档案馆	25	24.51
2	档案馆	17	16.67
3	高校	12	11.76
4	微信公众平台	8	7.84
5	大数据	6	5.88
6	档案	4	3.92
7	数字档案馆	4	3.92
8	图书馆	3	2.94

续表6-9

序号	关键词	使用频率/次	占全部样本/%
9	智慧档案馆	3	2.94
10	策略	3	2.94
11	文化传承	2	1.96
12	私人档案馆	2	1.96
13	档案管理	2	1.96
14	信息化	2	1.96
15	网络环境	2	1.96
合计		95	93.14
总计		102(篇)	100.00

相对而言,2019年建筑和设备研究主要集中在机构、信息化、档案事务、档案、文化5类15个关键词所涉及的方面。可以说,上述机构、信息化、档案事务、档案、文化5类15个关键词是2019年建筑和设备研究的热点所在,而且又以高校档案馆、档案馆、高校、微信公众平台、大数据5个方面为热点。与2018年高校档案馆、档案馆、公共档案馆、高校、微信相比,内容有一定的变化。

由于建筑和设备研究内容所反映出的广泛性,研究热点只是相对集中,每年都会有新的热点与重点出现,并非固定不变。

二、主题词词频分析

从主题词使用频率看,2019年建筑和设备研究涉及内容广泛,集中在机构、信息化、档案、档案事务、档案人、其他6个方面。使用频率最高的40个主题词分布情况见表6-10。

表6-10　使用频率最高的40个主题词分布情况

序号	主题	使用频率/次	占全部样本/%
1	高校档案馆	49	48.04
2	档案馆	31	30.39
3	微信公众号	10	9.80
4	档案资源	8	7.84
5	档案库房	7	6.86
6	微信公众平台	5	4.90
7	大数据	5	4.90
8	大数据时代	5	4.90
9	智慧档案馆	4	3.92
10	图书馆	4	3.92
11	数字档案馆	4	3.92
12	馆藏资源	3	2.94

续表 6-10

序号	主题	使用频率/次	占全部样本/%
13	文化传承	3	2.94
14	档案文化	3	2.94
15	城建档案馆	3	2.94
16	综合档案馆	2	1.96
17	馆藏档案	2	1.96
18	信息化建设	2	1.96
19	档案馆工作	2	1.96
20	档案信息	2	1.96
21	智慧校园	2	1.96
22	利用者	2	1.96
23	微信平台	2	1.96
24	智慧校园建设	2	1.96
25	高校图书馆	2	1.96
26	纸质档案数字化	2	1.96
27	档案馆室	2	1.96
28	对策研究	2	1.96
29	信息服务	2	1.96
30	育人功能	2	1.96
31	数字化建设	2	1.96
32	山东省	2	1.96
33	大数据技术	2	1.96
34	建设路径	2	1.96
35	建设现状	2	1.96
36	档案馆管理	2	1.96
37	资源整合	2	1.96
38	公共服务能力	2	1.96
39	城建档案	2	1.96
40	人力资源	2	1.96
合计		194	190.20
总计		102（篇）	100.00
重叠		92	90.20

从涉及的主题词看,使用频率最高的 40 个主题词共使用 194 频次,占全部样本的 190.20%,也就是说,上述 40 个主题词涵盖了全部样本文献近两遍。其中使用频率最高的是高校档案馆(49 频次),使用频率最低的是综合档案馆、馆藏档案、信息化建设、档案馆工作、档案信息、智慧校园、利用者、微信平台、智慧校园建设、高校图书馆、纸质档案数字化、档案馆室、对策研究、信息服务、育人功能、数字

化建设、山东省、大数据技术、建设路径、建设现状、档案馆管理、资源整合、公共服务能力、城建档案、人力资源(各2频次),平均使用频率为4频次。

从主题词反映的研究内容看,2019年建筑和设备研究关注的40个主要问题又可归并为机构、信息化、档案、档案事务、档案人、其他6个大类。

机构(高校档案馆、档案馆、智慧档案馆、图书馆、数字档案馆、城建档案馆、综合档案馆、档案馆工作、高校图书馆、档案馆室、档案库房),共使用110频次,占全部样本的107.84%。它是与档案事业、档案人关系最为密切的问题。这里涉及的主要是档案馆、各级各类档案。建筑和设备研究一直是档案馆的重要内容。

信息化(微信公众号、微信公众平台、大数据、大数据时代、信息化建设、档案信息、智慧校园、微信平台、智慧校园建设、纸质档案数字化、数字化建设、大数据技术、建设路径、建设现状、资源整合),共使用47频次,占全部样本的46.08%。研究集中新技术、社交媒体与数字化3个方面,重点在新技术上。

档案(档案资源、馆藏资源、档案文化、馆藏档案、城建档案),共使用18频次,占全部样本的17.65%。档案是档案学研究的本体,但从涉及的5个主题看,主要涉及资源与馆藏两个方面。

档案事务(档案馆管理、对策研究、信息服务、育人功能、公共服务能力、人力资源),共使用12频次,占全部样本的11.76%。研究聚焦服务与管理两个重点环节。

档案人(利用者),共使用2频次,占全部样本的1.96%。作为档案工作的主体和服务对象,建筑和设备研究关注点从档案人自身转移到服务对象上,这是少有的现象。

其他(文化传承、山东省),共使用5频次,占全部样本的4.90%。研究涉及文化与区域两个方面。

可以说,2019年建筑和设备研究所涉及内容虽然十分广泛,但全部文献均包含在上述机构、信息化、档案、档案事务、档案人、其他6类问题上。或者说,2019年建筑和设备研究主要是围绕上述机构、信息化、档案、档案事务、档案人、其他6个内容展开的。

三、近五年高频词变化

年度关键词的变化,特别是高频关键词的变化,能够反映出相关研究内容与主题、重点与热点的变化。

2015—2019年建筑和设备研究年度关键词及高频关键词的变化情况,请扫描右侧二维码。

从近五年研究文献主要关键词的分布看,共使用10个关键词,即档案、档案工作、档案馆、档案文化、档案治理、新时代、征订、公共档案馆、档案管理、对策。

5年中,相邻年份中全部重复出现过的关键词有档案、档案工作、档案馆3个(各5年),重复率为100%。

3个相邻年份中重复出现过的关键词有档案文化1个(3年),重复率为60%。

档案治理、新时代、征订、公共档案馆、档案管理、对策6个关键词没有年度重复。

这说明近五年间档案、档案工作、档案馆相关研究的持续度最高,是研究的核心内容与方向;其次是档案文化问题,在年度间连续性好。

总体上,五分之二的研究内容与主题是上一年的重点。但每年研究内容变化比较大,有20%~40%的新研究内容成为热点。在2015—2019年出现的关键词最少为6次,最多时达到38次。同时,近五年间每年最热的5个关键词的总使用频次呈现不断下降的趋势,这也反映出研究内容的多样化趋势。

从总体上看,近五年来相关研究的主要内容相对集中,重点突出,同时新内容、新热点频出。

四、小结

从 102 篇文献涉及的关键词看,2019 年建筑和设备研究主要集中在机构、信息化、档案事务、档案、文化 5 类 15 个关键词所涉及的方面。可以说,机构、信息化、档案事务、档案、文化 5 类 15 个关键词是 2019 年建筑和设备研究的热点所在,而且又以高校档案馆、档案馆、高校、微信公众平台、大数据 5 个方面为热点。与 2018 年高校档案馆、档案馆、公共档案馆、高校、微信相比,内容有一定的变化。

2019 年,研究所涉及内容虽然十分广泛,但全部文献均包含在机构、信息化、档案、档案事务、档案人、其他 6 类问题上,或者说,2019 年的建筑和设备研究主要是围绕机构、信息化、档案、档案事务、档案人、其他 6 大内容展开的。

总体上,五分之二的研究内容与主题是上一年的重点。但每年研究内容变化比较大,有 20% ~ 40% 的新研究内容成为热点。在 2015—2019 年中出现的关键词最少时为 6 次,最多时达到 38 次。同时,近五年间每年最热的 5 个关键词的总使用频次呈现不断下降的趋势,这也反映出研究内容的多样化趋势。可见,档案、档案工作、档案馆相关研究的持续度最高,近五年来相关研究的主要内容相对集中,重点突出,同时新内容、新热点频出。

第四节　文献关键词共词分析

本节采用关键词共现分析的方法,从共现矩阵和共现网络两个方面对样本文献进行分析。

一、共现矩阵

矩阵提取使用频率最高的 20 个关键词,将这 20 个关键词形成 20×20 的共词矩阵。如果某两个关键词同时出现在一篇文章中时,就表明这两者之间存在相关关系,关键词右侧或下方对应位置的数值表示篇数。

图 6-1 是 2019 年建筑和设备研究文献高频关键词共现矩阵。

图 6-1 显示,2019 年建筑和设备研究关键词共现有 34 组,共现率为 17%。只有 7 个共现次数 2 次以上(含 2 次)的关键词组合,其他 27 个共现关键词组共现频率均为 1 次。

以横轴为准计:

20 组共现关键词中有 8 组与高校档案馆直接相关,占共现关键词的 4%。

20 组共现关键词中有 6 组与档案馆直接相关,占共现关键词的 3%。

20 组共现关键词中有 5 组与高校直接相关,占共现关键词的 2.5%。

20 组共现关键词中各有 4 组与大数据、数字档案馆直接相关,分别占共现关键词的 2%。

20 组共现关键词中有 2 组与策略直接相关,占共现关键词的 1%。

20 组共现关键词中各有 1 组与微信公众平台、图书馆、信息服务、启示、数字化直接相关,分别占共现关键词的 0.5%。

另有档案、智慧档案馆、创新、建设、综合档案馆、档案管理、私人档案馆、文化传承、资源整合 9 个无共现关键词。

以共现频次计:

共现次数 2 次以上(含 2 次)的关键词组合有 7 组,分别是:

高校档案馆与微信公众平台:7 频次。

	高校档案馆	档案馆	高校	微信公众平台	大数据	数字档案馆	档案	策略	图书馆	智慧档案馆	信息服务	创新	建设	启示	综合档案馆	数字化	档案管理	私人档案馆	文化传承	资源整合
高校档案馆																				
档案馆																				
高校		7																		
微信公众平台	7																			
大数据	2	2	1																	
数字档案馆			2		1															
档案					1															
策略	1		1																	
图书馆		3	1																	
智慧档案馆						1														
信息服务	1								1											
创新	1					1														
建设					1				1											
启示	1																			
综合档案馆																				
数字化						1	1													
档案管理	1					1	1										1			
私人档案馆		1													1					
文化传承		2																		
资源整合	1	1							1		1		1							

图 6-1 2019 年建筑和设备研究文献高频关键词共现矩阵

高校档案馆与大数据:2 频次。
档案馆与高校:7 频次。
档案馆与大数据:2 频次。
档案馆与图书馆:3 频次。
档案馆与文化传承:2 频次。
高校与数字档案馆:2 频次。

从共现组数看,由于基本少有高共现频率词组出现,7 个共现次数 2 次以上的关键词组,占全部共现词组的 20.58%。可见,2019 年建筑和设备研究仅有相关性很强的重点与方向,集中在档案馆与高校档案馆两个方面。或者说,2019 年建筑和设备研究是在多个方向上与档案馆相关的内容上平行展开的。

2019 年建筑和设备研究的整体规模小,研究内容相对分散。而且,2019 年建筑和设备研究领域只有少量高频(2 次以上)共现关键词,规模小,没有形成比较明显的高相关共现关键词群,研究的集中趋势不十分明显。

二、共现网络

在关键词共现网络中,关键词之间的关系可以用连线来表示,连线多少和粗细代表关键词间的亲疏程度,连线越多,代表该关键词与其他关键词共现次数越多,越是研究领域的核心和热点研究内容。

使用知网工具获得 2019 年建筑与设备研究高频词共词网络图谱(扫描右侧二维码)。

从共词网络图谱可以直观地看出:相关研究可分为"档案馆""档案"和"综合档案馆"3 个不同聚类。其中"档案馆"是单核心多词群组,"档案"和"综合档案馆"为单核心单词群组。

"档案馆"群组涉及 18 个关键词,规模大于"档案"群组。"档案馆"在这个群组中不是中心词,且使用频率也不是最高的。"高校档案馆"在群组中的中心度要高于"档案馆",而且使用频率也远大于"档案馆"。但"档案馆""高校档案馆"两个关键词都不是中心度最高的关键词。整个群组的向心性不高,交叉性强。除了"文化传承""智慧档案馆""创新""微信公众平台"4 个关键词在群组的外围,其他关键词的聚集度比较高。"文化传承""智慧档案馆""创新""微信公众平台"有可能成为日后的研究热点。

"档案"群组在"档案馆"主群组的近外围,"综合档案馆"群组在"档案馆"主群组的远端外围,不是 2019 年建筑和设备研究关注的重点。

这足以说明,2019 年建筑和设备研究是在"档案馆"群组中的"档案馆""高校档案馆""微信公众平台""智慧档案馆"多个不同方向交织展开的。而处在群组外围的"文化传承""智慧档案馆""创新""微信公众平台"4 个关键词,目前不是研究的主题与核心,但有可能成为日后的主题与核心。

三、小结

从共现矩阵看,2019 年建筑和设备研究的整体规模小,研究内容相对分散。2019 年建筑和设备研究领域只有少量高频(2 次以上)共现关键词,规模小,没有形成比较明显的高相关共现关键词群,研究的集中趋势不十分明显。

从共词网络图谱看,2019 年建筑和设备研究是在"档案馆"群组中的"档案馆""高校档案馆""微信公众平台""智慧档案馆"多个不同方向交织展开的。而处在群组外围的"文化传承""智慧档案馆""创新""微信公众平台"4 个关键词,目前不是研究的主题与核心,但有可能成为日后的主题与核心。

第五节　文献综述

一、档案馆介绍

(一)《中国档案》

《中国档案》介绍了浙江省浦江县、浙江省新昌县、北京市、浙江省台州市椒江区、天津市西青区、浙江省庆元县、重庆市沙坪坝区、湖北省武汉市、湖南省湘潭市档案馆。

(1)浙江省浦江县档案馆。浙江省浦江县档案馆新馆于 2011 年 12 月开馆,总占地面积 13 340 平方米,建筑面积 8900 平方米,馆内设有公共服务区、档案专用库区、局馆办公区、展览区,是一座功能齐全、布局合理、现代化程度较高的新型档案馆。①

(2)浙江省新昌县档案馆。浙江省新昌县档案馆建于 1961 年。新昌县档案馆新馆于 2014 年 8 月正式投入使用,总建筑面积 15 800 平方米。馆藏档案有 284 个全宗,共 282 551 卷、188 968 件,资料 21 054 册。②

(3)北京市档案馆。北京市档案馆新馆位于朝阳区南磨房路 31 号,建设用地面积 3.36 万平方米,建筑面积 11.5 万平方米,地上建筑 10 层,地下 2 层,建筑楼体总长 174 米、宽 81 米、高 48.5 米。新馆于 2014 年 4 月正式开工,2015 年 10 月通过主体结构验收并获北京市"结构长城杯"金奖,2018 年 12 月全面建成完工。新馆在设计上采用中国传统的中轴对称手法,凸显了档案馆的历史厚重感。③

(4)浙江省台州市椒江区档案馆。浙江省台州市椒江区档案馆新馆于 2016 年 3 月 10 日开工,2019 年 6 月 6 日正式对外开放。新馆总投资 9130 万,总建筑面积约 11 000 平方米,馆藏档案 12 万卷。该馆以"山海印象"为设计理念,把椒江的文化特色——岩、海、台绣和庭院充分融入其中。新馆主体建筑模拟大陈"甲午岩"的形态,使档案馆与周边环境相融合。新馆采用技术成熟的先进设施设备,设有档案库房智能化系统、通信安防系统、高压细水雾灭火系统、库房恒温恒湿系统;同时搭建了电子文档管理统一平台,将电子文件归档处理系统、档案利用服务系统、网络信息采集系统、馆藏档案资源管理系统、电子阅览室系统、虚拟档案室系统等 11 个子系统整合成一个智慧管理系统,建立了人防、物防、技防三位一体的档案安全防范体系。④

(5)天津市西青区档案馆。天津市西青区档案馆新馆位于西青辅城核心区,总建筑面积 11 705 平方米,投资 3 亿余元,是集档案馆、方志馆、文旅项目为一体的区级综合档案馆。内设档案库房、对外服务用房、业务技术用房、办公用房等主要功能区及附属用房。新馆专门打造了近 2000 平方米的对外宣传空间。在公共服务区域内,设置了开放阅览区、等候休息区以及老人、残疾人、母婴等特殊人群服务区;在业务管理区域,单独设置了读书阅览室、互联网查阅打印区、专家研讨室。⑤

(6)浙江省庆元县档案馆。庆元县档案馆新馆位于庆元县蒙洲街道下滩路 19 号,项目投资概算为 5077 万元,总用地面积 4487.56 平方米,总建筑面积 10 551.2 平方米,新馆建筑面积为旧馆的 7.7 倍。新馆含地下车库共有 8 层,地上 1 层为展厅、查阅大厅等;2 层为精品展厅、培训室、计算机机房及数字化加工室等;3 层为党史方志研究室、精品档案室等;4～6 层为库房;7 层为办公室、多媒体会议室、书吧等。⑥

(7)重庆市沙坪坝区档案馆。重庆市沙坪坝区档案馆新馆位于沙坪坝区东部城区梨树湾,档案馆为地上 6 层、地下 1 层,总建筑面积 6620.09 平方米,总投资约为 9900 万元。2015 年 12 月动工,2017 年 12 月主体完工,于 2019 年年底全面建成投入使用。新馆建筑平面形如两个 U 字形镜像连接,立面形似扬帆远航的巨轮,其独特的建筑造型提升和改善了城市中心区的景观效果。新馆采用技术成熟的先进设施设备,配备了公共安全防范系统,楼宇自控系统,信息引导系统,档案库房恒温恒湿系统以及档案防磁、消毒、冷冻灭菌设备、IG541 气体灭火系统。此外,还搭建了电子文档管理统一平台,为政务网、局域网查档提供服务。⑦

(8)湖北省武汉市档案馆。2019 年 10 月 15 日,武汉市档案馆新馆正式投入使用。新馆由一栋

　①　浙江省浦江县档案馆简介[J].中国档案,2019(2):61.
　②　浙江省新昌县档案馆简介[J].中国档案,2019(3):83.
　③　北京市档案馆简介[J].中国档案,2019(5):73.
　④　浙江省台州市椒江区档案馆简介[J].中国档案,2019(6):81.
　⑤　天津市西青区档案馆简介[J].中国档案,2019(7):88.
　⑥　浙江省庆元县档案馆简介[J].中国档案,2019(8):77.
　⑦　重庆市沙坪坝区档案馆简介[J].中国档案,2019(9):73.

15 层的主楼和一栋 8 层的附楼组成,占地面积 20 亩,总建筑面积 5 万余平方米。新馆整体平面结构为彰显荆楚文化的"回"形文,灰白色的主楼建筑形似档案卷宗层层叠加,外墙上装饰有红色的"武汉档案"篆刻印章雕刻、体现武汉发展历史脉络的年代数字等设计,散发出档案馆的文化气息和地域印记。馆内设育公共服务区、固定陈列展区及档案业各和技术用房、档案库房等。①

(9)湖南省湘潭市档案馆。湘潭市档案馆新馆位于湘潭市高新区板塘街道西塘村,新馆项目于 2012 年 9 月批准立项,2016 年 4 月开工建设,2019 年 2 月通过竣工验收。总占地面积 6742.55 平方米,总建筑面积 15 961.84 平方米,项目投资总额 9884 万元。建筑整体由主楼和裙楼组成,其中,主楼 9 层,裙楼 3 层,地下 1 层。新馆库房面积 5366 平方米,目前已使用面积 2473 平方米,占总库房面积 46.1%。②

(二)《山东档案》

《山东档案》介绍了山东省德州市、济宁市、曹县、沂源县、临沭县、高青县档案馆。

(1)山东省德州市档案馆。德州市档案馆新馆于 2011 年 10 月开工建设,2013 年 8 月完工。总投资 6500 万元,主体建筑面积 14 595 平方米。新馆按功能划分为五个区域:一是档案保管区;二是档案展览陈列区,用于举办档案文化展览、建设爱国主义教育基地;三是档案利用阅览服务区;四是办公和业务技术区;五是行政服务、安保动力等辅助功能区,主要是车库、储藏等后勤用房,变配电室、电梯机房、空调机房等动力设施用房,消防系统、安保系统中央控制用房。③

(2)山东省济宁市档案馆。济宁市档案新馆位于太白湖新区,与济宁市委、市政府连廊相通,与济宁市为民服务中心、公共资源交易中心既连为一体,又相互独立,东邻济宁市文化中心(图书馆、文化馆、博物馆、艺术馆),南邻太白湖。2012 年 10 月动工,2013 年 9 月封顶,2018 年 10 月竣工并交付使用。2019 年 1 月济宁市档案馆全体人员已经正式进驻新馆办公。新馆面积约 1.7 万平方米,建筑高度 23.95 米;抗震设防烈度为 6 度。北区 1～4 层为档案库房,每层面积为 960 平方米。新馆拟于 6 月 9 日正式开馆。④

(3)山东省曹县档案馆。曹县档案馆新馆 2017 年 3 月动工,2017 年 6 月封顶,2019 年 5 月交付使用。经过历时一个多月的搬迁,6 月份曹县档案馆正式进驻新馆办公。新馆占地 10 余亩,建筑面积 10416 平方米,共六层,抗震设防烈度为 7 度。⑤

(4)山东省沂源县档案馆。沂源县档案馆新馆于 2017 年 8 月 28 日正式开工建设,2019 年 2 月正式投入使用。建筑面积 6218 平方米,主体工程建筑面积 5574 平方米,地下 644 平方米,建筑总高度为 17.9 米,工程主体为三层设计,馆内实用面积 4800 平方米,可满足未来 50 年档案进馆的需要,创造了淄博市区县新建档案馆中最早开工、最快竣工、最先迁馆"三最"纪录。⑥

(5)山东省临沭县档案馆。2017 年 8 月 14 日,新馆开工建设;目前,新馆各项内部装修及外部亮化工程基本完成,预计 11 月份竣工,交付使用。临沭按照《档案馆建设标准》《档案馆建筑设计规范》,采取"符合实际、适度超前、有所侧重"的原则,集"开放性、文化性、服务性、特色型、休闲性"于一体,把档案馆设计为档案安全保管基地、社会教育基地、档案开发利用中心、政府公共信息服务平台、电子文件容灾备份中心、数字档案网络共享平台场所。新馆总建筑面积 11 900 平方米,其中档案库房、对外服务用房、档案业务和技术用房建筑面积 9600 平方米。⑦

---

① 湖北省武汉市档案馆简介[J]. 中国档案,2019(11):67.

② 湖南省湘潭市档案馆简介[J]. 中国档案,2019(12):88.

③ 德州市档案馆简介[J]. 山东档案,2019(1):66,86.

④ 济宁市档案馆简介[J]. 山东档案,2019(2):59,86.

⑤ 曹县档案馆新馆简介[J]. 山东档案,2019(3):54.

⑥ 沂源县档案馆简介[J]. 山东档案,2019(4):78,86.

⑦ 临沭县档案馆简介[J]. 山东档案,2019(5):74.

（6）山东省高青县档案馆。高青县档案馆总用地1.03公顷,四层框架结构,建筑总面积8382.45平方米,总投资5000余万元。数字化建设方面采用物联网技术、云计算技术、自动控制技术三项新型现代技术,依托局域网、政务网、互联网三网建设,采取"3+4+3"系统模式("3+4+3"系统模式:智慧收集、智慧整理、智慧利用三大硬件系统+档案综合管理系统、馆室一体化系统、档案信息利用平台、网上档案馆系统四大软件系统+支撑一体化平台、智能安防系统、信息交互系统三大支撑保障系统),打造了馆、室、公众联动五位一体平台。[①]

（三）中国一汽档案馆

中国第一汽车集团有限公司办公厅(党委办公厅)张永训介绍了中国一汽档案馆。中国一汽档案馆成立于1988年。2014年6月,由东风大街原址搬迁到创业大街档案馆大楼。中国一汽档案馆建筑面积6098平方米,建有19个库房、8个专项展室。馆藏档案16类,22万卷(件),系统地保存了一汽和新中国汽车工业60多年发展历史的完整记忆。[②]

二、档案馆建筑

上海同济绿建土建结构预制装配化工程技术有限公司谢超对云南省某档案馆的混凝土框架结构,采用橡胶隔震支座对该结构进行基础隔震设计进行分析,"分析结果表明:①PKPM和SAP2000软件可以较好地模拟橡胶隔震支座的性能;②通过对结构布置橡胶隔震支座方案,该结构满足降一度设计的要求;③隔震支座在重力荷载代表值作用、罕遇地震作用和风荷载作用下的性能均满足规范的要求"。他还通过对该布置橡胶隔震支座的档案馆混凝土框架结构进行分析,得到以下结论:①隔震结构的偏心率不超过3%,满足设计要求。②隔震支座在重力荷载代表值作用下满足乙类建筑压应力限值的要求;在罕遇地震作用下,隔震支座的变形不超过其极限变形能力,隔震支座的拉压应力也不超过规范限值。③风荷载作用下,隔震结构的抗风承载力不超过上部结构重力的10%。④采用该隔震方案满足降一度的目标,结构在多遇地震作用下可采用降一度进行设计。[③]

福建省天厦建筑设计(厦门)有限公司戴雯斌认为:厦门"市档案馆及城建档案馆技术业务用房项目为厦门市档案馆和厦门市城建档案馆两馆合建项目。本着节约土地、综合建设的原则,项目建设要求:'综合考虑未来档案工作需求及运营模式,合理确定建设内容、规模和标准,并为今后发展留有足够空间。项目设计中充分考虑两个档案馆的不同行业需求,合理分区专业功能,适当整合其他功能,确保市档案和城建档案馆设置既能各自成功能体系,又体现共享理念,提高建筑使用效率。'我们创造性的提出方案的方向和思路——凸显文化建筑特质,提倡共享共荣理念"。项目位于厦门市翔安新城核心区东山片区西北部,翔安南路南侧、洋塘中学西北侧行政办公地块(属后房社区),东北面为洋塘保障性住房区,北面为翔安南立交系统、南面规划为商务办公用地,东南面为学校用地,具有得天独厚的自然景观和人文景观资源。总用地面积14 231.544平方米,项目总建筑面积为68 926平方米,其中地上总建筑面积56 926平方米,地下建筑面积12 000平方米。市档案馆及城建档案馆技术业务用房项目将建设成为一座"统一规划、馆舍整合、资源共享、集中服务"的现代化、专业化、高效综合、绿色可持续发展的大型公共档案馆建筑。(1)打造开放包容的城市客厅。市档案馆及城建档案馆技术业务用房项目应该体现以下特征:①合力。各功能档案馆之间应解除孤立,并肩联合,形成整体的力量。②共享。公共建筑空间应共同营造亲切、开放、包容、共享的城市精神。③高效。各档案馆与公共服务的管理、运营应更加专业、便捷而高效。④安全。各功能分区明确、流线清晰独立,确保档案管理的

① 高青县档案馆简介[J].山东档案,2019(6):79,86.
② 张永训.档案见证一汽辉煌:中国一汽档案馆简介[J].机电兵船档案,2019(1):33-34.
③ 谢超.云南省某档案馆建筑隔震设计[J].建筑安全,2019,34(11):25-30.

保密性和安全性。⑤生长。空间模块化、单元化,可根据实际需求灵活划分、可持续发展。⑥诗意。让诗意流淌于功能化的建筑中,赋予空间自然与人文的灵动活力。(2)营造亲民共享的空间体验。总体设计上在北面留出文化生活广场,形成档案馆主入口广场。将档案库房往中部内退,裙房四面凸出包围,既降低了对四周城市道路的压迫感,又能将建筑四个面的绿化空间都开放给市民,营造更舒适的城市空间界面。(3)建设经济高效的档案中心。(4)弘扬多元文化的城市精神。设计充分展现地域元素和文化特色,"书卷传承""闽南窗花""椽子"等厦门元素作为文化隐喻。方案还采用"竹简"作为立面寓意,应用到建筑立面上不仅能和建筑本身的功能很好地结合在一起,而且富有韵律,又能够代表建筑本身的文化含义。(5)倡导可持续性的绿色建筑。绿色节能:采用了建筑与结构、设备系统统筹同步设计的方式,运用 BIM 模型进行专业设计,提供符合绿色建筑策略的方案。结合厦门当地的气候条件,注重建筑的采光遮阳、自然通风,提升室内空气品质,充分降低建筑能耗,节约运行成本。海绵城市:建筑周边使用雨水花园、下凹绿地、植草沟、透水铺装等生态设施,对雨水进行下渗、调蓄。通过景观设计的合理规划在城市雨涝调蓄、水源保护和涵养、地下水回补、雨污净化、栖息地修复、土壤净化等重要的水生态过程中关键性的区域、位置和空间,共同构成水生态基础设施。①

中国人民大学信息资源管理学院黄霄羽、柴耀鸿认为:档案馆建筑发展趋势是在保证专业性的前提下,进一步凸显文化休闲功能和特点。一方面,专业性是档案馆建筑的基本要求,新技术的广泛应用和不断发展,确保并提升档案馆建筑的专业性,包括为档案创造更加安全的保管条件,为用户提供更加智能的利用服务,同时兼顾环保和节能。因此,档案馆建筑趋向安全、智能和绿色。另一方面,文化休闲功能是档案馆建筑的发展方向,发达国家对档案馆文化功能已形成共识,大力推行文化休闲服务。众多案例已充分显现出我国档案馆建筑的发展趋势——趋向文化性,突出档案馆的文化功能。特别是众多文化机构的共建模式,组成"文化建筑群"或"文化建筑综合体",利用文化设施的聚集效应,刺激档案馆的活跃性,进一步强化档案馆建筑的文化功能乃至文化休闲功能。②

三、档案设施设备

黄河勘测规划设计研究院有限公司杜建伟、河南省郑州肯同商业管理集团有限公司王涛对企业档案馆空调系统提升改造设计提出建议和注意事项,根据现有的条件及技术可能性,提出了多种改造措施,但还有一些其他方面的建议和注意事项在实施中予以考虑:①由于电气配置与设计有较大差别,在改造实施前应复核空调动力的总进线和各层的供电线路能否满足要求。②各层空调机组在采购前均应确定能够满足现场的安装尺寸(包括长、宽、高)要求。③改造中应对所有空调风管进行清洗,从而进一步确保室内空调效果。③

国防大学政治学院彭远明认为:"臭氧消毒灭菌,是档案消毒灭菌的一种方式。以往在档案行业应用不广,其中重要的原因是担心臭氧气体对档案及工作环境的危害性。"他"通过研究臭氧消毒房这种在医疗领域广泛应用的灭菌设备,在我国档案馆进行入库档案及馆藏档案消毒时的效果与效率,对档案实体材料,以及相应的工况环境中残留臭氧量及其影响程度等进行分析",得出研究结论:第一,臭氧消毒房的消毒灭菌效能。臭氧消毒房在 150 mg/m³ ~ 300 mg/m³ 的范围,处理 60 分钟(即 1 小时),能达到良好的消毒灭菌效果。臭氧消毒能灭杀沾染在档案文件上的真菌、金黄色葡萄球菌、大肠杆菌、霉菌等,防霉效果良好。第二,在标准条件下进行臭氧消毒操作,由于臭氧消毒房设有臭氧气体

① 戴雯斌. 文化建筑的共享共荣:市档案馆及城建档案馆技术业务用房方案设计分享[J]. 四川水泥,2019(12):83,100.

② 黄霄羽,柴耀鸿. 国内外档案馆建筑的近期特点和发展趋势[J]. 北京档案,2019(4):41-45.

③ 杜建伟,王涛. 企业档案馆空调系统提升改造设计[J]. 山西建筑,2019,45(8):97-98.

分解功能,能在短时间内把消毒后的剩余臭氧气体进行分解处理。因此,无有害臭氧泄露现象。第三,档案臭氧消毒房对档案载体纸张材料,在设定的标准条件下,四种通用的、常见的纸张材料,在物理性能上的抗张强度、耐折度及撕裂度等方面,影响比较小,说明臭氧消毒房进行档案消毒时,对档案纸张是安全的。第四,档案臭氧消毒房对档案字迹材料,在设定的标准条件下,三种常见的纸张字迹材料黑色打印字迹、蓝黑墨水字迹、红色印泥字迹,在字迹色差上改变不大,其影响比较小;说明臭氧消毒房进行档案消毒时,对档案字迹是安全的。第五,根据以上臭氧对纸张的物理性能及文字密度的测试情况来看,臭氧消毒操作过程对档案材料的影响是微小的。[①]

辽宁科技学院常人凤、李长顺认为档案馆节能照明建设存在的问题是:①我国节能照明技术起步晚;②缺乏有效监管机制;③技术和观念障碍;④专项资金短缺。他们通过分析,提出了档案馆节能照明措施:①建立智能化综合照明管理系统。自动控制系统技术日益成熟,采用智能化方式是档案馆照明系统发展的时代方向。智能化综合照明管理系统重点在于依据馆内工作需要,实时调节各区域照明设备的光照强度,能科学节约照明系统电量,是档案馆节能的重要方式之一。将档案库房、档案阅览室、档案陈列厅进行分区、分段控制,以红外感应、光线控制、时间控制等智能调节为主要方式,辅以人工手段调节,设置不同使用条件下的照明控制模式,由此在满足利用需求的基础上显著减少不必要的能源消耗。②推广使用新型照明设备的原则。照明设备的选择决定了馆内在相同照明效果下的节能水平,选用新型照明设备时要重点分析器具的各项参数是否符合要求。一是对档案本身无危害;二是光照强度符合基本要求;三是防火安全性;四是系统规范性;五是绿色节能性。③积极采用绿色照明能源。除传统电力来源之外,档案馆可采用太阳能、风能等天然绿色能源。④设备定期检查与维护。照明系统内的老旧设备、不合格产品同样是造成能源浪费的重要原因,陈旧灯具由于使用时间过长,电阻增大,亮度降低,提升用电量的同时却达不到照明要求。因此定期检查维护,排查耗电量大的灯具及线路,从细节处节省能源是必要的。⑤人工照明与天然采光相结合。尽管档案馆内由于档案保护要求,必须减少紫外线侵蚀,无法大量使用天然太阳光照明,但并非所有区域都如此,仍有部分功能区适宜利用天然光。将天然光合理利用可以减轻部分人工照明对电力的消耗,设置采光口、采光窗,通过智能调节系统将天然采光与人工照明相结合,达到最优效果。[②]

河北省档案馆张献文认为:"档案馆保存的档案,是人类历史文化的记忆,是全社会的宝贵财富。档案这种人类文化资源是不可再生的,作为保存档案的档案馆一旦发生火灾,将给国家造成难以估量的损失。因此,各级各类档案馆都应该特别重视消防安全问题,尤其是保管档案的各类档案库房的消防安全,必须要年年讲,月月讲,天天讲。必须要坚持'预防为主,防消结合'的方针。档案库房的建设,必须严格按照《档案馆建筑设计规范》《建筑设计防火规范》的要求,在档案库房里配备完善的消防设施设备,《国家档案局13号令》第二十条规定:'档案库房应当配备消防系统。根据档案重要程度和载体类型的不同,可以选择采用洁净气体、惰性气体或高压细水雾灭火设备。档案库房应当安装甲级防火门,配备火灾自动报警设备。'当前各类档案馆配备的消防器材,由于资金、库房大小以及重视程度不同,配备的消防设备也是各种各样。"他还探讨了档案馆库房消防设备配备情况与消防设施设备的特点。当前档案馆库房消防设备配备情况是:①全自动灭火系统。这个系统具备自动探测、自动判断、自动报警和自动灭火等多种功能,还可以把各个功能融合在统一的系统中,档案库房、空调机房、缩微用房以及计算机房多配置这种消防装置。②半自动化灭火系统。该系统也具备自动探测、自动报警以及自动灭火功能等。但是这个消防系统的各个装置是相对独立的,不是统一在一个系统中的,需要人工进行判断操作。这种系统在一些大、中型档案馆里用得比较多。③人工灭火。另外,他认为档案库房中常用消防设施设备的特点是:①高压细水雾灭火装置系统。②七氟丙烷气体消防灭

① 彭远明.档案消毒灭菌新方法:臭氧消毒房的适用性、功效及影响探析[J].档案学通讯,2019(1):90-96.
② 常人凤,李长顺.绿色档案馆照明节能综述[J].办公室业务,2019(22):59-60.

火装置系统。③高压二氧化碳灭火系统。④新型低压二氧化碳消防灭火系统。⑤IG541 环保型混合气体自动消防灭火装置系统。⑥超细干粉灭火剂。①

河南省濮阳市档案馆管先海、河南省信阳市浉河区档案馆陈莹莹、郑州大学信息管理学院李宗富认为:"档案设备安全管理是档案安全管理的重要组成部分,是档案安全管理'大家庭'中古老而又年轻的'成员'。档案设备主要包括档案建筑、档案装具、档案温湿度调控、档案消毒、档案门禁、档案周界监控报警、档案消防、档案阅览复制、档案数字化、电子档案管理等十大类档案设备。"他们提出了做好档案设备安全管理的若干建议:①牢固树立档案设备安全防范意识,建立健全档案设备安全管理制度。一要坚决树牢档案设备安全防范意识;二要建立健全档案设备安全管理制度。②彻底明晰档案设备具体内容范围,熟练掌握档案设备安全操作标准。一要彻底明晰档案设备具体内容范围;二要熟练掌握档案设备安全操作标准。③定期检查排除档案设备安全隐患,确保档案设备安全正常运行。一要定期检查排除档案设备安全隐患;二要确保档案设备安全正常运行。从而做好档案设备安全管理工作,消除或避免档案安全事故发生,确保档案万无一失。②

辽宁省档案馆王涛认为:巴黎圣母院的火灾给档案安全工作敲响了警钟,防火工作始终不能松懈。他简略梳理了综合档案馆的消防设备配置:①消防火灾报警系统;②空气采样报警系统;③自动喷水灭火系统;④柜式七氟丙烷灭火系统;⑤高压细水雾灭火系统;⑥电气火灾监控系统;⑦疏散应急照明系统;⑧消防电话系统;⑨防火卷帘系统;⑩消防水炮灭火系统。他还认为:"设备的配备是基础,设备的维护与使用是关键。必须制定严格的系统管理制度,明确消防维保人员的责任与义务使其具备应急处置能力,熟练掌握操作规程。管理者同样责无旁贷,应定期对制度落实情况进行检测,对维保人员业务能力进行考核与培训。"③

四、档案库房

广东机电职业技术学院陈雪清、童蕾、周向玲认为:"档案库房为能对内存文件及物件实施安全保护,对库房内部环境的温度、湿度和空气洁净度提出特殊要求。""针对在寒暑假期间维持学校档案库房环境人力成本高、控温控湿设备常处开机状态能耗高、现有的恒温系统控制精度低等问题,提出一个高精度高效的无人值守档案库房环境监测与调节系统设计方案。档案库房环境监测与调节系统运用温度、湿度独立控制的思想,采用热回收、微循环、分程及串级控制技术构建双度串级调节多源恒温循环系统,融合计算机技术、互联网、云平台及 App 应用开发主机来电自启、切换、远程控制、无线射频、红外遥控编码瞬时学习与复制、RS 485 与串口服务器数据转换通信、无线 Wi-Fi、控制器 MODBUS RTU 通信协议、远程传输数字加密、MPLAB 8.92 模拟仿真与编程等二十多项技术,依据国家出台的相关规定实现库房温湿度检测、记录、分析的自动化管理。核心系统比空调器、除湿机、空气净化器系统节能20%。相关技术还可推广应用于农业干燥机、恒温泳池、高大建筑空调系统及制冷设备性能研究测试实验室等。"④

武汉大学信息管理学院周耀林,上海岚盛电子科技有限公司夏真、王兰认为:"在我国,上海、湖南等地早在 20 世纪 80 年代就开始研发档案库房环境控制系统,通过单片机实现了对档案库房温湿度的自动控制。此后,档案库房建设借鉴建筑自动化(BA)技术成果,朝着智能化方向发展。近年来,随着信息化技术的不断发展和应用,如何对档案库房环境安全进行综合化、集成化、智能化管控,推动档

① 张献文.浅谈档案馆库房消防装置的配备[J].档案天地,2019(10):54-55.
② 管先海,陈莹莹,李宗富.档案设备安全管理问题初探[J].档案,2019(10):19-25.
③ 王涛.巴黎圣母院火灾后对档案馆消防设备的回顾思考[J].兰台内外,2019(18):15-16.
④ 陈雪清,童蕾,周向玲.档案库房环境监测与调节系统设计[J].家电科技,2019(1):45-47.

案库房环境建设符合新时期的'五大发展'理念,是值得研究的重要领域。"他们并对档案库房环境安全智能系统设计与实现进行了研究:一是从传统档案安全要素出发,提出了"档案库房环境安全智能系统"理念。档案保护环境基本要素以往被概括为"六防""八防""十防",是基于不同时期的认识的不断深化,是传统档案环境安全要素观的拓展和深化。二是从系统结构的视角出发,界定了档案库房环境安全智能系统的组成与边界。三是从集成化的角度出发,搭建了档案库房环境安全智能控制系统平台,实现了库房环境安全要素(温湿度、甲醛、二氧化碳、粉尘、漏水、烟雾、非法入侵等)的一体化、智能化、可视化管理。[①]

五、其他

中国人民大学信息资源管理学院金凡、国网冀北电力有限公司杨之蔚对《绿色档案馆建筑评价标准》进行了思考,认为标准的主要内容和亮点是:①为绿色档案馆建筑评价与档案事业绿色发展提供支持;②为档案馆建筑和档案事业发展注入绿色理念和基因;③体现了突出主体与兼顾其他的整体动态量化评价新思维。他们还提出了标准的不足与修改建议:①"标准'3 术语和定义'中,部分引用的术语和定义与原出处不一致,出现差错和疏漏,易产生误解。如将'3.8 热岛效应'英文翻译为'heat island effect',并解释为'城市内一个区域的气温与郊区气温的差别,用二者代表性测点气温的差值表示,是城市热岛效应的表征参数',通过比照《绿色建筑评价标准》(GB/T50378—2014)'2 术语'中'2.0.2 热岛强度'(heat island in tensity)及术语解释,发现这两个标准中'3.8 热岛效应'和'2.0.2 热岛强度'术语的解释完全相同,而在术语名称和英文翻译上出现差错。同样,标准'3.9 年径流总量控制库'英文译为'volume capture ratio of annual rainfall',这与《绿色建筑评价标准》(GB/T50378—2014)中'2.0.3 年径流总量控制率'英文翻译'annual runoff volume capture ratio'相差甚远。术语与定义的不一致,会给标准的实际应用带来不便,影响标准的实效,建议可采用统一的术语和定义,保持标准体系的有机性和互补性。"②"在标准'5.1.3'中对申请评价方的要求,主要包括'进行建筑全寿命周期技术和经济分析'和'对规划、设计、施工、运营阶段进行全过程控制',这对于从整体和全程角度去评价绿色档案馆建筑,是一种理想的最佳状态,标准规定申请评价方需向评价机构'提交相应分析、测试报告和相关文件',但仅仅依靠这种措施,能否保证绿色评价结果的客观公正,进而促进档案馆建设、档案工作乃至档案事业的绿色发展,存在着规定不具体、措施不到位的情况,在实际执行中评价的目标很难实现。"③"标准还存在部分内容表述不明晰、界限划定模糊的情况,不便于实际操作和具体评价。如在'13 提升与创新'中'13.1 基本要求',没有具体规定是否针对绿色档案馆进行的评价,只是概括表述为'绿色建筑',这与标准的专指性原则有背离,不便于针对绿色档案馆建筑实施有效评价。又如,在'13 提升与创新'中进行分项评分时,虽然加分项目、加分值及总分值很明确,但会出现一个适用情况不明确的实际,即本章是适用于设计评价还是运行评价。不同的评价类型会导致有不同的'性能提升'和'创新'项目内容,从而得出不同的评价结论。"②

安徽省阜阳市城乡建设档案馆蔡艳杰、徐建钟探讨了阜阳市城乡建设档案馆新馆搬迁的主要经验做法:一是高度重视、积极动员。分析搬迁过程中可能遇到的各类问题并制定相应的搬迁预案。二是分类处理、分工协作。先将馆内各类物品、设备、档案按照属性进行分类打包装箱,并且进行标记编号。确保新老馆搬迁工作实现一对一对接。三是先试点后推广、稳扎稳打。四是坚持分批处理,按照特殊物品–计算机设备–馆藏档案的顺序稳步实施搬迁计划。五是积极发扬扎实苦干和钉钉子的精

① 周耀林,夏真,王兰.档案库房环境安全智能系统设计与实现[J].中国档案,2019(2):68-69.

② 金凡,杨之蔚.《绿色档案馆建筑评价标准》(DA/T76—2019)内容解读及相关问题思考[J].北京档案,2019(8):19-23.

神,两周搬迁工作中频繁遇到降温降雨天气,城建档案馆全体成员积极发扬不怕苦、不怕累的精神,全力上阵,确保搬迁工作"不丢一张纸、不落一份档"。①

重庆科创职业学院张志平、王燕、袁森以重庆科创职业学院档案馆搬迁为例探讨了档案馆搬迁工作:①制订详细的搬迁计划。②准备工作。一是提前熟悉新馆格局和各功能用房的分布,科学、合理规划新馆藏。二是详细梳理、清理旧馆馆藏档案。③档案资源搬迁及上架。一是搬迁。因档案材料的特殊性,需请专业的搬家公司来协助完成搬迁工作。二是上架。档案馆工作人员要齐心协力,对每箱(包、袋)档案小心拆封,并与纸质案卷目录进行一一核对,注意数量和档案的完整性,按各类档案流水号顺序对号入座、及时上架。②

天津体育学院综合档案室张美娜以天津体育学院综合档案室搬迁为例探讨了档案馆搬迁工作:其一,搬迁的前期规划准备阶段。包括:①成立档案搬迁工作小组;②新校区档案库房硬件设施的配备;③老校区档案室资产清查;④档案五节柜、办公用品及办公家具的封装与标记;⑤新校区档案室整体功能区域的划分和布局。其二,搬迁的具体操作阶段。包括:①搬迁方案的制定;②搬迁工作人员的培训;③搬迁方案的实施;④搬迁过程的控制。其三,搬迁后期的完善阶段。包括:①档案五节柜及办公家具标签的拆除;②办公用品的拆包与安装调试;③实物档案的拆包、排架、整理。③

———————————

①　蔡艳杰,徐建钟.阜阳市城乡建设档案馆新馆搬迁工作探讨[J].城建档案,2019(9):71-72.

②　张志平,王燕,袁森.档案馆搬迁工作探讨[J].办公室业务,2019(12):41.

③　张美娜.浅谈高校综合档案室搬迁工作:以天津体育学院综合档案室整体搬迁为例[J].办公室业务,2019(6):74-75.

第七章　世界各国档案事业

我们以中国知网为样本来源,检索范围:中国学术期刊网络出版总库,中国博士学位论文全文数据库,中国优秀硕士学位论文全文数据库,中国重要会议论文全文数据库,国际会议论文全文数据库,中国重要报纸全文数据库,中国学术辑刊全文数据库。

检索年限:2019 年。

检索时间:2020 年 03 月 28 日。

检索式:发表时间=2019-01-01 至 2019-12-31,并且专题子栏目=世界各国档案事业(模糊匹配)。

样本文献总数:74 篇。

第一节　文献统计分析

本节采用统计分析的方法,从资源类型分布、文献学科分布、文献研究层次分布、文献基金分布、文献类型分布5 个方面对样本文献进行分析。

一、资源类型分布

从资源类型分布看,74 篇样本文献涉及期刊、报纸、学术辑刊3 类资源。各类资源发表文献数量及占比情况见表7-1。

表7-1　各类资源发表文献数量及占比情况

序号	资源类型	发表文献数量/篇	占全部样本/%
1	期刊	71	95.95
2	报纸	2	2.70
3	学术辑刊	1	1.35
合计		74	100.00

由表7-1 可见,期刊占比接近96%,仍然是2019 年世界各国档案事业研究的主要文献来源,也是相关研究者进行交流的主要平台与沟通渠道。报纸、学术辑刊占比只有4%略多,只起点缀作用。

二、文献学科分布

从样本文献学科分布看,74 篇样本文献涉及 5 个学科,较 2018 年的 7 个学科有所减少。各学科发表文献数量及占比情况见表 7-2。

表 7-2　各学科发表文献数量及占比情况

序号	学科	发表文献数量/篇	占全部样本/%
1	图书情报档案	73	98.65
2	历史	1	1.35
3	文化	1	1.35
4	政治	1	1.35
5	法学	1	1.35
总计		77	104.05
实际		74	100.00
超出		3	4.05

需要说明的是,各学科合计数为 77 篇,占 104.05%;超出实际文献数 3 篇,占 4.05%。图书情报档案发表文献 73 篇,占全部样本的 98.65%,可见 2019 年世界各国档案事业研究具有一定的学科交叉属性。

除图书情报档案外,历史、文化、政治、法学 4 个学科均只发表 1 篇文献,与 2018 年发表文献较多的 4 个学科是政治、历史、公共管理、社会相比,有相同也有不同;与 2017 年的世界历史、图书情报与数字图书馆、中国近现代史相比则完全不同,变化明显。

三、文献研究层次分布

从文献研究层次分布情况看,74 篇样本文献涉及基础研究(社科)、行业指导(社科)、职业指导(社科)、其他等 4 个不同层次。各层次发表文献数量及占比情况见表 7-3。

表 7-3　各层次发表文献数量及占比情况

序号	层次	发表文献数量/篇	占全部样本/%
1	基础研究(社科)	52	70.27
2	行业指导(社科)	16	21.62
3	职业指导(社科)	1	1.35
4	其他	5	6.76
合计		74	100.00

如果按社会科学和其他来分类,各类文献数量及占比分别是:社会科学 69 篇,占 93.24%;其他 5 篇,占 6.76%。研究明显属于社会科学的范畴。

如果按研究的基础性与应用性划分,基础性研究 52 篇,占 70.27%;应用性研究 22 篇,占

29.73%。研究偏重理论性。

综上,从整体上看,2019年世界各国档案事业研究属于偏重理论性的社会科学。

四、文献基金分布

从文献基金分布情况看,74篇样本文献中有10篇得到5种国家、省、部级基金的资助,占全部样本的13.51%。各类基金资助发表文献数量及占比情况见表7-4。

表7-4　各类基金资助发表文献数量及占比情况

序号	基金	发表文献数量/篇	占全部样本%	占基金资助文献/%
1	国家社会科学基金	6	8.11	60.00
2	河南省科技计划项目	1	1.35	10.00
3	国家档案局科技项目	1	1.35	10.00
4	中国人民大学科学研究项目	1	1.35	10.00
5	教育部人文社会科学研究项目	1	1.35	10.00
	合计	10	13.51	100.00
	总计	74	100.00	

从基金资助的层次上看,国家级基金1种6项,占全部基金资助文献的60.00%;地方基金1种1项,占全部基金资助文献的10.00%;部委基金3种3项,占全部基金资助文献的30.00%。

从地方基金资助的区域分布看,仅涉及河南1个省份。

综上,从层级上看,国家级资助是地方的6倍,部委基金是地方的3倍,资助力度远高于地方的资助力度;从区域分布看,全国仅有1个省份对这类研究给予资助,资助力度非常有限。

五、文献类型分布

从文献类型分布看,74篇样本涉及综述类、一般性两类文献。各类型文献数量及占比情况见表7-5。

表7-5　各类型文献数量及占比情况

序号	文献类型	文献数量/篇	占全部样本/%
1	综述类文献	1	1.35
2	一般性文献	73	98.65
	合计	74	100.00

综上,从表7-5中可以明显地看到,一般性论证文献在研究成果中占据了98.65%的绝对主体,而反映宏观性的研究则十分薄弱,综述类文献占比不到2%。政策性研究及政策研究类文献的缺失,更显得研究的价值仅仅体现在理论研究的层面。

六、小结

从样本文献的统计情况看,2019 年世界各国档案事业研究涉及资源类型比较少,只有 3 种。期刊占比接近 96% ,仍然是 2019 年世界各国档案事业研究的主要文献来源,也是相关研究者进行交流的主要平台与沟通渠道。报纸、学术辑刊占比只有 4% 略多,只起点缀作用。

研究学科分布相对比较狭窄,除图书情报档案外,历史、文化、政治、法学 4 个学科均只发表 1 篇文献,与 2018 年发表文献较多的 4 个学科是政治、历史、公共管理、社会相比,有相同也有不同;与 2017 年的世界历史、图书情报与数字图书馆、中国近现代史相比则完全不同,变化明显。2019 年世界各国档案事业研究具有明显的学科交叉属性。

从整体上看,2019 年世界各国档案事业研究属于偏重理论性的社会科学范畴。

从研究得到资助看,国家级资助是地方的 6 倍,部委基金是地方的 3 倍,资助力度远高于地方的资助力度;从区域分布看,全国仅有 1 个省份对这类研究给予资助,资助力度非常有限。

从已有成果中可以明显地看到,一般性论证文献占据了 98.65% 的绝对主体,而反映宏观性的研究则十分薄弱,综述类文献占比不到 2% 。政策性研究及政策研究类文献的缺失,更显得研究的价值仅仅体现在理论研究的层面。

第二节　文献计量分析

本节采用计量分析的方法,从文献作者分布、文献机构分布和文献来源分布 3 个方面对样本文献进行分析。

一、文献作者分布

从作者的分布情况看,74 篇文献涉及 62 位作者,其中前 40 位作者共发表文献 52 篇,占全部样本的 70.27% 。前 40 位作者发表文献数量及占比情况见表 7-6。

表 7-6　前 40 位作者发表文献数量及占比情况

序号	作者	发表文献数量/篇	占全部样本/%
1	黄霄羽	7	9.46
2	田宁宁	4	5.41
3	管清潆	2	2.70
4	贺宇	2	2.70
5	王玉珏	2	2.70
6	唐子开	1	1.35
7	谭必勇	1	1.35
8	王协舟	1	1.35
9	杨太阳	1	1.35

续表7-6

序号	作者	发表文献数量/篇	占全部样本/%
10	张臻	1	1.35
11	赵方元	1	1.35
12	许茵	1	1.35
13	冯天予	1	1.35
14	范子璇	1	1.35
15	张晓雷	1	1.35
16	杨豆琪	1	1.35
17	韩峰	1	1.35
18	孙晓红	1	1.35
19	谢鑫	1	1.35
20	王宁	1	1.35
21	谭倩	1	1.35
22	刘莹	1	1.35
23	张珊	1	1.35
24	尹鑫	1	1.35
25	欧阳俊哲	1	1.35
26	张臻	1	1.35
27	许晓彤	1	1.35
28	赵丛	1	1.35
29	许佳欣	1	1.35
30	汤润琳	1	1.35
31	李少建	1	1.35
32	陈建	1	1.35
33	王新才	1	1.35
34	张莉	1	1.35
35	王欣	1	1.35
36	李明嫣	1	1.35
37	赵芳	1	1.35
38	刘越男	1	1.35
39	段荣婷	1	1.35
40	娄海婷	1	1.35
合计		52	70.27
总计		74	100.00

如果按照普赖斯提出的计算公式，核心作者候选人的最低发文数 $M = 0.749\sqrt{N_{max}}$ ，其中 N_{max} 为最

高产作者发表文章数量。2019 年世界各国档案事业作者中发表文献最多的为 7 篇,即 $N_{max}=7$,所以 $M=0.749\sqrt{7}\approx1.982$。因此,发表文献 2 篇以上(含 2 篇)的作者为高产作者。黄霄羽、田宁宁、管清潆、贺宇、王玉珏 5 位文献作者,为 2019 年世界各国档案事业研究的高产作者。与 2018 年黄霄羽、张云、赵冬梅、郭辉、祁天娇、杨青青、周文泓、李思艺、黄静、谭必勇、陈燕萍 11 位作者相比,数量上减少了一半,也只有黄霄羽连续两年在列。研究的持续性有待观察。

2019 年世界各国档案事业研究已有少量高产作者,但并没有形成可持续的核心作者群。

二、文献机构分布

从机构分布情况看,74 篇文献涉及中国人民大学、上海大学、武汉大学、中山大学、山东大学、天津市和平区档案局、郑州铁路职业技术学院、南京大学、中国社会科学院俄罗斯东欧中亚研究所、中国第二历史档案馆、辽宁省档案局、北京电子科技学院、国家档案局、成都市档案馆、中国档案报社、扬州大学、湘潭大学、郑州大学、黑龙江省档案局、景德镇陶瓷大学、河南省医学会、陕西师范大学、首都师范大学、河南省档案局、陕西省档案局、解放军国防大学、四川省档案馆、四川大学、伦敦学院大学、哈尔滨市第十三中学、中国铁路沈阳局集团有限公司等机构。前 31 个机构发表文献数量及占比情况见表 7-7。

表 7-7　前 31 个机构发表文献数量及占比情况

序号	机构	发表文献数量/篇	占全部样本/%
1	中国人民大学	12	16.22
2	上海大学	5	6.76
3	武汉大学	4	5.41
4	中山大学	3	4.05
5	山东大学	3	4.05
6	天津市和平区档案局	2	2.70
7	郑州铁路职业技术学院	1	1.35
8	南京大学	1	1.35
9	中国社会科学院俄罗斯东欧中亚研究所	1	1.35
10	中国第二历史档案馆	1	1.35
11	辽宁省档案局	1	1.35
12	北京电子科技学院	1	1.35
13	国家档案局	1	1.35
14	成都市档案馆	1	1.35
15	中国档案报社	1	1.35
16	扬州大学	1	1.35
17	湘潭大学	1	1.35
18	郑州大学	1	1.35
19	黑龙江省档案局	1	1.35
20	景德镇陶瓷大学	1	1.35

续表7-7

序号	机构	发表文献数量/篇	占全部样本/%
21	河南省医学会	1	1.35
22	陕西师范大学	1	1.35
23	首都师范大学	1	1.35
24	河南省档案局	1	1.35
25	陕西省档案局	1	1.35
26	解放军国防大学	1	1.35
27	四川省档案馆	1	1.35
28	四川大学	1	1.35
29	伦敦学院大学	1	1.35
30	哈尔滨市第十三中学	1	1.35
31	中国铁路沈阳局集团有限公司	1	1.35
	合计	54	72.97
	总计	74	100.00

前31个机构发表文献54篇,占全部样本的72.97%。其中发表文献2篇及以上的6个机构发表文献29篇,占全部样本的39.19%,即接近全部样本的四成。

如果使用普赖斯公式计算,核心机构的最低发文数 $M = 0.749\sqrt{N_{max}}$,其中 N_{max} 为最高产机构发表文章数量。这里 $N_{max} = 12$,所以 $M = 0.749\sqrt{12} \approx 2.595$,即发表文献3篇及以上的为核心研究机构。据此,发表3篇以上(含3篇)文献的中国人民大学、上海大学、武汉大学、中山大学、山东大学5个机构是相关研究的高产机构。与2018年中国人民大学、上海大学、扬州大学、山东大学、南京大学、黑龙江大学、黑龙江省档案局7个高产机构比较,一是变成了清一色的高校,二是中国人民大学、上海大学、山东大学仍旧位列前五。5个高产机构均为高校,发表文献27篇,占全部样本的36.49%。这表明高校是2019年世界各国档案事业研究核心研究机构群的主体。

从前31个机构发表文献数量及占比情况看,高校18个,发表文献40篇,占比54.05%,无论数量还是占比均为最高;档案行政管理机关次之(6个),发表文献7篇,占比9.46%;档案馆再次之(3个),发表文献3篇,占比4.05%;事业机构第四(3个),发表文献3篇,占比4.05%;企业第五(1个),发表文献1篇,占比1.35%。这从另一个侧面表明世界各国档案事业研究更多趋向理论研究。

三、文献来源分布

从文献来源分布看,前14种文献来源共发表文献69篇,占全部样本的93.26%。前14种文献来源发表文献数量及占比情况见表7-8。

表 7-8　前 14 种文献来源发表文献数量及占比情况

序号	文献来源	发表文献数量/篇	占全部样本/%
1	《中国档案》	19	25.68
2	《档案管理》	12	16.22
3	《档案学研究》	5	6.76
4	《陕西档案》	5	6.76
5	《浙江档案》	5	6.76
6	《档案学通讯》	5	6.76
7	《北京档案》	5	6.76
8	《兰台世界》	4	5.41
9	《档案与建设》	3	4.05
10	《中国档案报》	2	2.70
11	《秘书》	1	1.35
12	《黑龙江档案》	1	1.35
13	《山西档案》	1	1.35
14	《信阳师范学院学报(哲学社会科学版)》	1	1.35
	合计	69	93.26
	总计	74	100.00

按照布拉德福定律,74 篇文献可分为核心区、相关区和非相关区,各个区的论文数量相等(约 25 篇)。因此,《中国档案》《档案管理》2 种文献来源(31 篇)处于核心区之内;《档案学研究》《陕西档案》《浙江档案》《档案学通讯》《北京档案》5 种文献来源(25 篇)处于相关区;《兰台世界》《档案与建设》《中国档案报》《秘书》《黑龙江档案》《山西档案》《信阳师范学院学报(哲学社会科学版)》7 种来源和其他发表 2 篇以下文献的则处于非相关区。

从前 14 种文献来源看,档案学期刊 12 种,其中核心期刊 7 种,非核心期刊 5 种。可以说,档案学核心期刊对 2019 年世界各国档案事业研究的关注度更高,是这一研究领域的主要阵地;非核心期刊和其他媒体的关注度则相对较低。

四、小结

从样本文献的计量分析情况看,2019 年世界各国档案事业研究已有少量高产作者,但并没有形成可持续的核心作者群。与 2018 年相比,高产作者数量上减少了一半,作者也只有黄霄羽连续两年在列。研究的持续性有待观察。

从前 31 个机构发表文献数量及占比情况看,高校 18 个,发表文献 40 篇,占比 54.05%,无论是数量还是占比均为最高;档案行政管理机关次之(6 个),发表文献 7 篇,占比 9.46%;档案馆再次之(3 个),发表文献 3 篇,占比 4.05%;事业机构第四(3 个),发表文献 3 篇,占比 4.05%;企业第五(1 个),发表文献 1 篇,占比 1.35%。这从另一个侧面表明世界各国档案事业研究更多趋向理论研究。

从前 14 种文献来源看,档案学期刊 12 种,其中核心期刊 7 种,非核心期刊 5 种。可以说,档案学核心期刊对 2019 年世界各国档案事业研究的关注度更高,是这一研究领域的主要阵地;非核心期刊和其他媒体的关注度则相对较低。

第三节　文献词频分析

本节采用关键词词频的方法,从关键词词频、主题词词频和近五年高频词变化 3 个方面对样本文献进行分析。

一、关键词词频分析

表 7-9 是前 15 个高频关键词使用频率及占比情况。

表 7-9　前 15 个高频关键词使用频率及占比情况

序号	关键词	使用频率/次	占全部样本/%
1	档案	4	5.41
2	档案工作	4	5.41
3	档案开放	3	4.05
4	社群档案	3	4.05
5	中世纪	2	2.70
6	启示	2	2.70
7	档案馆教育服务	2	2.70
8	档案馆	2	2.70
9	公共档案馆	2	2.70
10	澳大利亚国家档案馆	2	2.70
11	文化创意	2	2.70
12	日本档案馆	2	2.70
13	全球档案治理	2	2.70
14	英国国家档案馆	2	2.70
15	档案多元论	2	2.70
合计		36	48.65
总计		74(篇)	100.00

前 15 个高频关键词中,使用频率最高的是档案、档案工作(4 频次),使用频次最低的是中世纪、启示、档案馆教育服务、档案馆、公共档案馆、澳大利亚国家档案馆、文化创意、日本档案馆、全球档案治理、英国国家档案馆、档案多元论(各 2 频次)。前 15 个高频关键词合计使用 36 频次,占全部样本的 48.65%,即接近半数文献使用这 15 个关键词。

这 15 个高频关键词,又可归并为档案、档案事务、机构、其他 4 个大类,没有明显的热点,研究主题相对分散。与 2018 年的机构、国家与区域、档案、档案事务相比,只有一个主题有所变化,表现出研究主题大类的相对稳定。

二、主题词词频分析

从主题词使用频率看,2019 年世界各国档案事业研究涉及内容广泛,集中在机构、国家与区域、档案事务、档案、档案人、信息化、其他 7 个方面。使用频率最高的 40 个主题词分布情况见表 7-10。

表 7-10   使用频率最高的 40 个主题词分布情况

序号	主题	使用频率/次	占全部样本/%
1	档案馆	13	17.57
2	档案工作	7	9.46
3	英国国家档案馆	7	9.46
4	加拿大	7	9.46
5	美国国家档案馆	6	8.11
6	国家档案馆	6	8.11
7	图书档案馆	5	6.76
8	爱尔兰	5	6.76
9	档案工作者	4	5.41
10	新加坡国家档案馆	4	5.41
11	档案开放	3	4.05
12	国际档案理事会	3	4.05
13	特点评析	3	4.05
14	数字档案馆	3	4.05
15	图书馆	3	4.05
16	社群档案	3	4.05
17	公共档案法	3	4.05
18	国际档案大会	3	4.05
19	澳大利亚	3	4.05
20	曼彻斯特	2	2.70
21	梵蒂冈秘密档案馆	2	2.70
22	俄罗斯	2	2.70
23	阿波罗	2	2.70
24	文化创意	2	2.70
25	档案服务	2	2.70
26	澳大利亚国家档案馆	2	2.70
27	法国国家档案馆	2	2.70
28	档案机构	2	2.70
29	档案合作	2	2.70
30	数字档案	2	2.70

续表 7-10

序号	主题	使用频率/次	占全部样本/%
31	莫斯科	2	2.70
32	数字保存	2	2.70
33	战略规划	2	2.70
34	阿联酋	2	2.70
35	文化遗产	2	2.70
36	数据库	2	2.70
37	文创产品开发	2	2.70
38	档案保管	2	2.70
39	全球档案治理	2	2.70
40	阿拉伯海湾	2	2.70
合计		133	179.73
总计		74(篇)	100.00
重叠		59	79.73

从涉及的主题词看,使用频率最高的 40 个主题词共使用 133 频次,占全部样本的 179.73%,也就是说,2019 年,上述 40 个主题词涵盖了全部样本文献近 2 遍。其中使用频率最高的是档案馆(13 频次),使用频率最低的是曼彻斯特、梵蒂冈秘密档案馆、俄罗斯等 21 个关键词(各 2 频次),平均使用频率为 3 频次。

从主题词反映的研究内容看,2019 年世界各国档案研究关注的 40 个主要问题又可归并为机构、国家与区域、档案事务、档案、档案人、信息化、其他 7 个大类。

机构(档案馆、英国国家档案馆、美国国家档案馆、国家档案馆、图书档案馆、新加坡国家档案馆、国际档案理事会、数字档案馆、图书馆、国际档案大会、梵蒂冈秘密档案馆、澳大利亚国家档案馆、法国国家档案馆、档案机构),共使用 61 频次,占全部样本的 82.43%。它主要集中在档案馆,而且是各国国家档案馆。它是世界各国档案事业研究的重头,与国内研究重心在档案行政管理上大为不同,是 2019 年世界各国档案事业研究与关注度第一高的主题。

档案事务(档案工作、档案开放、特点评析、文化创意、档案服务、档案合作、数字保存、战略规划、文化遗产、文创产品开发、档案保管、全球档案治理、公共档案法),共使用 34 频次,占全部样本的 45.95%。研究重点在档案开放服务与文创开发两个方向上,成为 2019 年世界各国档案事业研究与关注度第二高的主题。

国家与地区(加拿大、爱尔兰、澳大利亚、曼彻斯特、俄罗斯、莫斯科、阿联酋、阿拉伯海湾),共使用 25 频次,占全部样本的 33.78%。涉及加拿大、爱尔兰、澳大利亚、英国、俄罗斯、阿联酋 6 个国家,与 2018 年涉及的澳大利亚、爱尔兰、圣卢西亚、美国、德国、哥斯达黎加、加拿大、以色列 8 个国家相比,有较大的变化,是 2019 年世界各国档案事业研究与关注度第三高的主题。

档案(社群档案、数字档案),共使用 5 频次,占全部样本的 6.76%。档案是档案学研究的本体,从涉及的 2 个主题看,涉及社群档案与数字档案。与前 3 个主题相差 1 个数量级。

档案人(档案工作者),共使用 4 频次,占全部样本的 5.41%。只涉及档案工作的主体档案工作者。

信息化(数据库),共使用 2 频次,占全部样本的 2.70%。研究聚焦档案数据库。

其他(阿波罗),共使用 2 频次,占全部样本的 2.70%。

可以说,2019 年世界各国档案事业研究所涉及内容虽然十分广泛,但全部文献均包含在上述机构、国家与区域、档案事务、档案、档案人、信息化、其他 7 类问题上。或者说,2019 年世界各国档案事业研究主要是围绕上述机构、国家与区域、档案事务、档案、档案人、信息化、其他 7 个内容展开的。

三、近五年高频词变化

年度关键词的变化,特别是高频关键词的变化,能够反映出相关研究内容与主题、重点与热点的变化。

2015—2019 年世界各国档案事业研究年度关键词及高频关键词的变化情况,请扫描右侧二维码。

从近五年研究主要关键词的分布看,共涉及档案、档案工作、美国、档案馆、启示、社群档案、中世纪、文化创意、社交媒体、澳大利亚国家档案馆、开放数据、法国档案管理、美国国家档案馆、档案事业、档案网站 15 个关键词。与 2018 年档案、档案馆、启示、美国、美国国家档案馆、社交媒体、英国、澳大利亚国家档案馆、开放数据、法国档案管理、档案工作、档案事业、档案网站、社交媒体档案 14 个关键词相比,只缺少了英国、社交媒体档案,但是增加了社群档案、中世纪、文化创意。大部分没有变化,只有位次发生改变。

5 年中,4 年重复出现过的关键词有档案 1 个,重复率为 80%;3 年重复出现过的关键词有档案工作、美国、档案馆 3 个,重复率各为 60%;2 年重复出现过的关键词有启示 1 个,重复率为 40%;只出现 1 年的关键词有社群档案、中世纪、文化创意、社交媒体、澳大利亚国家档案馆、开放数据、法国档案管理、美国国家档案馆、档案事业、档案网站 10 个,重复率为 20%。在 2015—2019 年中出现的关键词最少时为 2 次,最多时为 11 次。

上述情况说明,在近五年的时间里,对档案的相关研究持续度最高,一直是核心内容与方向;其次是档案工作、美国、档案馆。

多数年份,研究内容与主题有一定的连续性,40% 及以上的研究内容是上一年的重点。

从总体上看,近五年来相关研究的主要内容虽然重点不突出,但是有一定的集中趋势。近两年研究的新变化、新内容、新方向比较明显。

四、小结

从 74 篇文献涉及的关键词看,15 个高频关键词可归并为档案、档案事务、机构、其他 4 个大类,没有明显的热点,研究主题相对分散。与 2018 年的机构、国家与区域、档案、档案事务相比,只有一个主题有所变化,表现出研究主题大类的相对稳定。

从主题词使用频率看,2019 年世界各国档案事业研究涉及内容广泛,但全部文献均包含在机构、国家与区域、档案事务、档案、档案人、信息化、其他 7 类问题上。或者说,2019 年世界各国档案事业研究主要是围绕机构、国家与区域、档案事务、档案、档案人、信息化、其他 7 个内容展开的。

在近五年的时间里,对档案的相关研究持续度最高,一直是核心内容与方向;其次是档案工作、美国、档案馆。多数年份,研究内容与主题有一定的连续性,40% 及以上的研究内容是上一年的重点。可见,近五年来相关研究的主要内容虽然重点不突出,但是有一定的集中趋势。近两年研究的新变化、新内容、新方向比较明显。

第四节　文献关键词共词分析

本节采用关键词共现分析的方法,从共现矩阵和共现网络两个方面对样本文献进行分析。

一、共现矩阵

矩阵提取使用频率最高的 20 个关键词,将这 20 个关键词形成 20×20 的共词矩阵。如果某两个关键词同时出现在一篇文章中时,就表明这两者之间存在相关关系,关键词右侧或下方对应位置的数值表示篇数。

图 7-1 是 2019 年世界各国档案事业研究文献高频关键词共现矩阵。

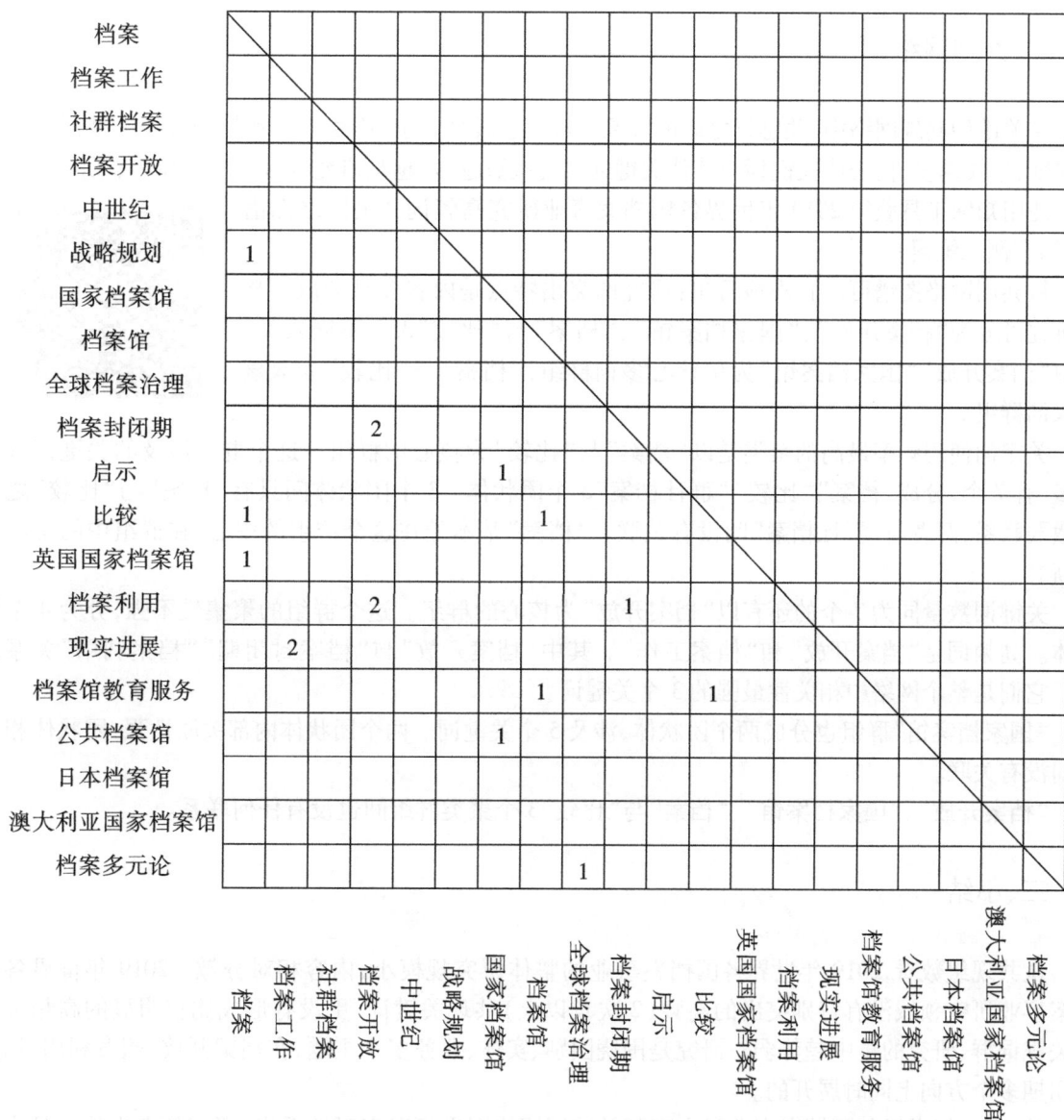

	档案	档案工作	社群档案	档案开放	中世纪	战略规划	国家档案馆	档案馆	全球档案治理	档案封闭期	启示	比较	英国国家档案馆	档案利用	现实进展	档案馆教育服务	公共档案馆	日本档案馆	澳大利亚国家档案馆	档案多元论
档案																				
档案工作																				
社群档案																				
档案开放																				
中世纪																				
战略规划	1																			
国家档案馆																				
档案馆																				
全球档案治理																				
档案封闭期			2																	
启示					1															
比较	1				1															
英国国家档案馆	1																			
档案利用			2						1											
现实进展		2																		
档案馆教育服务					1						1									
公共档案馆					1															
日本档案馆																				
澳大利亚国家档案馆																				
档案多元论									1											

图 7-1　2019 年世界各国档案事业研究文献高频关键词共现矩阵

　　图 7-1 显示,2019 年世界各国档案事业研究文献关键词共现有 13 组,共现率为 6.5%。共现次数 2 次以上(含 2 次)的关键词组合有 3 组,共现率仅为 1.5%。这表明 2019 年世界各国档案事业研究的共现主题相对单一,研究内容交叉性不高。

　　共现次数 2 次以上(含 2 次)的关键词组有 3 组,分别是:

　　档案工作与现实进展:2 频次。

　　档案开放与档案封闭期:2 频次。

　　档案开放与档案利用:2 频次。

　　从共现组数看,由于没有高共现频率词组出现,可见 2019 年世界各国档案事业研究主题间相关性不强,但各自的重点与方向明确。或者说,2019 年世界各国档案事业研究是围绕国别、实体、业务多个主题,在档案开放、档案利用、档案封闭期多个方向上同时展开的。

　　2019 年世界各国档案事业的整体研究规模小,内容相对分散。而且,2019 年世界各国档案事业研究领域没有特别突出的高频(2 次及以上)共现关键词,更没有形成比较明显的高相关共现关键词群,研究的集中趋势弱。

二、共现网络

　　在关键词共现网络中,关键词之间的关系可以用连线来表示,连线多少和粗细代表关键词间的亲疏程度,连线越多,代表该关键词与其他关键词共现次数越多,越是研究领域的核心和热点研究内容。

　　使用知网工具获得 2019 年世界各国档案事业研究高频词共词网络图谱(扫描右侧二维码)。

　　从共词网络图谱可以直观地看出:研究的突出特点是内容多且分散。整个研究可分为"档案开放"、"国家档案馆"、"档案"与"比较"3 个不同聚类。其中"档案开放""国家档案馆"为单核心多词群组,"档案"与"比较"为双核心双词群组。

　　关键词使用频率最高的聚类是以"档案"与"比较"为核心的群组。这个群组涉及的关键词数量最多,有 7 个,分成"档案""比较""群社档案"3 个团状体。3 个团状体间只有"档案"与"比较"之间有微弱联系,两者与"群社档案"间没有关联。"档案"基本处在这个群组的中心,在群组中的中心度较高。

　　关键词数量同为 7 个的还有以"档案开放"为核心的群组。这个群组的聚集性不强,分为 4 个团状体。高频词是"档案开放"和"档案工作"。其中"档案开放"与"档案封闭期""档案利用"关系紧密。它们是整个网络中相关性最强的 3 个关键词。

　　"国家档案馆"群组也分成两个团状体,涉及 5 个关键词。两个团状体内部关联性强,团状体相互之间没有关联。

　　"档案开放"、"国家档案馆"、"档案"与"比较"3 个聚类群组间也没有任何联系。

三、小结

　　从共现组数看,2019 年世界各国档案事业的整体研究规模小,内容相对分散。2019 年世界各国档案事业研究领域没有特别突出的高频(2 次及以上)共现关键词,更没有形成比较明显的高相关共现关键词群,研究的集中趋势弱。研究是围绕国别、实体、业务多个主题,在档案开放、档案利用、档案封闭期多个方向上同时展开的。

　　从 2019 年世界各国档案事业研究高频关键词网络图谱可以直观地看出:研究的突出特点是内容众多且分散,典型的同类,不同属特性。整个研究可分为 3 个不同聚类。各聚类中,多数关键词在同类中没有关联或只维持低强度的单线联系,各聚类相互之间没有或少有关联。整个网络呈现散乱的细碎状。这表明研究的网络联系不强,在较大的空间范围内,在相关性不强的几个不同方向,围绕不同主题与内容各自展开。

第五节　文献综述

一、美国

中国电子科技集团有限公司办公厅机要文档处周向阳认为:"美国国家档案馆(NARA)多年来努力探索自身转型,致力于将自己打造成一个权威信息的集散中心,成为美国民众获取政府相关信息的最重要的渠道。NARA 希望通过采用新技术、新方法来服务用户,进一步推动档案管理理论发展创新,能够在电子记录管理中起到领导作用,充分发挥档案的价值。"NARA 战略规划内容包括:①实现数字档案可公共访问。②与用户建立联系。③实现 NARA 对国家的价值最大化。④员工创造未来。他还探讨了 NARA 战略对我国企业档案工作的启示:①以档案资源"数据化"为核心,丰富馆藏体系建设。②以档案信息系统建设为基础,实现档案一站式管理。③以客户需求为中心,提供企业档案知识服务。④人才队伍建设是档案工作创新取得成功的保障。[①]

天津师范大学管理学院王淼、祝庆轩认为美国"佛罗里达记忆"资源库特色是:①多板块立体展示。②全民参与式记忆构建。③注重保护馆藏资源版权。他们还探讨了对"中国记忆"项目建设的启示:①内容的广泛性。②更新的时效性。③来源的丰富性。④公众的参与性。[②]

中山大学资讯管理学院史林玉认为:"美国国家档案馆具有成熟的文化产品开发模式,呈现出以人为本、形式亲民,双线并重、宣传品牌等鲜明特点。""我国综合档案馆的档案文化产品开发工作在资源建设、宣传销售、参与主体等方面存在不足,可从转变开发思维、多元主体合作、创新开发理念等方面着手予以改进。"[③]

中国人民大学信息资源管理学院陈洁、王玉珏,武汉大学信息管理学院郭若涵认为:"美国国家档案馆通过与各种组织机构开展合作,有针对性地组建宣导联盟,最终成功地实现了自身的独立性。""使美国国家档案馆在开展日常活动、行政管理等方面都有了更大的自主权,对社会的文化影响力也日益凸显。"所谓"档案宣导是一个为促进档案事业发展而不断寻求支持的过程,支持形式多种多样,例如机构领导层的政策倾斜、财政部门的项目拨款、媒体机构的报道宣传、个人名义的馆藏捐赠等。档案工作者往往根据具体的机构目标确定宣导对象,以获取针对性的支持。基于宣导对象和类型的不同,档案宣导实践常以三种类型呈现,即对内宣导、对外宣导与内外双向宣导"。[④]

国防大学政治学院军事信息与网络舆论系赵屹、段荣婷、程妍妍探讨了美军档案工作标准内容特点:①战时档案工作内容明确。②信息化类标准多。③电子档案管理内容普及。④具有特定专业档案管理标准。他们认为美军档案工作标准内容"给我国、我军档案工作标准化予以如下启示:一是增

---

①　周向阳. 从美国国家档案馆战略规划看企业档案工作创新方向[J]. 机电兵船档案,2019(3):59-61.

②　王淼,祝庆轩. 美国"佛罗里达记忆"资源库特色与启示[J]. 中国档案,2019(9):78-79.

③　史林玉. 我国综合档案馆档案文化产品开发展望:以美国国家档案馆为借鉴对象[J]. 档案与建设,2019(6):39-42.

④　陈洁,王玉珏,郭若涵. 档案宣导的背景、内涵与应用[J]. 档案学通讯,2019(2):9-16.

加档案工作标准的协调性。它既包括针对档案法规适时发布协调配套的标准以促进法规施行,也包括国家标准、档案行业标准、国家军用标准在档案工作内容上的协调。二是提高档案工作标准的针对性。对于如同战时档案工作、特定专业档案管理等具有个性特点的档案工作,需要有针对性的标准来引导和规范。三是具象档案工作标准的可操作性。达到按标准索骥即可完成相应业务技术工作。四是深化信息化类标准的研究和发布。进一步统一和规范电子文件的创建、归档以及电子档案管理等业务活动。五是强化档案工作标准的宣贯、实施,及时更新标准内容"。①

天津市和平区档案馆贺宇、王雅婷、韩轶男探讨了 1973 年美国军事人员文件中心火灾的启示:①档案馆火灾易发且破坏力大,应加强对灾后处置的重视程度。②火灾对档案的破坏呈多样性和复杂性,应科学看待水在救灾中的作用。③火灾后档案抢救工作量大且不利因素多,应做好应对复杂困难局面的准备。④火灾易造成档案灭失并产生严重影响,应加强档案火灾容灾能力建设。②

中国人民大学信息资源管理学院、北京电子科技学院管理系张臻认为:"美国档案解密管理法规制度主要包括法律、总统行政令和部门规章三个层面,其实践历程可以分为基本没有解密活动的萌芽期(1951—1972),以系统解密审查、强制解密审查为建设内容的形成期(1972—1995),以自动解密为建设内容的发展期(1995—2009)和以酌情解密方式和国家解密中心的建立为标志的成熟期(2009 年至今)四个时期。美国档案解密管理制度建设和实践发展启示我国要健全档案解密管理法规制度体系,建立完善的档案解密管理工作机构,建设高效的档案解密管理运行机制。"③

南昌大学人文学院罗宝勇认为:"美国档案教育交流合作的国际化教育理念、多元化的国际化师资队伍建设、复合型的国际化人才培养、融合共享的国际化教育内容、先进的国际化教育手段,对我国培养国际化档案人才有一定的借鉴意义。我国档案教育应以理念创新为根本、国际化师资队伍培养为核心、国际化课程体系构建为重点、引进国际化教学方法为手段、国际化复合型档案人才培养为归宿。"④

天津市和平区档案馆贺宇、孙晓红、张晓雷介绍了美国国家档案与文件管理署(NARA)于 2018 年2 月发布的《2018—2022 财年战略规划》的战略目标。战略目标一:推动利用。"公众利用"是 NARA 的核心使命,是全部工作的目标和意义所在。战略目标二:联系客户。NARA 要不断改善客户服务、促进公众参与,使公众充分认识档案对民主的重要性。战略目标三:最大限度发挥 NARA 对国家的价值。向公众开放政府信息,不仅能够充分发挥档案的文化和历史价值,还可以创造可观的经济价值。战略目标四:依靠员工建设我们的未来。NARA 为全体员工提供向数字环境过渡所需的学习和提高机会。⑤

山西医科大学第二医院赵艳兰"通过追溯美国出生医学证明档案管理法制化和信息化进程,分析了其形成和发展中存在的问题:一是采集数据不准确问题;二是数据标准化和安全性问题。通过分析这些问题从中得到启示:一是应建立统一的出生医学证明档案数据库;二是应建立统一的出生医学证明档案管理系统;三是应用成熟的防伪识别系统核心技术提升出生医学证明档案防伪技术"。⑥

二、英国

中国人民大学历史学院杜宣莹"探讨近代以来英国国家档案的编制沿革及始于 19 世纪早期的管

①　赵屹,段荣婷,程妍妍.美军档案工作标准及其特点研究[J].档案与建设,2019(8):41-47.
②　贺宇,王雅婷,韩轶男.1973 年美国军事人员文件中心火灾的启示[J].档案管理,2019(6):95-96.
③　张臻.美国档案解密管理:制度、实践及启示[J].档案学研究,2019(1):114-121.
④　罗宝勇.美国档案教育国际化视野及启示[J].山西档案,2019(4):54-57.
⑤　贺宇,孙晓红,张晓雷.美国国家档案与文件管理署2018—2022 财年战略规划[J].兰台世界,2019(9):94-96.
⑥　赵艳兰.美国出生医学证明档案管理及启示研究[J].办公室业务,2019(18):177-178.

理改革。为因应档案的散佚问题和公众化政策,英国政府不仅推动档案管理机构的整合与转型,更进一步实施了管理机制的改革:强制归档、集中管理、档案重整和公开化。此沿革历程完整呈现了以国家档案为典型的英国历史档案管理方式的演变。近年来,多学科与新技术的互动促进,使英国国家档案的发布不断适应永续保存、大众化使用,以及数字人文等新兴需求"。[①]

中山大学资讯管理学院杜瑀峤"对英国的档案封闭期演变和相关规定进行介绍与梳理。1958 年英国颁布《公共档案法 1958》,规定档案封闭期为 50 年;1967 年修订后的《公共档案法 1967》,将封闭期从 50 年缩减至 30 年;2005 年《信息自由法》全面实施之后,适用于全体档案的普遍封闭期被废止。现有的封闭期仅适用于豁免信息,其主要原则包括'滚动十年'原则与'生命周期'原则,并且每年政府部门都要根据国家档案馆提供的安全报告对即将到期开放的档案进行审查,做到了'以开放为主,以不开放为例外'"。[②]

中山大学资讯管理学院李少建探讨了英国档案封闭期的具体内涵:①敏感档案的筛选。英国国家档案馆在选择和移交纸质档案时,一共有六个步骤,第一步是档案鉴定,主要鉴定的是档案的价值,并根据档案的价值来决定档案的保管期限。第二步是档案选择,目的是选出需要永久保存的档案。第三步就是敏感性审查,敏感性审查的目的就是识别三种档案,首先是因为过于敏感,只能保存在档案形成部门而不能移交至国家档案馆的档案,其次是应该移交至国家档案馆但是移交之后需要封闭且可依据《自由信息法》申请公开的档案,最后是可以移交至国家档案馆,且移交后即公开,不拥有《信息自由法》豁免权的档案。这就确保了档案依照安全等级进行分类保管,也使得档案能依据《信息自由法》尽早向公众公开。②"滚动十年"原则。"滚动十年"原则是英国国家档案馆和咨询委员会针对《信息自由法》中规定的部分因涉及英国及其附属领土的国防、国际关系、国家安全、经济利益敏感档案权而提出的一种档案封闭期的具体实施办法。③"生命周期"原则。"生命周期"原则主要针对的是个人档案及一些可识别寿命的个体相关资料。英国国家档案馆和咨询委员会提倡一种以相关主体的生命为封闭期的做法,这就是所谓的"生命周期"原则。[③]

中山大学资讯管理学院、中山大学档案科学技术研究院杨茜茜认为:"英国 ARCHANGEL 是全球首个专门针对电子档案信任管理的区块链应用研究项目,旨在利用区块链存储电子档案内容证据,为档案利用者提供可靠的档案完整性认证服务。"ARCHANGEL 的电子档案信任管理模式包括:①已有模式:基于机构信任的电子档案真实性管理。现有的电子档案真实性管理本质上是一种基于保管机构权威性的中心化信任机制,即社会公众对于档案的信任来源于其对档案馆这一权威机构的信任,而档案馆则通过主动采取一系列措施来保证档案的真实性。②ARCHANGEL 模式:基于技术信任的电子档案真实性管理。ARCHANGEL 项目中的电子档案真实性管理则是一种基于技术逻辑完备性的信任机制,在主体上不再局限于中心化的保管机构,而是通过多个非利益相关方之间的制约和协同来构建信任体系。[④]

河南省档案局杨宝章认为:"英国的档案工作与我国的档案工作相比,各有千秋。在分析两国档案工作的差异时,既不能完全用我国的标准、规范去衡量英国的档案工作,从而全盘否定英国的档案工作,也不能盲目地认为英国档案工作各方面都好于我国。实事求是地讲,英国档案工作的很多方面,比如,档案工作的规范化程度和档案信息化率都远远不及我国。当然,英国也有不少档案工作的先进理念和典型经验值得我们借鉴。"英国的档案工作的特色是:①法治化程度较高。②充分发挥志

①　杜宣莹. 走入公众:近现代英国国家档案的管理沿革[J]. 档案学通讯,2019(3):61-69.
②　杜瑀峤. 英国公共档案封闭期研究及启示[J]. 浙江档案,2019(1):23-25.
③　李少建. 英国档案封闭期再认识[J]. 档案学研究,2019(6):122-125.
④　杨茜茜. 基于区块链技术的电子档案信任管理模式探析:英国 ARCHANGEL 项目的启示[J]. 档案学研究,2019(3):135-140.

愿者作用。③馆舍数量较多。④档案服务优质。⑤档案资源丰富。①

郑州大学信息管理学院档案学系娄海婷介绍了英国国家档案馆网站的教育栏目,"浏览英国国家档案馆官网首页,在教育栏目中出现了 for teachers 和 for students 这两个特色化的栏目设置。英国国家档案馆为老师和学生的教育资源分别设置了分类,用户可以根据自己的身份进行选择性浏览和学习。教师可以根据课堂任务和教学目标选择不同的任务难度来辅助课堂教学使用;学生可以结合学习习惯和特点来选择活动、游戏或者视频等激发学习兴趣"。②

四川大学公共管理学院夏雨晨认为:近年来,社群档案建设迅猛发展。Talking Syria 是一个英国的非营利组织,"Talking Syria 社群档案项目在内容方面有着突出的特色,主要表现为以下三点:叙述主体的大众化、叙述内容的多样化、叙述方式的自主化"。他还探讨了项目的启示:第一,关注普通民众,丰富社群记忆。第二,充分利用叙事者的自主意识。第三,移动互联网的巧妙应用。③

三、澳大利亚

中国人民大学信息资源管理学院王宁、刘越男"通过对数字时代澳大利亚的档案保管模式进行案例分析,发现其发展过程呈现出'集中'与'分布'两种保管思维的博弈,其模式转变是技术变化、利用需求和管理理论等多重因素影响的结果,其现行保管模式在集中管控、法律遵从、具体方案和实施指南方面特色鲜明。以此为启发",并"提出数字时代我国的档案保管战略应关注多样化需求,革新保管理念,加强集中管控,完善法律、政策和制度保障"。④

山东大学历史文化学院陈建认为:"档案众包是借助公众智慧和力量实现档案资源共建共享的有效方式。澳大利亚国家档案馆的档案众包项目实践丰富成熟且成效显著。档案众包所体现的档案高度开放与广泛共享、众包类型和内容丰富多样、项目化运作与平台化管理、加强机构合作、丰富创意和精心设计、研发和应用先进技术、保障依法合规开展等特点对我国档案部门具有借鉴意义。"⑤

中山大学资讯管理学院钟其炎"通过调研澳大利亚电子健康档案隐私保护的法律政策、标准指南和实践做法,介绍了澳大利亚电子健康档案的发展历程,并从规划阶段、收集阶段、存储阶段、利用阶段、销毁阶段介绍了澳大利亚电子健康档案全生命周期的隐私保护体系。我们可以借鉴学习澳大利亚的经验做法,从完善电子健康档案隐私保护的法律法规、强化电子健康档案隐私保护的监管体制、充分调动电子健康档案隐私保护的个人积极性、重视电子健康档案规划阶段的隐私影响评估等方面,进一步完善我国电子健康档案隐私保护体系"。⑥

中国计量大学人文与外语学院彭飞认为:"澳大利亚少数民族语言档案数据库的建设目标是建立规模较大、资源丰富、分类科学的专题性数据库。经过多年的努力,档案数据库已经较为完善,为少数民族语言文化的传承提供了重要保障。为了便于各类数据的共享与整合,澳大利亚建立了统一的数据共享平台,将语言名称代码化,定期维护更新,做到了信息化、标准化和规范化。我国目前尚未建立统一的少数民族语言(尤其是方言)标注编码系统,各数据库均采用各自的标准,这给档案数据的提取、处理和利用带来了诸多不便,无法适应信息化时代的需求。因此,我国的少数民族语言档案数据库应该由国家语委或民委等部门主导,建立统一的数据平台,协调建成大数据处理中心,实现我国所

---

① 杨宝章.英国档案工作的特色与启示:赴英培训的收获与思考[J].中国档案,2019(1):80-81.

② 娄海婷.英国国家档案馆网站的教育栏目及启示[J].档案管理,2019(3):81.

③ 夏雨晨.英国社群档案项目的特色与启示[J].文化产业,2019(18):31-32.

④ 王宁,刘越男.集中与分布的博弈:数字时代澳大利亚档案保管模式的发展及启示[J].档案学研究,2019(6):108-114.

⑤ 陈建.澳大利亚国家档案馆档案众包项目实践探析[J].档案学通讯,2019(6):72-78.

⑥ 钟其炎.澳大利亚电子健康档案全生命周期隐私保护体系及借鉴[J].北京档案,2019(2):16-21.

有少数民族语言数据的共享。"①

四、加拿大

武汉大学信息管理学院、图书情报国家级实验教学示范中心(武汉大学)许晓彤翻译了詹妮弗·道格拉斯、希瑟·麦克尼尔的文章,认为,"加拿大档案事业发展的早期,文献遗产保护作为与国家建设息息相关的'公共责任'",由自治领政府负责,具体而言,即由加拿大公共档案馆负责。多年来,加拿大公共档案馆的历任馆长秉承着这种责任感,意图通过档案唤起人们的爱国主义情怀。在布里姆纳和道蒂的领导下,档案馆的首要职能是鉴定与获取对加拿大历史研究最有价值的档案素材。布里姆纳始终怀着历史视角撰写报告并编制年表,他认为通过时间顺序整理档案并编写摘要能够为历史学家清晰地展现历史事件的原貌。尽管道蒂不赞同将年表作为档案检索利用的主要途径并提出开展全文出版计划,但年表的编制工作仍持续至20世纪。布里姆纳、道蒂和兰科特均认为自己从事的是历史事业,并从属于历史学家群体。②

山东省单县档案馆周艳萍认为:1881年,第一位多米尼加档案管理员道格拉斯·布赖姆纳开始阐述加拿大档案馆的"崇高梦想"(伯利克,2006)。布赖姆纳强调记录加拿大社会各个方面的重要性,他设想加拿大的公共档案馆是一个国家历史的仓库,包含来自私人和公共领域的文件(以及外国档案馆中的文件副本)。直到20世纪80年代,档案工作者才开始认真地重新考虑公共服务,并审查他们的义务,使持有的资产和相关的服务向公众开放。近年来,档案公益项目在档案馆和档案馆工作人员对公共服务的承诺中所扮演的角色一直是激烈争论的对象。然而,档案界仍然有些不愿意接受公益项目在档案机构日常运作和档案理论体系中的地位。虽然现在有一定数量的此类活动被认为是必要的,但总体而言,公益项目仍然主要被视为一种奢侈品。③

五、新加坡

景德镇陶瓷大学欧阳俊哲分析了新加坡国家档案馆的建设内容:①档案馆努力保护过去。努力保护过往历史的珍贵档案资料是档案馆义不容辞的职责所在,而这也是新加坡国家档案馆资源建设的亮点之一,尤其是在口述历史档案保护与建设方面有着自己独特的经验。②档案馆积极珍惜当下。首先是档案馆便于民的建设。其次是档案馆利于民的建设。最后是档案馆服务于民的建设。③档案馆全面创造未来。首先是档案馆应用新的技术,然后是档案馆接受新的思潮,最后是档案馆拥抱新的用户。④

国防大学政治学院史晓康认为:"新加坡国家档案馆的网络档案信息检索针对不同的信息库共有4种在线检索方式。不同的信息库和检索方式所检索的结果形式可能相同,但著录项目不尽相同。新加坡国家档案馆的网络档案信息检索在提供多样化的检索方式、强化网络信息资源的整合、坚持统一的建设标准三个方面对我国网络档案信息检索发展具有启示借鉴意义。"⑤

① 彭飞.澳大利亚少数民族语言档案数据库建设现状及启示[J].中国档案,2019(11):70-71.
② 詹妮弗·道格拉斯,希瑟·麦克尼尔.从年表到目录:1882—1975年加拿大公共档案馆检索工具的体裁演变[J].许晓彤,译.档案管理,2019(2):80-83.
③ 周艳萍.加拿大公益档案项目的演变[J].智库时代,2019(17):16,21.
④ 欧阳俊哲.新加坡国家档案馆可持续发展研究与启示[J].档案管理,2019(6):71-73.
⑤ 史晓康.新加坡国家档案馆的网络档案信息检索[J].山西档案,2019(4):99-108.

六、其他国家

中国第二历史档案馆许茵介绍了尼泊尔国家档案馆:"尼泊尔国家档案馆成立于 1967 年,位于尼泊尔加德满都市辛哈杜巴王宫内,是尼泊尔重要的档案文献整理和保管机构,主要保管包括辛哈杜巴王宫图书馆所藏王室档案及研究性出版物在内的尼泊尔档案文献资料。尼泊尔国家档案馆隶属于尼泊尔文化旅游及民用航空部下属的考古局,下设档案处和缩微技术处。其中,档案处负责档案文献的接收、保管和整理工作,下辖手稿科、档案科及保管科;缩微技术处负责档案文献的缩微和数字化等工作,并向查档者提供档案查询和复制服务。尼泊尔国家档案馆内还设有 1 间小型图书室,藏有约 1.2 万本纸质书籍。此外,尼泊尔国家档案馆还办有馆刊《档案馆》,每年发行 1 次,主要介绍尼泊尔国家档案馆馆藏档案信息,报道开展档案活动的有关情况,宣传档案工作并强化公众的档案保护意识。"①

国防大学政治学院崔明杰认为:"宏观上,韩军档案工作已完全纳入国家档案管理体系当中。但是由于军队中没有强有力的专门领导机构,各军种部队的档案工作各有特色、优劣不齐、难以统筹,总体上体现出'国家统管、军种分治'的特点。微观上,韩军档案的管理严格按照三阶段法定程序落实,各项法规制度完善,规范标准细化,体现出细而精的特点。今后,韩军档案管理体制将向'统筹领导、区域整合、充实人力'的方向持续发展。"②

中国人民大学信息资源管理学院黄霄羽、田宁宁认为,近年来,印度档案工作不断完善,呈现出与时俱进的特点,主要体现在以下五个方面:①推进档案数字化建设。②促进档案资源开发利用。③加强特色档案馆建设。④开展档案国际交流。⑤关注档案中的历史和文化。她们还探讨了印度档案工作面临的危机:①档案工作经费不足。②档案保护力度不足。近年来,部分印度档案机构在保护档案方面出现了不作为的情况,导致珍贵档案被毁坏和丢失。③

中山大学资讯管理学院廖嘉琦认为:"萨摩亚《公共档案法》是萨摩亚档案事业发展的基石,是萨摩亚开展档案工作的依托,它有效地指导了萨摩亚近年档案工作中的可行性和高效性,提高了档案信息服务的效率和质量,对萨摩亚国家档案馆和公共机构的发展也提出了更高的要求,是一部相对较为完善的法律,也是太平洋岛国档案法律制定的典例。""同时,也应该正视《公共档案法》存在的一些不足。""其次,《公共档案法》对版权问题还不够重视。国家档案和记录管理局需要维护自身的版权利益,也需要更好地保护他人的版权,应在法律中声明知识产权在档案馆工作中的一般性例外情况以及限制要素。目前,萨摩亚在发展数字化档案,就更应该重视这个问题。"④

中国人民大学信息资源管理学院黄霄羽、田宁宁认为:"非洲国家经济水平和政治成熟度远远落后于发达国家,相应导致其档案工作至今呈现整体落后的突出特点。"非洲国家档案工作整体落后:①档案基础设施薄弱。一是馆藏资源数量不丰且类型单一;二是档案网站建设乏力;三是服务设施落后。②档案业务管理尚不规范。一是档案收集欠缺意识和法规依据;二是档案鉴定缺乏严格程序;三是档案利用相对基本但档案开放度较低。③档案数字化建设刚刚起步。她们还介绍了非洲国家档案工作的创新之处:①力图使档案资源更加丰富并富于特色。尽管非洲国家存在档案资源数量欠丰、门类单一的不足,但近年来部分国家试图突破上述局限,开始重视档案资源建设的丰富和特色。②尝试应用新技术。应用新技术是全球的普遍潮流,非洲国家尽管整体技术水平比之发达国家存在差距,但少数国家也紧跟国际潮流,努力尝试应用较先进、甚至是热门技术来推动档案工作发展。以肯尼亚最

---

① 许茵.尼泊尔的档案管理与立法特色[J].中国档案,2019(3):80-81.

② 崔明杰.韩军档案管理体制探析[J].档案与建设,2019(11):42-46.

③ 黄霄羽,田宁宁.近期印度档案工作特点评析[J].中国档案,2019(5):70-72.

④ 廖嘉琦.萨摩亚《公共档案法》述评[J].兰台世界,2019(8):28-31.

典型。③国际合作迈上新台阶。非洲国家在国际档案界长期居边缘地位,近年来部分国家档案工作创新的重要表现是开始主动与发达国家合作,不断推进国际合作并使其迈上新台阶。①

七、国际档案理事会与国际档案大会

中国人民大学信息资源管理学院李子林、王玉珏,武汉大学信息管理学院龙家庆、刘俊恒认为:"国际档案理事会(ICA)参与全球档案治理工作的特色体现在:树立档案共同理念、搭建档案工作网络、举办档案会议支持档案事务决策、重点解决区域档案发展问题四大方面。同时,ICA 通过确立统一的档案原则与方法、制定全球通用的档案业务标准、出版全球性的档案专业出版物、资助开展全球性的档案项目等治理工具,实现对全球档案事业的积极引导与妥善治理。经过 70 年发展,推动全球档案治理的国家从局部走向广泛,参与治理的人员由单一走向多元,治理对象由界内走向界外,治理手段由单维走向多维。"②

河南省医学会张萍认为:"国际档案大会作为世界各国档案界学者和档案工作人员沟通交流的桥梁,是我国档案界了解世界各国档案发展进程的重要窗口,对国际档案大会的研究正是我国档案学者透过这一窗口进一步了解世界各国档案工作的具体表现。国际档案大会总结出世界各国档案工作者和档案研究人员在实际工作和理论研究过程中发现的问题,分享了先进的工作方法和经验,有利于在各国交流中相互借鉴、取长补短,有利于各国档案工作开展,也有利于推动国际档案事业共同向前发展。我国档案界学者应积极参与其中,加强对国际档案大会的研究,增强我国档案界的国际影响力。"③

八、对比与比较

中央军委办公厅档案馆孙丽林、李梦军、杜长安探讨了国外档案学者的特点:其一,国外档案学者大多有在档案馆工作的经历,并且有相当多的档案学者都有档案学之外的学术背景。例如,斐斯曾是格罗宁根市的档案管理员;迈斯奈尔先后担任过普鲁士国家机密档案馆馆长;布伦内克曾在慕尼黑大学和哥廷根大学学习历史学,也曾任普鲁士国家档案馆馆长;詹金逊毕业于剑桥大学古典文学专业,曾任英国公共档案馆第一副馆长和代理馆长;谢伦伯格取得堪萨斯州立大学历史学硕士学位和宾夕法尼亚州立大学的哲学博士学位,并长期在美国国家档案馆工作,曾任副馆长;布姆斯是历史学家,曾任德国联邦档案馆馆长。其二,国外档案学者研究的内容相对比较集中,大多在研究档案整理和鉴定过程中提出了具有广泛影响的观点。《荷兰手册》的 3 位作者是来源原则的集大成者;布伦内克以自由来源原则闻名于档案学界,迈斯奈尔、卡林斯基、詹金逊、谢伦伯格、库克、布姆斯等都在档案鉴定理论上有所建树。他们所提出的原则和理论,至今对于档案整理和鉴定工作仍具有重要的指导意义。其三,国外档案学者的研究内容和工作实践联系紧密,其理论成果常常和实际操作方法相关。纵观国外档案学者的情况,他们的理论和观点大多是为了解决当时、当地档案管理活动中迫切需要解决的实际问题。他们还探讨了这些观点对我国档案界的启示:①强化跨学科人才的培养;②优化档案整理鉴定的分工;③改善学术研究的氛围。④

———————————

① 黄霄羽,田宁宁. 非洲国家档案工作近期特点评析[J]. 档案与建设,2019(7):36-40,60.

② 李子林,王玉珏,龙家庆,等. 国际档案理事会参与全球档案治理:特色、工具与成绩(1948—2018 年)[J]. 档案学通讯,2019(5):93-100.

③ 张萍. 国际档案大会研究现状及热点分析:基于 Citespace 的信息可视化分析[J]. 信阳师范学院学报(哲学社会科学版),2019,39(6):91-95.

④ 孙丽林,李梦军,杜长安. 国外档案学者的特点及启示[J]. 中国档案,2019(2):80-81.

四川大学公共管理学院代林序、陈怡、杨梓钒、张玉洁、周文泓认为:"澳、美、加、英四国档案工作服务的对象侧重点有所不同,分为两类,一类是以业务机构为主体的用户,帮助其更好地处理业务;另一类是以社会公众为主体的用户,与公众建立良好的关系。澳大利亚国家档案馆(NAA)的机构服务中心提供了一系列方式以帮助机构实施《数字连续性 2020 政策》。其他三国侧重面向社会公众开展服务。NARA 提出要提高公众对档案重要性的认识,建立长期的战略性用户关系,鼓励公众参与到档案目录的资源建设中来;LAC 将加强馆内文献遗产的开放,利用社交媒体平台、游戏等让公众都接触到馆内文献遗产,同时,鼓励公众参与到馆藏的数字描述中;TNA 除了向公众免费开放馆藏外,还将通过提供创新服务来识别和吸引受众,如丰富的馆藏体验活动使档案馆与公众建立良好的互动关系。"①

上海大学图书情报档案系张珊认为:"在全球化背景下,传统的中外档案合作交流模式面临转型,具有中国特色的档案合作交流模式正在形成。新时代中外档案合作交流的实践探索主要围绕'一带一路'框架下的档案文化合作交流、档案知识共建共享、技术标准共商共建与档案记忆研究交流四个方面展开。理论基础涉及全球档案治理理论、档案多元论、档案行动主义等。在厘清新时代中外档案合作内外环境的基础上,建立合作机制,构建新时代合作交流模式。"②

华中师范大学信息管理学院陈慧、南梦洁"通过文献调查法、对比分析法等方法,从资源建设、资源服务、信息安全和用户交互四个方面入手,对美国、英国、加拿大和澳大利亚四国的国家档案馆互动式档案信息服务建设进行对比分析,并基于此提出应采取扩大馆藏资源丰富性、提高检索服务便捷性、加强版权隐私监管度和增强交互服务人性化四项措施,以期为数字档案馆建设带来启示"。她们认为互动式档案信息服务模式下数字档案馆建设的启示是:①深入挖掘资源,提高内容丰富性。②完善检索机制,提升查询便捷性。③注重隐私声明,加强版权监管度。④增强用户交互,提升资源推广性。③

湘潭大学公共管理学院王协舟、湖南省信息资源管理与知识产权研究基地尹鑫"通过对英美法系国家档案数据开放的学术文献、法律与政策文本以及经典案例分析,可知英美法系国家档案数据开放法律与政策研究在世界五大法系中起到了较好的引领和表率作用。要促进'互联网+'时代我国档案数据开放法律与政策建设,应学习英美法系国家档案数据开放法律与政策的先进经验,完善我国档案数据开放行为法、档案数据开放救济法、档案数据开放权利保护机制、档案数据开放政策以及档案数据开放技术标准体系"④。

上海大学图书情报档案系杨豆琪探讨了英美档案文化创意型服务的特色:一是文创产品实用且体现馆藏特色。英美国家档案馆立足馆藏特色资源开发文创产品,不仅传播了本国的档案文化,还带来了一定经济收益。二是文化活动善抓"卖点"。档案文化活动的举行如果依托特定的背景与氛围,往往更容易引起社会的反响与共鸣,即有"文化卖点"。三是公众参与形式多样。英国国家档案馆在官方网站上开设了虚拟教室模块,创设交互式虚拟环境,公众通过网络即可免费参与。四是服务注重跨界合作。美国国家档案馆与国家档案馆基金会合作,为档案文化创意产品的设计与开发提供资金支持。五是服务与互联网紧密联结。随着互联网技术快速发展,档案文化服务与网络的结合势必会达到更好的效果。她还分析了英美档案文化创意型服务的作用:第一,引导公众形成新的档案观。开展形式多样的档案文化创意服务,能使公众对档案的概念有新的、更深的理解,进而帮助公众形成新

① 代林序,陈怡,杨梓钒,等.数字转型背景下档案工作发展趋势与对策研究:基于澳、美、加、英的战略规划解析[J].档案与建设,2019(5):38-42,29.

② 张珊.新时代中外档案合作交流研究:实践探索、理论基础与新模式构建[J].浙江档案,2019(12):26-28.

③ 陈慧,南梦洁.基于互动式档案信息服务模式的数字档案馆建设:以美英加澳为例[J].山西档案,2019(5):103-111.

④ 王协舟,尹鑫.英美法系国家档案数据开放法律与政策调研及经验借鉴:基于文献、文本和案例的省思[J].档案学通讯,2019(4):48-57.

的档案观。第二,推动档案馆打造品牌效应。档案是记录文化的重要载体之一,推动档案馆打造品牌效应有助于推动档案文化传播。第三,助力提升公民整体文化素养。档案馆作为文化信息资源的重要存储地,能够为提升公民文化素养方面提供助力。①

上海大学图书情报档案系王毅、刘莹"从设计思路、营销方法、产品类别、特色主题的视角对美国国家档案馆、英国国家档案馆、澳大利亚国家档案馆、澳大利亚国立影片声音档案馆这四家海外档案机构文创产品开发实践现状进行总结分析,并从产品种类、生产研发、授权模式、跨界合作、推广营销五个方面得出对我国档案文创产品开发的启示"。②

山东大学历史文化学院谭必勇认为:"西方社会文化思潮和公众权利意识的觉醒、地方历史意识和地方史研究的兴起、信息技术的普及和应用、档案高等教育和研究项目的扩展等,为西方社群档案建设思想提供了坚实的基础。英国学者安德鲁·弗林(Andrew Flinn)是较早研究社群档案的档案学者,他认为社群档案(Community Archives)是指具有共同身份特征(如地域、种族、性别、性取向、兴趣爱好等)的特定社群成员所形成的、记录社群历史的文件集合。最初社群档案馆主要由边缘群体、个人或公益组织自发建设和管理,属于公共档案资源体系之外的民间档案资源管理范畴,随着社群档案的价值持续受到社会各界的广泛关注与重视,不少西方国家纷纷开展社群档案资源建设项目,一些主流档案馆或博物馆对社群档案建设情况和社群档案现状展开调研,呼吁公众提高对社群档案的重视,关注边缘群体和社群档案保护,甚至主动收集社群档案资源并将其纳入公共档案资源体系之内。""近年来,西方学者也开始关注社群档案建设的局限性,认为对身份认同问题的过分强调会分散社群档案机构对其自身可持续性发展实践的注意力,无意中反而让档案工作者陷入边缘化的泥潭。""当合作、数字归档、社群参与等越来越成为影响社群档案建设的关键要素的时候,迫切需要一种新的理念和范式来解读这种趋势,从而让社群档案馆与公共档案馆建立和谐共赢的新局面。"③

上海大学图书情报档案系古同日探讨了国外公众参与档案资源社会化开发的特征:①强调人文关怀理念,注重发挥历史价值。随着档案学思想重心逐步走向记忆、认同和社群,档案实践领域主导思想也转向历史、文化和社会。公众参与档案资源社会化开发的实践都不是基于现实利益考虑,而是为了留存历史记忆和为边缘群体发声。②以网络平台为主要渠道,降低参与成本。利用互联网、社交媒体等渠道进行档案资源社会化开发是国外普遍的做法,相较于传统档案资源开发方式,以网络平台开发档案资源不需要建设实体档案馆,降低了建设的成本和难度;对于公众来说,档案资源和信息的传递共享都可在线上完成,用户的获得成本也能够降低。③充分利用档案情感价值,引起情感共鸣。④运用灵活档案管理策略,挑战传统档案实践模式。他还探讨了这些特征对我国的启示:①意识培养——积极发动公众参与档案资源社会化开发。②手段更新——利用多种技术平台丰富参与渠道。③制度完善——保障参与者的各项权益。④

国防大学政治学院程妍妍、解放军档案馆李圆圆认为:"国外文件和档案机构出台的各种规范性文件对云服务合同提出要求的目的,主要是为了保护档案机构的利益,防止档案文献由于云服务商的疏忽或是其他因素导致损毁或丢失。因此规范性文件反复强调档案机构应在合同中明确对云服务商的监督措施、限期整改和补偿性条款,并且要求条款以明确的合同语言、可以量化的形式写入合同。这样做一方面可以督促云服务商不断提升服务能力、强化风险意识、保护云中档案安全,另一方面也为档案机构评估云服务商承诺的服务指标提供了可依据的指南。"⑤

①　杨豆琪.英美国家档案馆"文化创意型"服务研究及启示[J].浙江档案,2019(5):36-37.
②　王毅,刘莹.海外档案文化创意产品开发实践及启示[J].北京档案,2019(12):42-44,56.
③　谭必勇.权力、技术与记忆构建:西方社群档案建设述评[J].档案管理,2019(1):4-8.
④　古同日.国外公众参与档案资源社会化开发模式研究[J].浙江档案,2019(7):26-27.
⑤　程妍妍,李圆圆.国外文件和档案机构云服务合同研究[J].浙江档案,2019(7):23-25.

南京大学信息管理学院古琬莹认为:"中、美、法三国地跨四大洲、三大洋,从世界最大的发展中国家到最大的发达国家,它们虽是世界的一部分,但却是举足轻重的国家,其国家档案观的意义与影响不容小觑。档案国家观、档案技术观、档案服务观三种档案观是对中、美、法三国国家档案事业发展经验的总结,它们具有很强的科学性、前瞻性和先进性,对当今档案事业的发展仍具有指导意义。""首先,档案国家观将档案的重要性提升到了国家层面,认为档案是国家的宝贵财富,是维护国家历史面貌、维护国家尊严和权益的重要事业,应将档案工作作为国家一项事业列入国民经济和社会发展计划之中,使档案事业与整个国家建设事业紧密结合、协调发展。""其次,21世纪科学技术已经完全融入了我们的生活,各类新型技术日新月异,目不暇接。科学技术与档案事业的结合已经成为档案工作的重中之重。""最后,档案服务观是一种充满活力和符合现代档案工作发展规律的档案观,在档案工作中引入'为人民服务'的观点,就是将这种服务意识贯彻到档案工作的各个环节,以方便人们利用为目的,推动各项档案工作的开展。对此,我们应根据不同档案用户需求,提供针对性、合理性强的档案服务,尽可能地满足各类需求,促进档案工作全面发展。"[1]

中国政法大学档案馆王改娇选取美国、澳大利亚、新西兰、英国、德国、俄罗斯、法国等国家的档案利用法律法规,对其予以比较,认为各国在制定利用档案规范方面主要遵循以下四项原则:①开放为原则,不开放为例外。各国为了限制政府权力的恣意扩张,避免政府机关工作人员以各种借口扩大不开放的范围,在档案利用立法实践中秉承了信息自由法一贯倡导的"公开为原则、不公开为例外"的立法理念,严格控制不开放档案的范围,以充分保障公民参政权的实现。②协调一致性原则。一是指档案利用法律法规与信息公开法、保密法等相关法律要保持协调一致;二是指档案法规体系内部也要保持一致,譬如根据档案法制定的实施办法以及有关行政法规规章等,均要与档案法一致。③自由使用原则。自由使用原则指的是,利用者获取政府档案信息后,可以用市场化的方式对档案信息进行再加工。④利益平衡原则。利益平衡原则是指,当公众利用档案与国家利益、与公民个人的隐私权冲突时,就必须受到一定的限制,即如果开放某些档案,可能危害到国家利益、某个组织或者某一个人的利益,就需列入豁免开放的范围。[2]

黑龙江大学陶媛对中法档案法进行比较研究,认为中法档案立法的相同点是:①立法模式。②效力覆盖面。③内容概括程度。中法档案法基本内容的不同点是:①原则性的规定。立法基础、档案的概念、档案所有权。我国将档案所有权分为国家、集体和个人三类;法国只划分为公共档案和私人档案两类。②具体规定。关于档案机构设置及其职责、档案管理、档案开放与利用、违法行为与法律责任。她还认为:中法两国的档案法是不同性质的档案法,从本质意义上来讲,两国的社会环境不同,社会发展状况也各异,必然会存在较大的差异。法国档案法在征集制度、开放制度和私人管理制度方面的优势和值得我国档案法在建设健全方面需要向其借鉴的地方。与此同时,在对比分析后也得到了一些相关的启示,就是应该要重视档案在国家治理中具有基础作用、要适应技术发展立法推动档案管理转型、要完善档案法促进政府信息公开等。[3]

河南省濮阳市档案馆刘东斌、河南省开封市档案馆吴雁平"通过对美国国家档案馆与我国全国综合档案馆等档案馆档案利用率的统计分析比较,就我国全国综合档案馆的整体上说档案利用率平均高出美国国家档案馆19.39倍。最高的竟是我国一个经济相对落后的县级档案馆,竟高出美国国家档案馆最高利用率101.68倍。结论是我国档案馆的档案利用率远远高于美国档案馆的档案利用率。并认为中美档案馆馆藏档案利用具有三个共性:第一,中美档案馆的馆藏档案利用都具有'用少性'。第二,馆藏增加无助于馆藏档案利用率的显著提高。第三,信息开放程度、信息获取方便程度与档案

①　古琬莹.从领导人讲话论中、美、法三国档案观[J].档案管理,2019(1):36-38.
②　王改娇.西方国家档案利用法律法规的比较研究[J].浙江档案,2019(6):10-13.
③　陶媛.中法档案法比较研究[D].哈尔滨:黑龙江大学,2019.

馆利用率或成反比"。①

安徽大学管理学院靳文君"比较中美档案领域数字人文项目可以发现,我国档案数字人文项目起步较晚,项目组成人员不稳定,主要关注档案资源建设的广度;美国档案数字人文项目相对成熟,由多个核心团队共建,主要关注档案资源建设的深度。美国档案数字人文项目在档案资源协同开发、数字技术与档案人文融合、档案资源价值挖掘拓展等方面,值得我国借鉴"。②

北京汉龙思琪数码科技有限公司毕向阳、张世春、宣鹏娥对中外私人档案馆进行比较研究:①中外私人档案馆定义与称呼比较。划分我国的公共档案馆与私人档案馆的主要标准,为档案馆以及馆内档案的归属权;国外对私人档案馆的定义比较简单,主要考察建立者和所保存的档案种类。②中外私人档案馆类型比较。我国私人档案馆的类型主要有私有企业档案馆、社会组织或团体档案馆、民间档案馆、家庭档案馆、个人档案馆。国外私人档案馆的主要类型有八种:企业档案馆、教会档案馆、政党档案馆、大学档案馆、社区档案馆、总统图书馆、家族档案馆、个人档案馆。③中外私人档案馆法规制度比较。国外早在 20 世纪七八十年代就对私人档案馆建设进行立法,我国在私人档案馆立法方面明显滞后,还处在摸索和研究阶段。④中外私人档案馆资金管理比较。国外私人档案馆的资金管理方式更为灵活多样,一方面依靠政府、企业、社会组织以及个人的捐款,另一方面销售纪念品以及举办商业活动来赚取利润。在我国,私人档案馆尚未被纳入国家档案管理体系范围之内,所以资金来源相对单一、获取资金较为困难。③

九、其他

伦敦大学学院信息研究系安德鲁·弗林、徐欣云认为:"档案行业中并非每个人乐于关注社群档案和档案的民主化。虽然从一种非常不同的起点开始,一些学者对最近的变化持相同的保留意见。大卫·洛温塔尔(David Lowenthal)在最近的一篇文章中展示了对档案行业面临的变化和压力的深刻认识,他对一些传统的詹金逊(Jenkinsonian)的档案确定性的消逝感到遗憾。""虽然我们不能要求获得绝对权利访问任何社群持有的材料,但像詹金逊一样,我们确实需要认识到这些材料讲述了我们所有人的历史,并且我们所有的专业人员或非专业人员,都需要找到确保社群档案得到保存的方法,不能由于我们的疏忽而丢失。"④

山东大学历史文化学院张笑秋翻译了特里·库克的文章,指出:"档案馆并不是毫无争议的文件仓库,而是权力的角斗场。直到今天,历史学家和档案工作者还是会为了维护自身利益,而否认档案的主观性。显而易见,只有以档案史为中心搭建起新型的合作伙伴关系,历史学家和档案工作者才能更准确地构建历史。"⑤

山东大学历史文化学院曲春梅、郭旭认为:"加拿大著名档案学者休·泰勒对于档案职业有着深刻的认识,他早在 20 世纪 70 年代就意识到信息时代档案职业主体发展面临的职业倦怠问题,并探讨了管理环境、专业教育与职业倦怠之间的关系。为解决这一问题他对档案职业主体的素质提出了更高的要求,包括'非专业化素质'、信息素质及新媒体的素养,还对信息时代档案工作未来的发展走向进行展望,以谋求档案共同体的发展。"⑥

---

① 刘东斌,吴雁平.中美档案馆馆藏档案利用的三个共性:基于中美档案馆馆藏档案利用率的比较分析[J].档案管理,2019(6):58-62.

② 靳文君.中美档案领域数字人文项目比较研究[J].浙江档案,2019(4):37-39.

③ 毕向阳,张世春,宣鹏娥.中外私人档案馆比较研究及其启示[J].浙江档案,2019(2):28-29.

④ 安德鲁·弗林,徐欣云.社群历史,社群档案:一些机遇和挑战[J].北京档案,2019(8):40-45.

⑤ 特里·库克.档案犹如异乡:历史学家、档案工作者和变迁的档案景观[J].张笑秋,译.档案管理,2019(4):72-77.

⑥ 曲春梅,郭旭.职业倦怠与行为转变:休·泰勒的档案职业思想研究[J].档案学研究,2019(3):118-123.

　　西北大学公共管理学院马云、黄新荣认为：欧盟"GDPR 第十七条删除权的规定充满前瞻性。它不是没有节制的随意删除，而是出于保护个人数据安全的目的。一方面注重个人隐私信息的保护，尊重数据拥有者的物质和精神权利；另一方面，强调交流模式的透明性和规范性，从程序上要求数据控制者和处理者达到合规标准。对维护档案真实性而言，私域空间的档案一般由数据拥有者自己负责，公域空间的档案具有原始性、凭证性，有维护社会秩序、构建社会记忆的功能，一般来说不受删除权的限制。档案工作者在工作过程中维护真实的历史记录，可以将档案数据进行分层保存，针对基础层、中间层、应用层的数据分级管理。于档案工作的长远发展而言，可以积极借鉴国外经验，通过设立'数据保护官'进行信息救济，档案工作者参与审核删除权纠纷中的公开数据，对数据进行匿名化处理，甚至参与'数据保护官'的培养，进一步提高档案管理专业在实践领域的服务水平"。①

　　①　马云,黄新荣.论档案真实性的维护:基于欧盟 GDPR"删除权"的分析[J].档案与建设,2019(7):9-13,8.

第八章 中国档案事业

我们以中国知网为样本来源,检索范围:中国学术期刊网络出版总库,中国博士学位论文全文数据库,中国优秀硕士学位论文全文数据库,中国重要会议论文全文数据库,国际会议论文全文数据库,中国重要报纸全文数据库,中国学术辑刊全文数据库。

检索年限:2019 年。

检索时间:2020 年 3 月 27 日。

检索式:发表时间=2019-01-01 至 2019-12-31,并且专题子栏目=中国档案事业(模糊匹配)。

样本文献总数:1676 篇。

第一节 文献统计分析

本节采用统计分析的方法,从资源类型分布、文献学科分布、文献研究层次分布、文献基金分布、文献类型分布 5 个方面对样本文献进行分析。

一、资源类型分布

从资源类型分布看,1676 篇样本文献涉及期刊、报纸、硕士学位论文、国内会议、国际会议 5 类资源。各类资源发表文献数量及占比情况见表 8-1。

表 8-1 各类资源发表文献数量及占比情况

序号	资源类型	发表文献数量/篇	占全部样本/%
1	期刊	1586	94.63
2	报纸	62	3.70
3	硕士	19	1.13
4	国内会议	8	0.48
5	国际会议	1	0.06
	合计	1676	100.00

从表 8-1 可见,期刊和报纸是 2019 年中国档案事业研究文献的两大主要来源,其中期刊占比接

近95%,是研究者进行交流与沟通的首选渠道和平台;报纸成为研究者进行交流与沟通的辅助渠道和平台。硕士学位论文、国内会议论文、国际会议论文由于体量上远低于期刊,在研究中只起点缀作用。

二、文献学科分布

从样本文献学科分布看,1676 篇样本文献涉及图书情报档案、政治、法学、历史、城市经济、农业经济、文化、工业经济、新闻传播、马克思主义、公共管理、语言、美术、工商管理、公安等学科。前 15 个学科,与 2018 年前 15 个学科图书情报档案、法学、政治、历史、文化、工业经济、农业经济、新闻传播、教育、马克思主义、公共管理、社会、城市经济、语言、公安相比,少了教育、社会两个学科,多了美术、工商管理两个学科,其他 13 个学科没有变化。这表明中国档案事业研究的主要学科分布大致稳定。前 15个学科发表文献数量及占比情况见表8-2。

表8-2　前 15 个学科发表文献数量及占比情况

序号	学科	发表文献数量/篇	占全部样本/%
1	图书情报档案	1449	86.46
2	政治	38	2.27
3	法学	13	0.78
4	历史	12	0.72
5	城市经济	9	0.54
6	农业经济	9	0.54
7	文化	7	0.42
8	工业经济	7	0.42
9	新闻传播	6	0.36
10	马克思主义	6	0.36
11	公共管理	6	0.36
12	语言	4	0.24
13	美术	3	0.18
14	工商管理	2	0.12
15	公安	2	0.12
总计		1573	93.85
实际		1676	100.00

需要说明的是,按学科统计数为1573 篇,占93.85%。图书情报档案专业发表文献1449 篇,占全部样本的86.46%。研究具有14%左右的学科交叉性。

除图书情报档案学科外,发表文献最多的 3 个学科是政治、法学、历史,与2017 年的法学、政治、历史重合。这表明研究的热点与重点相对稳定。

三、文献研究层次分布

从文献研究层次分布情况看,1676 篇样本文献涉及基础研究(社科)、行业指导(社科)、职业指导(社科)、政策研究(社科)、行业技术指导(自科)、基础与应用基础研究(自科)、工程技术(自科)、基础教育与中等职业教育、其他 9 个不同层次。各层次发表文献数量及占比情况见表 8-3。

表 8-3　各层次发表文献数量及占比情况

序号	层次	发表文献数量/篇	占全部样本/%
1	基础研究(社科)	729	43.50
2	行业指导(社科)	621	37.05
3	职业指导(社科)	70	4.18
4	政策研究(社科)	13	0.78
5	行业技术指导(自科)	5	0.30
6	基础与应用基础研究(自科)	2	0.12
7	工程技术(自科)	2	0.12
8	基础教育与中等职业教育	1	0.06
9	其他	233	13.90
	合计	1676	100.00

如果按社会科学、自然科学和其他来分类,各类文献数量及占比分别是:社会科学 1433 篇,占 85.50%;自然科学 9 篇,占 0.54%;教育文化 1 篇,占 0.06%;其他 233 篇,占 13.90%。研究大体上属于社会科学的范畴。

如果按研究的基础性与应用性划分,基础性研究 731 篇,占 43.62%;应用性研究 945 篇,占 56.38%。研究偏重应用性。

综上,从整体上看,2019 年中国档案事业研究属于偏重应用性的社会科学范畴。

四、文献基金分布

从样本文献的基金资助分布情况看,1676 篇样本文献中有 46 篇得到 10 种国家或省部级基金的资助,仅占全部样本的 2.74%。各类基金资助发表文献数量及占比情况见表 8-4。

表 8-4　各类基金资助文献数量及占比情况

序号	基金	资助文献数量/篇	占全部样本/%	占基金资助文献/%
1	国家社会科学基金	34	2.03	73.91
2	国家档案局科技项目	3	0.18	6.52
3	河南省哲学社会科学规划项目	2	0.12	4.35
4	攀枝花市哲学社会科学研究课题	1	0.06	2.17

续表 8-4

序号	基金	资助文献数量/篇	占全部样本/%	占基金资助文献/%
5	辽宁省哲学社会科学规划基金项目	1	0.06	2.17
6	沈阳市社会科学立项课题	1	0.06	2.17
7	上海市哲学社会科学规划课题	1	0.06	2.17
8	河南省高等学校人文社会科学研究项目	1	0.06	2.17
9	河南省软科学研究计划	1	0.06	2.17
10	江苏省教育厅高等学校哲学社会科学研究项目	1	0.06	2.17
	合计	46	2.74	100.00
	总计	1676	100.00	

　　从基金资助的层次上看,国家级基金 1 种 34 篇,占全部基金资助文献的 73.91%;地方基金 9 种 9 篇,占全部基金资助文献的 19.57%;部门基金 1 种 3 篇,占全部基金资助文献的 6.52%。

　　从地方基金资助的区域分布看,涉及河南省、江苏省、辽宁省、四川省、上海市 5 个省(市)。

　　综上,从层级上看,国家级资助力度高于地方与部门的资助力度,是地方资助数量的 3 倍以上,部门资助数量的 10 倍以上。从区域分布看,全国仅有 5 个省(市)对此类研究有资助,资助力度有限。

五、文献类型分布

　　从文献类型分布看,1676 篇样本中涉及综述类、政策研究类和一般性 3 类文献。各类型文献数量及占比情况见表 8-5。

表 8-5　各类型文献数量及占比情况

序号	文献类型	文献数量/篇	占全部样本/%
1	综述类文献	30	1.79
2	政策研究类文献	22	1.31
3	一般性文献	1624	96.90
	合计	1676	100.00

　　综上,从表 8-5 中可以明显地看到,一般性论证文献在研究成果中占据了近 97% 的份额,是绝对的主体,而反映宏观性及政策性的综述类、政策研究类研究成果非常薄弱。

六、小结

　　从样本文献的统计情况看,2019 年中国档案事业研究涉及资源类型多样,期刊和报纸是 2019 年中国档案事业研究文献的两大主要来源,其中期刊占比接近 95%,是研究者进行交流与沟通的首选渠道和平台;报纸成为研究者进行交流与沟通的辅助渠道和平台。硕士学位论文、国内会议论文、国际会议论文由于体量上远低于期刊,在研究中只起点缀作用。

　　学科分布较为广泛,研究具有一定的学科交叉性。除图书情报档案学科外,发表文献最多的 3 个学科是政治、法学、历史,与2017年的法学、政治、历史重合。这表明研究的热点与重点相对稳定。

从整体上看,2019年中国档案事业研究属于社会科学范畴,偏重应用性。

从基金分布情况看,1676篇样本文献中有46篇得到10种国家或省部级基金的资助,仅占全部样本的2.74%。从层级上看,国家级资助力度高于地方与部门的资助力度,是地方资助数量的3倍以上,部门资助数量的10倍以上。从区域分布看,全国仅有5个省(市)对此类研究有资助,资助力度有限。

从文献类型上看,一般性论证文献在研究成果中占据了近97%的份额,是绝对的主体,而反映宏观性及政策性的综述类、政策研究类研究成果非常薄弱。

第二节　文献计量分析

本节采用计量分析的方法,从文献作者分布、文献机构分布和文献来源分布3个方面对样本文献进行分析。

一、文献作者分布

从作者的分布情况看,1676篇文献涉及超过40位作者。前40位作者共发表文献210篇,占全部样本的12.53%。前40位作者发表文献数量及占比情况见表8-6。

表8-6　前40位作者发表文献数量及占比情况

序号	作者	发表文献数量/篇	占全部样本/%
1	杨洋	19	1.13
2	苏晓霞	10	0.60
3	张全庆	9	0.54
4	钟淑娟	8	0.48
5	邓琳	7	0.42
6	傅娜	7	0.42
7	叶惠杰	7	0.42
8	杨位楠	7	0.42
9	徐拥军	6	0.36
10	李晓蓉	6	0.36
11	颜野	6	0.36
12	马江	6	0.36
13	张晓容	6	0.36
14	邵海燕	6	0.36
15	张超	5	0.30
16	王天浩	5	0.30

续表 8–6

序号	作者	发表文献数量/篇	占全部样本/%
17	刘芸	5	0.30
18	李孔燕	5	0.30
19	高山	5	0.30
20	张云辉	4	0.24
21	周晓娟	4	0.24
22	于航	4	0.24
23	陈建东	4	0.24
24	徐春艳	4	0.24
25	李慧	4	0.24
26	雷宇	4	0.24
27	黄凤平	4	0.24
28	熊飞	4	0.24
29	陈向阳	4	0.24
30	杨焱	4	0.24
31	任琼辉	4	0.24
32	蒋宏灵	3	0.18
33	易元凤	3	0.18
34	贺瑾	3	0.18
35	潘丽娟	3	0.18
36	王甲林	3	0.18
37	翁玉莲	3	0.18
38	徐早祥	3	0.18
39	沈岳	3	0.18
40	任婧	3	0.18
	合计	210	12.53
	总计	1676	100.00

如果按照普赖斯提出的计算公式,核心作者候选人的最低发文数 $M = 0.749\sqrt{N_{max}}$,其中 N_{max} 为最高产作者发表文章数量。2019 年中国档案事业作者中发表文献最多的为 19 篇,即 $N_{max} = 19$,所以 $M = 0.749\sqrt{19} \approx 3.265$ 。发表 3 篇及以上文献的作者就是高产核心作者。因此,表 8–6 中的前 40 位作者均是 2019 年中国档案事业研究的高产作者及核心作者。

由此,我们可以认为:2019 年中国档案事业研究已经拥有了一定数量的高产作者,并且已经形成相当规模的核心作者群。

从前 40 位作者的所属单位看,多数来自档案行政管理机关,是 2019 年中国档案事业研究的主体。

二、文献机构分布

从机构分布情况看,1676篇文献中,涉及超过40个机构。前40个机构发表文献数量及占比情况见表8-7。

表8-7　前40个机构发表文献数量及占比情况

序号	机构	发表文献数量/篇	占全部样本/%
1	云南省档案局	140	8.35
2	浙江省档案局	50	2.98
3	四川省档案馆	32	1.91
4	黑龙江省档案局	29	1.73
5	河北省档案局	28	1.67
6	陕西省档案局	24	1.43
7	中共浙江省委办公厅	20	1.19
8	中国人民大学	19	1.13
9	辽宁省档案局	16	0.95
10	四川省档案局	16	0.95
11	北京市档案局	13	0.78
12	吉林省档案馆	13	0.78
13	辽宁大学	12	0.72
14	黑龙江省哈尔滨市档案局	11	0.66
15	江苏省档案局	11	0.66
16	湖南省档案局	11	0.66
17	国家档案局	10	0.60
18	郑州大学	10	0.60
19	云南省安宁市档案局	10	0.60
20	天津市档案局	9	0.54
21	湖北省档案局	8	0.48
22	昆明市盘龙区档案局	8	0.48
23	陕西省延安市档案局	8	0.48
24	上海市档案局	8	0.48
25	山东省档案局	8	0.48
26	上海大学	8	0.48
27	广西档案局	8	0.48
28	湘潭大学	7	0.42
29	昆明市官渡区档案馆	7	0.42
30	成都市档案馆	7	0.42

续表 8-7

序号	机构	发表文献数量/篇	占全部样本/%
31	广西民族大学	7	0.42
32	河北省唐山市档案局	7	0.42
33	福建省档案局	7	0.42
34	黑龙江大学	6	0.36
35	云南省档案馆	6	0.36
36	甘肃省档案局	6	0.36
37	黑龙江省牡丹江市档案局	6	0.36
38	《四川档案》杂志社	6	0.36
39	中共浙江省委	5	0.30
40	云南省曲靖市档案局	5	0.30
	合计	622	37.11
	总计	1676	100.00

前 40 个机构发表文献 622 篇,占全部样本的 37.11%。如果使用普赖斯公式计算,核心机构的最低发文数 $M=0.749\sqrt{N_{max}}$,其中 N_{max} 为最高产机构发表文章数量。这里 $N_{max}=140$,所以 $M=0.749\sqrt{140}\approx8.862$,即发表文献 8 篇以上的为核心研究机构。因此,云南省档案局、浙江省档案局、四川省档案馆、黑龙江省档案局、河北省档案局、陕西省档案局、中共浙江省委办公厅、中国人民大学、辽宁省档案局、四川省档案局、北京市档案局、吉林省档案馆、辽宁大学、黑龙江省哈尔滨市档案局、江苏省档案局、湖南省档案局、国家档案局、郑州大学、云南省安宁市档案局、天津市档案局等 20 个机构,是研究的高产机构。其中 16 个是档案行政管理机构,高校只有 3 个,档案馆 1 个。这表明档案行政管理机关是 2019 年中国档案事业核心研究机构群的主体。

从前 40 个机构发表文献数量及占比情况看,档案行政管理机关 29 个,占前 40 个机构的 72.5%;发表文献 520 篇,占全部样本的 31.03%,无论是发表文献的数量还是占比均最高。高校 7 个,占前 40 个机构的 17.5%;发表文献 69 篇,占比 4.12%,排名次之。档案馆 3 个,占前 40 个机构的 7.5%;发表文献 27 篇,居第三位。事业机构 1 个,占前 40 个机构的 2.5%;发表文献 6 篇,居第四位。这整体上说明档案行政机关参与并进行中国档案事业研究的热情最高,高校次之,档案馆再次,事业机构最低。

三、文献来源分布

从文献来源分布看,发表文献 29 篇及以上的文献来源共有 15 种,发表文献 1281 篇,占全部样本的 76.43%。前 15 种文献来源发表文献数量及占比情况见表 8-8。

表 8-8　前 15 种文献来源发表文献数量及占比情况

序号	文献来源	发表文献数量/篇	占全部样本/%
1	《中国档案》	213	12.71
2	《云南档案》	205	12.23
3	《浙江档案》	118	7.04
4	《陕西档案》	88	5.25
5	《四川档案》	84	5.01
6	《黑龙江档案》	82	4.89
7	《山东档案》	74	4.42
8	《档案与建设》	73	4.36
9	《档案天地》	72	4.30
10	《北京档案》	63	3.76
11	《档案时空》	51	3.04
12	《兰台内外》	48	2.86
13	《中国档案报》	45	2.68
14	《兰台世界》	36	2.15
15	《档案》	29	1.73
合计		1281	76.43
总计		1676	100.00

按照布拉德福定律,1676 篇文献可分为核心区、相关区和非相关区,各个区的论文数量相等(约559 篇)。因此,发表论文居前 3 位的《中国档案》《云南档案》《浙江档案》(536 篇)处于核心区之内。发表论文居第 4~11 位的《陕西档案》《四川档案》《黑龙江档案》《山东档案》《档案与建设》《档案天地》《北京档案》《档案时空》(587 篇)处于相关区之内。《兰台内外》《中国档案报》《兰台世界》《档案》(158 篇)等文献来源处于非相关区。

从发表文献 29 篇及以上的前 15 种文献来源看,均为档案学期刊。在档案学期刊中又以普通期刊为多(11 种),发表文献 814 篇;核心期刊只有 4 种,发表文章 467 篇。可以说,从前 15 种文献来源发表文献数量及占比情况看,档案类期刊,特别是普通档案学期刊对 2019 年中国档案事业研究的关注度最高,是这一研究领域的主要阵地;其他期刊的关注度则相对较低。

四、小结

从样本文献的计量分析情况看,2019 年中国档案事业研究者众,核心研究者相对较少,但 2019 年中国档案事业研究已经拥有了一定数量的高产作者,并且已经形成相当规模的核心作者群。从前 40 位作者的所属单位看,多数来自档案行政管理机关,是 2019 年中国档案事业研究的主体。

档案行政机关参与并进行中国档案事业研究的热情最高,高校次之,档案馆再次,事业机构最低。整体上说明档案事业研究更接近档案实际工作研究,距纯理论研究略远。

从发表文献 29 篇及以上的前 15 种文献来源看,均为档案学期刊。在档案学期刊中又以普通期刊为多(11 种),发表文献 814 篇;核心期刊只有 4 种,发表文章 467 篇。可以说,档案类期刊,特别是普通档案学期刊对 2019 年中国档案事业研究的关注度最高,是这一研究领域的主要阵地;其他期刊的关注度则相对较低。

第三节　文献词频分析

本节采用关键词词频的方法,从关键词词频、主题词词频和近五年高频词变化 3 个方面对样本文献进行分析。

一、关键词词频分析

表 8-9 是前 15 个高频关键词使用频率及占比情况。

表 8-9　前 15 个高频关键词使用频率及占比情况

序号	关键词	使用频率/次	占全部样本/%
1	档案	13	0.78
2	档案工作	10	0.60
3	档案馆	10	0.60
4	档案文化	9	0.54
5	档案治理	6	0.36
6	档案管理	6	0.36
7	新时代	5	0.30
8	档案事业	5	0.30
9	问题	4	0.24
10	档案宣传	4	0.24
11	对策	4	0.24
12	综合档案馆	4	0.24
13	机构改革	4	0.24
14	文化自信	3	0.18
15	统计	3	0.18
合计		90	5.37
总计		1676(篇)	100.00

前 15 个高频关键词中使用频率最高的是档案(13 频次),最低的是文化自信、统计(各 3 频次)。前 15 个高频关键词合计使用 90 频次,只占全部样本的 5.37%,即不足一成文献使用这 15 个关键词。这表明 2019 年中国档案事业研究内容分散,重点不突出。

15 个关键词可以归纳为档案事务、机构、其他、档案 4 个大类。

相对而言,2019 年中国档案事业研究主要集中在上述 15 个关键词所涉及的档案事务、机构、其他、档案 4 个方面。可以说,上述档案事务、机构、其他、档案 4 个方面 15 个关键词是 2019 年中国档案事业研究的热点所在,而其中又以档案、档案工作、档案馆、档案文化 4 个方面为热点,与 2018 年档案、档案工作、档案文化、档案馆相同,只是次序发生了一些变化。

需要指出的是,由于中国档案事业研究内容所反映出的广泛性,研究热点只是相对集中,每年都会有新的热点与重点出现。2019 年新出现的热点有依法治档、文化自信等。

二、主题词词频分析

从主题词使用频率看,2019 年中国档案事业研究涉及内容广泛,集中在机构、档案事务、档案、主题教育、档案人 5 个方面。使用频率最高的 40 个主题词分布情况见表 8-10。

表 8-10　使用频率最高的 40 个主题词分布情况

序号	主题	使用频率/次	占全部样本/%
1	档案局	316	18.85
2	档案馆	211	12.59
3	省档案馆	184	10.98
4	牢记使命	128	7.64
5	档案工作	128	7.64
6	市档案馆	109	6.50
7	档案事业	83	4.95
8	国家档案局	74	4.42
9	档案文献	74	4.42
10	综合档案馆	62	3.70
11	主题教育	57	3.40
12	档案工作者	37	2.21
13	档案部门	34	2.03
14	民生档案	33	1.97
15	国家重点档案	32	1.91
16	总书记	32	1.91
17	山东省档案馆	31	1.85
18	档案处置	26	1.55
19	档案资源	25	1.49
20	档案文化建设	23	1.37
21	档案系统	23	1.37
22	县档案馆	22	1.31
23	馆藏档案	22	1.31
24	档案行政执法	21	1.25
25	数字档案馆	21	1.25
26	国家综合档案馆	20	1.19
27	区档案馆	20	1.19
28	城建档案馆	20	1.19

续表 8-10

序号	主题	使用频率/次	占全部样本/%
29	档案管理工作	20	1.19
30	档案服务	19	1.13
31	档案安全	19	1.13
32	高质量发展	18	1.07
33	甘肃省档案馆	17	1.01
34	中央档案馆	17	1.01
35	档案管理	16	0.95
36	红色档案	16	0.95
37	座谈会	16	0.95
38	档案展览	16	0.95
39	档案机构	16	0.95
40	档案文化	15	0.89
合计		2073	123.69
总计		1676（篇）	100.00
重叠		397	23.69

从涉及的主题词看,使用频率最高的 40 个主题词共使用 2073 频次,占全部样本的 123.67%。也就是说,上述 40 个主题词涵盖了全部样本文献一遍以上。其中使用频率最高的是档案局(316 频次),使用频率最低的是档案文化(15 频次),平均使用频率为 52 频次。

从主题词反映的研究内容看,2019 年中国档案事业研究关注的 40 个主要问题又可归并为机构、档案事务、档案、主题教育、档案人 5 个大类。

档案机构(档案局、档案馆、省档案馆、市档案馆、国家档案局、综合档案馆、档案部门、山东省档案馆、县档案馆、数字档案馆、国家综合档案馆、区档案馆、城建档案馆、甘肃省档案馆、中央档案馆、档案机构),共使用 1174 频次,占全部样本的 70.05%。它是与档案事业、档案人关系最为密切的问题,包括档案局、档案馆、档案室三大研究主题。2019 年,正值新一轮机构改革之时,档案机构再次成为档案界关注之重点,而事业单位性质的档案馆成为关注度最高的热门主题自然是理所应当的。文献数量高出其他主题一到两个数量级。

档案事务(档案工作、档案事业、档案处置、档案文化建设、档案行政执法、档案管理工作、档案服务、档案安全、档案管理、档案展览、档案文化),共使用 386 频次,占全部样本的 23.03%。研究涉及档案事务的宏观和具体业务两个不同层面,业务性特征突出。它是 2019 年中国档案事业研究关注度第二高的主题。

主题教育(牢记使命、主题教育、总书记、高质量发展、座谈会),共使用 251 频次,占全部样本的 14.98%。

档案(民生档案、国家重点档案、档案资源、档案系统、馆藏档案、红色档案、档案文献),共使用 225 频次,占全部样本的 13.42%。档案是档案学研究的本体,但从涉及的主题看,涉及各类各种新提法档案。它是中国档案事业研究关注度第四高的主题。

档案人(档案工作者),共使用 37 频次,占全部样本的 2.21%。

可以说,2019 年,中国档案事业研究所涉及内容虽然十分广泛,但全部文献均包含在上述机构、档案事务、档案、主题教育、档案人 5 类问题上。或者说,2019 年中国档案事业研究主要是围绕上述机构、档案事务、档案、主题教育、档案人 5 个内容展开的。

三、近五年高频词变化

年度关键词的变化,特别是高频关键词的变化,能够反映出相关研究内容与主题、重点与热点的变化。

2015—2019 年中国档案事业研究年度关键词及高频关键词的变化情况,请扫描右侧二维码。

从近五年研究文献主要关键词的分布看,共使用 11 个关键词,即档案、档案工作、档案馆、档案文化、档案治理、新时代、征订、公共档案馆、档案事业、档案管理、对策。较 2018 年的档案、档案工作、档案馆、档案文化、征订、档案事业、档案管理、公共档案馆、对策,多了新时代、档案治理。

5 年中均重复出现过的关键词有档案、档案工作、档案馆 3 个,重复率为 100%;档案文化连续出现 3 年,重复率为 60%。征订、档案事业、档案管理由 2018 年的两年重复,降到一年。档案治理、新时代、公共档案馆、对策没有年度重复。档案治理是新增加的内容。

以上情况说明:近五年间档案、档案工作、档案馆研究的持续度最高,一直是研究的核心内容与方向;其次是档案文化,已经连续出现三年。研究内容与主题在相邻近的年度间连续性好。相当年份有 60% ~80% 的研究内容是上一年的重点。在 2015—2019 年中出现的关键词最少时为 6 次,最多时达到 38 次。

虽然重点内容的持续性良好,但重点内容的关注度均有明显的持续下降趋势。总之,近五年来相关研究的主要内容集中,重点突出。

四、小结

从关键词词频上看,2019 年中国档案事业的研究主要集中在 15 个关键词所涉及的档案事务、机构、其他、档案 4 个方面。可以说,上述档案事务、机构、其他、档案 4 个方面 15 个关键词是 2019 年中国档案事业研究的热点所在,而其中又以档案、档案工作、档案馆、档案文化 4 个方面为热点,与 2018 年档案、档案工作、档案文化、档案馆相同,只是次序发生了一些变化。

从研究主题上看,2019 年,中国档案事业研究所涉及内容虽然十分广泛,但全部文献均包含在机构、档案事务、档案、主题教育、档案人 5 类问题上。或者说,2019 年中国档案事业研究主要是围绕机构、档案事务、档案、主题教育、档案人 5 个内容展开的。2019 年,正值新一轮机构改革之时,档案机构再次成为档案界关注之重点,而事业单位性质的档案馆成为关注度最高的热门主题自然是理所应当的。文献数量高出其他主题一到两个数量级。

从近五年高频关键词变化看,近五年间档案、档案工作、档案馆研究的持续度最高,一直是研究的核心内容与方向;其次是档案文化,已经连续出现三年。研究内容与主题在相邻近的年度间连续性好。相当年份有 60% ~80% 的研究内容是上一年的重点。但重点内容的关注度均有明显的持续下降趋势。

第四节　文献关键词共词分析

本节采用关键词共现分析的方法,从共现矩阵和共现网络两个方面对样本文献进行分析。

一、共现矩阵

矩阵提取使用频率最高的 20 个关键词,将这 20 个关键词形成 20×20 的共词矩阵。如果某两个关键词同时出现在一篇文章中时,就表明这两者之间存在相关关系,关键词右侧或下方对应位置的数值表示篇数。

图 8-1 是 2019 年中国档案事业研究文献高频关键词共现矩阵。

	档案管理	档案	信息化	管理	对策	问题	事业单位	大数据	医院	信息化建设	人事档案	创新	数字化	高校	策略	电子档案	人事档案管理	文书档案	信息化管理	档案工作
档案管理																				
档案	11																			
信息化	185	53																		
管理		79	35																	
对策	86	19	13	22																
问题	94	14	6	24	131															
事业单位	143	15	35	11	23	23														
大数据	100	12	21	12	8		4													
医院	96	17	20	12	11	10		13												
信息化建设	95	16		7	12	10	27	11	11											
人事档案	22		24	37	12	11	26	9	25	9										
创新	70	9	16	11		4	18	5	8		7									
数字化	43	20	8	13		5		6				5								
高校	31	18	23	14	8	5		7		8	11	4	10							
策略	54	5	9	10		21	5	6		8	10		6	5						
电子档案	21		10						5						8					
人事档案管理			10		13	11	29	6	16	13										
文书档案	14		15	34		9			9		5					7				
信息化管理	11	17		7		11	5	7		14	5									
档案工作	7								4			5								

图 8-1　2019 年中国档案事业研究文献高频关键词共现矩阵

图 8-1 显示,2019 年中国档案事业研究文献关键词共现有 117 组,共现率为 58.5% 。而共现次数 50 次以上的关键词组合有 12 组,共现率为 6% 。

以横轴为准计:

20 组共现关键词中有 17 组与档案管理直接相关,占共现关键词的 8.5% 。

20 组共现关键词中各有 13 组与档案、信息化、管理直接相关,分别占共现关键词的 6.5% 。

20 组共现关键词中有 10 组与大数据建设直接相关,占共现关键词的 5% 。

20 组共现关键词中各有 9 组与对策、问题、事业单位直接相关,分别占共现关键词的 4.5% 。

20 组共现关键词中有 7 组与医院直接相关,占共现关键词的 3.5%。

20 组共现关键词中有 5 组与创新直接相关,占共现关键词的 2.5%。

20 组共现关键词中各有 4 组与信息化建设、人事档案直接相关,分别占共现关键词的 2%。

20 组共现关键词中有 2 组与高校直接相关,占共现关键词的 1%。

20 组共现关键词中各有 1 组与数字化、策略直接相关,占共现关键词的 0.5%。

另有电子档案、人事档案管理、文书档案、信息化管理、档案工作 5 个无共现关键词。

以共现频次为准计:

共现次数 50 次以上的关键词组合有 12 组,分别是:

档案管理与信息化:185 频次。

档案管理与对策:86 频次。

档案管理与问题:94 频次。

档案管理与事业单位:143 频次。

档案管理与大数据:100 频次。

档案管理与医院:96 频次。

档案管理与信息化建设:95 频次。

档案管理与创新:70 频次。

档案管理与策略:54 频次。

档案与信息化:53 频次。

档案与管理:79 频次。

对策与问题:131 频次。

以上 12 组高共现组,占全部共现组的 10.26%。整体规模大,相对高频次占比低,内容集中度高。

从共现组数看,2019 年中国档案事业研究的重点集中在档案管理、档案、对策 3 个方向上,与 2018 年中国档案事业研究的重点集中在档案文化、改革开放、档案 3 个方向不完全相同,相同方向的频次规模也不相同。

2019 年中国档案事业研究的整体规模大,研究内容相对分散。而且,2019 年中国档案事业研究领域具有相对突出的高频(50 次及以上)共现关键词,研究的集中趋势高。

二、共现网络

在关键词共现网络中,关键词之间的关系可以用连线来表示,连线多少和粗细代表关键词间的亲疏程度,连线越多,代表该关键词与其他关键词共现次数越多,越是研究领域的核心和热点研究内容。

使用知网工具获得 2019 年中国档案事业研究高频词共词网络图谱(扫描右侧二维码)。

从共词网络图谱可以直观地看出:相关研究可以分为"管理""创新""信息化管理""文书档案""档案工作""电子档案"6 个不同聚类群组。其中"管理"群组是单核心多词群组,"创新""信息化管理""文书档案""档案工作""电子档案"5 个群组为单核心单词群组。

规模最大的是以"管理"为核心的主群聚类群组,共涉及"管理""档案""信息化""事业单位""对策"等 14 个关键词。其中"管理"与"档案""信息化"最为密切,"问题"与"对策"关联紧密。"管理"虽然是群组的核心,但其中心度并不高。整个群组不是中心型的星形分布,而是呈现交叉网络分布。群组中各关键词之间联系紧密,并且相距较近。群组的聚集性高。

作为整个网络的中心群组,"管理"群组与"创新""信息化管理""文书档案""档案工作""电子档案"5 个群组均有关联,是这些非中心群组间联系的中介与桥梁。反过来,"创新""信息化管理""文书档案""档案工作""电子档案"5 个群组,在与"管理"群组保持联系的同时,只有"创新""信息化管理""文书档案"3 个相互之间有所关联,与"档案工作""电子档案"之间没有关联。"创新""信息化管理""文书档案"与主群组混杂在一起,相对联系更紧密。

"档案工作""电子档案"相对远离主群组,相互之间没有联系,并且处于整个网络的边缘,可能成为日后的热点。

总之,2019 年中国档案事业研究是围绕"管理"一个方向的多个主题展开的。

三、小结

从共现组数看,2019 年中国档案事业研究的整体规模大,研究内容相对分散。2019 年中国档案事业研究领域具有相对突出的高频(50 次及以上)共现关键词,研究的集中趋势高。2019 年中国档案事业研究的重点集中在档案管理、档案、对策 3 个方向上,与 2018 年中国档案事业研究的重点集中在档案文化、改革开放、档案 3 个方向不完全相同,相同方向的频次规模也不相同。

从共词网络图谱可以直观地看出:2019 年中国档案事业研究相关研究可以分为"管理""创新""信息化管理""文书档案""档案工作""电子档案"6 个不同聚类群组。而且,2019 年中国档案事业研究是在"管理"一个主要方向,围绕多个主题展开的。

第五节　文献综述

一、档案事业

国家档案局杨冬权认为,从历史的比较来看,新中国 70 年档案事业的巨大成就、重大变化和最大特点是:迭代更新,超越千年。一是开始有了统一管理全国和各地区档案事务的专门机构。二是全国各行政区域普遍设立了收藏本级机构各类档案的档案馆。三是全国各级党政机关和公营企事业单位普遍设立了档案室。四是国家专门发布关于档案工作的指令性文件。五是国家出台了一系列关于档案工作的规范性文件。六是创立了正规的档案高等教育。七是创办了专门的档案工作期刊。八是档案载体从纸质到电子。九是国家指导和管理下的档案形成者,从公有制单位到所有的单位。十是国家管理的档案内容,从公共档案到所有档案。[①]

河北大学管理学院李颖、魏歌"通过梳理六届全国档案工作者年会主题及特点,窥见我国档案事业的发展轨迹,即基于对职责和使命的坚守而健康发展,基于对发展与变化的适应而稳步前进,基于对机遇与挑战的应对而突破创新;在此基础上,结合我国档案实践工作特点和现状,提出未来我国档案事业发展应尤其关注充分释放档案资源的价值,探索档案事业发展的中国特色,在注重协同中更好地实现档案事业发展目标,以及将先进技术有效融入档案事业发展"。[②]

盐城师范学院公共管理学院、中国人民大学信息资源管理学院杨静"对六届全国档案工作者年会的主题、专家主题报告、分会场讨论及相关论文集等基本情况进行分析",认为"可以发现十年来中国

---

①　杨冬权. 档案事业迭代更新 超越千年的 70 年[J]. 中国档案,2019(10):23-29.
②　李颖,魏歌. 从历届全国档案工作者年会看我国档案事业发展趋势[J]. 档案学研究,2019(4):98-102.

档案事业顺应环境之变、秉持创新之态、弘扬文化之风、谋求合作共赢等发展特征"。①

江苏省档案馆施柏寅认为在改革开放大潮势中档案事业发生了历史性变化:①档案工作必须围绕中心,服务大局,融入经济社会发展大势。②准确定位档案事业属性,凸显档案馆主体地位,发挥档案独特的资政功能和优势。③认清档案业务规律,夯实档案事业发展基础。④打造有档案特质的高素质干部队伍。⑤"档案工作姓党",为档案事业高标准高质量发展提供保证。②

南京大学信息管理学院张帆认为:"十三个五年规划为我国的发展树立了行动纲领,也为档案事业指明了前进方向。其历届文本中与档案事业相关的部分具有内容丰富化、档案价值凸显化和体系完善化的特点,在其影响下,档案管理体制逐步建立,档案公共服务能力逐渐提升。在'十三五'建设时期,新时代的档案事业应当从档案服务能力、档案法律法规、信息网络技术和档案标准体系等角度为突破口予以改革发展。"③

江苏省南京市栖霞区档案局吴炳根探讨开创新时代档案事业高质量发展新局面:①为党管档案事业坚定方向。②强基固本档案资源全面丰富。③深耕细作基础工作扎实规范。④创优创新便民查档快捷高效。⑤真抓实干档案队伍忠诚可靠。④

云南省曲靖市档案局(馆)赵致和探讨了以改革创新推动档案事业科学发展:①超前谋划,主动作为。②补齐短板,强化保管。③深入基层,夯实基础。④创新思路,提升效率。⑤优化环境,服务民生。⑤

西南财经大学档案馆徐琨以浙江省吴兴区、南浔区、德清县、长兴县、安吉县为样本,运用统计分析方法测度样本区县在基础设施、馆藏、档案收集、档案利用四个指标的差异情况,提出区县档案事业发展不平衡的现状:总体而言,抽样的"两区三县"在基础设施差异较少,仅为0.435 617。各区县档案馆的档案利用水平不一,馆藏也存在一定的差异,档案收集的差异最大,差异系数达到1.137 699。他还提出了区县档案事业发展不平衡问题的改进举措:①加强档案馆基础设施建设。②改善区县档案收集工作。③加强档案编研与利用。⑥

二、档案工作

甘肃省金川集团股份有限公司档案馆赵娟认为:"'统一领导、分级管理'档案管理体制、档案工作科学管理要求、档案数字化信息化内在需要是档案工作规范化和标准化建设的内在逻辑。档案工作规范化和标准化原则必须遵循维护档案原貌、经济适用、以成熟技术为前提的原则。"⑦

安徽省马鞍山市档案馆许兆来认为,档案工作"提升服务力,需做好'三融合':德治与法治相融,线上与线下互融,科学技术与档案馆业务融合发展,既要合而为一,'合'出动力,更要融为一体,'融'出活力,实现'最先一公里'与'最后一公里'的有机对接"。⑧

扬州大学社会发展学院顾亚欣认为:"中央秘书处的成立与发展推动了中共文书、档案工作的演变。即通过以专业化分工为突破口,促进文书、档案工作专业属性的提升,并最终完成二者的分置;同时也促进了秘书工作的规范化。这一演变满足了社会对于文书、档案工作日常服务功能的需求。同

① 杨静.从全国档案工作者年会看我国档案事业的发展特征[J].浙江档案,2019(3):26-28.
② 施柏寅.改革开放大潮中的江苏档案事业[J].档案与建设,2019(5):90-92,66.
③ 张帆.我国档案事业发展情况研究:基于十三个五年规划的分析[J].档案学研究,2019(1):26-30.
④ 吴炳根.开创新时代档案事业高质量发展新局面[J].档案与建设,2019(8):56-57,59.
⑤ 赵致和.以改革创新推动曲靖市档案事业科学发展[J].中国档案,2019(7):42-43.
⑥ 徐琨.区县档案事业发展不平衡的实证分析:以浙江省"两区三县"为例[J].兰台世界,2019(5):39-41.
⑦ 赵娟.档案工作规范化和标准化刍议[J].档案,2019(8):58-59.
⑧ 许兆来.做好"三融合"不断提升档案工作服务力[J].档案与建设,2019(6):57-58.

时,其也面临着目标模式与发展路径再建构的任务,从而实现与社会主体间的合作互动与共同发展。"①

中国电子科技集团有限公司第十四研究所档案室王文强认为:"新时期的档案工作处在一个挑战与机遇并存的历史拐点,广大的档案工作者要对未来档案事业的发展充满自信,敢于以当家人的姿态来推动档案工作的现代化发展。要认识到新时期档案工作的复杂性和艰巨性,在工作中要夯实自己的专业技术,丰富自己的实践经验,培养创新意识和大局观念,树立强烈的职业责任感,为新时期的档案工作转型发展助力。"②

河南省信阳市档案馆陈梅认为:民生档案工作,必须随着情况的变化,不断适应新形势,形成新机制。首先,坚持"三同步",确保扶贫档案工作稳健开展。一是同步安排;二是同步建设;三是同步奖惩。其次,坚持"三统一",确保扶贫档案建设规范完整。一是内容统一;二是制度统一;三是标准统一。再次,坚持"三督查",确保扶贫档案建设快速推进。采取业务督查、巡回督查、交叉督查等方式,查出勤、查进度、查成效、查作风。最后,坚持"三运用",确保档案管理功效充分发挥。一是运用县本级档案,发挥信息服务作用;二是运用扶贫档案资料,发挥宣传服务作用;三是运用先进经验。③

辽宁省委办公厅档案指导管理处葛仁军探讨了民营企业解决档案工作中的实际问题,要创新服务模式,探索发展途径:①营造民营企业档案工作良好环境。②提升民营企业档案人员专业水平。③推动百强企业和明星企业建档。④规范民营企业档案管理。⑤帮扶建立食品安全档案。⑥建立省非公企业档案协作组。④

浙江省宁波市档案馆詹锐认为:"新时期,专业档案工作要按照依法规范、集中统一、齐全完整、便民利民的原则,进一步提升专业档案依法管理、有效利用和现代化管理的水平。加强专业档案工作,可通过加强专业档案法规制度建设、创新专业档案管理体制机制、推进专业档案资源整合、提升专业档案信息化等途径实现。"⑤

江苏省南京市建邺区档案馆董海燕探讨了推进街道档案工作:①突出街道档案重要地位,夯实街道档案工作基础。②对标补差,不断提升街道档案工作规范化水平。③统筹规划,让街道档案插上信息化的翅膀。⑥

湘潭大学公共管理学院戴艳清、陈朵"以《机关档案工作条例》为比较对象,分析《机关档案管理规定》对于指导机关档案工作的创新性发展,即机关档案工作将面临管理机制体制的更新、机关档案工作的操作性变强、数字档案馆(室)建设全面推进、监督指导工作深化落实、档案资源的深度开发和更加积极地向用户提供服务等一系列新变化"。⑦

上海市住房保障和房屋管理局档案管理中心耿崇桑认为:"一直以来,档案工作与地方志编修联系紧密,利用档案编史修志是地方志编纂的优良传统。"他"结合工作实践,对档案工作与方志编修的关系进行进一步探讨,认为档案是编修地方志的第一手资料,在方志编修中具有重要的地位和价值;而编修志书能够促使档案馆(室)发现工作中的不足,推动档案工作不断发展"。⑧

---

① 顾亚欣.中央秘书处与中共文书、档案工作的演变[J].档案学通讯,2019(3):85-89.

② 王文强.新时期档案工作的创新、担当、发展:从"收、管、存、用"探索档案工作的转型发展[J].机电兵船档案,2019(5):38-41.

③ 陈梅.做好民生档案工作要有新资源、新举措、新机制[J].档案管理,2019(6):93-94.

④ 葛仁军.档案工作助推民营企业加快发展[J].中国档案,2019(4):58-59.

⑤ 詹锐.加强新时期专业档案工作探略[J].浙江档案,2019(5):56-57.

⑥ 董海燕.以创建"双五"为抓手 大力推进街道档案工作[J].档案与建设,2019(3):66-68.

⑦ 戴艳清,陈朵.机关档案工作的创新性发展:基于两个政策文本的比较分析[J].档案学研究,2019(5):29-32.

⑧ 耿崇桑.档案工作与方志编修的关系探讨[J].浙江档案,2019(2):60-61.

三、档案资源

上海大学图书情报档案系谭倩认为:当前国内社群档案资源构建的自上而下与自下而上两大模式。其一,社群档案资源建设模式的自上而下模式。①理念:以国家利益为旨归,满足公共管理和社会发展需要。②内容:具有宏观性与代表性的记录。③方法:自上而下的建设路径。其二,社群档案资源建设的自下而上模式。①理念:关注边缘群体,保存社群记忆。②内容:包容且有温度的"草根"记录。③方法:自成体系的管理方式。①

南昌大学人文学院历史系聂云霞、中国人民大学信息资源管理学院龙家庆、上海复旦大学文献信息中心周丽"通过梳理近期研究进展和实践现状,并结合'后申遗'时代特点,提出有关数字赋能的建议:探索数字赋能嵌入及数字素养培育,发挥思维赋能效用;注重数字平台赋能建设,降低整合与保存过程耗能;弱化唯技术至上导向,发挥其服务匹配和功能衔接作用;因地制宜选用整合及保存方式,挖掘非遗档案内容深度与数字关联;坚持资源至上原则,提供非遗档案式优质服务"。②

中国人民大学信息资源管理学院加小双认为:"随着全球化、(后)现代化、城市化、信息化、网络化的快速推进与深入发展,传统的生产方式、分配方式、通讯方式、权力关系、社会结构等皆出现深刻变迁,我们自身和我们所生活的世界变得愈加复杂多元,人们对于世界的理解和判断以及捕捉、记录和记忆世界的方式也随之发生巨大转变。这种转变的辐射深度和广度前所未有,推动档案资源构成要素分化组合,促使档案资源建设进入加速演变和深刻调整时期:一是档案资源形式结构的变化,即'档案资源数字化',涉及'保存什么样的档案';二是档案资源来源结构的变化,即'档案资源社会化',涉及'应该保存谁的档案'。"③

河南工业技师学院张素霞探讨了民生档案资源整合共享创新举措:①不断丰富档案资源。一是拓宽民生档案的门类;二是增加每类档案的数量;三是提高馆藏档案的质量。②不断变换利用方式。一是在"现场服务"上求改变;二是在"上门服务"上有改进;三是要在"便捷服务"上做文章。③不断创新工作机制。一是齐抓共管;二是相互配合;三是随机应变。④

中山大学资讯管理学院聂勇浩、董子晗认为:"作为利用互联网汇集大众力量与智慧的创新模式,众包为档案信息资源建设提供了一种新的途径。"他们"从设计、运作及管理三个层面探讨了运用众包开展档案信息资源建设的框架。在我国的特定情境下,可以从完善前期规划与准备、挖掘特色档案资源、吸引特定群体参与、利用现有平台及社交媒体等措施入手,促进档案信息资源建设中众包的实现"。⑤

武汉大学信息管理学院胡吉明、常大伟、孙晶琼"基于 CNKI 数据库,在提取文献主题词的基础上,以共现分析为理论依据,进行我国档案信息资源研究的主题分布、关联结构及演化态势的指标计算与可视化揭示。研究结果表明,我国档案信息资源研究的主题涉及面广且较为集中,但分布不平衡;我国档案信息资源研究领域已形成档案资源建设、档案服务、开发利用、资源共享、城建档案 5 个主要的研究方向,但各个方向发展成熟度存在明显差异;我国档案信息资源研究领域在研究方向上已趋于稳定,且延续性较强,同时在发展中也存在诸多主题的融合与分化现象"。⑥

---

① 谭倩.国内社群档案资源建设模式探析[J].浙江档案,2019(2):30-32.
② 聂云霞,龙家庆,周丽.数字赋能视域下非遗档案资源的整合及保存:现状分析与策略探讨[J].档案学通讯,2019(6):79-86.
③ 加小双.论档案资源结构的历史性变化[J].档案学通讯,2019(2):105-108.
④ 张素霞.民生档案资源整合共享研究[J].中国档案,2019(1):58-59.
⑤ 聂勇浩,董子晗.档案信息资源建设中众包的实施框架与路径[J].档案学通讯,2019(4):63-69.
⑥ 胡吉明,常大伟,孙晶琼.我国档案信息资源研究的主题挖掘与演化分析[J].档案学研究,2019(2):61-70.

北京市档案馆黄文静认为:"档案数字资源统计工作还存在一些问题,例如统计基础薄弱,一些信息没有准确规范登记;统计系统比较简单,只能实现部分数据汇总功能,难以进行有效的分析展现;分析工作不够深入,没有把'数据'提炼成'观点'。"由此,可以从以下 3 个方面加强工作:①加强档案工作的标准化规范化建设。②完善信息系统功能。③加强以统计为基础的分析工作。①

云南大学历史与档案学院梁思思探讨了民族记忆视域下纳西族档案资源优化建设路径:①完善相关法律法规为纳西族档案资源建设保驾护航。②丰富各级国家综合档案馆的纳西族档案资源。③加强纳西族档案资源集中化建设。④重视纳西族档案资源规范性建设与有序化管理。⑤开展纳西族档案资源的数字化建设。②

四、数字档案室

(一)思路与对策

辽宁省阜新市档案局王昊宇提出了大数据时代的基层数字档案室建设思路:①构建适合基层数字档案室要求的数字档案管理体制。首先,必须要加强对数字档案室建设的组织领导,要把基层数字档案室建设纳入到基层信息化建设总体规划之中,整体规划和统筹设计,采取先易后难、分步实施的方式,切实推进基层数字档案室。其次,要为基层数字档案室确定合理的人员编制,在明确岗位职责的基础上,配备和基层数字档案室建设相应的,具有大数据思维、掌握大数据技术、具有档案管理能力的复合型人才。再次,要建立和完善基层数字档案室建设的相关规章制度。②加强基层数字档案室软件和硬件平台建设。首先要为其配备必要的计算机网络硬件设施和设备,在确保档案信息资源安全的前提下,连入外部网络和构建局域网。其次构建基层数字档案室软件平台建设。③

吉林省双辽市计划生育协会姜青春提出了数字档案室建设对策:①提高档案意识,实现文档一体化管理。②丰富数字档案资源,完善制度标准。③加强外包监管,确保数字化加工的安全与质量。④完善管理机制,注重提高档案人员素质。④

国网赤峰供电公司米晓霞提出了保障数字档案室建设的关键措施:①企业管理人员重视数字档案室建设。②构建统一集约的档案管理工作模式。③构建企业科学完善的档案管理制度。④全面提高企业档案室建设人员的素质。⑤

广东省深圳市城市建设开发(集团)有限公司吴尚芸提出了基层创建数字档案室的有效策略:①设置专业的管理部门。②制定整体规划与分步实行计划。③增加档案数字化创建软硬件投资。④做好档案数字化收集。⑤强化档案数字化生产安全与质量监管。⑥实现档案数据资源共享。⑦建立满足基层数字档案室需求的数字档案控制体系。⑥

山西省临汾工商行政管理学校乔宏提出了对高校数字档案室建设与实践的思考:①加强领导,提高认识,增强做好数字档案室建设的责任感和紧迫感。②完善制度,明确职责,打牢档案数字化的基础。③多措并举,加大力度,注重高校数字化档案室人才创新能力的培养。④强化措施,责任到人,完善数字档案信息安全管理体制。⑦

① 黄文静. 档案数字资源统计方法研究[J]. 中国档案,2019(6):44-45.
② 梁思思. 基于民族记忆传承的纳西族档案资源优化建设研究[J]. 兰台世界,2019(12):90-93.
③ 王昊宇. 大数据时代的基层数字档案室建设路径分析[J]. 兰台世界,2019(3):53-55.
④ 姜青春. 数字档案室建设中的问题与对策[J]. 兰台内外,2019(18):28.
⑤ 米晓霞. 企业数字档案室建设与管理[J]. 办公室业务,2019(21):99-100.
⑥ 吴尚芸. 如何建设基层数字档案室[J]. 兰台内外,2019(23):52-53.
⑦ 乔宏. 高校数字档案室建设与实践的思考[J]. 机电兵船档案,2019(2):98-100.

(二)评价指标

华南理工大学档案馆欧阳慧芳探讨解析了数字档案室应用系统功能评价指标:第一,在业务系统电子文件归档功能方面,《数字档案室建设评价办法》(以下简称《评价办法》)中规定"业务系统应内嵌电子文件分类方案、归档范围与保管期限表,具备自动或半自动鉴定电子文件归档范围、划定保管期限和预归档功能,能够完成格式转换等基本整理"。第二,在档案门类管理方面,其中最基本的要求"系统应具有多门类档案管理功能,档案门类划分合理,应用软件界面档案门类树罗列准确"。第三,在配置信息管理方面,《评价办法》中规定业务系统应"具备建立、管理本单位档案分类方案、保管期限处置表功能"。第四,在分类编目功能方面,《评价办法》中规定"数字档案室应用系统应支持电子文件的分类、编目、命名和存储,完成电子文件的归档保存"。第五,在鉴定统计功能方面,《评价办法》规定"系统应具备以自动触发的方式提示处置任务功能","系统应具备按工作流程开展处置鉴定、续存、销毁、移交、开放鉴定工作功能"。第六,对于监督指导功能方面,《评价办法》中规定"系统应具备对所属单位、部门各门类文件材料归档和档案整理齐全完整和规范性检查,按照工作流程开展档案检查功能,系统应具备档案目录、元数据项目规范性自动检查功能,应具备档案内容齐全性、准确性检查功能"。第七,在系统管理功能方面,"应具备日志审计跟踪功能,记录、审计系统各类管理、操作行为;具备三员管理用户组配置功能;具备功能权限与数据权限授权与关闭授权功能"。①

黑龙江大学信息管理学院高小博探讨了数字档案室信息系统绩效评价指标体系的构建:其一,数字档案室信息系统绩效评价指标体系构建原则。①以数字档案室信息系统为绩效评价的基本对象。②以合规性为评价的基础。③以适合的评价标准为前提。④以定量定性分析结合为评价手段。其二,数字档案室信息系统绩效评价指标选择。①资源配置。②履行职责。③用户评价。②

广东省深圳市水务局黄苑艳提出了数字化档案室建设的几点建议:①数字档案室和电子办公系统相结合。②应用国产化设备。③综合考虑系统研发的业务需求。④推广应用人工智能。③

自然资源部信息中心李芳芳、吴玉龙、宋元、米捷、杨玲介绍道:"自然资源部数字档案室采用'云框架'的理念进行建设,依托于已有的网络、计算、存储与安全保障等基础设施,基于数字档案室系统实现了档案管理和服务的统一部署与应用、统一分发与监控。自然资源部数字档案室总体构架包括设施层、资源层、平台层、应用层、接入层等5个层次以及标准规范体系、安全保障体系、实施保障体系等3个体系。"④

(三)其他

山东济宁医学院附属医院许磊认为:"建设数字化档案室,实现档案管理工作的数字化转型、数字化升级和数字化换代,是将我国建成档案管理强国的一项迫切任务和重要内容。这要求档案工作者具备较高的资源信息处理能力,熟练应用计算机手段和网络技术,能够在计算机上对电子化档案信息进行处理和后加工,从数据库中存储和检索相关信息,并在此基础上实现对档案信息的网络管理及开发。"⑤

濮阳市职业中等专业学校田丽慧认为:"学校传统档案室与数字档案室共存互补、有机融合的复合档案室作为学校档案室发展的一个阶段,是由学校传统档案室向学校数字档案室过渡时期学校档案室存在的基本形态,是学校档案室发展模式的现实选择。那么,如何对学校传统档案室与数字档案室进行有机融合呢?具体而言,笔者认为,学校传统档案室与数字档案室可以在技术、室藏、人员、业

①　欧阳慧芳.数字档案室应用系统功能评价指标解析[J].山西档案,2019(4):114-118.
②　高小博.数字档案室信息系统绩效评价指标体系构建[J].兰台世界,2019(4):21-23.
③　黄苑艳.浅谈机关数字档案室建设[J].办公室业务,2019(8):96-97.
④　李芳芳,吴玉龙,宋元,等.自然资源部数字档案室建设总体设计与实践[J].中国档案,2019(4):38-40.
⑤　许磊.浅析数字化档案室建设及数字化档案管理技术应用[J].档案管理,2019(4):92,94.

务、管理、服务等方面进行有机融合。"①

五、档案职业

中国人民大学信息资源管理学院、郑州大学档案职业与学术评价中心杨光对职业社会学视角下中国档案职业专业化程度进行分析,认为档案职业入口选拔呈现出如下四个具体特征:第一,文史类专业一直是档案专业最大的竞争对手。第二,尽管信息技术对于档案管理的重要性被档案界再三强调,但数据表明,理工科背景的人才在档案职业中只是作为一种补充角色而存在,目前并没有形成学界所担忧的那种取代档案专业的威胁,而这是由信息技术的本性及其与档案管理的关系所决定的。第三,在管理学中,由于学科间的直接相关性,图书馆学与情报学这两个专业对档案专业形成了最大的挑战。第四,对法学人才的重视主要与档案馆鲜明的政治性质有关,同时也与馆藏的类型密不可分。②

中国人民大学信息资源管理学院胡鸿杰认为:"2018 年的档案机构改革,除了是完成'政事分开''优化职责',还将档案专业人员从'行政管理和专业技术'的揪扯中剥离出来,使档案专业人员能够专心致志地设计自己的职业生涯、提升自己的职业空间。同时,各级管理部门也可以理直气壮地用档案专业人员的标准去要求和管理各级各类档案馆中的档案专业人员,使档案职业及其人员在职业的界定和社会特征、职业功能、职业技能、操作规范、活动领域、知识内容、证明方式和考评指导等方面不断完善和发展,不断提升档案职业的社会地位。"③

苏州大学社会学院丁家友、韦子扬、邵华认为:"档案职业的社会处境,既要通过档案职业市场的需求来考察档案职业的当前社会地位,还应该通过档案职业市场的供需关系变化来动态关注其发展空间。满足档案职业市场的人才需求不应是被动地迎合式跟从,而应是主动地前瞻式预测,多维度深入研究和跟踪与档案相关的经济、产业、市场、区域的差异和发展态势,立足过去和现实的人才需求预测未来的潜在需求,从而及时调整供求关系,创新人才培养模式,不断巩固和拓展档案职业的发展空间。"④

湘潭大学公共管理学院王协舟、李典诰认为:"在'互联网+'时代,档案职业发展动力的源泉发生了变化。社会生产力的进步扩展了档案生存空间,档案用户需求的变化提升了档案供给能力,档案价值属性打通了信息壁垒。其中,社会生产力发展丰富档案用户需求,深化与拓展档案价值属性;档案用户需求变化反过来推动社会生产力发展,是档案价值属性认知状态的展示;档案价值属性认知的升华,既是社会生产力的构成要素,又是档案用户需求的构成及基础;三者的相互作用实现了档案需求平衡。"⑤

广西右江民族医学院综合档案室农艳红探讨了新时期档案职业的发展趋势:①大力培养复合型、高层次的档案人才,培育档案工匠。②大力发展档案继续教育。③建立档案职业资格认证制度。④网络档案工作者兴起,负责研究各类网络信息资源归档工作。⑤乡村档案人员兴起,农村档案工作呈现蓬勃发展的趋势。⑥深入人民群众,积极做好民生档案工作。⑦多方合作,打造档案工作的繁荣盛世。⑥

天津医科大学肿瘤医院吴敏"分析信息时代对档案职业的技术环境、用人环境、法制环境产生的

① 田丽慧. 论学校传统档案室与数字档案室的有机融合[J]. 档案管理,2019(5):89-90.
② 杨光. 职业社会学视角下中国档案职业专业化程度分析:"知能"的垄断性[J]. 档案学研究,2019(6):25-34.
③ 胡鸿杰. 我国档案机构改革与档案职业发展[J]. 浙江档案,2019(5):27-30.
④ 丁家友,韦子扬,邵华. 我国档案职业市场网络调查研究[J]. 山西档案,2019(6):99-112.
⑤ 王协舟,李典诰. "互联网+"背景下档案职业发展动力的新源泉[J]. 北京档案,2019(4):10-13.
⑥ 农艳红. 论新时期档案职业的发展趋势[J]. 兰台世界,2019(2):87-90.

影响,并从环境角度提出未来档案职业可持续发展的策略和建议,包括顺应档案职业发展的技术环境,提高档案职业主体的核心能力和业务素质;改善档案职业的用人环境,优化档案人力资源管理的体制机制;完善档案职业发展的法制环境,建立健全档案开放利用的法律法规;营造关注档案事业发展的社会环境,利用信息技术加强档案宣传和教育"。①

广东省河源市中医院廖宇红探讨了信息时代如何提升档案职业价值:①做好档案安全防护工作,加快数字化转换与资源整合。②提升档案管理人员综合素养,增强主动服务意识。③加强档案信息制度建设,形成合理标准,拓宽融资渠道。②

上海大学图书情报档案系姚芹认为:"维护正义只是档案在社会矛盾爆发时应急功能的体现,从档案工作、档案人员、档案本身三个维度进行考察,维护正义只是档案职业伦理的补充。维护正义是档案的一种积极价值追求,程序正义与档案内容真实是维护正义的两道防线。"③

六、档案宣传展览

(一)国际档案日

中国工程物理研究院应用电子学研究所唐晓琳、郭倩、同焕玲提出了优化国际档案日活动的建议:①学习国外在国际档案日中的做法。②参考国际博物馆日、世界图书日的有关活动。③注重打造国际档案日品牌活动。④

哈尔滨工业大学张北建、冯文博认为:"国际档案日"是档案人自己的生日,高校档案馆以此为契机,积极加强档案宣传具有重要的意义。①有利于塑造品牌形象,提高档案影响力。②有利于提升档案馆地位,促进档案事业发展。开展"国际档案日"宣传活动可以让广大师生员工知晓档案的作用,增强公众的档案意识,激发公众利用档案的兴趣,提升全体档案工作人员的从业自豪感和职业荣誉感,进而增进档案事业健康发展。③有利于解决师生实际问题,用档案维护师生切身利益。⑤

(二)档案宣传

中国档案报社柴丽认为:"档案作为党和国家各项工作和人民群众各方面情况的真实记录,是党和国家事业发展不可或缺的一项基础性、支撑性工作,是促进我国各项事业科学发展、维护党和国家及人民群众根本利益的重要依据。档案宣传工作通过深入挖掘档案史料,实现党性与人民性的统一,对于建立中国人民中国特色社会主义的道路自信、制度自信、理论自信和文化自信,培育和践行社会主义核心价值观,实现中华民族伟大复兴的中国梦具有重大现实意义。"⑥

广西财经学院文化传播学院曲升刚提出了新媒体环境下档案宣传工作的实践措施:①加强档案信息化建设,创新档案宣传模式。②科学完善平台栏目功能,实现新媒体档案宣传工作升级。③强化部门间的相互协作,实现档案资源共享。⑦

云南大学历史与档案学院张伟探讨基于广告传播理念的档案宣传,认为广告传播形式多样,档案宣传可从以下方面借鉴:①开展礼品赠送活动。档案宣传活动可以赠送档案文化产品,诸如档案汇编、档案用品、档案知识宣传手册等。②开展档案知识竞答活动。③拍摄专题片。④举办"兰台风韵"大赛。⑤其他宣传形式。发挥传统媒体优势,通过报纸、杂志、广播电视、张贴海报等形式,开展线上

①　吴敏.信息时代档案职业可持续发展研究[J].办公室业务,2019(9):178-179.
②　廖宇红.档案信息时代档案职业价值的再认识[J].兰台内外,2019(16):18-19.
③　姚芹.论维护社会正义与档案职业伦理的关系[J].山西档案,2019(4):48-53.
④　唐晓琳,郭倩,同焕玲.我国国际档案日活动现状调查及优化建议[J].浙江档案,2019(11):62-63.
⑤　张北建,冯文博.高校国际档案日宣传活动探析[J].黑龙江档案,2019(4):29.
⑥　柴丽.档案宣传实现党性与人民性统一的路径分析[J].档案学研究,2019(2):111-115.
⑦　曲升刚.新媒体环境下档案宣传工作实践研究[J].新闻采编,2019(1):51-52.

与线下相结合,现代新媒体与传统媒介相结合。①

上海工程技术大学档案馆季梦佳提出了利用微动画进行档案宣传的建议:①喜闻乐见的艺术化宣传之路。②以微见大的故事化传播之路。③感性风格的萌宣传之路。②

辽宁省沈阳市法库县政务服务中心梅雪艳提出了新媒体视域下档案宣传工作新思路:①将"兼职"概念植入档案宣传队伍建设。②创新展示形式,推进档案"立体化"宣传。③依托产品思维,档案宣传"内容为王"。④新媒体与传统媒体融合,促进档案宣传"品牌化"。③

(三)档案展览

福建师范大学中国史博士后科研流动站、福建师范大学社会历史学院王运彬、叶曦、黄隆瑛、郑洁洁认为:"把中国档案精品通过海外展览的方式推向全世界,是新时代国家档案事业服务于'文化自信'建设的应有命题。档案展览的海外推广,既面临着难得的机遇——政策上的大力支持与技术上的逐渐成熟,又面临着严峻的挑战——如何从原始记录中提炼档案故事与在展览交流中激发文化认同。'形式上尽可能丰富'与'内容上尽可能活态'是新时代'档案展览的海外推广'可予以重点研究的两条路径。"④

湖北省黄石市档案馆朱玲、汪洋"通过对武汉城市圈九个城市的国家综合档案馆网上展览情况进行专题调研,得出其建设存在协同共建意识淡薄、统一规划力度不强、知识产权保护意识不足和集群建设技术相对滞后等问题,并提出增强网上展览资源共享意识、发挥网上展览集群管理机制作用、重视网上展览知识产权保护和强化网上展览集群管理技术等优化举措"。⑤

七、档案中介服务

广西民族大学陆尘香认为:"档案业务外包是国家档案馆解决自身业务繁重与社会档案利用需求日益增加之间矛盾的重要方式。但并非所有档案业务均适宜外包,有必要界定国家档案馆档案业务外包的边界,明确何种情况下可外包,何种情况下不可外包,实现档案业务外包效益最大化。国家档案馆档案业务外包边界要素包括安全边界、成本边界与法律边界三个方面";"其中安全边界的内容包括档案实体与信息安全两方面,以档案实体与内容情况、外包公司安全服务水平、外包工作人员与外包场所情况为界定标准;成本边界的内容包括时间成本与经费成本,以档案馆的业务量、档案业务规定完成时间、档案业务完成所需时间以及档案业务完成所需经费为界定标准;法律边界的内容包括档案工作相关法律、档案法规条例和档案工作标准规范,以档案业务外包行为合法性、外包公司资质资历合法性和档案业务外包程序合法性为界定标准"。⑥

中山大学资讯管理学院李海涛、甄慧琳"依据项目管理指导原则,对 2018 年广州市范围内的政府招标采购的档案数字化外包项目的管理现状展开调研,发现当前我国档案数字化外包项目结项存在延时及成本超预算等问题;项目组长驱动的项目开展模式有损项目质量;项目组员业务技能偏弱、人员流动性大,数字化成果质量难以保障;委托方、项目组与监理方之间沟通不畅,数字化成果返工率偏高等问题。针对上述问题,提出了量化项目开展及评价指标,发挥委托方管理协同;建立及完善项目知识管理体系,提升项目管理效能及组员业务能力;加强数字化成果验收方与项目组沟通,降低数字

————————

　　① 张伟.基于广告传播理念的档案宣传研究[J].城建档案,2019(9):91-93.
　　② 季梦佳.微动画在档案宣传中的运用研究[J].北京档案,2019(5):37-39.
　　③ 梅雪艳.浅谈新媒体视域下档案宣传工作新思路[J].兰台世界,2019(S2):81-82.
　　④ 王运彬,叶曦,黄隆瑛,等.新时代档案展览的海外推广研究[J].档案学研究,2019(3):89-97.
　　⑤ 朱玲,汪洋.集群效应视角下档案馆管理体系构建困境与对策:基于武汉城市圈九个城市网上展览的调查分析[J].山西档案,2019(5):141-146.
　　⑥ 陆尘香.国家档案馆档案业务外包边界研究[D].南宁:广西民族大学,2019.

化成果返工率;加强项目组员档案素养培训,稳定项目业务人才,保障项目进度和质量等绩效提升策略"。①

浙江省杭州市档案局赵福荣、浙江省杭州市档案馆调研组毛贤广对杭州市档案服务外包管理进行专题调研,认为存在的问题:"总的来说,企业服务质量不高,规模小;市场竞争不充分,存在垄断或者恶意竞争的现象;业务开展不规范,企业持续发展能力不足;安全意识不到位,存在档案安全隐患。其中,档案整理和传统载体档案数字化服务方面存在的问题对机关档案质量影响较大,直接关系到进馆档案的质量和安全。"他们还提出了对策建议:①鼓励购买服务。②加强行政监管。③强化风险防控。④加大行业交流。⑤优化服务保障。②

福建省档案馆方彦、徐清平提出加强档案数字化外包人员管理的主要对策:①建立职业考核体系,提高外包人员专业水平。②加强职工权益保障,提高外包人员薪资待遇。③实施评价定点机制,力求外包人员稳定从业。④弘扬档案工匠精神,提升外包人员职业认同感。③

安徽大学李银银、安徽鸿博档案数据服务有限公司徐文龙认为:"物联网的本质是无界、无价、无序。所谓无界,就是企业提供的产品或服务没有物理边界,比如人们购买商品或服务,不需要去实体店,只要通过互联网平台即可挑选并购买。同时,互联网主要是以移动互联带来的电商为主,而物联网则是人工智能。随着传感技术、人工智能、区块链等技术的发展,未来档案外包服务发包方与承包方在不改变档案所有权和处置权的前提下,即可依托第三方机构,实现档案外包服务。这样,档案外包和交易模式将被彻底颠覆。此外,随着大数据时代的到来和数据分析技术的发展,要求实现档案数据信息高度集中和共享,海量数据是对档案价值进行分析和提取的前提。这也决定了未来档案服务承包方将朝着规模化、集成化方向发展,甚至会产生档案服务外包行业'垄断'企业。"④

八、档案教育

武汉大学信息管理学院王玉珏,南昌大学人文学院历史系龙家庆、郭黄昕玥"通过梳理两届全国档案学专业大学生课外科技作品竞赛的入围作品情况,调研参赛作品的选题来源、作品类型、团队成员专业构成、成果转化,分析竞赛对档案学专业创新人才培养等方面所发挥的积极作用、存在的问题。为此建议:充分发挥教指委对专业发展的引导与指导作用,注重作品设计开发与档案学'多元'教育资源相结合,提升竞赛叠加式宣传以扩大参与主体范围,重视作品内容实用性与优秀项目后期培植"。⑤

郑州大学信息管理学院李宗富、尹苏丹认为:"将参观教学法应用于档案学专业本科教学,充分利用校外人才培养基地进行参观教学实践,有助于高校提高档案学专业教学质量、培养学生的实践应用能力和创新能力。然而,在实施参观教学法的过程中,仍然存在着诸如任课教师实践经验不足、实践教学基地缺乏、管理保障制度不健全等问题或难点。如何科学、合理、有效地实施参观教学方法,还需要综合考虑多方面因素并结合更多的典型实践案例进行深入研究和探讨。"⑥

上海大学图书情报档案系周林兴、武汉大学信息管理学院孙瑾杰探讨了参与式教学在"档案管理

①　李海涛,甄慧琳.档案数字化外包项目管理现状问题及对策研究:以广州市调研为例[J].档案学研究,2019(6):86-93.

②　赵福荣,毛贤广.加强档案监管 提升服务水平:杭州市档案服务外包管理专题调研[J].浙江档案,2019(11):42-44.

③　方彦,徐清平.档案数字化外包人员管理困境及对策研究[J].北京档案,2019(8):33-35.

④　李银银,徐文龙.物联网环境下档案服务外包发展趋势[J].中国档案,2019(3):76-77.

⑤　王玉珏,龙家庆,郭黄昕玥.以学科竞赛促进档案学专业创新人才培养:两届全国高校档案学专业大学生课外科技作品竞赛情况分析[J].档案学通讯,2019(4):98-105.

⑥　李宗富,尹苏丹.参观教学法在档案学专业本科教学中的应用探析:以郑州大学档案学专业为例[J].档案学通讯,2019(3):106-112.

学"课程中的运用策略:①丰富课堂参与式教学,创建特色教学风格。②采用移动参与式教学,开展常态化实训。③融入线上参与式教学,补充传统教学不足。①

苏州大学社会学院谢诗艺、郑州大学信息管理学院杨婷认为:"'互联网+育人'应是高校档案专业新媒体平台建设的核心定位,而档案专业新媒体平台在培养档案学复合型人才方面也的确具有明显优势和特殊价值。基于此,可从队伍、平台、内容三方面建立起相关机制,以实现高校档案专业新媒体平台建设和高校档案学专业人才培养的双赢。"②

福建师范大学社会历史学院叶曦探讨了档案学专业创新创业教育的优化路径:以按需定制为导向,全面实施分流培养。第一阶段对应本科生入学第一年,重点在于建立跨专业联合培养机制。第二阶段实施校馆联合培养机制,着重进行专业核心理论课的教授。第三阶段实施馆企联合培养机制,着重进行专业实践和创业实习。第四阶段实施校企联合培养机制,启动创业孵化机制,根据创业计划书开展创业实践活动。③

北京联合大学应用文理学院王巧玲、吴晓红、谢永宪"系统总结了北京联合大学基于'双融合思想'探索构建档案学专业综合实践能力培养模式的经验。改革的具体举措主要包括两个方面:一是研发一门全新的专业实践课——档案工作综合实践课程;二是优化整个课程体系,并在暑期增设用于开展专业集中实践的小学期,构建具有"四年不断线、层层递进"特色的专业实践课程体系"。④

盐城师范学院卞咸杰认为:"在'以本为本'的背景下,档案学专业人才培养方案的制定要遵循坚持需求导向、坚持以生为本、教学现代化、协同育人、创新驱动和国际化的原则,同时,要突出人才培养修订的时代背景、应用型人才培养、课程开设的目标性、学生个性化发展、创新创业教育、'融合'与'对标'等要求。"⑤

上海大学图书情报档案系苏君华、南昌大学人文学院周丽认为:"专业实训是培养档案学人才必不可少的环节之一,只有通过实训才能将理论与实务有机结合。目前档案实训仍存在一些局限,影响着档案学专业满意度与就业状况的发展。iSchools 档案学教育在实训理念及目标、实训模式方面提供了大量优秀案例,为培养实用型、创新型人才提供了新思路,应借鉴其内涵并对国内档案学实训路径优化探讨,提高学生就业竞争力与档案学专业满意度,为档案学发展注入活力。"⑥

上海大学图书情报档案系、歌尔股份有限公司丁敬达、王浩瀛、肖开原、王向女提出了档案学专业教育发展的策略建议:①结合岗位需求优化课程体系。②结合素质需求改进教学模式。③结合社会需求扩大教育规模。④结合教研需求培育多元师资。⑦

湘潭大学公共管理学院陈艳红、张文磊、乐贞红"以湘潭大学档案学专业 2004—2018 届本科毕业生就业数据为样本,从毕业去向、求职行为、薪酬待遇、工作稳定性、工作与专业相关度等维度进行问卷调查,统计、分析、展示了毕业生的在校表现、就业体验、就业质量、毕业后成长速度与质量以及职业发展愿景等相关数据""认为要培养一流档案学专业创新性人才,应该尊重教育发展和人才成长规律,推进培养方案改革;回应新时代一流本科教育需求,打造一流专业课程;完善人才培养多主体协同

————————————

① 周林兴,孙瑾杰. 参与式教学在档案学本科教学中的运用探析:以"档案管理学"为例[J]. 档案学通讯,2019(1):100-106.

② 谢诗艺,杨婷."互联网+育人"新模式:高校档案学专业新媒体平台建设探索[J]. 档案学研究,2019(6):60-65.

③ 叶曦. 档案学专业创新创业教育的优化路径研究[J]. 浙江档案,2019(10):25-28.

④ 王巧玲,吴晓红,谢永宪. 基于"双融合思想"的档案学专业综合实践能力培养模式探索:以北京联合大学档案学专业实践教学改革创新为例[J]. 档案学通讯,2019(3):99-105.

⑤ 卞咸杰. 基于"以本为本"的档案学专业人才培养方案制定的原则与要求[J]. 档案管理,2019(3):37-38,41.

⑥ 苏君华,周丽. 基于就业状况与专业满意度的档案学专业实训教学探析[J]. 档案学通讯,2019(2):93-98.

⑦ 丁敬达,王浩瀛,肖开原,等. 基于招聘需求的档案学专业教育发展策略研究[J]. 档案学通讯,2019(2):99-104.

机制,提升学生创新能力。"①

郑州航空工业管理学院信息科学学院李春灿认为:"在就业率问题上,档案学专业毕业生的综合就业率较高,考研升学率较低,灵活就业率较高;在就业方向上,档案学专业毕业生就业方向较集中、考取公务员较少、对口就业难度增大,考研升学成为缓解就业压力的新途径。提升档案学专业毕业生就业能力的措施包括职业生涯规划、社会实践能力、培养目标与计划、课程体系结构、实践教学体系、人才创新模式和创业创新能力等方面的探索。"②

九、档案文化建设

(一)建设路径

黑龙江大学信息管理学院刘志森探讨了大数据时代档案文化建设的路径:①丰富馆藏资源,创新档案文化编研方式。②挖掘档案价值,推广档案文化创意产品。③拓宽传播渠道,弘扬档案文化地域特色。④加强国际交流,促进档案文化百花齐放。③

四川省成都市城市建设档案馆李翔探讨了"互联网+"视野下档案文化的建设途径:①加强档案文化建设,优化丰富馆藏档案的文化内涵。②加强"互联网+"背景下档案文化传播的宣传。③用信息技术为档案文化发展搭建共享平台,跨界联合相关单位完善"互联网+"背景下档案成果的利用。④更新观念和服务理念。⑤发挥档案文化的多功能作用,积极参与社会公众的互动。④

辽宁省档案馆(辽宁省工业文化发展中心)赵运龙探讨了文化强国背景下档案文化建设的实现路径:①发挥档案文化生产力。②增强档案文化服务力。③提升档案文化影响力。④加强档案法制建设。⑤

山西省太谷县档案局李莉提出了加强档案文化建设的途径:①强化档案部门和档案工作人员的文化意识。②加强对档案人员队伍建设。③加大对档案文化的宣传力度。④全面加强档案资源体系建设。⑥

(二)其他

辽宁省沈阳市法库县政务服务中心梅雪艳探讨了档案文化建设的重要意义:①档案文化是确保中华民族文化延续的重要保障。档案及档案文化的传承与发展,特别是中国历朝历代对文物史料的重视与传承,是中华民族的优秀传统文化得以传承的重要因素。②档案文化是推动文化创新发展的重要源泉。③档案文化是助力文化全球化竞争的重要支撑。⑦

黑龙江大学信息管理学院刘婉君、周丽霞通过对2000—2018年来我国档案文化建设论文高频关键词的汇聚度和知识图谱的分析,得出以下研究评析:①从该问题的整体研究状态来看,当前我国专门研究档案文化建设相关的学者并不多,持续性、系列性研究成果不多,标志性成果还应提升。②跨学科、交叉学科研究成果甚少,大多数成果来自档案及博物馆,其研究内容也大多是从档案自身特征出发,惯于采用传统视角进行论述,与其他学科交叉的研究不多。⑧

---

① 陈艳红,张文磊,乐贞红. 新时代档案学专业本科生就业质量分析:以湘潭大学2004—2018届就业数据为样本[J]. 档案学通讯,2019(4):106-112.

② 李春灿. 档案学专业毕业生就业现状分析及就业能力提升措施研究:以郑州航空工业管理学院为例[J]. 档案管理,2019(4):47-48,77.

③ 刘志森. 大数据时代档案文化建设的路径探析[J]. 黑龙江档案,2019(6):5-7.

④ 李翔. 基于"互联网+"视野下的档案文化建设研究[J]. 城建档案,2019(11):83-85.

⑤ 赵运龙. 文化强国战略下档案文化建设的路径探索[J]. 兰台世界,2020(3):64-66.

⑥ 李莉. 浅谈档案文化建设的主要内容、任务和途径[J]. 兰台内外,2018(8):69-70.

⑦ 梅雪艳. 浅谈新时代文化强国建设背景下的档案文化建设[J]. 兰台世界,2019(S2):32-33.

⑧ 刘婉君,周丽霞. 基于文献计量的我国档案文化建设研究综述(2000—2018)[J]. 山西档案,2019(6):155-162.

十、档案治理

(一)理论探讨

中国人民大学信息资源管理学院李思艺、中国船舶工业综合技术经济研究院田园认为:"档案治理作为档案领域推动档案工作进步、促进档案事业发展的新形态,是国家治理和社会治理的重要组成部分。以多元主体共治、合作参与和利益共享为倡导的包容性治理是社会治理的创新理念,与档案治理的核心内涵具有一定的一致性,将包容性治理引入档案治理有助于丰富档案治理概念的内涵,构建符合社会发展要求、满足国家治理体系现代化目标的档案治理模式。"①

上海大学图书情报档案系杨鹏认为:"档案治理需要遵循公平正义,这是夯实社会信任的重要基础;公正的治理需要法律护航,档案治理必须合法化。这是档案善治实现的保障。开放,不仅是档案信息更加开放,更是档案馆、档案工作、档案部门职能的进一步开放;开放的基础上还要求高度透明,透明的档案治理是贯穿治理全过程的透明化。高效则指档案善治是高效率、高效能的治理,在确保治理质量的基础上强调治理便捷;高效通过多元主体协同共治得以实现,强调社会组织、广大民众的广泛参与。稳定指档案善治是安全稳定的治理,要维护档案安全,实现治理稳定。和谐则在稳定的基础上更进一步,强调档案善治不是失衡的治理,而是平衡有序、可持续的治理。"②

河南省濮阳市档案局刘东斌认为:"档案治理概念随着'加快完善档案治理体系、提升档案治理能力'的提出而备受关注,但是在对这一概念的理解中,存在着一些认识上的误区。对档案治理概念,从国家治理与档案治理、档案治理与档案管理、档案治理与档案行政管理三方面进行辨析,认为档案治理就是档案行政管理的法治化、制度化。"③

(二)实现路径

中国人民大学信息资源管理学院徐拥军、熊文景探讨了档案治理现代化的实践路径:①以档案部门为主导,转变管理本位观念。推进档案治理现代化是档案部门的职责和义务,档案部门在推进档案治理现代化中应该起到主导作用,这突出表现为要转变传统思维,形成档案治理意识。②以社会参与为协同,规范社会行为方式。一要注重规则导向,保证治理行为的合法性;二要强调协商合作,创造平等互助的治理环境;三要普及档案意识,扩大主体参与。③以技术创新为突破,提升综合治理能力。④

上海大学图书情报档案系金波、晏秦"提出了从档案管理走向档案治理的实现路径,包括树立档案治理理念是先导、强化档案工作系统开放是前提、培育扶持社会力量是基础、创新档案治理方式是关键、建设档案法治环境是保障等几个方面"。⑤

武汉大学信息管理学院王玉珏、中国人民大学信息资源管理学院李子林、南昌大学人文学院龙家庆、辽宁大学历史学院刘俊恒探讨了中国参与全球档案治理的路径与策略:①决策方面,档案行政管理部门制定参与全球档案治理相关政策。②标准方面,档案研究机构积极参与国际档案标准制定。③项目方面,档案实践部门积极参与国际档案合作项目。④人员方面,档案工作者努力提升参与全球治理能力。⑥

① 李思艺,田园.包容性治理理论在档案治理中的适用性研究[J].档案管理,2019(6):20-23.
② 杨鹏.善治视域下我国档案治理路径探析[J].浙江档案,2019(10):28-30.
③ 刘东斌.档案治理概念辨析[J].档案管理,2019(1):47-49.
④ 徐拥军,熊文景.档案治理现代化:理论内涵、价值追求和实践路径[J].档案学研究,2019(6):12-18.
⑤ 金波,晏秦.从档案管理走向档案治理[J].档案学研究,2019(1):46-55.
⑥ 王玉珏,李子林,龙家庆,等.中国参与全球档案治理:历程、挑战与策略[J].档案学研究,2019(1):38-45.

十一、其他

黑龙江大学信息管理学院刘迎红探讨了新民主主义革命时期中共档案机构设置特点,认为"具体可概括为:机构设置的科层性与自我调适性相始终、组织体系的分散性与局部的统一管理相结合、机构职责的多样性与交互性相适应、机构的精简化与工作的高效性相协调"。①

郑州大学信息管理学院马双双认为我国档案机构评估已经走过了近40年的探索历程,从总体上看,可将我国档案机构评估发展历程的特点概括为以下4点:①档案机构评估呈现出明显的政治属性。②我国档案机构评估研究对象不断拓展和评估内容逐渐多样化。③我国档案机构评估研究总体上呈现出以综合评估为主,专项评估(或称单项评估)为辅的发展趋势。④档案机构评估的顺利发展离不开评估所需要的稳定、和谐的社会和经济环境。②

南阳师范学院党委组织部刘璞探讨了互联网+背景下档案工作者真、善、美品格的塑造:①增加知识能量,塑造求真品格。一是档案馆定期举办培训班,请专家学者,讲析品格的力量和高科技信息技术,通过学习完善自我,提升档案工作者的求真品格;二是与高校联合,定期派送青年档案工作者进修学习;三是定期搭建竞赛平台。②以人为本,塑造求善品格。一是开设微信公众号、App等媒介平台,为用户提供信息;二是开放档案信息共享资源,提升档案的利用率。③与时俱进,塑造求美品格。一是更新观念,与时俱进;二是利用云计算,保证信息安全;三是开启完善智能化系统,对档案数据进行迅速处理。③

①　刘迎红. 新民主主义革命时期中共档案机构设置特点探析[J]. 档案学通讯,2019(3):56-60.
②　马双双. 我国档案机构评估演变过程及特点分析[J]. 档案与建设,2019(12):9-14.
③　刘璞. 互联网+背景下档案工作者真善美品格塑造[J]. 档案管理,2019(3):95-96.

第九章　档案馆

档案馆仍然是2019年档案学界应当关注与重点研究的热点。我们以中国知网为样本来源,检索范围:中国学术期刊网络出版总库,中国博士学位论文全文数据库,中国优秀硕士学位论文全文数据库,中国重要会议论文全文数据库,国际会议论文全文数据库,中国重要报纸全文数据库,中国学术辑刊全文数据库。

检索年限:2019年。

检索时间:2020年3月28日。

检索式:发表时间=2019-01-01至2019-12-31,并且(主题=档案馆 或者 题名=档案馆)(模糊匹配)。

样本文献总数:3121篇。

第一节　文献统计分析

本节采用统计分析的方法,从资源类型分布、文献学科分布、文献研究层次分布、文献基金分布、文献类型分布5个方面对样本文献进行分析。

一、资源类型分布

从资源类型分布看,3121篇样本文献涉及期刊、硕士、报纸、学术辑刊、国内会议、博士6类资源。各类资源发表文献数量及占比情况见表9-1。

表9-1　各类资源发表文献数量及占比情况

序号	资源类型	发表文献数量/篇	占全部样本/%
1	期刊	2622	84.01
2	硕士	373	11.95
3	报纸	68	2.18
4	学术辑刊	24	0.77
5	国内会议	19	0.61
6	博士	15	0.48
合计		3121	100.00

由表 9-1 可见,期刊(包括学术辑刊)和硕士学位论文是 2019 年档案馆研究文献的主要来源,硕士学位论文占比较其他研究明显增加。可见,档案馆研究形成了以期刊为主,硕士学位论文为辅,报纸、国内会议、博士学位论文为点缀的交流与沟通渠道、平台。期刊的体量大于硕士学位论文一个量级,大于报纸文章、国内会议论文、博士学位论文两个量级。

二、文献学科分布

从样本文献学科分布看,3121 篇样本文献涉及图书情报档案、历史、政治、教育、理论经济学、工业经济、城市经济、法学、工商管理、美术、农业经济、公共管理、建筑科学、新闻传播、社会等学科。

前 15 个学科中,与 2018 年的图书情报档案、法学、教育、公共卫生与预防医学、公共管理、工商管理、工业经济、城市经济、国民经济、社会、旅游经济、建筑科学、农业经济、公安、财政相比,增加了历史、政治、理论经济学、美术、新闻传播 5 个专业,减少了公共卫生与预防医学、国民经济、旅游经济、公安、财政 5 个专业。前 15 个学科发表文献数量及占比情况见表 9-2。

表 9-2　前 15 个学科发表文献数量及占比情况

序号	学科	发表文献数量/篇	占全部样本/%
1	图书情报档案	2203	70.59
2	历史	317	10.16
3	政治	217	6.95
4	教育	183	5.86
5	理论经济学	81	2.60
6	工业经济	61	1.95
7	城市经济	50	1.60
8	法学	45	1.44
9	工商管理	40	1.28
10	美术	36	1.15
11	农业经济	35	1.12
12	公共管理	33	1.06
13	建筑科学	30	0.96
14	新闻传播	27	0.87
15	社会	21	0.67
	总计	3379	108.27
	实际	3121	100.00
	超出	258	8.27

需要说明的是,按学科统计数为 3379 篇,占 108.27%;超出实际样本数 258 篇,占 8.27%。档案馆研究具有明显的学科交叉性。

除图书情报档案外,发表文献最多的 5 个学科分别是历史、政治、教育、理论经济学、工业经济,与 2018 年发表文献最多的 5 个学科法学、教育、公共卫生与预防医学、公共管理、工商管理相比,只有教育一个学科相同。这表明档案馆研究的内容变化较大。

三、文献研究层次分布

从文献研究层次分布情况看,3121 篇样本文献涉及基础研究(社科)、行业指导(社科)、职业指导(社科)、高级科普(社科)、政策研究(社科)、工程技术(自科)、基础与应用基础研究(自科)、行业技术指导(自科)、大众文化、大众科普、基础教育与中等职业教育、政策研究(自科)、高等教育、经济信息、文艺作品、专业实用技术(自科)、其他等 17 个不同层次。各层次发表文献数量及占比情况见表 9-3。

表 9-3　各层次发表文献数量及占比情况

序号	层次	发表文献数量/篇	占全部样本/%
1	基础研究(社科)	1533	49.12
2	行业指导(社科)	870	27.88
3	职业指导(社科)	118	3.78
4	高级科普(社科)	77	2.47
5	政策研究(社科)	71	2.27
6	工程技术(自科)	34	1.09
7	基础与应用基础研究(自科)	28	0.90
8	行业技术指导(自科)	13	0.42
9	大众文化	7	0.22
10	大众科普	6	0.19
11	基础教育与中等职业教育	6	0.19
12	政策研究(自科)	3	0.10
13	高等教育	3	0.10
14	经济信息	3	0.10
15	文艺作品	2	0.06
16	专业实用技术(自科)	2	0.06
17	其他	345	11.05
	合计	3121	100.00

如果按社会科学、自然科学、经济文化教育和其他来分类,各类文献数量及占比分别是:社会科学 2669 篇,占 85.52%;自然科学 80 篇,占 2.56%;经济文化教育 27 篇,占 0.87%;其他 345 篇,占 11.05%。研究主体上属于社会科学的范畴。

如果按研究的基础性与应用性划分,基础性研究 1561 篇,占 50.02%;应用性研究 296 篇,占 49.98%。研究的理论性与应用性平分秋色。

综上,从整体上看,2019 年档案馆研究属于理论性与应用性平衡的社会科学范畴。

四、文献基金分布

从样本文献基金分布情况看,3121 篇样本文献中有 252 篇得到 39 种国家、省部级基金的资助,占全部样本的 8.07% 。各类基金资助发表文献数量及占比情况见表9-4。

表 9-4　各类基金资助发表文献数量及占比情况

序号	基金	发表文献数量/篇	占全部样本/%	占基金资助文献/%
1	国家社会科学基金	147	4.71	58.33
2	教育部人文社会科学研究项目	17	0.54	6.75
3	国家档案局科技项目	11	0.35	4.37
4	国家自然科学基金	8	0.26	3.17
5	上海市哲学社会科学规划课题	5	0.16	1.98
6	中国博士后科学基金	5	0.16	1.98
7	北京市哲学社会科学规划项目	5	0.16	1.98
8	江苏省教育厅高等学校哲学社会科学基金项目	4	0.13	1.59
9	中央高校基本科研业务费专项资金项目	3	0.10	1.19
10	安徽高等学校省级教学质量与教学改革项目	3	0.10	1.19
11	河北省哲学社会科学规划研究项	3	0.10	1.19
12	安徽省教育厅人文社会科学研究项目	3	0.10	1.19
13	上海市浦江人才计划	3	0.10	1.19
14	天津市哲学社会科学研究规划项目	3	0.10	1.19
15	江西省高校人文社会科学研究项目	2	0.06	0.79
16	中国人民大学科学研究项目	2	0.06	0.79
17	广东省哲学社会科学规划项目	2	0.06	0.79
18	黑龙江省哲学社会科学研究规划项目	2	0.06	0.79
19	河南省哲学社会科学规划项目	2	0.06	0.79
20	贵州省教育厅高等学校人文社会科学研究项目	2	0.06	0.79
21	重庆市哲学社会科学规划项目	2	0.06	0.79
22	青岛市社会科学规划项目	1	0.03	0.40
23	江苏省社会科学基金项目	1	0.03	0.40
24	国家留学基金	1	0.03	0.40
25	江苏省研究生科研与实践创新计划	1	0.03	0.40
26	南阳市科技计划项目	1	0.03	0.40
27	安徽省重大科技专项	1	0.03	0.40
28	吉林省哲学社会科学规划项目	1	0.03	0.40
29	福建师范大学教学改革研究项目	1	0.03	0.40

续表 9-4

序号	基金	发表文献数量/篇	占全部样本/%	占基金资助文献/%
30	南京大学人文社会科学研究项目	1	0.03	0.40
31	东北财经大学科研项目	1	0.03	0.40
32	辽宁省哲学社会科学规划基金项目	1	0.03	0.40
33	云南省哲学社会科学规划课题	1	0.03	0.40
34	安徽省自然科学基金	1	0.03	0.40
35	安徽省高等学校优秀青年人才基金项目	1	0.03	0.40
36	山西省高等学校优秀青年学术带头人支持计划	1	0.03	0.40
37	杭州市哲学社会科学规划课题	1	0.03	0.40
38	广州市哲学社会科学规划课题	1	0.03	0.40
39	武汉大学自主科研项目	1	0.03	0.40
	合计	252	8.07	100.00
	总计	3121	100.00	

从基金资助的层次上看,国家级基金 4 种 161 篇,占全部基金资助文献的 63.89%;部门基金 8 种 37 篇,占全部基金资助文献的 14.68%;地方基金 27 种 54 篇,占全部基金资助文献的 21.43%。

从地方基金资助的区域分布看,涉及安徽省、北京市、广东省、贵州省、浙江省、河北省、河南省、黑龙江省、吉林省、江苏省、江西省、辽宁省、山东省、山西省、上海市、天津市、云南省、重庆市等 18 个省(市)。

综上,从层级上看,国家级资助高于地方和部委的资助力度,是地方资助的 3 倍、部委的 4 倍;从区域分布看,全国有近 2/3 省份给予此类研究资助。

五、文献类型分布

从文献类型分布看,3121 篇样本涉及政策研究类、综述类、一般性 3 类文献。各类型文献数量及占比情况见表 9-5。

表 9-5　各类文献数量及占比情况

序号	文献类型	发表文献数量/篇	占全部样本/%
1	综述类文献	57	1.83
2	政策研究类文献	126	4.04
3	一般性文献	2938	94.14
	合计	3121	100.00

综上,从表 9-5 中可以明显地看到,一般性论证文献在研究成果中占据了 94% 以上的份额,体量超过政策性研究成果一个数量级,超过综述类文献研究成果两个数量级。政策性及宏观性的研究相对薄弱,相比之下政策研究类文献要高出综述类文献一倍。

六、小结

从样本文献的统计情况看,2019 年档案馆研究中,期刊的体量大于硕士学位论文一个量级,大于报纸文章、国内会议、博士学位论文两个量级。期刊(包括学术辑刊)和硕士学位论文是 2019 年档案馆研究文献的主要来源,硕士学位论文占比较其他研究明显增加。可见,研究形成了以期刊为主,硕士学位论文为辅,报纸、国内会议论文、博士学位论文为点缀的交流与沟通渠道、平台。

研究具有明显的学科交叉性。除图书情报档案外,发表文献最多的 5 个学科分别是历史、政治、教育、理论经济学、工业经济,与 2018 年发表文献最多的 5 个学科法学、教育、公共卫生与预防医学、公共管理、工商管理相比,只有教育一个学科相同。这表明档案馆研究的内容变化较大。

从整体上看,2019 年档案馆研究主体上属于社会科学的范畴,研究的理论性与应用性持平。

从基金资助的层次上看,3121 篇样本文献中有 252 篇得到 39 种国家、省部级基金的资助,占全部样本的 8.07%。从层级上看,国家级资助高于地方和部委的资助力度,是地方资助的 3 倍、部委的 4 倍;从区域分布看,全国有近 2/3 省份给予此类研究资助。

从文献类型分布看,一般性论证文献在研究成果中占据了 94% 以上的份额,体量超过政策性研究成果一个数量级,超过综述类文献研究成果两个数量级。政策性及宏观性的研究相对薄弱许多,相比之下政策研究类文献要高出综述类文献一倍。

第二节　文献计量分析

本节采用计量分析的方法,从文献作者分布、文献机构分布和文献来源分布 3 个方面对样本文献进行分析。

一、文献作者分布

从作者的分布情况看,3121 篇文献涉及超过 40 位作者。前 40 位作者共发表文献 207 篇,占全部样本的 6.63%。前 40 位作者发表文献数量及占比情况见表 9-6。

表 9-6　前 40 位作者发表文献数量及占比情况

序号	作者	发表文献数量/篇	占全部样本/%
1	赵彦昌	16	0.51
2	管先海	12	0.38
3	黄霄羽	10	0.32
4	刘东斌	8	0.26
5	李兴利	8	0.26
6	华林	8	0.26
7	李宗富	7	0.22
8	苏晓霞	7	0.22
9	韩峰	7	0.22

续表 9-6

序号	作者	发表文献数量/篇	占全部样本/%
10	张晓容	6	0.19
11	徐拥军	5	0.16
12	贺瑾	5	0.16
13	谭必勇	5	0.16
14	孙晓帆	5	0.16
15	杨洋	5	0.16
16	陈向阳	5	0.16
17	杨位楠	5	0.16
18	吴雁平	5	0.16
19	高山	5	0.16
20	王玉珏	4	0.13
21	傅娜	4	0.13
22	张斌	4	0.13
23	李慧	4	0.13
24	雷宇	4	0.13
25	于航	4	0.13
26	邓琳	4	0.13
27	田宁宁	4	0.13
28	李月娥	4	0.13
29	孙大东	4	0.13
30	许高杰	3	0.10
31	张晓容	3	0.10
32	马广荟	3	0.10
33	徐婧	3	0.10
34	黄隆瑛	3	0.10
35	林越陵	3	0.10
36	刘杜鹃	3	0.10
37	张栩华	3	0.10
38	张超	3	0.10
39	孙延宜	3	0.10
40	徐早祥	3	0.10
合计		207	6.63
总计		3121	100.00

如果按照普赖斯提出的计算公式,核心作者候选人的最低发文数 $M = 0.749\sqrt{N_{max}}$,其中 N_{max} 为最

高产作者发表文章数量。2019 年档案馆研究作者中发表文献最多的为 16 篇,即 $N_{max}=16$,所以 $M=0.749\sqrt{16}=2.996$。即发表文献 3 篇及以上的作者为档案馆研究核心作者。因此,表 9-6 所列前 40 位作者都是 2019 年档案馆研究的高产作者及核心作者。2019 年档案馆研究已有一定数量的高产作者,形成相当数量的核心作者群。

从前 40 位作者的所属单位看,高校与档案行政管理机关作者是 2019 年档案馆研究的主力军。

二、文献机构分布

从机构分布情况看,3121 篇文献涉及超过 40 个机构。前 40 个机构发表文献数量及占比情况见表 9-7。

表 9-7　前 40 个机构发表文献数量及占比情况

序号	机构	发表文献数量/篇	占全部样本/%
1	中国人民大学	58	1.86
2	浙江省档案局	58	1.86
3	云南省档案局	52	1.67
4	上海大学	43	1.38
5	黑龙江大学	40	1.28
6	黑龙江省档案局	40	1.28
7	云南大学	37	1.19
8	四川省档案馆	35	1.12
9	辽宁大学	33	1.06
10	华东师范大学	31	0.99
11	山东大学	30	0.96
12	河北大学	29	0.93
13	河北省档案局	28	0.90
14	郑州大学	25	0.80
15	华中师范大学	24	0.77
16	湘潭大学	22	0.70
17	安徽大学	21	0.67
18	陕西省档案局	21	0.67
19	北京市档案局	21	0.67
20	江苏省档案局	21	0.67
21	四川省档案局	20	0.64
22	河南省濮阳市档案局	20	0.64
23	吉林省档案馆	17	0.54
24	山西大学	17	0.54
25	西南大学	17	0.54

续表 9-7

序号	机构	发表文献数量/篇	占全部样本/%
26	辽宁省档案局	16	0.51
27	武汉大学	16	0.51
28	中山大学	15	0.48
29	南京大学	15	0.48
30	南昌大学	14	0.45
31	上海师范大学	14	0.45
32	吉林大学	13	0.42
33	四川大学	13	0.42
34	上海市档案局	12	0.38
35	中共浙江省委办公厅	12	0.38
36	华南理工大学	12	0.38
37	山东省档案局	11	0.35
38	复旦大学	11	0.35
39	广西民族大学	11	0.35
40	南京师范大学	11	0.35
合计		956	30.63
总计		3121	100.00

前 40 个机构发表文献 956 篇,占全部样本的 30.63%。如果使用普赖斯公式计算,核心机构的最低发文数 $M=0.749\sqrt{N_{max}}$,其中 N_{max} 为最高产机构发表文章数量。这里 $N_{max}=58$,所以 $M=0.749\sqrt{58}\approx 5.704$,即发表文献 6 篇及以上的为核心研究机构。据此,表 9-7 中发表 11 篇以上(含 11 篇)文献的前 40 个机构是研究的高产机构。

40 个高产机构中有 25 个是高校,说明 2019 年档案馆核心研究机构群在高校。

从前 40 个机构发表文献数量及占比情况看,高校 25 个,占前 40 个机构的 62.5%;发表文献 572 篇,占比 18.33%,发表文献的数量及占比均为最高。档案局 13 个,占前 40 个机构的 32.5%;发表文献 332 篇,占比 10.64%,发表文献的数量及占比次之。档案馆 2 个,占前 40 个机构的 5%;发表文献 52 篇,占比 1.67%,发表文献的数量及占比再次之。这在一定程度上说明研究整体上趋向理论性研究,与实际工作有一定距离。

三、文献来源分布

从文献来源分布看,前 15 种文献来源共发表文献 1595 篇,占全部样本的 51.11%。前 15 种文献来源发表文献数量及占比情况见表 9-8。

表 9-8　前 15 种文献来源发表文献数量及占比情况

序号	文献来源	发表文献数量/篇	占全部样本/%
1	《中国档案》	243	7.79
2	《浙江档案》	156	5.00
3	《黑龙江档案》	149	4.77
4	《云南档案》	136	4.36
5	《兰台世界》	134	4.29
6	《档案与建设》	130	4.17
7	《四川档案》	122	3.91
8	《兰台内外》	119	3.81
9	《档案天地》	112	3.59
10	《北京档案》	99	3.17
11	《山东档案》	99	3.17
12	《陕西档案》	96	3.08
13	《城建档案》	92	2.95
14	《档案》	77	2.47
15	《档案管理》	62	1.99
合计		1826	58.51
总计		3121	100.00

按照布拉德福定律,3121 篇文献可分为核心区、相关区和非相关区,各个区的论文数量相等(约 1040 篇)。因此,发表论文居前 7 位的《中国档案》《浙江档案》《黑龙江档案》《云南档案》《兰台世界》《档案与建设》《四川档案》(1070 篇)处于核心区之内;居第 8～15 位的《兰台内外》《档案天地》《北京档案》《山东档案》《陕西档案》《城建档案》《档案》《档案管理》(756 篇)处于相关区;发表文献 62 篇及以下的文献来源则少数处于相关区,多数处于非相关区。

从前 15 种文献来源看,它们均为档案学期刊。相对而言,档案学核心期刊 5 种,发表文献 690 篇,占比 22.11%;非核心期刊 10 种,发表文献 1136 篇,占比 36.40%。非核心期刊对档案馆研究的关注度高于核心期刊,核心期刊中的《档案学通讯》《档案学研究》缺席前 15 位,表明档案学纯理论期刊没有将档案馆研究纳入其关注范围。

四、小结

从样本文献的计量分析情况看,发表文献 3 篇及以上的作者为档案馆研究的核心作者。2019 年档案馆研究已有一定数量的高产作者,形成相当数量的核心作者群。从前 40 位作者的所属单位看,高校与档案行政管理机关作者是 2019 年档案馆研究的主力军。

2019 年档案馆核心研究机构群是高校。高校发表文献的数量及占比均为最高,档案局次之,档案馆再次之。研究整体上趋向理论性研究,与实际工作有一定距离。

从文献来源看,前 15 种均为档案学期刊。相对而言,在期刊中,档案学核心期刊 5 种,发表文献 690 篇,占比 22.11%;非核心期刊 10 种,发表文献 1136 篇,占比 36.40%。非核心期刊对档案馆研究的关注度高于核心期刊,核心期刊中的《档案学通讯》《档案学研究》缺席前 15 位,表明档案学纯理论期刊没有将档案馆研究纳入其关注范围。

第三节　文献词频分析

本节采用关键词词频的方法,从关键词词频、主题词词频和近五年高频词变化 3 个方面对样本文献进行分析。

一、关键词词频分析

从 3121 篇文献涉及的关键词看,前 15 个高频关键词中使用频率最高的是档案馆(126 频次),最低的是数字化(20 频次)。前 15 个高频关键词合计使用 582 频次,占全部样本的 18.65%,即近两成文献使用这 15 个关键词。表 9-9 是前 15 个高频关键词使用频率及占比情况。

表 9-9　前 15 个高频关键词使用频率及占比情况

序号	关键词	使用频率/次	占全部样本/%
1	档案馆	126	4.04
2	数字档案馆	68	2.18
3	档案	50	1.60
4	档案管理	46	1.47
5	智慧档案馆	39	1.25
6	高校	34	1.09
7	高校档案馆	30	0.96
8	大数据	30	0.96
9	微信查档	27	0.87
10	高校档案	25	0.80
11	档案工作	22	0.70
12	档案服务	22	0.70
13	信息化	22	0.70
14	综合档案馆	21	0.67
15	数字化	20	0.64
合计		582	18.65
总计		3121(篇)	100.00

相对而言,2019 年档案馆研究主要集中在上述档案馆、档案事务、档案、信息化、机构 5 类 15 个关键词所涉及的方面。可以说,上述档案馆、档案事务、档案、信息化、机构 5 类 15 个关键词是 2019 年档案馆研究的热点所在。与 2018 年的档案事务、档案、档案馆、档案业务、机构 5 类略有变化,且内容相同的在次序上也有所变化。

需要指出的是,由于档案馆研究内容所反映出的广泛性,研究热点只是相对集中,每年都会有新的热点与重点出现。

二、主题词词频分析

从主题词使用频率看,2019 年档案馆研究涉及内容广泛,集中在档案馆、机构、档案、档案事务、主题教育、信息化、档案人、历史时期 8 个方面。使用频率最高的 40 个主题词分布情况见表 9-10。

表 9-10　使用频率最高的 40 个主题词分布情况

序号	主题词	使用频率/次	占全部样本/%
1	档案馆	732	23.45
2	省档案馆	229	7.34
3	数字档案馆	201	6.44
4	档案局	190	6.09
5	市档案馆	177	5.67
6	档案工作	114	3.65
7	综合档案馆	113	3.62
8	牢记使命	108	3.46
9	高校档案馆	98	3.14
10	城建档案馆	82	2.63
11	国家档案局	81	2.60
12	档案文献	79	2.53
13	档案资源	72	2.31
14	档案管理	65	2.08
15	数字档案馆建设	60	1.92
16	智慧档案馆	57	1.83
17	档案事业	55	1.76
18	民生档案	55	1.76
19	馆藏档案	51	1.63
20	档案服务	48	1.54
21	主题教育	48	1.54
22	档案信息资源	48	1.54
23	档案数字化建设	47	1.51
24	档案工作者	46	1.47
25	档案部门	45	1.44
26	图书馆	42	1.35
27	高校档案	42	1.35
28	山东省档案馆	39	1.25
29	甘肃省档案馆	38	1.22
30	县档案馆	36	1.15

续表 9-10

序号	主题词	使用频率/次	占全部样本/%
31	中国第一历史档案馆	36	1.15
32	国家重点档案	36	1.15
33	国家综合档案馆	35	1.12
34	档案管理工作	35	1.12
35	档案馆工作	35	1.12
36	数字档案资源	34	1.09
37	城建档案	34	1.09
38	档案信息化建设	33	1.06
39	档案信息	33	1.06
40	抗战时期	32	1.03
合计		3441	110.25
总计		3121(篇)	100.00
重叠		320	10.25

从涉及的主题词看,使用频率最高的 40 个主题词共使用 3441 频次,占全部样本的 110.25%。也就是说,2019 年,上述 40 个主题词涵盖了全部样本文献。其中使用频率最高的是档案馆(732 频次),使用频率最低的是抗战时期(32 频次),平均使用频率为 86 频次。

从主题词反映的研究内容看,2019 年,档案馆研究关注的 40 个主要问题又可归并为档案馆、机构、档案、档案事务、主题教育、信息化、档案人、历史时期 8 个大类。

档案馆(档案馆、省档案馆、数字档案馆、市档案馆、综合档案馆、高校档案馆、城建档案馆、数字档案馆建设、智慧档案馆、山东省档案馆、甘肃省档案馆、县档案馆、中国第一历史档案馆、国家综合档案馆、档案馆工作),共使用 1968 频次,占全部样本的 63.06%。研究集中在各级各类档案馆,与综合档案馆高度相关。2019 年,正值新一轮机构改革,在局馆分设的大背景下,自然是 2019 年档案馆研究的第一大主题。

机构(档案局、国家档案局、档案部门、图书馆),共使用 358 频次,占全部样本的 11.47%。机构问题始终是与档案事业、档案人关系最为密切的问题,包括档案局、档案馆、档案室三大研究主题。档案局成为档案界关注之重点,排名前三不足为奇。

档案(档案文献、档案资源、民生档案、馆藏档案、档案信息资源、高校档案、国家重点档案、数字档案资源、城建档案、档案信息),共使用 484 频次,占全部样本的 15.51%。档案是档案学研究的本体,但从涉及的 10 个关键词看,主要涉及各类各种档案及其所承载的信息。它是 2019 年档案馆研究的第二大主题。

档案事务(档案工作、档案管理、档案事业、档案服务、档案管理工作),共使用 317 频次,占全部样本的 10.16%。研究主要涉及档案事务的宏观层面,管理工作性特征突出。它是 2019 年档案馆研究的第四大主题。

主题教育(牢记使命、主题教育),共使用 156 频次,占全部样本的 5.00%。

信息化(档案数字化建设、档案信息化建设),共使用 80 频次,占全部样本的 2.56%。研究聚集数字化与信息化。

档案人(档案工作者),共使用 46 频次,占全部样本的 1.47%。作为档案工作的主体,档案界研究的关注点从来没有离开过档案人自身,在档案馆研究中也不例外。

历史时期(抗战时期),共使用 32 频次,占全部样本的 1.03%。

可以说,2019 年档案馆研究所涉及内容虽然十分广泛,但全部文献均包含在上述档案馆、机构、档案、档案事务、主题教育、信息化、档案人、历史时期 8 类问题上。或者说,2019 年档案馆研究主要是围绕上述档案馆、机构、档案、档案事务、主题教育、信息化、档案人、历史时期 8 个内容展开的。机构改革下的局馆分设,使档案馆与档案局成为 2019 年档案馆研究中特别突出的主题。

三、近五年高频词变化

年度关键词的变化,特别是高频关键词的变化,能够反映出相关研究内容与主题、重点与热点的变化。

2015—2019 年档案馆研究年度关键词及高频关键词的变化情况,请扫描右侧二维码。

从近五年研究文献主要关键词的分布看,共使用 8 个关键词,即档案馆、数字档案馆、档案、档案管理、大数据、智慧档案馆、档案利用、建设。

5 年中,每年重复出现过的关键词有档案馆、数字档案馆、档案、档案管理 4 个,重复率为 100%;大数据 2 年,重复率为 40%。智慧档案馆、档案利用、建设没有年度重复。智慧档案馆是 2019 年新增加的内容。

以上情况说明:近五年间档案馆、数字档案馆、档案、档案管理的持续度高,一直是研究的核心内容与方向;其次是大数据,已经连续出现两年。研究内容与主题在相邻近的年度间连续性好。相当年份有 80% 及以上的研究内容与上一年相同。在 2015—2019 年中出现的关键词最少时为 27 次,最多时达到 113 次。

虽然重点内容的持续性良好,但重点内容的关注度自 2016 年之后均出现明显的持续下降趋势。总之,近五年来相关研究的主要内容集中,重点突出。

四、小结

从高频关键词词频上看,2019 年档案馆研究主要集中在档案馆、档案事务、档案、信息化、机构 5 类 15 个关键词所涉及的方面。可以说,档案馆、档案事务、档案、信息化、机构 5 类 15 个关键词是 2019 年档案馆研究的热点所在。与 2018 年的档案事务、档案、档案馆、档案业务、机构 5 类相比略有变化,且内容相同的在次序上也有所变化。

从研究的主题看,2019 年档案管理研究所涉及内容虽然十分广泛,但全部文献均包含档案馆、机构、档案、档案事务、主题教育、信息化、档案人、历史时期 8 类问题上。或者说,2019 年档案馆研究主要是围绕档案馆、机构、档案、档案事务、主题教育、信息化、档案人、历史时期 8 个内容展开的。机构改革下的局馆分设,使档案馆与档案局成为 2019 年档案馆研究中特别突出的主题。

从近五年高频关键词变化看,档案馆、数字档案馆、档案、档案管理的持续度高,一直是研究的核心内容与方向;其次是大数据,已经连续出现过两年。研究内容与主题在相邻近的年度间连续性好。相当年份有 80% 及以上的研究内容与上一年相同。近五年来相关研究的主要内容集中,重点突出。但重点内容的关注度自 2016 年之后均出现明显的持续下降趋势。

第四节　文献关键词共词分析

本节采用关键词共现分析的方法,从共现矩阵和共现网络两个方面对样本文献进行分析。

一、共现矩阵

矩阵提取使用频率最高的 15 个关键词,将这 20 个关键词形成 20×20 的共词矩阵。如果某两个关键词同时出现在一篇文章中时,就表明这两者之间存在相关关系,关键词右侧或下方对应位置的数值表示篇数。

图 9-1 是 2019 年档案馆研究文献高频关键词共现矩阵。

	档案馆	数字档案馆	档案	档案管理	智慧档案馆	高校	高校档案馆	大数据	微信查档	高校档案	信息化	档案工作	档案服务	综合档案馆	数字化	城建档案	档案利用	建设	对策	互联网+
档案馆																				
数字档案馆																				
档案																				
档案管理	2	6																		
智慧档案馆	2	5																		
高校	9	6	4																	
高校档案馆				2																
大数据	4	8	2	5	5		2													
微信查档																				
高校档案																				
信息化				4	2															
档案工作	2		2																	
档案服务	7							2		2										
综合档案馆																				
数字化		3	3	2		3							2	2						
城建档案								2												
档案利用	5																			
建设		7	2																	
对策		3	2					2										1		
互联网+	3												2							

图 9-1　2019 年档案馆研究文献高频关键词共现矩阵

图 9-1 显示,2019 年档案馆研究的关键词共现有 37 组,共现率为 18.5%。而共现次数 5 次以上

的关键词组合有 10 组,共现率为 5%。

以横轴为准计:

20 组共现关键词中有 8 组与档案馆直接相关,占共现关键词的 4%。

20 组共现关键词中有 7 组与数字档案馆直接相关,占共现关键词的 3.5%。

20 组共现关键词中有 6 组与档案直接相关,占共现关键词的 3%。

20 组共现关键词中有 4 组与档案管理直接相关,占共现关键词的 2%。

20 组共现关键词中有 3 组与大数据直接相关,占共现关键词的 1.5%。

20 组共现关键词中各有 2 组与高校、高校档案直接相关,分别占共现关键词的 1%。

20 组共现关键词中各有 1 组与智慧档案馆、高校档案馆、信息化、档案工作、城建档案直接相关,分别占共现关键词的 0.5%。

此外,还有微信查档、档案服务、综合档案馆、数字化、档案利用、建设、对策、互联网+8 个无共现关键词。

以共现频次为准计:

共现次数 5 次以上(含 5 次)的关键词组合有 10 组,分别是:

档案馆与高校:9 频次。

档案馆与档案服务:7 频次。

档案馆与档案利用:5 频次。

数字档案馆与档案管理:6 频次。

数字档案馆与智慧档案馆:5 频次。

数字档案馆与高校:6 频次。

数字档案馆与大数据:8 频次。

数字档案馆与建设:7 频次。

档案管理与大数据:5 频次。

智慧档案馆与大数据:5 频次。

从共现组数看,2019 年档案馆研究重点集中在档案馆、数字档案馆、大数据 3 个主要方向上。

2019 年档案馆研究的整体规模较大,研究内容相对集中。而且,2019 年档案馆研究领域有一定规模的高频(5 次以上 10 组)共现关键词,但还没有形成比较突出的高相关共现关键词群。研究的集中趋势较为明显。

二、共现网络

在关键词共现网络中,关键词之间的关系可以用连线来表示,连线多少和粗细代表关键词间的亲疏程度,连线越多,代表该关键词与其他关键词共现次数越多,越是研究领域的核心和热点研究内容。

使用知网工具获得 2019 年档案馆研究高频词共词网络图谱(扫描右侧二维码)。

从共词网络图谱可以直观地看出:相关研究可分为"档案馆"、"数字档案馆"、"档案工作"与"互联网"、"高校档案馆"、"综合档案馆"、"微信查档"6 个聚类群组。其中"档案馆""数字档案馆"是单核心多词群组,"档案工作"与"互联网"是双核心双词群组,"高校档案馆""综合档案馆""微信查档"是单核心单词群组。

"档案馆"群组是以使用频率最高的"档案馆"为核心的,和其他 3 个关键词一同组成链型群组。群组中的 4 个关键词首尾相接,呈一字形排列。每个词在群组内只与群组内相邻的一两个关键词有关联,但同时与其他群组相联系。其中,核心关键词"档案馆"就与"数字档案馆"群组和"档案工作"与"互联网"群组的多个关键词有着较群组内关键词密切的联系。

"数字档案馆"群组是整个网络中涉及关键词数量最多(11 个)的群组。这个群组的中心度、聚集度高于网络中的其他群组,并与"档案馆"、"档案工作"与"互联网"、"高校档案馆"3 个群组保持多重联系,成为这三个群组的中介与桥梁。

"档案工作"与"互联网"群组中的两个关键词关系紧密,并与"档案馆""数字档案馆"两个群组保持单线联系。

"高校档案馆"与"数字档案馆"群组近距关联。

"综合档案馆""微信查档"两个群组均位于"档案馆"、"数字档案馆"、"档案工作"与"互联网"、"高校档案馆"4 个群组组成的主网络的外围,不是 2019 年档案馆研究的重点与热点。

因此,从关键词的网络共现聚类看,2019 年档案馆研究重心在"档案馆""数字档案馆"两个方面。由"档案馆"、"数字档案馆"、"档案工作"与"互联网"、"高校档案馆"4 个群组组成的主网络是 2019 年档案馆研究的重心。"综合档案馆""微信查档"两个群组不是 2019 年档案馆研究的重点与热点,但有可能成为日后的研究热点。

三、小结

从共现组数看,2019 年档案馆研究重点集中在档案馆、数字档案馆、大数据 3 个主要方向上。2019 年档案馆研究的整体规模较大,研究内容相对集中。而且,2019 年档案馆研究领域有一定规模的高频(5 次以上 10 组)共现关键词,但还没有形成比较突出的高相关共现关键词群。研究的集中趋势较为明显。

从关键词的网络共现聚类看,2019 年档案馆研究重心在"档案馆"、"数字档案馆"两个方面。由"档案馆""数字档案馆"、"档案工作"与"互联网"、"高校档案馆"4 个群组组成的主网络是 2019 年档案馆研究的重心。"综合档案馆""微信查档"两个群组不是 2019 年档案馆研究的重点与热点,但有可能成为日后的研究热点。

第五节　文献综述

一、总论

国家档案局局长、中央档案馆馆长李明华认为:"档案馆馆长是档案馆政治建设的责任者,是档案馆业务建设的引领者,是档案馆队伍建设的领导者,是档案馆环境建设的营造者,并对档案馆馆长提出强化理论武装,准确把握政治方向、不断提高能力水平,解决业务问题、培养合格人才,带好干部队伍、坚持求真务实,锤炼工作作风、持续严格管理,确保档案安全的 5 点希望。"①

中国人民大学信息资源管理学院院长张斌"回顾了档案馆建设经历的传统档案管理、档案管理信息化、数字档案管理、智慧档案管理 4 个阶段,提出档案馆建设发展的使命是适应新时代党和国家工

① 黄佳音.适应新形势 明确新定位 展现新作为 实现新跨越:全国档案馆馆长论坛综述[J].中国档案,2019(11):24-25.

作大局及我国主要社会矛盾变化对档案的需求,对影响档案馆发展因素进行分析,判断未来档案馆会朝着数据化、社会化、特色化、知识化和智慧化发展。"①

中国人民大学信息资源管理学院熊文景探讨了档案馆文化事业机构定位,认为:为了树立起对档案馆属于文化事业机构的正确认识,迫切需要理清思路,廓清某些认识误区,坚定方向,推动档案馆文化功能的社会实现。第一,从文件双重价值理论出发,"对内服务"和"对外开放"是有机统一的。档案馆是集政治性、历史性与文化性一身的有机整体,不能割裂"为党管档、为国守史、为民服务"三者之间的有机联系。第二,档案馆文化事业机构定位与档案馆工作人员待遇之间没有直接关系。第三,必须由机构定位转为思想定性,认清未来档案馆的大门只会越开越大的必然趋势。②

吉林大学管理学院张卫东探讨了档案馆的文化事业机构特性,认为:首先,文化性是档案馆的内在属性。档案馆的文化性首先集中体现于其管理对象的文化性。其次,提供公共文化服务是现代社会对档案馆的必然要求。再次,文化事业机构是我国政策法规对档案馆的一贯定位。最后,定位为文化事业机构更有利于增强档案馆的创新活力和社会影响力。③

黑龙江省大庆市档案馆贾志探讨了档案馆工作高质量发展的路径:①强化政治属性,明确档案工作姓党的原则。②突出基础业务,打牢档案馆工作发展的根基。③利用信息技术,努力实现档案管理的信息化。④强化以档资政,更好地为中心为大局服务。⑤提高人员素质,抓好档案干部队伍的建设。④

陕西省咸阳市档案局王海英认为:"开展档案馆业务建设评价工作是全面反映各档案馆工作绩效的重要途径,是促进区域档案事业均衡发展的重要环节,是提升档案馆业务规范化水平的重要抓手和实现档案事业跨越发展的战略机遇。通过夯实基础、优化馆藏、深化开发、人才培育等途径,狠抓档案业务评价工作,才是档案部门应势而动、乘势而为,实现'大档案'之梦的'胜利之钥'。"⑤

山东省青岛市档案馆杨来青探讨了档案馆再信息化战略的实施路径:一是以档案内容信息数据化为方向,实现档案内容信息的细粒度管控和开发。二是以数据库、电子政务归档信息等新型档案信息资源为方向,实现多样化档案信息数据集的有效管理。三是以档案信息资源再加工、深挖掘为方向,推动档案信息资源开发工作实现质的变革。四是以业务信息协同化处置为方向,促进档案馆组织提质增效。五是以智慧档案馆建设为方向,推进档案馆实现"智慧型成长"。⑥

中国国家博物馆钟国文认为:"档案馆在文化阵地建设中,应该遵循文化发展的规律,找准档案馆文化建设的切入点,找准自身定位,在档案出版、展览体系、文创品牌、爱国主义教育基地品牌等方面下功夫,重点抓好档案馆资源建设与开发、特色的展览系和文化品牌、构筑文化交流宣传三个方面开拓创新,在做好档案基础服务工作的同时,主动打造档案文化品牌,不断推动档案馆在文化强国建设中发挥重要作用。"⑦

天津市档案馆编研部张甜甜认为:"学术型档案馆的建设前景既充满机遇,也迎接挑战。机遇是:档案机构的文化导向已成为国内外众多档案馆的主要设计理念及目标。档案学术研究作为一种文化活动,已成为激发公众利用档案的全新方式。机构改革更是为档案馆转型创造了前所未有的良好时机。挑战是:虽然档案馆学术研究工作开展了很多年,但并没有引起足够重视,各地并没有一套完善、

①　黄佳音.适应新形势 明确新定位 展现新作为 实现新跨越:全国档案馆馆长论坛综述[J].中国档案,2019(11):24-25.

②　熊文景.廓清档案馆文化事业机构定位的认识迷雾[J].山西档案,2019(6):179-181.

③　张卫东.综合档案馆具备文化事业机构特性[J].山西档案,2019(6):172-174,181.

④　贾志.档案馆工作高质量发展的路径浅析[J].黑龙江档案,2019(2):106.

⑤　王海英.新时代存史资政的使命践行:关于落实中省档案馆评价体系工作的思考[J].陕西档案,2019(2):12.

⑥　杨来青.再信息化:档案馆发展战略的思考[J].浙江档案,2019(9):15-18.

⑦　钟国文.新时代档案馆文化阵地建设路径探析[J].四川档案,2019(6):23-25.

成熟的运行机制。档案馆的学术研究成果,不论是从数量上,还是从研究的深度、广度上,都有待加强。学术型档案馆的办馆思路能否被各地复制并逐渐加以推广,需要各地档案部门结合本地区、本部门的现有实力和具体条件来综合考量。"①

二、综合档案馆

(一)发展策略与对策

佳木斯大学档案馆金明辉、刘昆鹏提出了新时代背景下综合档案馆的发展策略:①坚持文化自觉和文化创新。②积极研发档案文化产品。③提炼文化精神,加强文化宣传。④主动适应公众文化需求。②

湘潭大学李培杰提出了综合档案馆践行共享发展理念的基本对策:①宣传培训,增强档案工作人员的档案开放共享意识与能力。②建章立制,加强档案资源共享的制度与组织管理。③整合资源,夯实档案资源共享的物质基础。④技术驱动,构建档案资源共享的平台。③

(二)服务

南京理工大学档案馆李广都探讨了综合档案馆信息服务对政府治理能力的提升方式:①将档案信息服务延伸到街道(乡镇)、社区(村)两级,提升基层政府的公共服务能力。②综合档案馆与政府部门建立共享协作机制,提升基层政府的组织整合能力。③区域性档案数据库建设,有助于提升地方政府公共治理能力。④全国性行业档案数据库建设中,综合档案馆的网络体系可发挥资源管理体系和信息服务体系的巨大优势。④

中国人民大学信息资源管理学院虞香群、张斌认为:"今后综合档案馆应该从以下几个方面入手提升对外服务能力:一是在馆藏资源不断增长的情况下,应扩大档案开放的数量,加强对档案开放的鉴定,应及时公布和开放可共享的档案。二是提高档案利用数量,综合档案馆要通过各种途径和方式使用户利用档案更为便捷,让公众愿意利用档案。""三是加强综合档案馆文化交流服务功能,通过档案展览的数据分析可知,进行文化交流也是吸引用户的有效方式,所以档案馆要转变理念,利用新媒体积极开展文化交流,融入社会大众的生活中。"⑤

郑州大学信息管理学院李宗富、于子闪提出了提升综合档案馆公共服务能力的建议与对策:①不同级别管理服务人员应各司其职,聚焦主责主业,着力提升其服务能力和水平。②档案用户可以与档案馆加强沟通互动,相互促进,共同发展提高。③高校和档案学师生要加强产学研用联系,加大实践力度,并着力培养学生的核心竞争力。⑥

郑州大学信息管理学院李宗富、河南信息工程学校张瑞瑞认为:"在大力建设服务型政府的社会背景下,加强档案馆公共服务能力建设已成为社会各界关注的热点,社会公众对档案馆公共服务能力和水平提出了更高要求。国家各级各地综合档案馆要顺应时代要求和民众呼声,以评促转、以评促建、以评促发展,不断加强公共服务能力建设,努力尝试向公共档案馆转型。这需要我们在档案公共服务能力评估理论体系构建、评估与建设实践、法规制度建设等方面不断拓展研究范围,力争构建起

① 张甜甜.学术型档案馆建设思路与展望:以天津市档案馆为例[J].山西档案,2019(5):147-153.

② 金明辉,刘昆鹏.构建公共文化服务体系背景下综合档案馆的发展策略研究[J].红河学院学报,2019,17(4):159-160.

③ 李培杰.综合档案馆践行共享发展理念的对策研究[D].湘潭:湘潭大学,2019.

④ 李广都.综合档案馆信息服务对政府治理能力提升的作用分析[J].档案,2019(10):56-59.

⑤ 虞香群,张斌.综合档案馆对外服务功能变化研究:基于统计数据的分析[J].浙江档案,2019(7):31-33.

⑥ 李宗富,于子闪.多维主体视域下河南省各级综合档案馆公共服务能力现状透视与展望[J].档案管理,2019(4):49-53.

科学合理可行的档案馆公共服务评估理论框架。"①

南京理工大学档案馆李广都、江苏省南京轩恩软件公司叶毅认为："综合档案馆作为各级政府最大的档案保管和服务机构,应当在民生档案信息服务中不断创新服务模式,充分利用移动终端技术优势探索贴近民生的主动服务模式,努力为档案用户提供更为便捷的个性化、私人订制类的数据精准推荐服务。大数据时代,数据精准推荐业务可充分利用各级综合馆馆藏档案资源优势,为推动新时代文化建设发挥更大的作用。"②

河北大学郭燕提出了提升综合档案馆公共服务能力的对策建议:①社交媒体与传统媒体的结合。②健全社交媒体下综合档案馆的管理机制。③加大对档案的宣传力度和公众认知度。③

(三)其他

湖北省档案馆马尚云、湖北省档案局袁作军对国家综合档案馆功能发挥进行思考,认为:①坚持以完善功能为重点,加快馆库建设。②坚持以信息化建设为关键,推进共享服务。一是稳妥推进馆藏档案数字化工作;二是着力提升电子档案管理水平;三是有效拓展互联网应用服务。③坚持以改善结构为基础,完善资源体系。一是突出重点抓好机关企事业单位档案归档工作;二是突出人本抓好民生档案的收集工作;三是突出特色抓好新领域档案资源建设。④坚持以人才培养为保障,激发内生动力。④

广西医科大学第二附属医院档案室黄荷、广西民族大学管理学院杨桂凤认为："综合档案馆作为国家档案事业的重要组成部分,其资源配置直接关系到档案的安全与利用。当前,由于各地区经济发展不平衡,档案管理模式、国家档案经费拨款不合理等原因,综合档案馆资源配置结构不合理,需要重新统筹规划,通过建立一套动态的监测体系,观测各个综合档案馆资源配置存在的问题,以建立科学的资源配置体系,消解其资源结构不合理问题。"⑤

吉林省镇赉县档案局王宏月提出了提升县级综合档案馆社会影响力的对策:①提高档案队伍的综合素质。②完善档案馆库设施设备建设。③全面丰富档案馆馆藏内容。④大力开发馆藏档案信息资源。⑤充分发挥馆藏数字档案的作用。⑥

河北大学管理学院档案系赵佳慧、李颖认为："当前我国省级综合档案馆的线上展览存在展览内容深度不够、展览形式有待优化、展览技术缺乏合理运用、用户友好性有待提升、展览缺乏定期维护的问题。"针对这些问题,他们"提出深入挖掘展览内容、不断丰富展览形式、合理运用先进技术、增强人性化设计、定期维护线上展览的策略"。⑦

山东省临沂市兰陵县检验检测中心宁区亮提出了县级综合档案馆档案接收进馆的对策:①随着机构改革的推进,档案管理工作将越来越规范。②主动与撤并单位联系,变被动为主动,适当扩大撤并单位的档案接收范围。③对接收单位档案人员进行业务培训。④加大对档案事业的财政投入。⑤适度加强县级综合档案馆库建设。⑧

山东省平原县档案馆阮桂林探讨了县级综合档案馆新馆建设需要注意的几个问题:①积极作为、创出一流业绩,为本地的经济社会发展提供有效的档案服务,是争取本地的党委政府重视支持,早日

① 李宗富,张瑞瑞.国家综合档案馆公共服务能力评估:现实依据、理论根基与研究难点[J].档案与建设,2019(3):10-15.
② 李广都,叶毅.基于公共服务理念的综合档案馆数据精准推荐服务分析[J].中国档案,2019(2):70-71.
③ 郭燕.社交媒体环境下综合档案馆公共服务能力研究[J].档案天地,2019(2):30-32.
④ 马尚云,袁作军.湖北省国家综合档案馆功能发挥现状调查[J].中国档案,2019(1):36-39.
⑤ 黄荷,杨桂凤.综合档案馆资源配置现状探究[J].北京档案,2019(1):41-43.
⑥ 王宏月.提升县级综合档案馆社会影响力的几点思考[J].兰台内外,2019(6):23.
⑦ 赵佳慧,李颖.我国省级综合档案馆线上展览研究[J].北京档案,2019(6):31-33.
⑧ 宁区亮.县级综合档案馆在档案接收进馆工作中存在的问题与对策[J].档案天地,2019(3):53-54.

立项建设新馆的前提。②提高认识、树立五大理念,引领本地区的档案事业全面发展,使新馆建设成为档案事业发展的里程碑。③强抓机遇、乘势而上,赢得更多的社会资源,为建好全新的综合档案馆奠定坚实的基础。④规划设计、立足高点定位,做出整体建设规划和顶层设计,为新馆建设定好调子,为党委政府当好参谋。⑤勇于担当、到位而不越位,让全新综合档案馆建起来,避免档案干部倒下去。①

吉林省大安市档案馆刘国伟对县级综合档案馆信息化建设进行思考,认为:①积极推进档案馆办公自动化。②努力实现馆藏档案数字化。③推进档案信息资源社会共享。④注重对信息化人才的引进和培养。②

三、城建档案馆

黑龙江大学徐海静、韩瑞鹏、孙良辉认为:"深圳市城建档案馆的建设与发展趋于成熟、稳定,不仅表现在关于利用、收集、档案培训方面的条例、规范制定,还表现在网站服务、设计、信息公布、数据统计等方面。通过归一化原因分析,发现想要提高档案馆的综合能力就要立足工作、逐步细化、主动出击、积极创新、完善评测机制、不断学习。运用 TOPSIS 算法对深圳市城建档案馆进行工作能力分析是可行的,从 7 个指标完成综合分析,并给出归一化结果和年度指标值与最优值的排序,可成为档案馆今后总结综合能力评测的有效指标。TOPSIS 算法作为众多分析方法中的一种为学界带来了解决问题的另一种思路,虽然国内目前处于起步阶段,但从其分析能力和结果来看,其有强大的生命力,并可以应用到学界各个领域。"③

新疆乌鲁木齐市城乡建设档案馆毛汉康认为应"拓展城建档案馆社会服务功能,推进工程建设项目审批制度改革步伐":①依法治档,取消城建档案预验收制度。②认清形势,改进城建档案业务工作模式,主动融入建设项目审批制度改革。③依托政府项目在线审批监管平台,与城建档案馆档案管理系统无缝衔接,实现工程建设项目档案实时审核。④发挥城建档案馆信息资源存储与利用中心的作用,为建设工程项目审批相关部门提供及时、准确的信息。④

湖南省郴州市城乡建设档案馆谭丹探讨了城建档案馆社会服务类型,认为:①为城市发展过程中各种重大决策的制定提供数据支撑。②为城市建设工程项目的开展提供服务。③为科研教育发展提供服务。④为社会法律事务提供真实可靠的资料依据。⑤

北京市城市建设档案馆马媛媛探讨了解决城建档案馆档案接收问题的对策:①统一档案制度和标准,及时调整接收范围。②完善违法行为处罚规定,加大执法力度。③创新接收模式,实现联合办公。⑥

湖南省衡东县住房和城乡建设局谭美琴探讨了县级城建档案馆(室)声像档案工作,认为:①争取领导的重视,取得主管部门的资金保证。②扩大收集渠道,开展社会档案征集。③依法治档、全民参与是开展声像档案工作的关键。④因地制宜做特色声像档案工作,扩大社会影响。⑤声像档案数字化能最大程度实现其价值。⑦

---

①　阮桂林. 县级综合档案馆新馆建设需要注意的几个问题[J]. 山东档案,2019(4):73-74.
②　刘国伟. 对县级综合档案馆信息化建设的若干思考[J]. 兰台内外,2019(21):37.
③　徐海静,韩瑞鹏,孙良辉. 基于 TOPSIS 算法的深圳市城建档案馆综合能力分析[J]. 山西档案,2019(6):126-131.
④　毛汉康. 城建档案馆社会服务功能拓展探索[J]. 兰台世界,2019(7):123-126.
⑤　谭丹. 城建档案馆社会服务功能提升初探[J]. 城建档案,2019(9):73-74.
⑥　马媛媛. 探析破解城市建设档案馆档案接收难题之策[J]. 北京档案,2019(3):28-30.
⑦　谭美琴. 县级城建档案馆(室)声像档案工作探索[J]. 城建档案,2019(11):34-36.

四、企业档案馆

广东省广州市建筑集团有限公司谭小勤认为:"数字化档案馆(室)建设有利于促进国有企业档案管理方式迈向更加精细化、智能化和网络化。数字化档案馆(室)建设能够显著提升国有企业档案管理的信息化水平,有利于发挥国有企业档案在国有企业经营、管理,以及国有企业改革中的服务价值。国有企业数字化档案馆(室)建设一项基础性工作,应做到分步实施、注重应用和符合规范原则,夯实硬件基础设施,完善应用管理系统,拓展档案信息资源,严格安全标准规范,构建符合新时代国有企业发展需要的数字化档案馆(室)。"①

长春师范大学安辉探讨了大数据时代背景下的企业档案馆管理创新措施:①提升相关管理人员的整体素质。②采取创新理念实行档案管理。③组建完善的档案管理体系。②

中冶长天国际工程有限责任公司档案图书馆许高杰、刘杜鹏认为:"对企业档案馆文化的认识、理解和把握程度,直接决定着企业档案馆文化建设的推进力度及实施效果。具体来说,企业档案馆文化包括企业档案馆的建筑、设施装备等表层的物质文化和企业档案馆员工的职业道德、文化素质、价值观念等里层的精神文化两个方面。"科学的企业档案馆文化应具有以下特征:①融合性特征。②时代性特征。③实践性特征。④能动性特征。③

四川省成都飞机设计研究所张璇认为:"企业档案馆是企业历史记忆、知识财富的聚集之地,是企业文化建设的重要部分。建立企业档案展室,将充分发挥档案馆馆藏优势与档案编研能力,营造企业人文氛围、传承企业精神、全面综合的展示企业文化。"她还探讨了如何做好企业档案展室的建设工作:①以一体化建设为特点的管理方式。②以实物档案为特色的馆藏建设。③以档案编研为中心的内容提供。④以文化服务为理念的展陈设计。④

五、高校档案馆

四川省达州职业技术学院徐建认为:"高校档案馆是高校管理工作的重要组成部分。高校档案馆是高校发展的象征,是高校精神的发扬,是高校文化的积累。高校档案馆在学校的整个管理体系中有着不可替代的作用。高校档案馆是收藏、编研向展览功能的递进,全社会对档案的需求越发的迫切,高校档案馆的开放在很大程度上可以尽可能地满足地方经济建设和社会发展以及人们的需求。档案的价值在于为民众服务,通过高校档案的社会开放可以让更多的人理解高校的发展。"⑤

贵州民族大学档案馆莫玉笋探讨了新设立高校档案馆建设的几点建议:①合理制定档案馆发展规划。②夯实档案业务建设。③适度开展档案信息化建设。④提高档案馆研究水平。⑤加强人员队伍建设。⑥

长安大学档案馆吕建辉、赵维超提出了高校档案馆专业化建设的对策:①制定学校档案工作发展的中长期规划。②引进与培养并重,加快专业队伍建设。③建立档案专用馆舍,提高馆舍利用效率。④以档案实体为基础,开发档案信息资源。⑦

① 谭小勤. 国有企业数字档案馆(室)建设解析[J]. 兰台内外,2019(35):16-17.
② 安辉. 基于大数据时代企业档案馆管理创新分析[J]. 科技资讯,2019,17(36):40,42.
③ 许高杰,刘杜鹏. 论现代企业档案馆的文化建设策略[J]. 黑龙江档案,2019(6):84-85.
④ 张璇. 企业档案馆展室建设研究[J]. 四川档案,2019(5):40-42.
⑤ 徐建. 高校档案馆的社会定位与社会开放探讨[J]. 科技风,2019(22):218.
⑥ 莫玉笋. 新成立高校档案馆建设路径探析:以贵州民族大学档案馆为例[J]. 黑龙江档案,2019(6):82-83.
⑦ 吕建辉,赵维超. 高校档案馆专业化建设探析[J]. 办公室业务,2019(18):150-151.

河南财经政法大学档案馆徐朝钦探讨了高校档案馆馆长在大学文化建设中的角色和地位：①高校档案馆馆长应以专家的身份参与校园文化规划与建设。②高校档案馆馆长应以学者的身份进行校史文化的研究和传播。③高校档案馆馆长要用创新思维和特色活动助推大学文化发展。①

四川大学锦城学院周洁探讨了全面加强高校档案馆文化教育功能发挥的有效举措：①要全面丰富档案馆的馆藏资源和内容。②要加强对高校档案馆资源的有效利用。③要借助于档案资料开展各种活动。④要充分提高档案管理人员的综合素质。②

玉溪师范学院档案馆孙康燕、李薇、雷素琳探讨了推动数字时代高校档案馆资源建设转型的策略：①加强软件、硬件建设。②改善档案馆库房环境，配备齐全的硬件设备设施。③全面营造信息化软环境，促进数字化建设。④加强人才队伍建设，为资源建设转型提供保障。⑤高校档案馆档案要做到集中统一管理。⑥完善档案数字化信息资源建设标准。⑦制定科学、合理的档案数字化信息资源建设工作方案。⑧拓展资金筹集途径，为档案资源建设转型提供资金保障。③

沈阳建筑大学杨天昊、田佳妤、孙勇探讨了大数据时代高校档案馆数字资源共享模式建设：①与校内各部门的资源共享。②与社会公众的资源共享。③"互联网+"背景下的资源共享。④

太原理工大学档案馆张丽平探讨了"二八"定律、"长尾"理论在高校档案馆信息服务需求中的应用：①文献资源——重点收集，宽泛引进。②服务对象——保障重点，吸引潜在。③队伍管理——依托骨干、管好一般。⑤

深圳大学档案馆陈洪静探讨了大数据时代高校档案馆安全体系的构建，"提出从安全责任、安全制度、安全环境、安全运行、安全监管和安全人才六个方面构建高校档案馆的安全保障体系，为高校档案馆适应大数据时代的安全防护要求提供支撑"。⑥

福建师范大学万贵梅提出"要从优化岗位设置、重视志愿者的培训、创新志愿服务机会、完善激励考核与反馈制度、健全保障机制、拓宽宣传途径等几个方面来完善高校档案馆志愿者队伍的建设"。⑦

上海理工大学档案馆刘淑娟、靳海进、廖颖探讨了高校档案馆(室)引进勤工助学学生的策略与建议：①支持并引进勤工助学学生，重视其对档案工作的促进作用。②多渠道筹措经费，根据实际工作需要自主决定引进勤工助学学生的数量、方式和学历结构。③因校施策，相互协商化解档案馆(室)与勤工助学管理部门的冲突。⑧

长春理工大学任洁、刘艳华、张颜春探讨了提升高校档案馆对大学生教育功能的主要对策：①提升工作人员能力，做好档案知识教育。②利用价值档案，做好德育教育。第一，利用名人事迹展，做好德育教育；第二，利用实物精品展，做好德育教育；第三，利用科研成果展，做好德育教育。③开展各种活动，做好文化教育。第一，开展丰富的业余活动，做好文化教育；第二，宣传编研校史成果，做好文化教育；第三，制作发放档案产品，做好文化教育。④有效利用档案工作，做好大学生社会实践教育。⑨

① 徐朝钦.试论高校档案馆馆长在大学文化建设中的角色和地位：以河南财经政法大学为例[J].档案,2019(10):49-52.

② 周洁.高校档案馆文化教育功能发挥的研究[J].智库时代,2019(43):100,102.

③ 孙康燕,李薇,雷素琳.数字时代高校档案馆资源建设转型研究[J].兰台内外,2019(25):71-72.

④ 杨天昊,田佳妤,孙勇."互联网+"背景下高校档案馆数字资源共享模式研究[J].法制博览,2019(20):74-75.

⑤ 张丽平."二八"定律和"长尾"理论在高校档案馆信息需求服务中的应用[J].兰台内外,2019(18):11-12.

⑥ 陈洪静.大数据时代高校档案馆安全体系的构建[J].北京档案,2019(6):34-36.

⑦ 万贵梅.高校档案馆志愿者服务存在的问题及对策探究[J].黑龙江档案,2019(2):100-102.

⑧ 刘淑娟,靳海进,廖颖.高校档案馆(室)引进勤工助学学生现状调查研究：基于上海13所高校档案馆(室)勤工助学数据分析[J].档案天地,2019(11):37-41.

⑨ 任洁,刘艳华,张颜春.高校档案馆对大学生教育功能的探讨[J].长春理工大学学报(社会科学版),2019,32(5):86-89.

六、数字档案馆

中海油能源发展股份有限公司工程技术湛江分公司马丽萍、阮枝梅、庞俊、陈诗雨认为数字档案馆发展的趋势：①技术应用策略。数字档案馆的建设和发展，数字资源的组织与存储均与诸多专业技术有关，包括顶层设计、海量数据存储、知识数据管理、多媒体数据检索访问、数字资源长期保存等，大量的先进技术将会为数字档案馆的顺利进行提供充分保障。②数字档案馆建设标准逐步完善。③向档案信息用户提供"一站式"服务。④开展新型数字知识服务，实现资源协同共享与信息增值服务。①

河北大学管理学院仝姗姗对近十年数字档案馆建设的统计分析及理论研究现状进行分析，认为数字档案馆建设发展的特点及趋势：①研究范围日益广泛且有待深入。②理论研究与实践研究结合发展。③各要素建设研究相互融合衔接。④内外建设研究兼顾共同推动发展。②

上海大学图书馆倪代川、上海大学图书情报档案系金波探讨了数字档案馆生态系统可持续发展态势：①社会档案意识明显增强。②现代信息技术广泛应用。③档案资源体系持续优化。④档案信息服务不断创新。⑤档案法治环境日趋完善。⑥生态伦理价值日益凸显。③

国防大学政治学院张茜、解放军档案馆李圆圆认为："我国文件和档案领域已开始认识到电子文件及数字档案馆风险管理的必要性及重要性，学术界也开始了理论及实践探索，目前数字档案馆风险管理研究日趋完善和系统，基础扎实，风险管理研究已相对成熟。但是，对于云计算、大数据等对数字档案馆风险管理所提出的新要求，需要不断丰富和发展数字档案馆风险管理的理论，以确保其始终与当前技术发展、科技创新等需求相适应。"④

中国电子科技集团公司第十八研究所信息中心王晶探讨了数字档案馆标准体系建设原则：①保持整体性原则和系统性原则的统一。②实现稳定性原则与动态性原则的统一。③实现前瞻性原则与现实性原则的统一。⑤

辽宁省阜新市细河区委事务保障服务中心山石平探讨了数字档案馆建设突破路径：①强化数字档案馆建设基础理论和实践探索。②加强数字档案信息资源开发。③强化数字档案专业人才培养。④加强数字档案信息资源安全管理。⑥

太原理工大学档案馆樊振东探讨了档案数字化破解数字档案馆建设难题对策：①统一认识，加强协作配合。②统一标准，完善规章制度。③选择平台，夯实基础工作。④加大投入，提供资金保障。⑤加强培训，增强综合素养。⑦

辽宁省新民市档案馆段佐敏探讨了构建数字档案馆的云共享模式：①联合购买。每一个会员馆向"云档案馆"告知自身所需资源，有计算机终端设备、"云档案馆"计算机使用设备、客户访问所需要的软件、急需的资源等，"云档案馆"根据各成员馆提出的需求，以集团名义和供应商进行谈判并采购。②整合档案馆资源。③构建联合索引。④馆藏资源互递。⑤馆际间的参考咨询服务是"云档案馆"的一种最核心的工作模式。⑧

吉林省大安市档案馆姜敏探讨了推进县级数字档案馆建设的主要途径：①档案馆人员必须增强

---

①　马丽萍,阮枝梅,庞俊,等.国内数字档案馆发展现状及未来趋势[J].现代信息科技,2019,3(2):148-150.

②　仝姗姗.我国数字档案馆研究现状与发展探析[J].兰台内外,2019(12):8-11.

③　倪代川,金波.数字档案馆生态系统可持续发展态势探析[J].档案与建设,2019(7):19-22,45.

④　张茜,李圆圆.我国数字档案馆风险管理研究[J].中国档案,2019(7):78-79.

⑤　王晶.数字档案馆建设及标准体系的构建[J].机电兵船档案,2019(5):66-68.

⑥　山石平.数字档案馆建设中的困境与突破路径[J].兰台世界,2019(S2):35-36.

⑦　樊振东.档案数字化与数字档案馆的若干思考[J].兰台内外,2019(30):29-30.

⑧　段佐敏.云环境下数字档案馆建设模式探究[J].城建档案,2019(8):24-25.

对建设数字档案馆重要性的认知。②严格县级数字档案馆建设的规范化和制度。一是推进县级档案馆具体业务规范化和标准化;二是严格县级数字档案馆建设规章制度。③建立一支优秀的档案专业团队。①

七、智慧档案馆

河北大学管理学院仝宁宁剖析了我国智慧档案馆研究现状,认为:"专家学者对智慧档案馆的概念、技术和建设等问题进行了前瞻性的讨论和思考,为智慧档案馆的深入研究创设了浓厚的学术氛围,为进一步提高智慧档案馆的'智慧'提供了坚实的理论基础,但也存在一定不足,需要进行改进。"②

吉林省辽源市龙山区社会救助事业中心王艳杰认为:"智慧档案馆是根据时代的发展提出的新的适应时代发展的新型档案馆。智慧档案馆最重要的就是要做到智慧服务。所谓智慧服务,就是要做到将馆舍、档案、网络以及用户统一在职能网络中,以达到有效挖掘、整合应用各种互动要素产生海量结构化与非结构化数据的目的。"③

辽宁省沈阳市口腔医院孙晓帆、中国人民大学刘俊恒、沈阳医学院杨剑云探讨了智慧档案馆运作顶层设计:①硬件层。硬件层包括管理服务器、云存储设备以及网络设备。②数据层。数据层主要分为数据收集与数据处理两部分。③应用层。应用层包括业务管理应用和交互服务应用。④服务层。服务层主要通过政务网和互联网提供服务。④

中国人民大学信息资源管理学院钱毅认为:"智慧档案馆作为档案信息化的高级阶段,需要在既有基础上大量继承并创新发展,需要结合对象域空间与技术演进,合理设计发展路径,在实践中不断演进,避免成为空中楼阁。基于技术发展自身的差异,重点结合信息链理论所指向的发展路径,笔者将智慧档案馆体系的层级划分为智识、治理、智联、智能、智慧五大层级。"①智识层:基于感知的有序工作空间。②治理层:基于体系认证的规则空间。③智联层:基于内容关联的数据空间。④智能层:基于数字赋能的能力空间。⑤智慧层:基于学习与决策的价值空间。⑤

江苏省张家港市档案局蒋建峰、南京信息工程大学金怿探讨了智慧档案馆建设实践探索中的困难与阻力,认为:"首先,智慧档案馆是新生事物,人们在思想上有时还不太接受,在资金落实、项目实施运行过程中遇到的阻力较大。管理、决策层的领导可能认为建设项目不迫切,不批建设资金。其次,局馆操作人员认为只要维持好日常工作,搞这些尝试没有必要,在项目执行过程中有时存在不配合、不主动、敷衍的情况。再次,智慧档案馆建设是一个系统工程,涉及的技术都比较前沿,各项技术紧密结合,互相协作,而档案馆在这方面人才不多,对第三方的依赖性较强。另外,项目完成后,需要对涉及的软硬件进行日常维护,如不维护的话,传感器件、通讯网络经常会出问题,这方面,档案局馆人员的技术、精力明显力不从心。"⑥

云南省昆明市盘龙区市场监督管理局王晓雁认为:"智慧档案馆与数字档案馆两者之间存在很大的不同,人们要对智慧档案馆与数字档案馆进行正确区分。数字档案馆是时代发展的必然产物,而智慧档案馆是数字档案馆发展的必然产物,两者之间相辅相成。如果没有数字档案馆的产生,那么将不

① 姜敏.关于推进县级数字档案馆建设的思考[J].兰台内外,2019(21):36.
② 仝宁宁.近年我国智慧档案馆的研究现状[J].档案天地,2019(12):33-35.
③ 王艳杰.大数据时代智慧档案馆构建探析[J].兰台内外,2019(30):33-34.
④ 孙晓帆,刘俊恒,杨剑云.智慧档案馆运作平台顶层架构研究:基于我国43家档案馆的调查[J].城建档案,2019(3):15-16.
⑤ 钱毅.智慧档案馆全域对象与建设层级分析[J].档案学研究,2019(4):109-115.
⑥ 蒋建峰,金怿.智慧档案馆建设的实践与探索[J].档案与建设,2019(2):46-50.

会有智慧档案馆的发展。数字档案馆主要是将档案信息数字化,能够对档案进行统一规范的管理,而智慧档案馆更加注重的是服务于社会,服务于人民。两者都是档案管理工作中的重要组成部分,缺一不可。"①

青岛大学庄元探讨了智慧档案馆建设中信息安全管理的有效策略:①提高信息安全意识。②重视技术人才引进。③强化安全业务培训。④建立安全监控体系。⑤做好数据安全备份。⑥强化系统访问控制。②

黑龙江工程学院于莎莎探讨了大数据背景下智慧档案馆馆藏资源开发利用的创新路径:①档案资源建设创新。②档案服务方式创新。③档案人才队伍创新。④档案宣传途径创新。③

上海大学图书情报档案系贺奕静、杨智勇"总结出智慧档案馆智慧服务功能的实现路径:融入'以人为本'理念、引入多元化复合型专业人才、嵌入智慧档案数据库、注入协同共治机制以及深入建设智慧服务系统,将有助于推进智慧档案馆的深入建设和可持续发展"。④

八、其他

湘潭大学刘茜提出绿色档案馆建设的基本对策:①树立档案馆绿色节能意识。②健全绿色档案馆建设的监督管理。③推进绿色档案馆信息化建设。④完善绿色档案馆智能化建设。⑤

黑龙江大学信息管理学院杜宇婷探讨了特色档案馆,"认为在档案馆的建设中只要存在区别于常规认知范畴内并能突显自身个性的某一特质,都可成为特色档案馆建设中所需考虑到的重要因素。因为'特色'一词自身的定义就是'事物本身区别于其他事物所独有的特征',所以笔者认为无论是内部的馆藏资源,还是外部的外观建筑,再或者从档案馆业务流程的角度出发,在档案馆建设发展的所有环节中,只要能有一方面具有特色,就可构成特色档案馆"。⑥

广西民族大学民族研究中心郑慧、广西民族大学管理学院吴灵子"分析我国私人档案馆在人员构成、业务水平、服务方式等方面的现状,探索出其未来发展趋势:在场馆选址、馆藏结构、档案主题等方面应自成体系,保留特色;走信息化道路,向数字档案馆和网上档案馆转型;馆藏资源建设应朝专门化、特色化、品质化发展;在选址、设计和馆藏资源开发利用等方面走品牌化道路;努力成为增强社会档案意识、传播档案文化、扩大档案和档案工作影响的重要窗口"。⑦

上海大学图书情报档案系连志英认为:"随着各地大数据中心、大数据局的设立,也许不久的将来,所有政府的数据都将由大数据中心、大数据局保管,档案馆将会面临没有增量的政府数据可保存的问题,而只有将自己定性为文化事业机构,去保存更多的社会记忆和人类文化遗产,才可能在今天的大数据时代以及已经到来的智能时代迎来新的生机。"⑧

南京大学信息管理学院马双双、吴建华认为图书馆和博物馆评估特色均对我国档案馆评估具有借鉴和启发意义:第一,评估主体的多样化。第二,评估管理的现代化。第三,评估结果的共享化。第四,评估机制的制度化和常态化。⑨

———————————

① 王晓雁.智慧档案馆与数字档案馆的关系分析[J].云南档案,2019(5):58-59.
② 庄元.智慧档案馆建设的信息安全管理[J].山西档案,2019(2):93-96.
③ 于莎莎.大数据时代智慧档案馆馆藏资源开发利用的创新路径[J].城建档案,2019(12):27-28.
④ 贺奕静,杨智勇.智慧档案馆的智慧服务功能及其实现[J].档案与建设,2019(11):28-32.
⑤ 刘茜.湖南省绿色档案馆建设现状及对策研究[D].湘潭:湘潭大学,2019.
⑥ 杜宇婷.论特色档案馆建设[J].兰台内外,2019(24):8-11.
⑦ 郑慧,吴灵子.我国私人档案馆的现状与未来[J].档案与建设,2019(6):31-34.
⑧ 连志英.从历史与现实维度看档案馆文化事业机构属性的重要性[J].山西档案,2019(6):176-177,181.
⑨ 马双双,吴建华.图书馆、博物馆和档案馆评估比较研究[J].档案与建设,2019(2):4-8,13.

第十章 机构改革

机构改革是 2019 年档案学界应当关注与重点研究的热点。我们以中国知网为样本来源,检索范围:中国学术期刊网络出版总库,中国博士学位论文全文数据库,中国优秀硕士学位论文全文数据库,中国重要会议论文全文数据库,国际会议论文全文数据库,中国重要报纸全文数据库,中国学术辑刊全文数据库。

检索年限:2019 年。

检索时间:2020 年 03 月 28 日。

检索式:发表时间=2019-01-01 至 2019-12-31,并且(主题=机构改革 或者 题名=机构改革)(模糊匹配)。

样本文献总数:153 篇。

第一节 文献统计分析

本节采用统计分析的方法,从资源类型分布、文献学科分布、文献研究层次分布、文献基金分布、文献类型分布 5 个方面,对样本文献进行分析。

一、资源类型分布

从资源类型分布看,153 篇样本文献涉及期刊、报纸、硕士、国内会议、学术辑刊、博士 6 类资源。各类资源发表文献数量及占比情况见表 10-1。

表 10-1 各类资源发表文献数量及占比情况

序号	资源类型	发表文献数量/篇	占全部样本/%
1	期刊	140	91.50
2	报纸	5	3.27
3	硕士	4	2.61
4	国内会议	2	1.31
5	学术辑刊	1	0.65
6	博士	1	0.65
合计		153	100.00

由表 10-1 可见,期刊(包括学术辑刊)是 2019 年机构改革研究文献的主要来源,占比超过 90% ；报纸及博士、硕士学位论文次之,起辅助作用,但体量与期刊相差 2 个数量级;国内会议再次之,只起点缀作用。期刊构成机构改革研究者进行交流与沟通的主要渠道和平台。

二、文献学科分布

从样本文献学科分布看,153 篇样本文献涉及图书情报档案、公共管理、政治、历史、新闻传播、教育、公安、保险、工商管理、法学、美术、工业经济、公共卫生与预防医学 13 个学科。其中图书情报档案学科发表文献 141 篇,占全部样本的 92.16% 。13 个学科发表文献数量及占比情况见表 10-2。

表 10-2 13 个学科发表文献数量及占比情况

序号	学科	发表文献数量/篇	占全部样本/%
1	图书情报档案	141	92.16
2	公共管理	7	4.58
3	政治	3	1.96
4	历史	2	1.31
5	新闻传播	2	1.31
6	教育	1	0.65
7	公安	1	0.65
8	保险	1	0.65
9	工商管理	1	0.65
10	法学	1	0.65
11	美术	1	0.65
12	工业经济	1	0.65
13	公共卫生与预防医学	1	0.65
	总计	163	106.54
	实际	153	100.00
	超出	10	6.54

需要说明的是,按学科统计数为 163 篇,占 106.54%;超出实际样本数 10 篇,占 6.54%。无论是从图书情报档案学科占比,还是从学科统计数与实际文献数的差来看,研究都表现出明显的学科交叉性。

除图书情报档案学科外,发表文献最多的 4 个学科是公共管理、政治、历史、新闻传播。

三、文献研究层次分布

从文献研究层次分布情况看,153 篇样本文献涉及基础研究(社科)、行业指导(社科)、职业指导(社科)、政策研究(社科)、工程技术(自科)、专业实用技术(自科)、高级科普(社科)、其他 8 个不同层次。

各层次发表文献数量及占比情况见表 10-3。

表 10-3　各层次发表文献数量及占比情况

序号	层次	发表文献数量/篇	占全部样本/%
1	基础研究(社科)	82	53.59
2	行业指导(社科)	47	30.72
3	职业指导(社科)	12	7.84
4	政策研究(社科)	3	1.96
5	工程技术(自科)	1	0.65
6	专业实用技术(自科)	1	0.65
7	高级科普(社科)	1	0.65
8	其他	6	3.92
	合计	153	100.00

如果按社会科学、自然科学和其他来分类,各类文献数量及占比分别是:社会科学 145 篇,占94.77%;自然科学 2 篇,占 1.31%;其他 6 篇,占 3.92%。研究基本上属于社会科学的范畴。

如果按研究的基础性与应用性划分,基础性研究 83 篇,占 53.59%;应用性研究 70 篇,占46.41%。研究偏重理论性。

综上,从整体上看,2019 年机构改革研究是偏重理论性的社会科学研究。

四、文献基金分布

从文献基金分布情况看,153 篇样本文献中有 11 篇得到国家社会科学基金和安徽省教育厅人文社会科学研究项目的资助,占全部样本的 7.19%。它是 2019 年档案学 11 个研究分类中占比较高的分类。各类基金资助发表文献数量及占比情况见表 10-4。

表 10-4　各类基金资助发表文献数量及占比情况

序号	基金	发表文献数量/篇	占全部样本/%	占基金资助文献/%
1	国家社会科学基金	10	6.54	90.91
2	安徽省教育厅人文社会科学研究项目	1	0.65	9.09
	合计	11	7.19	100.00
	总计	153	100.00	

从层级上看,国家级基金对此类项目资助的占比是地方政府资助的 10 倍,地方政府资助仅涉及一个省份。

五、文献类型分布

从文献类型分布看,153 篇样本涉及综述类、政策研究类和一般性 3 类文献。各类型文献数量及占比情况见表 10-5。

表 10-5　各类型文献数量及占比情况

序号	文献类型	文献数量/篇	占全部样本/%
1	综述类文献	1	0.65
2	政策研究类文献	4	2.61
3	一般性文献	148	96.73
	合计	153	100.00

综上,从表 10-5 中可以明显地看到,一般性论证文献在研究成果中占据了绝大多数,占比接近 97%,而反映宏观性及政策性的研究则相对薄弱,综述类、政策研究类文献合计占比不到 4%。

六、小结

从样本文献的统计情况看,期刊(包括学术辑刊)是 2019 年机构改革研究文献的主要来源,占比超过 90%;报纸及博士、硕士学位论文次之,起辅助作用,但体量与期刊相差 2 个数量级;国内会议再次之,只起点缀作用。期刊构成机构改革研究者进行交流与沟通的主要渠道和平台。

从学科分布看,无论是从图书情报档案学科占比,还是学科统计数与实际文献数的差来看,研究都表现出明显的学科交叉性。除图书情报档案学科外,发表文献最多的 4 个学科是公共管理、政治、历史、新闻传播。

从整体上看,2019 年机构改革研究是偏重理论性的社会科学研究。

研究仅得到了国家社会科学基金和 1 项省级基金的资助。国家级基金对此类项目占比是地方政府资助的 10 倍,地方政府资助仅涉及一个省份。

研究成果以一般性论证文献为主体,占比接近 97%,而反映宏观性及政策性的研究相对比较薄弱,综述类、政策研究类文献合计占比不到 4%。

第二节　文献计量分析

本节采用计量分析的方法,从文献作者分布、文献机构分布和文献来源分布 3 个方面对样本文献进行分析。

一、文献作者分布

从作者的分布情况看,前 39 位作者共发表文献 55 篇,占全部样本的 35.95%。前 39 位作者发表文献数量及占比情况见表 10-6。

表 10-6　前 39 位作者发表文献数量及占比情况

序号	作者	发表文献数量/篇	占全部样本/%
1	徐拥军	6	3.92
2	张臻	4	2.61

续表 10-6

序号	作者	发表文献数量/篇	占全部样本/%
3	潘丽娟	3	1.96
4	任琼辉	3	1.96
5	李培元	2	1.31
6	杜俊河	2	1.31
7	李敏	2	1.31
8	黄凤平	2	1.31
9	陈海玉	1	0.65
10	谭必勇	1	0.65
11	李兴利	1	0.65
12	田学礼	1	0.65
13	万小玥	1	0.65
14	裴友泉	1	0.65
15	王一鸣	1	0.65
16	张学辉	1	0.65
17	李政烨	1	0.65
18	赵松	1	0.65
19	张超	1	0.65
20	龙岗	1	0.65
21	杨钰然	1	0.65
22	张建斌	1	0.65
23	周红	1	0.65
24	季祖辉	1	0.65
25	刘永春	1	0.65
26	李彩丽	1	0.65
27	姚笑云	1	0.65
28	苟雪	1	0.65
29	夏秀丽	1	0.65
30	刘芸	1	0.65
31	李勇超	1	0.65
32	陈建东	1	0.65
33	郭丽娜	1	0.65
34	王伟华	1	0.65
35	张超	1	0.65
36	韩峰	1	0.65
37	赵志闯	1	0.65

续表 10-6

序号	作者	发表文献数量/篇	占全部样本/%
38	陆红	1	0.65
39	陈艳红	1	0.65
合计		55	35.95
总计		153	100.00

如果按照普赖斯提出的计算公式,核心作者候选人的最低发文数 $M = 0.749\sqrt{N_{max}}$,其中 N_{max} 为最高产作者发表文章数量。2019 年机构改革研究作者中发表文献最多的为 6 篇,即 $N_{max}=6$,所以 $M = 0.749\sqrt{6} \approx 1.835$ 。即发表文献 2 篇及以上的为核心作者。因此,徐拥军、张臻、潘丽娟、任琼辉、李培元、杜俊河、李敏、黄凤平 8 位作者,是 2019 年机构改革研究的高产作者及核心作者。2019 年机构改革研究已有少量高产作者,但没有形成核心作者和核心作者群。

从前 40 位作者所属单位性质看,档案行政管理机关占比要高于高校和其他单位,档案行政管理机关工作者是机构改革研究的主体。

二、文献机构分布

从机构分布情况看,153 篇文献涉及 128 个机构。其中发表文献 2 篇及以上的 14 个机构发表文献 39 篇,占全部样本的 25.49%。前 40 个机构发表文献数量及占比情况见表 10-7。

表 10-7　前 40 个机构发表文献数量及占比情况

序号	机构	发表文献数量/篇	占全部样本/%
1	中国人民大学	9	5.88
2	云南省档案局	4	2.61
3	黑龙江省档案局	3	1.96
4	黑龙江省牡丹江市档案局	3	1.96
5	湖南省株洲市档案局	2	1.31
6	山东省青岛市崂山区档案局	2	1.31
7	云南省安宁市档案局	2	1.31
8	北京电子科技学院	2	1.31
9	山东省诸城市档案馆	2	1.31
10	天津市档案局	2	1.31
11	中共浙江省委办公厅	2	1.31
12	浙江省档案局	2	1.31
13	广西民族大学	2	1.31
14	黑龙江大学	2	1.31
15	黑龙江省齐齐哈尔市档案局	1	0.65
16	黑龙江省双鸭山市档案局	1	0.65

续表 10-7

序号	机构	发表文献数量/篇	占全部样本/%
17	山东省滨州市妇幼保健院	1	0.65
18	云南省昭通市档案局	1	0.65
19	上海大学	1	0.65
20	辽宁省鞍山市档案局	1	0.65
21	北京市档案局	1	0.65
22	黑龙江省鹤岗市档案局	1	0.65
23	河北省秦皇岛市失业保险事业管理处	1	0.65
24	石家庄市档案局	1	0.65
25	山西省朔州市档案局	1	0.65
26	河北省社会保险事业管理局	1	0.65
27	南昌大学	1	0.65
28	黑龙江省萝北县档案局	1	0.65
29	中共河北省委办公厅	1	0.65
30	云南省易门县档案局	1	0.65
31	连云港海关	1	0.65
32	河北省唐山市档案局	1	0.65
33	四川大学	1	0.65
34	上海师范大学	1	0.65
35	山西省阳高县人民政府	1	0.65
36	安徽大学	1	0.65
37	湖南省汨罗市档案局	1	0.65
38	福建省档案局	1	0.65
39	中共辽宁省委办公厅	1	0.65
40	合肥师范学院	1	0.65
	合计	65	42.48
	总计	153	100.00

　　使用普赖斯公式计算,核心机构的最低发文数 $M=0.749\sqrt{N_{max}}$,其中 N_{max} 为最高产机构发表文章数量。这里 $N_{max}=9$,所以 $M=0.749\sqrt{9}=2.247$,即发表文献 2 篇及以上的为核心研究机构。据此,发表 2 篇以上(含 2 篇)文献的中国人民大学、云南省档案局、黑龙江省档案局、黑龙江省牡丹江市档案局、湖南省株洲市档案局、山东省青岛市崂山区档案局、云南省安宁市档案局、北京电子科技学院、山东省诸城市档案馆、天津市档案局、中共浙江省委办公厅、浙江省档案局、广西民族大学、黑龙江大学等 14 个机构是研究的高产机构。14 个高产机构中有 9 个是档案行政管理机关,3 个是高校,1 个是档案馆。这说明机构改革核心研究机构是档案行政管理机关,高校和档案馆为辅助。

　　从前 40 个机构发表文献数量及占比情况看,档案行政管理机关数量及发表文献均为最高,24 个,占前 40 个机构的 60.00%;发表文献 37 篇,占全部样本的 24.18%。高校次之,10 个,占前 40 个机构的25.00%;发表文献21篇,占全部样本的13.73%。事业单位再次之,4个,占前40个机构的10%;发表文献4篇,占全部样本的2.61%。档案馆第四,1个,占前40个机构的2.5%;发表文献2篇,占全部样本的1.31%。其他党政领导机构列最后,1个,占前40个机构的2.5%;发表文献1篇,占全部样本的0.65%。

三、文献来源分布

从文献来源分布看,153篇样本文献涉及《黑龙江档案》《浙江档案》《云南档案》《中国档案》《兰台世界》《办公室业务》《兰台内外》《档案》《档案学通讯》《档案时空》《山西档案》《档案与建设》《北京档案》《档案管理》《山东档案》等。前15种文献来源共发表文献126篇,占全部样本的82.35%。前15种文献来源发表文献数量及占比情况见表10-8。

表10-8 前15种文献来源发表文献数量及占比情况

序号	文献来源	发表文献数量/篇	占全部样本/%
1	《黑龙江档案》	20	13.07
2	《浙江档案》	13	8.50
3	《云南档案》	13	8.50
4	《中国档案》	12	7.84
5	《兰台世界》	11	7.19
6	《办公室业务》	9	5.88
7	《兰台内外》	8	5.23
8	《档案》	8	5.23
9	《档案学通讯》	7	4.58
10	《档案时空》	6	3.92
11	《山西档案》	4	2.61
12	《档案与建设》	4	2.61
13	《北京档案》	4	2.61
14	《档案管理》	4	2.61
15	《山东档案》	3	1.96
合计		126	82.35
总计		153	100.00

按照布拉德福定律,153篇文献可分为核心区、相关区和非相关区,各个区的论文数量相等(51篇)。因此,发表论文居前4位的《黑龙江档案》《浙江档案》《云南档案》《中国档案》(58篇)处于核心区之内;居第5~10位的《兰台世界》《办公室业务》《兰台内外》《档案》《档案学通讯》《档案时空》(49篇)处于相关区之内;《山西档案》《档案与建设》《北京档案》《档案管理》《山东档案》5种期刊及其他发表3篇以下(含3篇)的文献来源处于非相关区。

从前15种文献来源看,14种为档案学期刊,其中普通期刊8种,核心期刊6种。在期刊中,档案学普通期刊发表文献数量多于档案学核心期刊。档案学期刊整体上对2019年机构改革研究的关注度更高,非档案学期刊的关注度则相对较低。

四、小结

从样本文献的计量分析情况看,徐拥军、张臻、潘丽娟、任琼辉、李培元、杜俊河、李敏、黄凤平 8 位作者,是 2019 年机构改革研究的高产作者及核心作者。2019 年机构改革已有少量高产作者,但没有形成核心作者和核心作者群。从前 40 位作者所属单位性质看,档案行政管理机关占比要高于高校和其他单位,档案行政管理机关工作者是机构改革研究的主体。

从前 40 个机构发表文献数量及占比情况看,发表 2 篇以上(含 2 篇)文献的中国人民大学、云南省档案局、黑龙江省档案局、黑龙江省牡丹江市档案局、湖南省株洲市档案局、山东省青岛市崂山区档案局、云南省安宁市档案局、北京电子科技学院、山东省诸城市档案馆、天津市档案局、中共浙江省委办公厅、浙江省档案局、广西民族大学、黑龙江大学等 14 个机构是研究的高产机构。机构改革的核心研究机构是档案行政管理机关,高校为辅助次之,事业单位再次之,档案馆位居第四,其他党政领导机构最少。

从发表文献来源看,发表论文 12 篇及以上的《黑龙江档案》《浙江档案》《云南档案》《中国档案》是机构改革研究的核心。前 15 种文献来源中,14 种为档案学期刊,其中普通期刊 8 种,核心期刊 6 种。在期刊中,档案学普通期刊发表文献数量多于档案学核心期刊。档案学期刊整体上对 2019 年机构改革研究的关注度更高,非档案学期刊的关注度则相对较低。

第三节　文献词频分析

本节采用关键词词频的方法,从关键词词频、主题词词频和近五年高频词变化 3 个方面对样本文献进行分析。

一、关键词词频分析

表 10-9 是前 15 个高频关键词使用频率及占比情况。前 15 个高频关键词合计使用 72 频次,占全部样本的 47.06% ,即近半数文献使用这 15 个关键词。其中使用频率最高是机构改革(27 频次)。

表 10-9　前 15 个高频关键词使用频率及占比情况

序号	关键词	使用频率/次	占全部样本/%
1	机构改革	27	17.65
2	档案馆	6	3.92
3	档案管理	6	3.92
4	档案机构改革	4	2.61
5	档案	4	2.61
6	档案管理体制	4	2.61
7	档案部门	3	1.96
8	档案工作	3	1.96
9	改革	3	1.96

续表 10-9

序号	关键词	使用频率/次	占全部样本/%
10	综合档案馆	2	1.31
11	档案处置	2	1.31
12	新时代	2	1.31
13	局馆分立	2	1.31
14	思考	2	1.31
15	大数据	2	1.31
合计		72	47.06
总计		153(篇)	100.00

　　相对而言,2019 年机构改革研究主要集中在上述机构改革、档案机构、档案事务、档案、信息化 5 类 15 个关键词所涉及的方面。可以说,上述改革(机构改革、档案机构改革、档案管理体制、改革、新时代、局馆分立、思考)、档案机构(档案馆、档案部门、综合档案馆)、档案事务(档案管理、档案工作)、档案(档案处置、档案)、信息化(大数据)5 类 15 个关键词是 2019 年机构改革研究的热点所在,而其中又以机构改革、档案馆、档案管理、档案机构改革、档案、档案管理体制为热点。

　　需要指出的是,由于机构改革研究内容所反映出的多样性,研究热点只是相对集中,每年都会有新的热点与重点出现。

二、主题词词频分析

　　从主题词使用频率看,2019 年机构改革研究涉及内容广泛,集中在机构、档案事务、档案、机构改革、文件、信息化 6 个方面。使用频率最高的 40 个主题词分布情况见表 10-10。

表 10-10　使用频率最高的 40 个主题词分布情况

序号	主题	使用频率/次	占全部样本/%
1	档案局	39	25.49
2	档案工作	31	20.26
3	机构改革	30	19.61
4	档案馆	26	16.99
5	档案处置	23	15.03
6	市档案馆	15	9.80
7	综合档案馆	14	9.15
8	档案管理工作	12	7.84
9	档案机构	11	7.19
10	档案部门	10	6.54
11	档案管理	9	5.88
12	省档案馆	8	5.23

续表 10-10

序号	主题	使用频率/次	占全部样本/%
13	县档案馆	7	4.58
14	档案安全	7	4.58
15	档案移交	7	4.58
16	单位档案	7	4.58
17	文件材料	6	3.92
18	档案管理体制	6	3.92
19	档案事业	5	3.27
20	归档范围	5	3.27
21	国家综合档案馆	4	2.61
22	背景下	4	2.61
23	机关档案	4	2.61
24	档案资源	4	2.61
25	档案资料	3	1.96
26	全宗号	3	1.96
27	处置工作	3	1.96
28	文化事业机构	3	1.96
29	档案保管期限表	3	1.96
30	档案行政管理职能	3	1.96
31	单位档案管理	3	1.96
32	国家重点档案	3	1.96
33	档案行政管理部门	3	1.96
34	档案机构改革	3	1.96
35	公共服务	3	1.96
36	档案业务	3	1.96
37	数字档案馆	3	1.96
38	国家档案局	3	1.96
39	档案接收	3	1.96
40	档案信息化建设	2	1.31
	合计	341	222.88
	总计	153（篇）	100.00
	重叠	188	122.88

从涉及的主题词看,使用频率最高的 40 个主题词共使用 341 频次,占全部样本文献的 222.88%,也就是说,上述 40 个主题词涵盖了全部样本文献 2 遍以上。其中使用频率最高的是档案局(39 频次),使用频率最低的是档案信息化建设(2 频次),平均使用频率为 9 频次。

从主题词反映出研究内容看,2019 年机构改革研究关注的 40 个主要问题又可归并为机构、档案事务、档案、机构改革、文件、信息化6个大类。

机构(档案局、档案馆、市档案馆、综合档案馆、档案机构、档案部门、省档案馆、县档案馆、国家综合档案馆、文化事业机构、档案行政管理部门、数字档案馆、国家档案局),共使用146频次,占全部样本的95.42%。机构是与档案事业、档案人关系最为密切的问题,包括档案局、档案馆、其他档案机构三大研究主题。2019年,正值新一轮机构改革,面对局馆分立的改革措施,处于改革中心的档案局、档案馆自然成为档案界关注之重点。不涉及改革的档案室完全没有沾边。它是机构改革研究关注度第一高主题,几乎覆盖了全部文献一遍。

档案事务(档案工作、档案管理工作、档案管理、档案安全、档案移交、档案事业、档案行政管理职能、单位档案管理、公共服务、档案业务、归档范围、处置工作),共使用91频次,占全部样本的59.48%。涉及档案事务的宏观层面和部分具体业务,管理特性明显。它是机构改革研究关注度第二高主题,但与第一主题规模上相差一个数量级。

档案(档案处置、单位档案、机关档案、档案资源、档案资料、档案保管期限表、国家重点档案、档案接收、全宗号),共使用53频次,占全部样本的34.64%。档案是档案学研究的本体,但从涉及的9个主题看,涉及一般性档案及部分具体档案业务。它是机构改革研究关注度第三高主题。

机构改革(机构改革、档案管理体制、背景下、档案机构改革),共使用43频次,占全部样本的28.10%。研究聚焦机构改革和档案管理体制两个方面。这表明2019年机构改革研究主要聚焦在机构改革和档案管理体制两个方面,是机构改革研究关注度第四高的主题。

文件(文件材料),共使用6频次,占全部样本的3.92%。作为档案工作的主体,机构改革研究的关注点没有离开过档案人自身。

信息化(档案信息化建设),共使用6频次,占全部样本的1.31%。

可以说,2019年,机构改革研究所涉及内容虽然十分广泛,但全部文献均包含在上述机构、档案事务、档案、机构改革、文件、信息化6类问题上。或者说,2019年的机构改革研究主要是围绕上述机构、档案事务、档案、机构改革、文件、信息化6个内容展开的。

三、近五年高频词变化

年度关键词的变化,特别是高频关键词的变化,能够反映出相关研究内容与主题、重点与热点的变化。

2015—2019年机构改革研究年度关键词及高频关键词的变化情况,请扫描右侧二维码。

从近五年研究文献主要关键词的分布看,共使用15个关键词,即机构改革、档案馆、档案管理、档案工作、档案机构改革、档案管理体制、档案、档案流向、管理模型、党史、曾三、云计算、档案局、中介机构、配置。

由于机构改革不是一个年年都进行的工作,所以相关研究的热度与持续性不如其他研究。5年中,2017年就出现没有涉及上述15个关键词的情况,出现中断;亦没有5年中年年重复出现的关键词。也可以理解为,2017年档案界没有与机构改革相关的文献出现。

5年中重复出现年份最多的是3年,涉及的关键词只有机构改革,重复率为60%;重复2年的有档案馆、档案管理、档案工作,重复率为40%。档案机构改革、档案管理体制、档案、档案流向、管理模型、党史、曾三、云计算、档案局、中介机构、配置均没有年度重复。档案机构改革、档案管理体制、档案、档案流向是近两年新出现的内容。

以上情况说明:近五年间机构改革研究的持续度最高,是研究的核心内容与方向;其次是档案馆、档案管理、档案工作,连续出现两年。研究内容与主题在相邻近的年度间连续性不高。相当年份最多只有40%的研究内容与上一年相同。在2015—2019年中出现的关键词最少时为1次,最多时达到

23 次,相差悬殊。

从整体看,重点内容的持续性不好,但近两年重点内容的关注度呈现明显上升趋势。这种趋势或随着机构改革过程的结束,而重归平静。

总之,近五年来相关研究的主要内容不集中,近两年重点突出。

四、小结

从 153 篇文献涉及的高频关键词看,2019 年机构改革研究主要集中在改革、档案机构、档案事务、档案、信息化 5 类 15 个关键词所涉及的方面。可以说,上述改革(机构改革、档案机构改革、档案管理体制、改革、新时代、局馆分立、思考)、档案机构(档案馆、档案部门、综合档案馆)、档案事务(档案管理、档案工作)、档案(档案处置、档案)、信息化(大数据)5 类 15 个关键词是 2019 年机构改革研究的热点所在,而其中又以机构改革、档案馆、档案管理、档案机构改革、档案、档案管理体制为热点。

从主题词分布看,2019 年,机构改革研究所涉及内容虽然十分广泛,但全部文献均包含机构、档案事务、档案、机构改革、文件、信息化 6 类问题上。或者说,2019 年机构改革研究主要是围绕机构、档案事务、档案、机构改革、文件、信息化 6 个内容展开的。

从近五年高频关键词变化看,机构改革研究的持续度最高,是研究的核心内容与方向;其次是档案馆、档案管理、档案工作,连续出现两年。研究内容与主题在相邻近的年度间连续性不高。相当年份最多只有 40% 的研究内容与上一年相同。从整体上看重点内容的持续性不高,但近两年重点内容的关注度有明显上升趋势。这种趋势或随着机构改革过程的结束,而重归平静。总之,近五年来相关研究的主要内容不集中,近两年重点突出。

第四节　文献关键词共词分析

本节采用关键词共现分析的方法,从共现矩阵和共现网络两个方面对样本文献进行分析。

一、共现矩阵

矩阵提取使用频率最高的 20 个关键词,将这 20 个关键词形成 20×20 的共词矩阵。如果某两个关键词同时出现在一篇文章中时,就表明这两者之间存在相关关系,关键词右侧或下方对应位置的数值表示篇数。

图 10-1 是机构改革研究文献高频关键词共现矩阵。

图 10-1 显示,机构改革研究关键词共现只有 34 组,共现率为 17%。2 次及以上的关键词组有 13 组。

以横轴为准计:

20 组共现关键词中有 16 组与机构改革直接相关,占共现关键词的 8%。

20 组共现关键词中有 5 组与档案管理体制直接相关,占共现关键词的 2.5%。

20 组共现关键词中各有 2 组与档案管理、档案馆直接相关,分别占共现关键词的 1%。

20 组共现关键词中各有 1 组与档案、档案机构改革、档案部门、改革、档案工作、档案处置、综合档案馆、公共服务、局馆分立直接相关,分别占共现关键词的 0.5%。

另外,还有思考、地方档案建设、大数据、新时代、档案局、管理体制、信息资源管理 7 个无共现高频关键词。

	机构改革	档案管理	档案馆	档案管理体制	档案	档案机构改革	档案部门	改革	档案工作	档案处置	思考	地方档案建设	综合档案馆	公共服务	局馆分立	大数据	新时代	档案局	管理体制	信息资源管理
机构改革																				
档案管理	4																			
档案馆	2																			
档案管理体制	2	1																		
档案	3																			
档案机构改革	1		3	1																
档案部门	2			1																
改革	1			1	1															
档案工作	1																			
档案处置	2																			
思考	2									1										
地方档案建设	1																			
综合档案馆	2																			
公共服务	2										1									
局馆分立	2																			
大数据	1								1				1							
新时代				1		1														
档案局			2			2														
管理体制	1	1		1											1					
信息资源管理						1														

图 10-1　2019 年机构改革研究文献高频关键词共现矩阵

以共现频次为准计：

共现次数 2 次以上(含 2 次)的关键词组合有 13 组,分别是：

机构改革与档案管理:4 频次。

机构改革与档案馆:2 频次。

机构改革与档案管理体制:2 频次。

机构改革与档案:3 频次。

机构改革与档案部门:2 频次。

机构改革与档案处置:2 频次。

机构改革与思考:2 频次。

机构改革与综合档案馆:2 频次。

机构改革与公共服务:2 频次。

机构改革与局馆分立:2 频次。

档案馆与档案机构改革:3 频次。

档案馆与档案局:2 频次。

档案机构改革与档案局:2 频次。

2019 年,机构改革研究的整体规模不大,研究内容相对集中在机构改革、档案局、档案馆 3 个方向上。而且,2019 年机构改革研究领域没有突出的高频(5 次及以上)共现关键词,更没有形成比较明显的高相关共现关键词群,研究面狭窄。

二、共现网络

在关键词共现网络中,关键词之间的关系可以用连线来表示,连线多少和粗细代表关键词间的亲疏程度,连线越多,代表该关键词与其他关键词共现次数越多,越是研究领域的核心和热点研究内容。

使用知网工具获得 2019 年机构改革研究高频词共词网络图谱(扫描右侧二维码)。

从 2019 年机构改革研究高频关键词网络图谱可以直观地看出:相关研究可分为"机构改革"、"信息资源管理"、"档案馆"与"档案机构改革"3 个聚类群组。"机构改革""信息资源管理"为单核心群组,"档案馆"与"档案机构改革"为双核心群组。

"机构改革""信息资源管理"是单核心单词群组,"档案馆"与"档案机构改革"是由 2 个核心关键词与 1 个无关联关键词组成的多词聚类群组。

"机构改革"是单核心多词群组,由 16 个关键词组成。整个群组以核心关键词"机构改革"为中心,呈星形分布。整个群组中其他关键词之间关联少,与核心关键词"机构改革"关联度高。"机构改革"的中心度高。其他 15 个关键词中,"档案管理""管理体制""档案部门""局馆分立""地方档案建设""思考""档案处置""档案管理"8 个处于内圈,"综合档案馆""公共服务""大数据""档案工作""档案""改革""新时代"7 个处于外圈。与核心关键词"机构改革"共现率最高的两个关键词分别是"档案"和"档案管理"。核心群组与"信息资源管理"、"档案馆"与"档案机构改革"2 个聚类群组有一定关联。其中与"档案馆"与"档案机构改革"群组中的"档案馆"关键词关联性较强。

"档案馆"与"档案机构改革"群组中的两个核心关键词与"档案局"一起组成一个三边形的小群组。群组间三个词之间的距离与共现度基本相同,也显现出三者在此次机构改革中的重要地位与互动关系。同时群组中的两个核心词"档案馆"与"档案机构改革"同网络中心词"机构改革"保持了较为密切的联系,是整个网络中的重要节点。

相比之下,"信息资源管理"群组处于网络的"偏远"位置,仅与核心关键词"机构改革"中的"档案部门"一词有联系。

从总体上看,整个网络围绕核心群组的中心词"机构改革"呈星形分布,核心关键词的中心度高。研究形成了远近两个圈层的"机构改革"主题和"档案馆""档案机构改革""档案局"三足鼎立的研究重心。这说明机构改革研究的主题集中,重点突出。

三、小结

2019 年,机构改革研究的整体规模不大,机构改革研究文献关键词共现只有 34 组,共现率为 17%。2 次以上(含 2 次)的关键词组有 13 组。研究内容相对集中在机构改革、档案局、档案馆 3 个方向上。当年机构改革研究领域没有突出的高频(5 次及以上)共现关键词,更没有形成比较明显的高相关共现关键词群,研究的面狭窄。

从 2019 年机构改革研究高频关键词网络图谱可以直观地看出:相关研究可分为"机构改革"、"信息资源管理"、"档案馆"与"档案机构改革"3 个聚类群组。整个网络围绕核心群组的中心词"机构改革"呈星形分布,核心关键词的中心度高。研究形成了远近两个圈层的"机构改革"主题和"档案馆"

"档案机构改革""档案局"三足鼎立的研究重心。这说明机构改革研究的主题集中,重点突出。

第五节　文献综述

一、档案管理体制

黑龙江大学信息管理学院唐启认为:2018 年的"此次事业单位分类改革中的档案局(馆)体制改革,即是档案局'走向'依法行使档案行政职能、档案馆'走向'开放公益信息服务轨道、档案机构共同助推国家'走向'治理体系治理能力现代化的过程。以档案局馆体制改革为推动,建设一支权力科学、服务高效、权责明确、结构优化的现代档案局馆体系,推进档案机构公共信息服务体系建设,以期在2020 年事业单位分类改革目标完成时,同时实现档案信息公共服务均等化,更好发挥档案'存凭、留史、资政、育人'之功能,更大满足人民群众的信息文化需要"。[①]

中国人民大学信息资源管理学院曾静怡认为:"档案管理体制关乎我国档案事业的长远发展。我国档案管理体制改革研究成果包括 3 个方面:对我国档案管理体制的历史回顾与成就总结,对 1993 年及 2018 年档案管理体制的优劣评价及成因反思,对我国档案管理体制改革的方向探索与发展建议。未来研究的重点与趋向包括:关注重点由档案机构设置向运行机制优化转移,推动档案管理机构职能向'文化''信息'两个方向拓展,加快档案机构改革相关配套政策出台,理顺并优化档案部门与数据管理部门的关系。"[②]

中国人民大学信息资源管理学院徐拥军、任琼辉,中国人民大学信息资源管理学院、北京电子科技学院管理系张臻认为:"我国档案管理体制经历了形成期(1949—1959)、中共中央领导下的党政档案统一管理时期(1959—1985)、国务院领导下的党政档案统一管理时期(1985—1993)和中共中央领导下的党政档案统一管理、局馆合一时期(1993 年至今)的历史演变。基于当前体制的优势与弊端,新时代我国档案管理体制的发展方向是:坚持统一领导、分级管理原则;理顺政事关系,推进局馆分离;统筹优化档案部门与相关部门的职责关系;统筹规划、科学设置档案馆;推进政社分开,发挥社会组织作用。"[③]

黑龙江省档案馆韩峰探讨了机构改革后档案工作体制机制创新:①坚持全面深化改革成为当下的主要矛盾。档案事业的发展是伴随主要矛盾的产生而产生的次要矛盾,在集中力量解决完主要矛盾后,我们再分析解决次要矛盾。在解决主要矛盾的过程中,要自觉服从中央决定,抓紧完成转隶交接,不允许搞变通、拖延改革。②档案事业的发展作为次要矛盾需要根据实际情况积极探索解决方案。要充分考虑工作实际,调动和发挥局馆工作人员的积极性和创新性,因地制宜,积极探索,拓展档案职业发展空间,完成国家综合档案馆的公共性建设。③档案馆的公共性建设是次要矛盾的主要方面。加强档案馆的公共性建设,采取多元协作的方式,能够彻底改变档案馆的内向性格,满足社会需要。[④]

集美大学洪涓探讨了机构改革背景下档案体制机制的转型与创新:①加强工作认识,强化责任担

---

① 唐启.事业单位分类改革背景下我国档案局(馆)体制改革问题探究[J].山西档案,2019(6):43-49.
② 曾静怡.中国档案管理体制改革研究述评[J].山西档案,2019(5):13-23.
③ 徐拥军,张臻,任琼辉.我国档案管理体制的演变:历程、特点与方向[J].档案学通讯,2019(1):15-22.
④ 韩峰.一个矛盾的视角:论机构改革后档案工作体制机制创新[J].兰台世界,2019(10):33-36.

当。②明确工作重点,创新档案管理制度。③优化管理方式,加强信息化建设。④创新档案管理人员素质建设体系。①

二、档案工作

成都理工大学档案馆姚笑云探讨了整合机构改革背景下档案工作的几组关系:①机构设置角度下"分"与"合"的关系。"分",即分立。从已公布的各级档案机构改革方案来看,大多由原来"局馆合一"改革为"局馆分立"的管理体制。改革后,作为行政管理部门的档案局和作为文化事业机构的档案馆分立。"合",即整合,表现为事业单位机构的档案部门由资源单一利用,改革为档案职能相近部门资源整合利用。②机构职能角度下"强化"与"弱化"的关系。从档案管理职权来讲,首先,强化了其政治属性,弱化了其行政主体地位和行政属性。其次,强化依法律手段行使职权,弱化依行政手段推进工作。再次,强化宏观调控职能;弱化微观事务管理职能。从档案公共文化服务职能来讲,首先,强化面向普通公众的"社会利用观",弱化为机关和领导服务的传统观念。其次,强化档案开放利用服务,弱化被动和有限利用服务。③档案事业发展方向角度下的"一体化"与"多样化"关系。"一体化"既包括为档案界所熟知的"文档一体化""图情档一体化",也包括大数据时代的"数据档案管理一体化"。"多样化"是指档案服务方式和手段的多样化。②

辽宁省营口市档案史志管理中心寇真探讨了机构改革后的档案工作对策:①积极研究机构改革后档案工作取得的优势,加强保持档案行政职能与档案馆业务工作的无缝连接。②总结改革开放以来档案工作好经验与做法,保持档案工作政策的连续性。③建设好维护好管理好档案员队伍,做好档案技术传承工作。④抓住机构改革、职能整合的关键时期,积极推进机关档案工作的开展。③

中国人民大学信息资源管理学院徐拥军认为机构改革后档案工作面临的新问题是:①档案行政监督职能可能会被弱化。②可能出现档案部门与数据管理部门分割的新"信息孤岛"。③档案干部队伍中存在"军心不稳""迷茫困惑"的现象。他还提出了机构改革后档案工作发展的对策建议:①从"档案管理"转向"档案治理",充分发挥各类档案治理主体作用。②从以行政手段为主转为以法律手段为主,实现依法治档。③常态化开展"举牌行动",使档案行政执法名正言顺。④统筹优化档案部门与相关部门的职能关系,形成国家信息资源管理体系。⑤推动政社分开,充分发挥档案学会等社会组织的作用。⑥统筹衔接,加快出台机构改革配套政策。④

福建省邵武市干部档案管理中心江春香认为:"随着我国机构改革的不断深入,档案管理工作越来越突出其重要性。我们应该抓住时机,不但要从制度上更新,还要从观念上更新,切实履行档案职责,深化档案法制建设,狠抓档案规范管理、强化档案服务意识,立足实际,锐意进取,圆满完成了各项工作任务,切实推进我国档案事业稳步提升,按照社会主义体制改革发展的基本趋势,采取切实可行的有效措施,积极探索档案现代管理模式,更好地为机构改革服务。"⑤

三、档案机构(档案局)

安徽大学管理学院张学辉、安徽省合肥师范学院裴友泉认为:"机构改革不应该是目的,推进档案

① 洪涓.机构改革背景下档案工作体制机制的转型与创新[J].内蒙古科技与经济,2019(13):20-21,23.
② 姚笑云.基于机构改革的档案工作关系整合论[J].兰台内外,2019(33):14-15,13.
③ 寇真.机构改革后的档案工作研究与对策[J].兰台世界,2019(S2):20-21.
④ 徐拥军.机构改革后档案工作面临的问题与对策[J].档案学通讯,2019(5):101-103.
⑤ 江春香.试论机构改革后档案工作宏观管理的初步思考[J].价值工程,2019,38(30):71-72.

事业发展使之适应当今中国的经济体制与行政体制、受到社会认同,才是档案部门的终极目标。而实现这一目标,需要勇于开拓新境界、善于提出新问题、认真研究新情况,用科学和法律这两件法宝劈山开路。"机构改革后,"档案局更要进一步强化法治意识,用法律手段规范档案行政管理、'依法治档',保障档案事业高速发展。所以,机构改革后的现实将更加需要科学精神与法治意识,需要参考借鉴已有区域改革试验的经验与教训。实践是检验真理的唯一标准,不仅仅是理论探讨时的言说,更要在机构改革后的档案工作中践行"。①

中国人民大学信息资源管理学院钱毅认为:"机构改革的直接结果是职能的变更,新的职能定位下,局馆合一时期档案机构专业能力建设的思路难以适应局馆分设的现状。本次机构改革之前,我国档案机构多为局馆合一体制,档案机构既承担宏观行政管理职能又承担档案管理职能。从能力建设角度看,档案机构以行政管理能力与业务管理能力并重的思路建设专业能力。依据政事分开的原则,本次档案机构改革的重点是将局馆合一转变为局馆分设,改革后多数档案局的主要职能聚焦于'管',即战略规划、组织部署、标准法规制定等宏观管理层面。"②

辽宁省鞍山市档案馆王一鸣对县(市)档案机构改革"化学反应"进行思考,认为:"发生'化学反应',要勇于创新思维方式,创新工作方法,按照党的十九大报告的要求,探索合署办公的新路子。实行档案局、档案馆、史志办机构单设,合署办公,统一领导,隶属党委办。党委办副主任担任三个机构的'一把手'并担任党组书记。设立三个机构各一名副职,并担任党组成员。人财物单列'分灶吃饭',可适度调剂,统一管理。合署办公的模式为发生'化学反应'提供必要条件。一是有利于职责明确、各司其职、各负其责、上下贯通、执行有力、政事分开、依法行政。二是有利于精干机构,精简人员,发挥机构人员编制的最大效能。可减少领导班子成员和人员编制各三分之一。三是有利于统一领导,集中力量干大事。改变人员少、任务重、'单打独斗'的窘境。四是有利于统筹使用各类编制资源。按照有关的规定,机构改革前的参照公务员法管理的干部都可保留其身份。《公务员法》第112条规定:'法律法规授权的具有公共管理职能的事业单位中除工勤人员的工作人员,经批准参照本法进行管理。'据此,参照公务员法管理的干部,可进入档案局工作,待时机条件成熟进行完善。五是有利于干部队伍稳定和工作的连续性,减少理顺时间成本和行政资源。"③

中国人民大学信息资源管理学院徐拥军认为:"此次省档案机构改革呈现如下特点:从以'局馆合一'的管理体制为主导转换为以'局馆分立'的管理体制为方向;从以精兵简政提高效率为重点转为以有效发挥档案局馆职能为核心;从以实现档案部门资源的单一整合利用为动力转变为以实现档案职能相近部门资源的综合整合利用为目标。机构改革为档案事业发展提供新的动力,也对档案事业发展提出新的要求。机构改革后未来档案事业发展应该:从以行政手段为主转变为以法律手段为主推动档案事业;'举牌行动',做到档案行政执法名正言顺;政社分开,积极发挥档案学会的作用;统筹衔接,加快出台档案机构改革配套政策;人才兴档,促进档案事业持续健康发展。"④

中国人民大学信息资源管理学院任琼辉、徐拥军认为:"辽宁省档案机构改革呈现以下特点:因地制宜改革,整合成为趋势;资源有效集中,便于发挥价值;机构职能得到拓展,便于内部协作;城建档案馆同时改革,归属各有差异。未来档案事业发展需要档案机构进一步明确自身定位,转变服务理念;强化合作协调,扩展服务领域;完善档案治理,善用社会力量;坚守固有阵地,探索发展空间。"⑤

辽宁省绥中县自然资源事务服务中心高云探讨了机构改革后县区档案局如何做好档案指导工

①　张学辉,裴友泉.科学精神与法治意识:论档案部门机构改革后的现实需要[J].档案管理,2019(4):4-7.

②　钱毅.机构改革背景下档案机构专业能力的建设[J].档案学通讯,2019(5):108-109.

③　王一鸣.县(市)档案机构改革"化学反应"的思考[J].兰台世界,2019(S2):14-15.

④　徐拥军.省级档案机构改革的特点、影响与展望[J].求索,2019(2):74-80.

⑤　任琼辉,徐拥军.辽宁省档案机构改革的特点与方向[J].兰台世界,2019(1):25-29.

作:①加强档案人员培训,提高业务水平。②加深了解,掌握各单位的主要职能。③深入部分机关单位,指导制定档案分类方案。④与综合档案馆沟通,做好全宗号的调整工作。⑤加强学习,提高自身业务能力。①

四、档案馆

(一)职责定位

黑龙江省齐齐哈尔市档案馆张超认为:"在此次机构改革中档案部门局、馆分设,进一步强化了档案工作的政治属性,明确了'档案工作姓党'原则,档案馆的职责定位进一步清晰。档案馆应以此次机构改革为契机,善于把政治要求融入档案工作之中,找准新馆组建后的角色定位,努力推进档案事业高质量发展。"①提高政治站位,始终把党建工作放在首位。②提升服务水平,提高档案公共服务能力。③服务机构改革,做好档案接收征集工作。④树立底线思维,筑牢档案安全防线。⑤不断创新开拓,加快档案信息化建设。⑥做大编研开发,提高档案史志整理开发层次。⑦围绕中心、服务大局,较好地完成了市委、市政府交办的工作任务。②

云南大学历史与档案学院陈海玉、万小玥、赵冉、彭金花探讨了机构改革后地方档案馆资源整合新定位,认为:"地方档案馆在档案资源管理建设中具有档案的'存史''资政'和'服务'功能,机构改革后,要以清晰的问题意识为导向,在档案资源整合共享具体工作中紧紧围绕为党管档、为国守史、为民服务的职责,进一步确立档案馆资源建设是为党和政府各项工作服务的目标定位。宏观层面上,明确地方档案馆的资源整合要为党和政府工作的规划设计、总体布局、统筹规划做好强有力的信息资源保障。微观层面上,档案馆着眼于落实国家机构改革决定提出的要求,'以问题为导向'整合资源,即把资源整合的重点聚焦于'发展所需、基层所盼、民心所向'。"③

天津市档案馆夏秀丽探讨了机构改革后综合档案馆职能定位展望,认为:"在机构改革的背景下,综合档案馆去除行政职能,回归业务职能的本位,放在全国公益事业单位改革目标中去考量,要求综合档案馆在职能定位时要充分考虑公益性、社会化、服务性,并将其融入到档案馆各种职能中。""而集中管理档案(收—管—用)仍将是改革后综合档案馆的核心职能;文化服务是改革后综合档案馆突出的外延职能;拓展公共服务是改革后综合档案馆职能发展方向。同时,综合档案馆也应加快档案馆与地方志办公室业务融合,形成文化合力。"④

黑龙江省哈尔滨市档案馆庞科发认为:"机构改革之后,档案馆的定位未变,职能任务依旧。主要任务是:收集和接收本馆保管范围内对国家和社会有保存价值的档案;对所保存的档案严格按照规定整理和保管;采取各种形式开发档案资源,为社会利用档案资源提供服务。简单讲,各级综合档案馆仍履行档案'收、管、用'等职能。重点要发挥好 5 个方面的基本功能,即档案安全保管基地、爱国主义教育基地、档案利用服务中心、政府信息公开中心、电子文件管理备份中心等'五位一体'功能。局馆分设后,档案馆职能的特点具有微观性、内部性、业务性、服务性,承担档案的接收征集、保管保护、鉴定开放、开发利用、文化传承等。各级综合档案馆应更加专注于业务建设,走专业化、规范化、信息化之路,把努力打造数字型档案馆和公共服务型档案新馆建设作为奋斗目标,让档案和档案工作在不断推进社会经济发展与文化建设中发挥积极作用、彰显应有的工作价值。"⑤

---

①　高云.浅谈机构改革后县区档案局如何做好档案指导工作[J].兰台世界,2019(S1):42.

②　张超.刍议档案馆如何找准机构改革后的角色定位[J].黑龙江档案,2019(4):23-24.

③　陈海玉,万小玥,赵冉,等.机构改革后地方档案馆资源整合特点及思路探究[J].档案与建设,2019(11):20-23.

④　夏秀丽.机构改革后综合档案馆职能定位研究:以天津市档案馆为例[C]//2019 年全国青年档案学术论坛论文集.北京:中国档案学会,2019:42-49.

⑤　庞科发.关于机构改革后档案馆角色及定位的思考[J].黑龙江档案,2019(4):22.

黑龙江省双鸭山市档案馆郭禹彤探讨了机构改革后档案馆功能定位,认为:①合理构建,实现档案馆档案安全保管基地前瞻性建设。②突破传统,实现档案馆档案利用服务中心开放性建设。③拓宽渠道,实现档案馆政府公开信息查阅中心社会性建设。④加强合作,实现档案馆爱国主义教育基地文化性建设。⑤防灾容灾,实现档案馆电子档案备份管理中心多元性建设。①

山东大学历史文化学院谭必勇认为:"文化事业机构定位是未来档案馆可持续发展的稳定'引擎'。""这次地方档案机构改革后,档案行政管理职能划入党委办公厅(室),档案馆基本上由党委或党委办公厅(室)管理,档案馆成为'集中管理档案的文化事业机构',档案馆工作人员回归"接收、收集、整理、保管和提供利用各分管范围内的档案"的本职工作,实现了'政事分开',既有助于档案局在办公厅统筹下充分发挥宏观监督指导责任,又有利于档案馆专注于专业化工作、提升档案公共服务水平。机构改革后的档案馆应更加积极、高效、深入地挖掘档案资源的价值,借助互联网和新媒体,讲好档案故事,让档案文化遗产'活起来',从而将档案馆打造成更具亲和力的文化事业机构。"②

(二)其他

苏州大学社会学院祝云柳认为:"档案馆存在的意义就是为了收集管理档案,做好档案的开放和利用工作,以保存社会记忆,满足公民和社会的需求。局馆分立使档案馆可以更加专注于公益事业的发展,并且尽可能实现公共利益的最大化。施行局馆分开,不仅有利于档案馆克服自身行政化倾向的影响,努力做好档案服务工作,从档案馆的深宅大院里走出来,从政府大院里走出来,此外,还能有效规避由'局馆合一'所带来的职能目标不清晰、人员配备不完善以及经费划拨困难等实际工作问题。档案馆既然是文化事业单位,就应该在思想上划清和行政机构的界限,工作制度和管理方法应该有所转变,树立'为党管档,为国守史,为民服务'的理念,走向社会、面对市场、服务大众。"③

广西民族大学管理学院、广西民族大学民族研究中心黄雪志、农扬宇、郑慧探讨了"局馆分离"背景下国家档案馆提升公共文化服务质量的出路,认为:"新时代我国国家档案馆面临着承担更多社会文化责任的问题,包括如何融入社会文化建设、发展和传承文化、培育民族文化自信心等。国家档案馆的社会价值需要依靠其公共文化服务能力的提高来体现。所以,建设自身的核心能力——档案公共文化服务能力,是国家档案馆在新时代迫切需要展开的行动,也是档案事业发展的必然选择。"④

河南省档案馆李修建认为:"新一轮机构改革给档案工作带来了新的机遇,也带来了新的挑战。为适应新的变化,档案部门需要抓住机遇,转型发展。""适应形势要求,实现转型发展的重点在于转变思维方式,树立在不变中求稳、在转变中求进、在服务中求实的工作思维,超前谋划、夯实基础、模式创新,通过档案资源建设、档案安全建设、开发利用能力建设、数字档案馆建设和自身建设,强化管理服务功能,全面促进新时代档案管理工作内涵的提升,进一步拓展档案馆发展之路。"⑤

黑龙江大学信息管理学院邓舒音认为:"档案馆长期以来被认为是一个政府机构部门,在发挥其文化作用方面存在较大的欠缺。机构改革后正式作为公共文化服务体系建设的一员,档案馆应该明确其角色定位,在公共文化信息提供、在公众文化休闲场所设置、公共文化服务体系等方面加大投入力度,通过塑造档案的文化内涵,创造衍生文化产品,开发档案和文化信息,提高公共信息素养,改善各种服务设施,促进档案馆的良性发展,展现出档案馆对社会文化的建构功能,实现档案文化品牌的社会认知和个性价值。"⑥

①　郭禹彤.机构改革后档案馆功能定位初探[J].黑龙江档案,2019(4):25.
②　谭必勇.从西方档案机构改革看档案馆文化事业机构定位[J].山西档案,2019(6):177-179,181.
③　祝云柳.对档案馆机构改革的思考[J].科技资讯,2019,17(13):227,229.
④　黄雪志,农扬宇,郑慧."局馆合一"到"局馆分离"对国家档案馆公共文化服务的影响[C]//2019年全国青年档案学术论坛论文集.北京:中国档案学会,2019:195-199.
⑤　李修建.适应形势要求　注重内涵提升　进一步拓展档案馆发展之路[J].档案管理,2019(6):4-5.
⑥　邓舒音.机构改革背景下综合档案馆文化功能的实现策略[J].黑龙江档案,2019(4):19-21.

黑龙江省大兴安岭地区档案馆祁勇探讨了机构改革后档案馆应如何更好地开展工作,认为:其一,依托党委联动开展档案馆工作。档案馆要摒弃局馆分开,档案馆只是埋头开展档案馆业务工作的思想,要加强与党委档案行政职能部门的联动,充分发挥档案馆人才优势,从管理上出思路,从落实上出方法,加强协调配合,支持党委部门更好落实档案行政管理职责,同时,档案馆可以依托党委部门管理优势,争取更多的工作支持,推动制约档案馆工作瓶颈问题的解决,实现联动配合,共同促进,推动档案工作整体上的健康发展。其二,立足馆内主责推动基础业务建设:①在收集上做到全覆盖;②档案安全保管工作是档案馆工作的底线;③充分发挥档案信息资源的优势。①

山西省朔州市档案局郭丽娜认为:"在机构改革的契机下,公共档案馆成为档案馆下一步的发展方向。"要做好公共档案馆建设,发挥公共档案馆服务公众、保存档案的职能,应做好以下几点:①进一步丰富馆藏,加强档案资源收集,变被动收集为主动收集。②进一步加强数字档案建设,完善档案数字化、信息化管理。③增强馆际联系,做到资源共享。②

五、档案处置与移交

(一)对策措施

北京市朝阳区档案局赵志闯提出了规范机构改革单位档案处置工作的对策:①把控处置工作源头,明确档案"去""留"方向和时间。②把握处置工作契机,加强对档案材料的收集。③把好处置工作人员关,确保档案处置工作顺利完成。③

广东省司法厅龙美华提出了机构改革中档案处置与管理的应对措施:①提高管理人员的档案意识,增强参与机构改革的主动性。②加强档案安全保密工作。③明确机关企事业单位及其人员的职权范围。④提高档案管理人员的业务素质。⑤明确处置原则。⑥兼收并蓄,借鉴有效方法。④

山东省青岛市崂山区档案局杜俊河提出了解决机构改革中档案处置与管理问题的对策:①解决档案意识淡薄问题。②档案部门要提高参与机构改革的主动性。③使涉改单位明确档案局和档案馆的工作职责。④解决涉改单位职责不清,档案人员过早撤离问题。⑤解决档案人员业务不熟、影响档案处置工作进度问题。⑥明确处置原则,有效避免档案丢、漏、失,完善档案交接手续。⑦解决档案利用出现矛盾的问题。⑤

吉林省大安市档案馆刘国伟认为要做好机构改革中涉改单位档案移交进馆工作:①档案部门要提早行动,加强对机构改革档案工作的领导与监管,确保档案的完整与安全。②对各门类档案资料加以收集整理。③档案移交进馆之前,要对需移交的所有档案按照相应的标准和进馆要求进行一次系统整理。④了解各单位档案数量、种类情况,为涉改单位档案的移交提供空间。⑥

黑龙江省萝北县档案局赵玥红提出了在机构改革中开展档案移交工作的对策:①强化档案移交组织保障。②树立档案移交总体目标。③制定详细的档案移交实施步骤。④明确档案移交主要任务。⑦

(二)其他

辽宁省葫芦岛市档案馆韩贵林认为:"机构变动单位应依据档案处置工作相关要求,坚持'档随职

① 祁勇.机构改革后档案馆应如何更好地开展工作[J].黑龙江档案,2019(4):26.
② 郭丽娜.机构改革背景下档案馆的发展展望[J].办公室业务,2019(10):189-190.
③ 赵志闯.机构改革中档案的"去"与"留":对机构改革中档案处置工作的探讨[J].北京档案,2019(7):28-29.
④ 龙美华.机关机构改革档案处置与管理措施[J].现代企业,2019(7):25-26.
⑤ 杜俊河.机关机构改革档案处置与管理有关问题的思考[J].山东档案,2019(1):32-34.
⑥ 刘国伟.如何做好机构改革中涉改单位档案移交进馆工作[J].兰台内外,2019(36):29.
⑦ 赵玥红.浅谈如何在机构改革中开展档案移交工作[J].黑龙江档案,2019(4):79.

走'原则,合理制订档案处置方案,落实档案处置任务,明确档案处置时限,及时做好档案处置登记、移交工作,确保档案流向明晰、处置合理、作用得到充分发挥。在机构改革过程中,未完成档案处置工作或档案处置工作不到位,相关负责机构和人员不得解散,有关主管部门不应给予办理岗位调动手续。"①

山西省大同市阳高县政府办刘永春认为做好机构改革中档案管理处置,要明确了四个衔接环节:"一是迅速制定了处置工作方案。各涉改单位(含撤并单位)制定本单位档案处置与管理工作方案,明确了档案归属与流向,明确了档案处置工作负责机构和人员,并编制了档案处置工作时间表。二是全面加强了收集清点。各涉改单位加强了对各门类档案的收集与清点,全部造册登记,由涉改单位负责人签字,做到了应收尽收,应归尽归,确保了文件材料归档齐全完整。三是认真组织了鉴定整理。各涉改单位严格按照国家和行业的有关档案标准规范对所有档案进行了鉴定整理,并编制好检索工具,完善了全宗卷并及时移交。各涉改单位机构改革期间严禁销毁任何档案。四是严格规范了处置手续。各涉改单位严格履行了档案处置交接手续。主要是规范了内部的移交手续、规范了向接收单位移交手续。"②

黑龙江省肇东市档案局廖丽丽认为:"在机构改革中加强档案工作,依法依规做好涉改部门和单位档案处置工作,是机构改革中的一项重要任务,也是各级党委政府、涉改部门和单位、各级档案行政管理部门和各级综合档案馆的一项重要职责。同时,各部门各单位要明确同上级档案行政管理部门对口的组织机构,确保上下贯通、工作不断、执行有力。要以这次机构改革为契机,理顺和完善档案工作体制机制,不断提升档案工作水平。"③

广西民族大学李彩丽、张一凡"认为职能调整整合后组建的新机构对原机构档案的'切分'是本次机构改革中档案工作面临的最大难题。强调在机构改革中应当遵循'档随职走'的原则。提出应当从机关档案分类整理方法入手,在各级机关着重推行机构(职能)分类法,以破解职能导向趋势下机构改革中档案工作所面临难题"。④

六、其他

上海大学图书情报档案系周林兴认为档案机构改革背景下档案学研究定位是:①立足于我国档案实践来开展档案学研究。②立足于动态法规规制来开展档案学研究。③立足于社会公众需求来开展档案学研究。他还对档案机构改革背景下档案学研究进行展望:①档案学术发表环境将迎来发展的春天。②档案学术研究理论与实践将更紧密关联。③档案学术研究要服务于党和国家工作的大局。⑤

中国人民大学信息资源管理学院胡鸿杰认为:"2018年的档案机构改革,除了是完成'政事分开''优化职责',还将档案专业人员从'行政管理和专业技术'的揪扯中剥离出来,使档案专业人员能够专心致志地设计自己的职业生涯、提升自己的职业空间。同时,各级管理部门也可以理直气壮地用档案专业人员的标准去要求和管理各级各类档案馆中的档案专业人员,使档案职业及其人员在职业的界定和社会特征、职业功能、职业技能、操作规范、活动领域、知识内容、证明方式和考评指导等方面不

①　韩贵林.在机构改革过程中加强档案管理工作之我见[J].兰台世界,2019(S2):21.
②　刘永春.改革创新天地广 奋发有为正当时:阳高县做好机构改革中档案管理处置工作的调查与思考[J].兰台内外,2019(25):22-23.
③　廖丽丽.机构改革中涉改单位的档案工作如何具体操作[J].黑龙江档案,2019(2):63.
④　李彩丽,张一凡.职能整合趋势下机构改革中档案工作的主要问题及对策[J].档案管理,2019(2):89-90.
⑤　周林兴.档案机构改革背景下档案学研究的定位与展望[J].档案学通讯,2019(5):109-111.

断完善和发展,不断提升档案职业的社会地位。"①

湘潭大学公共管理学院陈艳红探讨了后机构改革时代我国档案学会发展的路径:①明确学会定位,加强组织建设。一是取消挂靠单位,完善组织结构;二是优化会员结构,推进考核评估。②夯实学会平台,促进学术交流。一是充分发挥档案期刊的学术平台功能;二是积极开展学会组织的学术交流活动。③完善学会服务,丰富内容形式。④打造学会品牌,拓展宣传渠道。②

河北大学管理学院李颖认为:"档案机构改革后,新形势对档案专业人才提出了新要求,档案学教育应该怎样培养人、培养什么样的人,才能确保档案专业人才更好地顺应时代发展的新变化、适应未来档案工作的新环境,是高校档案学专业教育正在面对的问题。"①强化有中国特色的档案学专业使命教育,注重培养专业自觉。②挖掘凝练档案学专业优势,全面提升专业教育质量。③正视档案学理论与档案工作实践的关系,不断增强专业自信。③

江苏省苏州工业园区苏航档案服务有限公司陈燕、张盈探讨了机构改革背景下对档案服务企业的重新发现:①档案服务企业的行业地位提升。②档案服务企业的发展空间加大。③档案服务企业的管控要求提高。她们还提出了对档案服务企业发展的建议:①从顶层着手,健全档案服务业法规体系。②将档案服务企业作为特种行业加以管控。③成立档案服务行业协会,充分发挥行会的自律作用。④

① 胡鸿杰.我国档案机构改革与档案职业发展[J].浙江档案,2019(5):27-30.
② 陈艳红.后机构改革时代我国档案学会发展的机遇与路径[J].档案学通讯,2019(5):104-105.
③ 李颖.机构改革背景下高校档案学专业教育的发展[J].档案学通讯,2019(5):111-112.
④ 陈燕,张盈.新一轮机构改革背景下档案服务企业发展管见[J].档案管理,2019(3):49-50.

第十一章　事业单位

事业单位是2019年档案学界关注与研究的最大热门之一。我们以中国知网为样本来源,检索范围:中国学术期刊网络出版总库,中国博士学位论文全文数据库,中国优秀硕士学位论文全文数据库,中国重要会议论文全文数据库,国际会议论文全文数据库,中国重要报纸全文数据库,中国学术辑刊全文数据库。

检索年限:2019年。

检索时间:2020年3月28日。

检索式:发表时间=2019-01-01至2019-12-31,并且(主题=档案事业单位 或者 题名=档案事业单位)(模糊匹配)。

样本文献总数:609篇。

第一节　文献统计分析

本节采用统计分析的方法,从资源类型分布、文献学科分布、文献研究层次分布、文献基金分布、文献类型分布5个方面对样本文献进行分析。

一、资源类型分布

从资源类型分布看,609篇样本文献涉及期刊、硕士、国内会议、报纸4种资源。各类资源数量及占比情况见表11-1。

表11-1　各类资源数量及占比情况

序号	资源类型	发表文献数量/篇	占全部样本/%
1	期刊	600	98.52
2	硕士	6	0.99
3	国内会议	2	0.33
4	报纸	1	0.16
合计		609	100.00

由表 11-1 可见,期刊占比接近 99%,是 2019 年事业单位研究文献的主要来源,也是研究者进行交流与沟通的主要渠道和平台。相比之下,硕士学位论文、国内会议论文、报纸文章合计占比不到 2%,总量上与期刊至少相差两个量级,合在一起勉强只能起点缀作用。

二、文献学科分布

从样本文献学科分布看,609 篇样本文献涉及图书情报档案、公共管理、工商管理、财政、教育、保险、政治、公共卫生与预防医学、计算机、水利工程、国民经济、管理学、科学学与科技管理、法学、交通运输经济等学科。前 15 个学科发表文献数量及占比情况见表 11-2。

表 11-2　前 15 个学科发表文献数量及占比情况

序号	学科	发表文献数量/篇	占全部样本/%
1	图书情报档案	555	91.13
2	公共管理	346	56.81
3	工商管理	27	4.43
4	财政	19	3.12
5	教育	6	0.99
6	保险	5	0.82
7	政治	4	0.66
8	公共卫生与预防医学	4	0.66
9	计算机	4	0.66
10	水利工程	3	0.49
11	国民经济	3	0.49
12	管理学	3	0.49
13	科学学与科技管理	3	0.49
14	法学	2	0.33
15	交通运输经济	2	0.33
	总计	986	161.90
	实际	609	100.00
	超出	377	61.90

需要说明的是,按学科统计数为 986 篇,占 161.90%;超出实际样本数 377 篇,占 61.90%。其中图书情报档案学科发表 555 篇,占 91.13%。研究具有明显的学科交叉性。

除图书情报档案外,发表文献最多的 3 个学科是公共管理、工商管理、财政。

三、文献研究层次分布

从文献研究层次分布情况看,609 篇样本文献涉及基础研究(社科)、职业指导(社科)、行业指导(社科)、工程技术(自科)、大众文化、专业实用技术(自科)、基础与应用基础研究(自科)、政策研究(社科)、行业技术指导(自科)、基础教育与中等职业教育、经济信息、其他 12 个不同层次。各层次发表文献数量及占比情况见表11-3。

表11-3　各层次发表文献数量及占比情况

序号	层次	发表文献数量/篇	占全部样本/%
1	基础研究(社科)	220	36.12
2	职业指导(社科)	199	32.68
3	行业指导(社科)	81	13.30
4	工程技术(自科)	14	2.30
5	大众文化	9	1.48
6	专业实用技术(自科)	4	0.66
7	基础与应用基础研究(自科)	4	0.66
8	政策研究(社科)	4	0.66
9	行业技术指导(自科)	2	0.33
10	基础教育与中等职业教育	1	0.16
11	经济信息	1	0.16
12	其他	70	11.49
	合计	609	100.00

如果按社会科学、自然科学、经济文化教育和其他来分类,各类文献数量及占比分别是:社会科学504篇,占82.76%;自然科学24篇,占3.94%;经济文化教育11篇,占1.81%;其他70篇,占11.49%。研究明显属于社会科学的范畴。

如果按研究的基础性与应用性划分,基础性研究224篇,占36.78%;应用性研究385篇,占63.22%。研究略偏重应用性。

综上,从整体上看,2019年事业单位研究是偏重应用性的社会科学研究。

四、文献基金分布

从文献基金分布情况看,609篇样本文献中有9篇得到国家社会科学基金、国家档案局科技项目、河南省哲学社会科学规划项目3种国家和省部级地方基金的资助,占全部样本的1.48%。各类基金资助发表文献数量及占比情况见表11-4。

表11-4　各类基金资助文献数量及占比情况

序号	基金	发表文献数量/篇	占全部样本/%	占基金资助文献/%
1	国家社会科学基金	7	1.15	77.78
2	河南省哲学社会科学规划项目	1	0.16	11.11
3	国家档案局科技项目	1	0.16	11.11
	合计	9	1.48	100.00
	总计	609	100.00	

从基金资助的层次上看,国家级基金 1 种 7 项,占全部基金资助文献的 77.78%;部门基金 1 种 1 项,占全部基金资助文献的 11.11%;地方基金 1 种 1 项,占全部基金资助文献的 11.11% 。

从地方基金资助的区域分布看,涉及河南省 1 个省份。

综上,从层级上看,国家级资助力度高于地方的资助力度 6 倍;从区域分布看,全国仅有河南省 1 个省份对此类研究有所资助。

五、文献类型分布

从文献类型分布看,609 篇样本涉及政策研究类、一般性两类文献。各类型文献数量及占比情况见表 11-5。

表 11-5   各类型文献数量及占比情况

序号	文献类型	文献数量/篇	占全部样本/%
1	政策研究类文献	5	0.82
2	一般性文献	604	99.18
	合计	609	100.00

综上,从表 11-5 可以明显地看到,一般性论证文献在研究成果中占据了绝对主体,占比超过 99%;而宏观性研究缺失,政策性研究十分薄弱,占比不足 1% 。

六、小结

从样本文献的统计情况看,期刊占比接近 99%,是 2019 年事业单位研究文献的主要来源,也是研究者进行交流与沟通的主要渠道和平台。相比之下,硕士学位论文、国内会议论文、报纸文章,合计占比不到 2%,总量上与期刊至少相差两个量级,合在一起勉强只起点缀作用。

研究具有明显的学科交叉性。图书情报档案发表 555 篇,占 91.13%。除图书情报档案外,发表文献最多的 3 个学科是公共管理、工商管理、财政。

从整体上看,2019 年事业单位研究是偏重应用性的社会科学研究。

从基金资助的层级上看,国家级资助力度高于地方的资助力度 6 倍;从区域分布看,全国仅有河南省 1 个省份对此类研究有所资助。

在研究成果中,一般性论证文献占据了绝对主体,占比超过 99%;而宏观性研究缺失,政策性研究十分薄弱,占比不足 1% 。

第二节   文献计量分析

本节采用计量分析的方法,从文献作者分布、文献机构分布和文献来源分布 3 个方面对样本文献进行分析。

一、文献作者分布

从作者的分布情况看,609 篇文献涉及超过 40 位作者。前 40 位作者共发表文献 78 篇,只占全部样本的 12.81%。其中发表 2 篇以上(含 2 篇)文献的作者有 30 位,共发表文献 68 篇,只占全部样本文献的 11.17%。前 40 位作者发表文献数量及占比情况见表 11-6。

表 11-6 前 40 位作者发表文献数量及占比情况

序号	作者	发表文献数量/篇	占全部样本/%
1	褚丽娜	5	0.82
2	徐拥军	4	0.66
3	曲杰	4	0.66
4	黄莹	3	0.49
5	李静云	2	0.33
6	潘丽娟	2	0.33
7	杨群	2	0.33
8	王清云	2	0.33
9	任琼辉	2	0.33
10	徐凤华	2	0.33
11	魏峰	2	0.33
12	张玉红	2	0.33
13	宋媛媛	2	0.33
14	陈佳杰	2	0.33
15	周颖	2	0.33
16	郑太敏	2	0.33
17	王杉杉	2	0.33
18	杨静	2	0.33
19	宫瑾	2	0.33
20	王沛媛	2	0.33
21	张彤	2	0.33
22	许娜子	2	0.33
23	刘爔元	2	0.33
24	邓佳芳	2	0.33
25	陈莹	2	0.33
26	刘海昕	2	0.33
27	宋平	2	0.33
28	张伟纯	2	0.33
29	张宁	2	0.33

序号	作者	发表文献数量/篇	占全部样本/%
30	刘虹	2	0.33
31	周慧新	1	0.16
32	连远丹	1	0.16
33	徐燕	1	0.16
34	李迅	1	0.16
35	许燕梅	1	0.16
36	刘蓉国	1	0.16
37	戴子悦	1	0.16
38	闫效凤	1	0.16
39	班炜炜	1	0.16
40	徐红	1	0.16
合计		78	12.81
总计		609	100.00

如果按照普赖斯提出的计算公式,核心作者候选人的最低发文数 $M = 0.749\sqrt{N_{max}}$,其中 N_{max} 为最高产作者发表文章数量。2019 年事业单位研究作者中发表文献最多的为 5 篇,即 $N_{max} = 5$,所以 $M = 0.749\sqrt{5} \approx 1.675$。因此,发表文献 2 篇及以上的褚丽娜、徐拥军、曲杰、黄莹、李静云、潘丽娟、杨群、王清云、任琼辉、徐凤华、魏峰、张玉红、宋媛媛、陈佳杰、周颖、郑太敏、王杉杉、杨静、宫瑾、王沛媛、张彤、许娜子、刘燨元、邓佳芳、陈莹、刘海昕、宋平、张伟纯、张宁、刘虹 30 位作者,是 2019 年事业单位研究的高产作者。可以说,2019 年事业单位虽然有了一些高产作者,但远没有形成核心作者,更没有形成核心作者群。

从前 40 位作者的所属单位看,事业单位作者显然是 2019 年事业单位研究的主力。

二、文献机构分布

从机构分布情况看,609 篇文献中涉及超过 400 个机构。前 40 个机构发表文献 94 篇,占全部样本的 15.44%。前 40 个机构发表文献数量及占比情况见表 11-7。

表 11-7　前 40 个机构发表文献数量及占比情况

序号	机构	发表文献数量/篇	占全部样本/%
1	凌源市人力资源和社会保障局	5	0.82
2	吉林省洮南市档案局	4	0.66
3	国家广播电影电视总局	4	0.66
4	中国人民大学	4	0.66
5	辽源市中医院	4	0.66
6	郑州大学	3	0.49

续表 11-7

序号	机构	发表文献数量/篇	占全部样本/%
7	江苏医药职业学院	3	0.49
8	呼和浩特市水资源管理局	3	0.49
9	靖宇县人力资源和社会保障局	2	0.33
10	山东省郓城县财政局	2	0.33
11	秦始皇帝陵博物院	2	0.33
12	四川省内江市农业科学研究所	2	0.33
13	承德市市场监督管理局	2	0.33
14	陕西省宝鸡市电视台	2	0.33
15	江苏省南京市疾病预防控制中心	2	0.33
16	吉林省公主岭市畜牧兽医局	2	0.33
17	上海航天技术研究院	2	0.33
18	中国林业科学院	2	0.33
19	苏州大学	2	0.33
20	黑龙江省农垦机械化学校	2	0.33
21	山东省德州市农业科学研究所	2	0.33
22	无棣县人力资源和社会保障局	2	0.33
23	黑龙江省福利彩票发行中心	2	0.33
24	交通运输部东海航海保障中心	2	0.33
25	湖北省荆州市中心血站	2	0.33
26	河北省廊坊市运输管理处	2	0.33
27	西安市固体废弃物管理处	2	0.33
28	保定市人力资源和社会保障局	2	0.33
29	河北省福利彩票发行管理中心	2	0.33
30	广东省肇庆市中心血站	2	0.33
31	黑龙江省齐齐哈尔市档案局	2	0.33
32	山东省青岛市中心血站	2	0.33
33	永州职业技术学院附属医院	2	0.33
34	江苏省中医院	2	0.33
35	青岛科技大学	2	0.33
36	湖南省岳阳市人民防空办公室	2	0.33
37	高密市人力资源和社会保障局	2	0.33
38	黑龙江省宝清县财政局	2	0.33
39	黑龙江省牡丹江市档案局	2	0.33
40	鄂尔多斯市中心医院	2	0.33
	合计	94	15.44
	总计	609	100.00

使用普赖斯公式计算,核心机构的最低发文数 $M=0.749\sqrt{N_{max}}$,其中 N_{max} 为最高产机构发表文章数量。这里 $N_{max}=5$,所以 $M=0.749\sqrt{5}\approx1.675$,即发表文献 2 篇及以上的为核心研究机构。据此,表 11-7 中发表 2 篇以上(含 2 篇)文献的 40 个机构都是研究的高产机构。

从前 40 个机构中各类机构发表文献的数量及占比情况看,事业机构 18 个,占前 40 个机构的 45%;发表文献 38 篇,占全部样本的 6.24%。发表文献的数量及占比均为最高。其他行政管理机构 12 个,占前 40 个机构的 30%;发表文献 30 篇,占全部样本的 4.93%。发表文献的数量及占比均次之。高校 7 个,占前 40 个机构的 17.5%;发表文献 18 篇,占全部样本的 2.96%。发表文献的数量及占比均再次之。档案局馆 3 个,占前 40 个机构的 7.5%;发表文献 8 篇,占全部样本的 1.31%。发表文献的数量及占比位列第四。

三、文献来源分布

从文献来源分布看,发表文献 7 篇及以上的文献来源共有 12 种,发表文献 383 篇,占全部样本的 62.89%。前 12 种文献来源发表文献数量及占比情况见表 11-8。

表 11-8   前 12 种文献来源发表文献数量及占比情况

序号	文献来源	发表文献数量/篇	占全部样本/%
1	《办公室业务》	158	25.94
2	《兰台内外》	60	9.85
3	《中外企业家》	33	5.42
4	《才智》	30	4.93
5	《黑龙江档案》	27	4.43
6	《城建档案》	15	2.46
7	《现代经济信息》	15	2.46
8	《管理观察》	11	1.81
9	《兰台世界》	11	1.81
10	《信息记录材料》	8	1.31
11	《科技创新导报》	8	1.31
12	《人力资源》	7	1.15
	合计	383	62.89
	总计	609	100.00

按照布拉德福定律,609 篇文献可分为核心区、相关区和非相关区,各个区的论文数量相等(203 篇)。因此,发表论文居前 2 位的《办公室业务》《兰台内外》(218 篇)处于核心区之内;发表论文居第 3~12 位的《中外企业家》《才智》《黑龙江档案》《城建档案》《现代经济信息》《管理观察》《兰台世界》《信息记录材料》《科技创新导报》《人力资源》(163 篇)和少数发表文献 7 篇及以下的文献来源处于相关区;多数发表 7 篇以下文献的文献来源则处在非相关区。

从前 12 种文献来源看,4 种为档案学期刊,发表文章 113 篇;没有核心期刊。可以说,在档案学期刊中,普通期刊对 2019 年事业单位研究的关注度更高。其他非档案学期刊 8 种,发表文献 270 篇,高于档案学期刊的关注度。

四、小结

从样本文献的计量分析情况看,事业单位作者显然是2019年事业单位研究的主力。虽然研究已经有了一些高产作者,但远没有形成核心作者,更没有形成核心作者群。

从前40个机构发表文献数量及占比情况看,事业机构发表文献的数量及占比均为最高,其他行政管理机构次之,高校再次之,档案行政管理机构列第四。

从前12种文献来源看,4种为档案学期刊,发表文章113篇;没有核心期刊。可以说,在档案学期刊中,普通期刊对2019年事业单位研究的关注度更高。其他非档案学期刊8种,发表文献270篇,高于档案学期刊的关注度。

第三节　文献词频分析

本节采用关键词词频的方法,从关键词词频、主题词词频和近五年高频词变化3个方面对样本文献进行分析。

一、关键词词频分析

表11-9是前15个高频关键词使用频率及占比情况。

表11-9　前15个高频关键词使用频率及占比情况

序号	关键词	使用频率/次	占全部样本/%
1	事业单位	319	52.38
2	档案管理	228	37.44
3	信息化	62	10.18
4	人事档案	50	8.21
5	人事档案管理	47	7.72
6	对策	43	7.06
7	问题	41	6.73
8	信息化建设	35	5.75
9	管理	34	5.58
10	创新	32	5.25
11	机关事业单位	30	4.93
12	档案	26	4.27
13	行政事业单位	23	3.78
14	信息化管理	20	3.28
15	新形势	19	3.12
合计		1009	165.68
总计		609(篇)	100.00

前 15 个高频关键词中使用频率最高的是事业单位(319 频次),最低的是新形势(19 频次)。前 15 个高频关键词合计使用 1009 频次,占全部样本的 165.68%,即全部文献使用这 15 个关键词一遍半以上。

位列前 15 位的高频关键词分别是事业单位、档案管理、信息化、人事档案、人事档案管理、对策、问题、信息化建设、管理、创新、机关事业单位、档案、行政事业单位、信息化管理、新形势,可以归纳为机构、档案事务、信息化、档案 4 类。

机构(事业单位、机关事业单位、行政事业单位)使用 372 频次,占 61.08%。档案事务(档案管理、人事档案管理、对策、问题、管理、创新、新形势)使用 444 频次,占 72.91%。信息化(信息化、信息化建设、信息化管理)使用 117 频次,占 19.21%。档案(人事档案、档案)使用 76 频次,占 12.48%。

相对而言,2019 年事业单位研究主要集中在上述机构、档案事务、信息化、档案 4 类 15 个关键词所涉及的方面。可以说,上述机构、档案事务、信息化、档案 4 类 15 个关键词是 2019 年事业单位研究的热点所在,而其中又以事业单位、档案管理、信息化、人事档案等方面为热点。

可以看出,由于事业单位研究内容所反映出的多样性,研究热点只是相对集中,每年会有新的热点与重点出现。

二、主题词词频分析

从主题词使用频率看,2019 年事业单位研究涉及内容广泛,集中在机构、档案事务、档案、信息化 4 个方面。使用频率最高的 40 个主题词分布情况见表 11-10。

表 11-10　使用频率最高的 40 个主题词分布情况

序号	主题	使用频率/次	占全部样本/%
1	事业单位	412	67.65
2	档案管理工作	223	36.62
3	档案管理	211	34.65
4	事业单位档案管理	144	23.65
5	人事档案管理	76	12.48
6	人事档案管理工作	62	10.18
7	单位档案管理	57	9.36
8	人事档案	50	8.21
9	信息化建设	47	7.72
10	机关事业单位	39	6.40
11	新形势下	32	5.25
12	档案管理人员	31	5.09
13	档案管理信息化	29	4.76
14	档案信息化建设	22	3.61
15	档案信息化管理	21	3.45
16	行政事业单位	20	3.28
17	文书档案管理工作	20	3.28

续表 11-10

序号	主题	使用频率/次	占全部样本/%
18	文书档案	20	3.28
19	信息化管理	20	3.28
20	新时期	20	3.28
21	档案管理创新	19	3.12
22	问题及建议	19	3.12
23	文书档案管理	19	3.12
24	信息化背景	17	2.79
25	新形势	16	2.63
26	人事档案信息化管理	16	2.63
27	档案工作	16	2.63
28	档案数字化建设	14	2.30
29	创新思路	14	2.30
30	存在的问题及对策	13	2.13
31	干部人事档案	12	1.97
32	大数据	12	1.97
33	干部人事档案管理	12	1.97
34	档案管理制度	12	1.97
35	问题与优化	11	1.81
36	大数据时代	11	1.81
37	电子档案	11	1.81
38	办公室档案管理	11	1.81
39	档案局	11	1.81
40	"互联网+"背景	10	1.64
合计		1832	300.82
总计		609(篇)	100.00
重叠		1223	200.82

从涉及的主题词看,使用频率最高的40个主题词共使用1832频次,占全部样本的300.82%。也就是说,上述40个主题词涵盖了全部样本文献3遍以上。其中使用频率最高的是事业单位(412频次),使用频率最低的是"互联网+"背景(10频次),平均使用频率为46频次。

从主题词反映的研究内容看,2019年,档案学关注的40个主要问题又可归并为集中在机构、档案事务、档案、信息化4个大类。

机构(事业单位、机关事业单位、行政事业单位、档案局),共使用482频次,占全部样本的79.15%。研究涉及事业单位与行政管理单位两类。它是事业单位研究关注度第二高的主题。

档案事务(档案管理工作、档案管理、事业单位档案管理、人事档案管理、人事档案管理工作、单位档案管理、档案管理人员、档案信息化管理、文书档案管理工作、新时期、档案管理创新、问题及建议、文书档案管理、新形势、人事档案信息化管理、档案工作、创新思路、存在的问题及对策、干部人事档案管理、档案管理制度、问题与优化、办公室档案管理、新形势下),共使用 1075 频次,占全部样本的176. 52% 。既涉及档案事务的宏观层面,也涉及具体档案的管理,整个研究内容突出了管理性。它是事业单位研究关注度第一高的主题。使用频率是其他主题的几倍,体量高出其他主题一到两个数量级。

档案(人事档案、文书档案、干部人事档案、电子档案),共使用 93 频次,占全部样本的 15. 27% 。档案是档案学研究的本体,但从涉及的 4 个主题看,涉及人事档案。它是事业单位研究关注度第四高的主题。

信息化(信息化建设、档案管理信息化、档案信息化建设、信息化管理、信息化背景、档案数字化建设、大数据、大数据时代、"互联网+"背景),共使用 182 频次,占全部样本的 29. 89% 。集中在信息化建设和新技术两个方面,是 2019 年事业单位研究关注度第三高的主题。

可以说,2019 年事业单位研究所涉及内容虽然十分广泛,但全部文献均包含在上述集中在机构、档案事务、档案、信息化 4 类问题上。或者说,档案学界 2019 年事业单位研究主要是围绕上述集中在机构、档案事务、档案、信息化 4 个内容展开的。

三、近五年高频词变化

年度关键词的变化,特别是高频关键词的变化,能够反映出相关研究内容与主题、重点与热点的变化。2015—2019 年事业单位研究年度关键词及高频关键词的变化情况,请扫描右侧二维码。

从近五年研究文献主要关键词的分布看,共使用 9 个关键词,即事业单位、档案管理、人事档案、信息化、信息化建设、管理、问题、人事档案管理、对策。

5 年中,年年重复出现的关键词有事业单位、档案管理,重复率为 100% ;人事档案 4 年,重复率为80% ;信息化 3 年,重复率为 60% ;信息化建设、管理、问题,重复率为 40% ;人事档案管理、对策各 1年,是近两年出现的新内容。

以上情况说明:近五年间事业单位、档案管理的持续度最高,一直是研究的核心内容与方向;其次是人事档案,已经连续出现四年;再次是信息化,已经连续出现三年;最后是信息化建设、管理、问题,连续出现两年,但在今年均没有出现。多数年份有 60% ~80% 的研究内容与上一年相同。在 2015—2019 年中出现的关键词最少时为 33 次,最多时达到 333 次。

研究重点内容的持续性良好,重点内容的关注度均自 2017 年有明显下降后,出现持续回升趋势。总之,近五年来相关研究的主要内容不断集中,重点内容突出。

四、小结

从 609 篇文献涉及的关键词看,2019 年事业单位研究主要集中在机构、档案事务、信息化、档案 4类 15 个关键词所涉及的方面。可以说,机构、档案事务、信息化、档案 4 类 15 个关键词是 2019 年事业单位研究的热点所在,而其中又以事业单位、档案管理、信息化、人事档案等方面为热点。

从研究的主题词分析看,2019 年事业单位研究所涉及内容虽然十分广泛,但全部文献均包含在机构、档案事务、档案、信息化 4 类问题上。或者说,2019 年事业单位研究主要是围绕上述集中在机构、档案事务、档案、信息化 4 个内容展开的。

从近五年高频关键词变化看,事业单位、档案管理的持续度最高,一直是研究的核心内容与方向;其次是人事档案;再次是信息化;最后是信息化建设、管理、问题。多数年份有 60% ~80% 的研究内容与上一年相同。重点内容的持续性良好,重点内容的关注度均自 2017 年有明显下降后,出现持续回升趋势。总之,近五年来相关研究的主要内容不断集中,重点内容突出。

第四节　文献关键词共词分析

本节采用关键词共现分析的方法,从共现矩阵和共现网络两个方面对样本文献进行分析。

一、共现矩阵

矩阵提取使用频率最高的 20 个关键词,将这 20 个关键词形成 20×20 的共词矩阵。如果某两个关键词同时出现在一篇文章中时,就表明这两者之间存在相关关系,关键词右侧或下方对应位置的数值表示篇数。

图 11-1 是事业单位研究文献高频关键词共现矩阵。

	事业单位	档案管理	信息化	人事档案	人事档案管理	对策	问题	信息化建设	管理	创新	机关事业单位	档案	行政事业单位	信息化管理	新形势	新时期	规范化	文书档案	创新思路	档案管理工作
事业单位																				
档案管理	156																			
信息化	37	27																		
人事档案	31		5																	
人事档案管理	33		6																	
对策	29	17	3	4	7															
问题	26	17		3	6	24														
信息化建设	30	28			2	4	4													
管理	18		3	17		4	5													
创新	22	23	2	3	2	2	2		2											
机关事业单位		14	5	2	4	2	2													
档案	16		7			1	2	6		3										
行政事业单位		12	4			2	2				3									
信息化管理	13	1		9		1			2	4										
新形势	16	13				2	2		4											
新时期	11	9			6				4	2	1	1								
规范化	11	9	2				1					3								
文书档案	9	3	2				3					3								
创新思路	8	11				1				2			3							
档案管理工作	8					2				3						4				

图 11-1　2019 年事业单位研究文献高频关键词共现矩阵

图 11-1 显示,事业单位研究高频关键词共现有 89 组,共现率为 44.5%。共现次数 20 次以上的关键词组合有 12 组,共现率为 6%;共现次数 10~19 次的关键词组合有 11 组,共现率为 5.5%。

以横轴为准计:

20 组共现关键词中有 17 组与事业单位直接相关,占共现关键词的 8.5%。

20 组共现关键词中有 13 组与档案管理直接相关,占共现关键词的 6.5%。

20 组共现关键词中有 10 组与信息化直接相关,占共现关键词的 5%。

20 组共现关键词中有 9 组与问题直接相关,占共现关键词的 4.5%。

20 组共现关键词中有 7 组与对策直接相关,占共现关键词的 3.5%。

20 组共现关键词中各有 6 组与人事档案、人事档案管理、机关事业单位直接相关,分别占共现关键词的 3%。

20 组共现关键词中有 4 组与管理直接相关,占共现关键词的 2%。

20 组共现关键词中有 3 组与档案直接相关,占共现关键词的 1.5%。

20 组共现关键词中各有 2 组分别与信息化建设、创新、行政事业单位直接相关,分别占共现关键词的 1%。

20 组共现关键词中各有 1 组分别与规范化、新时期直接相关,分别占共现关键词的 0.5%

另有信息化管理、新形势、文书档案、创新思维、档案管理工作 5 个无共现关键词。

以共现频次为准计:

共现次数 20 次以上的关键词组合有 12 组,分别是:

事业单位与档案管理:156 频次。

事业单位与信息化:37 频次。

事业单位与人事档案:31 频次。

事业单位与人事档案管理:33 频次。

事业单位与信息化建设:30 频次。

事业单位与对策:29 频次。

事业单位与问题:26 频次。

事业单位与创新:22 频次。

档案管理与信息化:27 频次。

档案管理与信息化建设:28 频次。

档案管理与创新:23 频次。

对策与问题:24 频次。

从共现组数看,由于高共现频率的 12 组关键词的共现次数均在 20 次以上,2019 年事业单位研究的主要方向集中在以事业单位、档案管理和对策与问题 3 个方面。或者说,2019 年事业单位研究是围绕事业单位、档案管理和对策与问题展开的。

2019 年,事业单位研究的整体规模有所扩大,研究内容相对集中。而且,2019 年事业单位研究领域已经出现比较突出的高频(20 次以上)共现关键词,研究的集中趋势增强。

二、共现网络

在关键词共现网络中,关键词之间的关系可以用连线来表示,连线多少和粗细代表关键词间的亲疏程度,连线越多,代表该关键词与其他关键词共现次数越多,越是研究领域的核心和热点研究内容。

使用知网工具获得事业单位研究高频词共词网络图谱(扫描右侧二维码)。

从 2019 年事业单位高频关键词的网络图谱可以直观地看出:相关研究可分为"档案管理"、"人事档案"、"档案管理工作"与"规范化"、"文书档案"4 个聚类群组。

"档案管理"和"人事档案"为单核心多词聚类群组,"档案管理工作"与"规范化"为双核心双词聚类群组,"文书档案"为单核心单词聚类群组。

在"档案管理"单核心多词聚类群组内部,涉及 12 个关键词。其中"档案管理"核心关键词与"信息化""人事档案管理""信息化建设""对策""问题"共现率高,是这个群组的次核心。整个群组整体聚类紧密,各个关键词围绕在核心关键词周围,大都与主核心关键词有关联,且有较高共现率。群组间各关键词也有较多较密切的联系,群组属于网状联系。主群组与"人事档案"、"档案管理工作"与"规范化"、"文书档案"3 个聚类群组有多重联系,同时充当了 3 个群组的中介与桥梁。"档案管理"在聚类群组中的中心度不高。

"人事档案"群组的规模远小于"档案管理"聚类群组,由"档案管理""管理""档案""信息化管理"4 个关键词组成一个四边形。与"档案管理"聚类群组在外围交织在一起,相互之间多个关键词有关联,紧密程度甚至大于群组内关键词的联系密度。"人事档案"的中心度也不高。

"档案管理工作"与"规范化"聚类群组与"档案管理""人事档案"聚类群组同样在外围交织在一起,相互之间多个关键词有关联,紧密程度甚至大于群组内关键词的联系密度。

"文书档案"单核心单词聚类群组与"档案管理""人事档案"聚类群组同样在外围交织在一起,相互之间多个关键词有关联,紧密程度甚至大于群组内关键词的联系密度;但与"档案管理工作"与"规范化"聚类群组无关联。

从总体上看,在事业单位研究关键词网络图谱中,各关键词以核心关键词为中心相互之间关联交叉,网络的聚集度高。研究的相关性与关联性以核心关键词为中心聚类。

三、小结

从共现组数看,由于高共现频率的 12 组关键词的共现次数均在 20 次以上,2019 年事业单位研究的主要方向集中在以事业单位、档案管理和对策与问题 3 个方面。或者说,2019 年事业单位研究是围绕事业单位、档案管理和对策与问题展开的。2019 年,事业单位研究的整体规模有所扩大,研究内容相对集中。而且,2019 年事业单位研究领域已经出现比较突出的高频(20 次以上)共现关键词,研究的集中趋强。

2019 年事业单位高频关键词网络图谱显示,相关研究可分为"档案管理"、"人事档案"、"档案管理工作"与"规范化"、"文书档案"4 个聚类群组。从总体上看,在事业单位关键词网络图谱中,各关键词以核心关键词为中心相互之间关联交叉,网络的聚集度高。研究的相关性与关联性以核心关键词为中心聚类。

第五节　文献综述

一、档案管理工作

广东省城市建设档案馆连远丹认为:"综合档案管理是一项烦琐的工作,但其对事业单位本身的发展,甚至对社会的发展都发挥着重要的作用,需要事业单位各部门同心协力,紧跟时代发展步伐,在档案室的统一管理下在实践中不断完善管理制度及规范,不断提高档案管理人员的信息化管理水平,从而推进事业单位综合档案管理工作的发展,为社会提供更优质、更高效的服务。"①

广西壮族自治区卫生计生人才与技术服务中心覃燕春认为"事业单位的档案管理具有公共服务的特性":"事业单位承担大量的社会服务任务,可以说,事业单位就是由国家出资设置的公益性组织,其档案收集到的内容,大部分是社会各类行业信息的汇总,这些信息在市场经济条件下,不能转化成经济效益,无法完成社会资源调配与市场配给,通过事业单位档案管理行为,把这些具有价值但不具备市场要素的信息保存下来,事业单位不承担市场盈利指标任务,是无条件给国家机构和社会提供相关信息查询、咨询和借阅的工作,社会宗旨为主、市场行为为次,其工作是公共特性、无偿服务的行为。"②

黑龙江省殡葬事务管理所张兵认为:"事业单位的档案管理利用工作也应当与时俱进,在保证办公室日常管理工作顺利完成的同时,还应当提出更科学的改进措施,改变原有的档案管理手段,不断提高档案管理利用的质量水平,以便更加适应社会和时代发展的要求。"③

湖北省荆州市中心医院杨庆华认为:"行政事业单位的档案管理工作存在一定的困难与挑战,导致管理无序问题产生,甚至演变成整理、归类和反馈不及时,严重影响了实际行政工作的有效开展。针对上述问题,需要相关部门立足实践,通过不断创新和改革来更好地优化档案管理工作。"①优化和提升工作质量。为保证档案管理工作水平和质量全面提升与优化,必须建立健全完善的档案管理系统。②合理引入数字化技术。随着我国科学技术水平的不断提升,数字化技术同步提升。③提升整体档案管理的安全性。因为行政事业单位内部数据信息存在一定的保密性,与国家经济、政治、文化建设息息相关,不断优化和提升档案管理的安全性必须放在实际档案管理工作的首位。④

山东省高密市人力资源和社会保障局孙毅然探讨了事业单位档案管理优化的原则:①兼顾统一化和差异化。②强调制度和执行并重。③实现工作人员权益和职责的统一。⑤

陕西省西安市固体废弃物管理处魏峰探讨了事业单位对档案管理工作的优化策略:①给予档案管理工作更多的重视。②加强档案数字化建设。③完善档案管理制度。④优化档案管理人员的招聘制度。⑥

吉林省白城市洮北区人力资源和社会保障局李放提出了加强事业档案分类整体管理力度的相关对策:①强化基于事业档案分类管理工作的重视,对档案管理形式加以创新。②建立健全事业档案分类管理制度,设立规范化、标准化流程。③提高事业档案分类管理信息化程度。④做好事业单位档案管理人员专业技能提升培训。⑦

陕西省铜川市国土资源信息中心陈国芹提出了事业单位的档案整理务实工作策略建议:①档案务实工作的精神实质就是要在做实上下功夫。②高度重视,加强领导,落实责任,把档案整理、归档管理工作落到实处,责任到人。③"学、传、帮、带"示范规范地整理档案。④定期做好档案整理归档等务实工作。⑧

①　连远丹.事业单位综合档案管理工作刍议[J].城建档案,2019(10):59-60.
②　覃燕春.浅谈事业单位档案管理的不足与对策[J].云南档案,2019(4):51-52.
③　张兵.浅谈事业单位办公室档案日常管理与利用[J].黑龙江档案,2019(4):73.
④　杨庆华.新形势下行政事业单位档案管理方式初探[J].办公室业务,2019(22):127-128.
⑤　孙毅然.事业单位档案管理优化路径分析[J].城建档案,2019(12):59-60.
⑥　魏峰.事业单位档案管理工作的优化路径探析[J].城建档案,2019(7):83-84.
⑦　李放.如何有效加强事业档案分类的整体管理工作力度[J].兰台内外,2019(23):24-25.
⑧　陈国芹.小型事业单位档案整理务实工作探讨[J].陕西档案,2019(1):30-31.

二、档案管理规范化

黑龙江省哈尔滨市第二社会福利院赵耀认为:"对于事业单位如何做好档案管理工作,并实现档案管理工作的标准化、规范化,科技可谓工作的一种有效手段,创新可谓管理工作的一种常态,科学规范的档案管理要坚持与时俱进,开创档案管理工作新局面,才可以提高事业单位自身的管理水平,提高综合竞争力。事业单位的档案管理工作对单位自身发展运营和员工个人的职业生涯规划具有重要作用,所以,应当严格要求档案管理工作的标准化、规范化进程,提高工作质量。"[①]

广东省飞来峡水利枢纽管理处周玉霞探讨了事业单位档案规范化管理的策略:①加强对事业单位档案管理人员的技能考察。②加强对事业单位档案管理工作的规范。③运用自动化媒体技术促进事业单位档案管理规范化。[②]

江苏省南京市疾病预防控制中心张宁认为:"随着社会的发展,事业单位的领导需要针对档案管理中出现的问题,积极解决问题,针对问题提出相应的解决方案,充分利用信息化资源,配备专业的计算机软件系统,使档案管理的水平得到逐步的提升。并且对管理人员进行培训,保证其掌握的知识得到充分运用。使档案管理工作更加规范。只有对事业单位档案管理工作不断进行创新发展,才能满足日益增长的现代化建设需求,更好地迎接新的挑战,促进和谐社会的发展,营造一个和谐、美好的生活环境。"[③]

中国标准化研究院戴子悦、吴康提出了我国事业单位档案管理标准化的建议:①提高档案管理标准化意识。②提高档案管理人员标准化水平。③提高档案管理标准化创新程度。[④]

青岛大学科技处闫婷提出了推进机关事业单位档案管理工作规范化、标准化的有效策略:①升级档案管理方式。②提升档案管理的意识。③理顺管理体制。④普查案卷。⑤根据标准和规范进行重组。⑥提升著录的规范化程度。⑦对分类号进行统一。[⑤]

吉林省白山市人防指挥信息保障中心丁妍提出了解决机关事业单位档案管理工作问题的有效策略:①档案管理中从规范化、标准化的角度提高档案管理意识。②档案管理中从规范化、标准化的角度完善管理体系。③档案管理中从规范化、标准化的角度提高档案管理人员的能力。[⑥]

山东省汶上县人力资源和社会保障局张彤提出了推进机关事业单位档案管理工作规范化标准化的有效策略:①领导要加大对档案管理工作的重视。②构建完善的档案管理体系,明确档案管理职责。③升级档案管理方式。④提高档案管理工作人员的工作水平。[⑦]

中国人民银行郑州培训学院孟雪青提出了信息化背景下行政事业单位档案管理科学化的策略:①提高重视程度,创新档案管理模式。②完善档案管理制度,为档案管理提供制度保障。③加强信息平台建设,打造智能化管理模式。④积极开展相关培训工作,构建高素质档案管理队伍。[⑧]

① 赵耀.推进事业单位档案管理工作规范化、标准化的策略研究[J].办公室业务,2019(7):90.
② 周玉霞.事业单位档案规范化管理策略分析[J].城建档案,2019(7):85-86.
③ 张宁.新形势下事业单位档案管理规范化分析[J].办公室业务,2019(8):100-101.
④ 戴子悦,吴康.浅论事业单位档案管理标准化[J].中国标准化,2019(7):97-101.
⑤ 闫婷.事业单位档案管理工作规范化、标准化研究[J].传媒论坛,2019,2(11):132,134.
⑥ 丁妍.如何推进机关事业单位档案管理工作规范化及标准化浅谈[J].科技创新导报,2019,16(23):161,163.
⑦ 张彤.推进机关事业单位档案管理工作规范化标准化探析[J].办公室业务,2019(11):83,102.
⑧ 孟雪青.信息化背景下行政事业单位档案管理科学化研究[J].办公室业务,2019(23):125,127.

三、创新

辽宁省营口市自然资源事务中心滕玉波认为:"行政事业单位档案管理工作是一项非常重要的工作内容,必须要不断创新工作方法,革新工作手段,提高档案管理工作质量,采用信息化和网络化的辅助方式,提高档案管理价值,保障内容的真实性和完整性,同时,要加强对于工作人员的培训力度,不断健全和完善内部管理制度,从而实现档案管理工作质量的提升。"①

广东省佛山市三水区实验小学陆洁群探讨了行政事业单位档案管理的创新路径,认为:"针对行政事业单位的档案管理工作,做好档案管理工作的重要性是不言而喻的。针对管理中存在的现实问题,需要单位领导的高度重视,保证档案管理工作的必要经费支持,做好管理队伍人员配备,通过引入现代信息技术,实现档案资料的信息电子化管理,充分发挥新兴技术的优势,相信在今后的工作中,档案管理工作将更上台阶,为单位各项事业发展提供更加优质的服务。"②

辽宁省凌源市人力资源和社会保障局褚丽娜认为:"加强对当前档案管理模式的创新是保证档案管理工作有序开展的重要措施。首先,事业单位要对现有的纸质档案资料进行数字化处理,比如通过扫描或者拍照做好电子版的存档,并将电子版的档案信息上传到相应的网络平台上,用户可以结合自身的需求通过网络进行档案信息的查找,在加强档案信息管理的同时还能提高对档案信息的利用效率。其次,要加强对计算机技术以及网络信息技术的运用,建立智能档案管理平台,实现对档案信息在单位内部的共享,通过计算机技术和网络技术将档案管理平台纳入到单位的信息化管理系统中,以提升档案管理的信息化水平。"③

广东省中山市自然资源档案馆陈嵩认为:"事业单位若想要创新档案管理工作,逐步实现档案管理的信息化,其中重要的一点是创新信息化的管理理念,从思想意识上实现传统档案管理形式向信息化档案管理的转变。尤其对于事业单位的相关领导来说,一方面需要对信息技术有一定的认可,认识到信息化能够有效地提高档案管理工作的效率;另一方面要对档案管理信息化予以一定的投资,保证其需要的硬件设备,通过加大对新型档案管理系统的引进以及数据库的开发力度,逐步实现档案管理工作的信息化。"④

内蒙古兴安盟科右前旗公安局科尔沁派出所刘兆丽探讨了信息化背景下行政事业单位档案管理工作创新途径:①逐步地改变传统的档案管理模式。②稳步地构建档案管理系统。③进一步实现档案管理的安全化。⑤

山东省济南市章丘区档案局李冬梅探讨了新时期事业单位档案管理工作的创新:①记录和存储的创新。②管理的创新。③应用的创新。⑥

内蒙古兴安盟扎赉特旗政法委后勤服务中心包梅花提出了新时期事业单位档案管理工作的创新及优化策略:①创新事业单位档案管理工作模式。②建立规范的档案管理制度。③提高档案管理人员的综合素养。④创新档案管理信息化建设。⑦

云南省昭通市昭阳区公共资源交易中心李启红提出了优化行政事业单位档案管理的创新思路:①创新管理理念,实现对档案管理的科学指导。②创新人才管理,提高档案管理的专业水平。③创新

①　滕玉波. 行政事业单位档案管理的创新路径研究[J]. 兰台内外,2019(35):28-29.
②　陆洁群. 浅析行政事业单位档案管理的创新路径[J]. 办公室业务,2019(6):145.
③　褚丽娜. 事业单位档案管理创新途径探究[J]. 城建档案,2019(4):75-76.
④　陈嵩. 信息化背景下事业单位档案管理工作创新探讨[J]. 兰台内外,2019(20):22-23.
⑤　刘兆丽. 信息化背景下行政事业单位档案管理工作创新探索[J]. 科技风,2019(13):221.
⑥　李冬梅. 新时期事业单位档案管理创新思路分析[J]. 办公室业务,2019(8):106.
⑦　包梅花. 新时期事业单位档案管理工作的创新及优化[J]. 中小企业管理与科技(下旬刊),2019(8):60-61.

制度建设,提高档案管理的规范化管理。④建立档案信息共享,从而提升应用价值。[1]

陕西省西安市固体废弃物管理处档案室魏峰提出了创新事业单位档案管理新思路:①建设档案管理制度新规范。②提高档案管理人员专业素质。③逐步实现档案管理的民主化。[2]

四、问题对策建议

黑龙江省绥化市北林区档案馆李秋菊探讨了事业单位档案管理存在的问题及对策,指出存在的问题是:①对档案管理重视程度不足,没有真正摆上位置。②完档案管理制度不健全,管理缺乏规范化、制度化。③配套设施落后,档案信息化水平低。④档案管理人员素质差异大,业务水平良莠不齐。她还提出了相应的改进措施:①提高重要性认识,把档案管理真正摆上位置。②完善规章制度,实现档案管理规范化、制度化。③完善设施设备,实现信息化管理。④提高综合素质,适应新形势下档案管理的要求。[3]

福建省三明市明溪县工信局叶琼花探讨事业单位档案管理问题及对策,认为当前事业单位落实档案管理工作时出现的问题是:①档案管理工作者的主观认知方面。②工作者专业技能薄弱。③档案管理工作者离职之后出现的问题。④档案管理工作中的存储方式比较落后。并提出了相应的解决对策:①加大工作者专业技能。②制定合理、科学的档案管理工作规范制度。③提升事业单位档案的使用效率。④使用现代化信息技术对档案内容进行管理和更新。[4]

山东省济南市科学技术馆陈凤认为机关事业单位档案管理所存在的问题:①缺乏对档案管理的重视。②缺乏全面的硬件投入。③缺乏完善的档案管理制度。并提出了机关事业单位档案管理的发展对策是:①加强对档案管理工作的认识与重视。②完善软硬件配置。③制定完善的档案管理制度与工作机制。[5]

河北省福利彩票发行管理中心郑太敏认为事业单位档案管理工作中存在的问题是:①档案管理工作中管理制度尚未健全。②档案管理工作中硬件设施落后。③档案管理工作中工作人员缺乏专业素质。④档案管理工作中档案利用率低。她还提出了解决对策:①完善档案管理制度。②提升档案管理中的硬件设施。③提升管理人员的专业素质。④加强人才与服务机构之间的联系。[6]

吉林省公主岭市金融服务中心李铁玲认为事业单位档案管理中存在的问题是:①重视程度淡薄。②管理制度有待完善。③专职管理人员缺失。④管理设施有待更新。她还提出了解决对策:①强化管理意识。②完善管理制度。③培养专职人员。④更新管理设施。[7]

郑州人民广播电台周菲认为:"事业单位档案管理工作要求档案管理人员具备较高的政治素养、专业素质和理论水平,高要求、高门槛和低收入、低待遇的反差,成为事业单位档案管理人员流失的关键所在。"她提出的解决对策是:①建立合理的人才招聘体系。②建立符合组织特点的用人体系。③建立灵活的薪酬激励体系。④建立科学的人才培训体系。[8]

河北省科学院赵红梅提出了我国事业单位档案工作提升策略:①加强对档案管理的重视程度,提

① 李启红.行政事业单位档案管理创新探析[J].办公室业务,2019(2):103,137.
② 魏峰.事业单位档案管理创新路径探索[J].兰台内外,2019(2):26-27.
③ 李秋菊.新形势下事业单位档案管理存在的问题及对策[J].黑龙江档案,2019(4):85.
④ 叶琼花.事业单位档案管理问题及对策研究[J].兰台内外,2019(28):17-18.
⑤ 陈凤.机关事业单位档案管理工作问题与对策[J].办公室业务,2019(13):65.
⑥ 郑太敏.事业单位档案管理中存在的问题及对策分析[J].科技经济导刊,2019,27(11):232.
⑦ 李铁玲.事业单位档案管理中存在的问题及对策分析[J].品位经典,2019(10):68-70.
⑧ 周菲.事业单位档案人员的缺失与对策[J].档案管理,2019(2):93.

升投入力度。②提高从事档案工作人员的专业技能。③善用信息化手段,改进档案管理功能。①

　　黑龙江省齐齐哈尔市档案馆(市委史志研究室)刘虹认为事业单位档案管理工作中存在的问题是:①档案管理制度不完善。②档案管理信息化建设开展不足。③档案管理人员的综合素质较低。她提出了具体对策:①完善档案管理的制度体系。②加强档案管理的信息化建设。③提高档案管理人员的综合素质。②

五、文书档案管理

　　江苏省泰州市高港区人大常委会办公室范荣认为:"事业单位文书档案管理是一项重要的内容,为了使文书档案管理工作效率提高,加强管理的准确性,应合理采用信息技术,使文书档案管理工作得到简化,同时提升档案的处理效率,使文书档案管理工作得到改善。在管理中需要加强人员的技术能力,使人员了解信息技术的操作,并且完善管理的制度,提升信息化管理的安全性,这样可以促进事业单位的文书档案管理工作顺利进行。"③

　　吉林省四平市铁东区公厕管理处李玮认为:"对事业单位文书档案管理工作来说,档案管理人员的综合素质起到决定性作用,只有文书档案管理人员具备较强的专业素质,再与科学合理的管理制度相配合,方可顺利开展文书档案管理工作。而事业单位领导在对文书档案管理工作人员进行选择时,不仅要把专业知识能力强的人员作为优先考虑对象,还应对其各方面予以考量,包括工作积极性高低、职业责任意识强弱以及自身的工作开展能力等。否则即使拥有一身好武艺,若无法将工作好好完成,又或是在工作上具有懈怠心理,则还是不能让文书管理工作的工作质量得到保证。"④

　　江苏省兴化经济开发区管理委员会党政综合办公室赵朝春认为:"文书档案管理是事业单位建设发展的重点,关系到单位的改革创新,同时,文书档案管理的效果与国家档案管理工作息息相关,能够补充国家档案管理体系。在事业单位改革创新的大背景下,单位必须进一步增强对文书档案管理的重视,注意创新工作理念,提高管理人员素质,改进档案管理方法,健全档案管理制度,推动文书档案管理的现代化与智能化发展,为单位的进步提供动力支持。"⑤

　　山东省济宁鱼台县交通运输局航运管理局陈艳梅认为:"当事业单位的文书档案被收集、入室之后,文书档案人员必须第一时间按照事业单位既定的保管期限、归档范围等标准完成文书档案以件归档的整理工作。整理人员对基本的文书仔细分析、区别对待,确定文书归档的范围要求,严重杜绝有文必归、有档不归或者重复归档现象,对于重要的文书材料加强重点管理,确保在事业单位归档范围内,每一份有价值的文书档案都按照规则化、标准化以件归档,提高事业单位文书档案的管理水平。"⑥

　　山东省国土测绘院韩娟提出了提高事业单位文书档案管理质量的有效策略:①高度重视文书档案管理。②完善文书档案管理制度。③提高文书档案管理人员的素质。④提高文书档案的信息化水平。⑤加强文书档案的集中管理。⑦

　　湖南省岳阳市人防办张伟纯提出了加强机关事业单位文书档案管理的措施:①做好文书档案归档工作。②优化文书档案利用服务。③加强密级文书档案管理。④提高单位档案人员素质。⑧

　　① 赵红梅.浅谈事业单位档案管理存在的问题及改进策略[J].档案天地,2019(2):55,47.
　　② 刘虹.事业单位档案管理工作中存在的问题与解决策略[J].黑龙江档案,2019(2):67.
　　③ 范荣.信息化背景下如何优化事业单位文书档案管理[J].办公室业务,2019(22):130.
　　④ 李玮.浅谈事业单位文书档案管理[J].办公室业务,2019(20):114.
　　⑤ 赵朝春.事业单位文书档案管理优化途径探讨[J].办公室业务,2019(16):107.
　　⑥ 陈艳梅.事业单位文书档案以件归档的优势及策略[J].办公室业务,2019(11):95.
　　⑦ 韩娟.提高事业单位文书档案管理质量的几点思考[J].城建档案,2019(9):59-60.
　　⑧ 张伟纯.加强机关事业单位文书档案管理探究[J].办公室业务,2019(6):129.

吉林省洮南市档案局宋敏探讨了机关事业单位文书档案管理的强化途径：①加强文书档案管理宣传工作。②提高文书档案管理人员的专业能力。③利用信息化技术开展文书档案管理工作。[①]

广东省湛江市森林公园管理处许晓霞探讨了机关事业单位文书档案管理的提升方式：①强调文书档案管理价值的宣传。②强化文书档案管理人员专业素养。③强化信息化技术对文书档案的管理。[②]

六、人事档案管理

黑龙江农垦机械化学校刘爔元认为："优化事业单位人事档案管理，提高相关工作的服务水平，必须要领导和员工都积极参与其中，充分认识到提高该项工作管理水平的重要性，去除无关紧要等麻痹大意思想，以认真、负责的工作态度，严格执行相关制度，这样才能保证该项工作顺利进行。单位管理层要对人事档案管理制度进行反复研究，修改不适合时代特点的条款，建立行之有效的追责机制和奖励制度，保证制度顺利执行。"[③]

国家广播电视总局五八二台吕晶认为："事业单位的人事档案管理信息化进程是发展的必然趋势。要明确事业单位人事档案管理信息化建设的必要性和重要性，为后续工作开展提供充足的理论支撑。明确新时期事业单位人事档案管理信息化建设的意义，结合当前事业单位档案管理信息建设中遇到的问题进行分析。事业单位领导人员要从宏观战略层面，对于信息化管理模式进行分析，积极鼓励和支持信息化建设进程。制定更加清楚的档案管理信息化建设策略，增强对于人事档案管理的重视程度。搭建完善的信息化管理标准，优化人事档案管理模式。建设高素质的人事档案管理队伍，提升人事档案的利用率。"[④]

吉林省白山市基本建设项目审批服务中心王大鹏认为："人事档案管理工作的主要特征体现在现实性、机密性、真实性及动态性几方面。现实性指为人事管理工作提供全面、翔实、准确的参考资料，充分挖掘和利用员工内在潜能，实现对事业单位内部人力资源要素的优化配置和高效利用。机密性要求相关工作人员在日常业务参与过程中，应严格遵守和执行保密制度。真实性强调管理人员应始终坚持和恪守认真细致的工作态度，始终坚持和执行真实性、完整性及权威性原则，确保人事档案数据信息资料的客观准确。动态性要求对人事档案资料中的信息进行及时更新，保障人事档案信息在内容组成方面具有真实性和有效性。"[⑤]

交通运输部东海航海保障中心胡妤提出了新时期做好事业单位人事档案的新举措：①加强理解，重视事业单位人事档案的管理。②加强管理模式创新，用新形式、新方法应对新形势。③加强人事档案管理人员队伍建设，提高专业水平。④创新人事档案管理和利用方式，注重实用性。[⑥]

山西省计划生育健康服务中心张明提出了事业单位人事档案管理的对策：①思想上，提高人事档案重要性认识。②技术上，提高人事档案信息化水平。③队伍上，注重人事档案专业化培训。④制度上，完善人事档案体系化建设。[⑦]

广西玉林市第一人民医院苏蔚迎提出了完善事业单位干部人事档

① 宋敏. 谈机关事业单位文书档案管理的强化途径[J]. 科技资讯,2019,17(6):237-238.
② 许晓霞. 机关事业单位文书档案管理强化途径探讨[J]. 科技展望,2016,26(15):236.
③ 刘爔元. 浅谈事业单位人事档案管理的现状及对策[J]. 办公室业务,2019(7):130.
④ 吕晶. 对事业单位人事档案管理的思考建议[J]. 管理观察,2019(34):57-58.
⑤ 王大鹏. 事业单位人事档案管理核心探究[J]. 黑龙江科学,2019,10(21):128-129.
⑥ 胡妤. 如何做好新时期事业单位人事档案管理工作[J]. 人才资源开发,2019(1):23-24.
⑦ 张明. 新时期事业单位人事档案管理刍议[J]. 档案时空,2019(2):24-25.

案管理观念。②加强档案人才队伍建设。③完善人事档案管理制度。④加强人事档案信息化建设。①

陕西省延川县人力资源和社会保障局冯彦东提出了提高事业单位干部人事档案管理工作的策略:①提高对档案管理工作的重视。②根据单位实际情况,健全统一的档案管理标准。③提升档案管理人员的综合素养。④提高事业单位人事档案信息化管理。⑤严格审核干部档案材料,保证档案资料的真实性。②

新疆维吾尔自治区乌鲁木齐高新区(新市区)人力资源和社会保障局贾坤涛提出了事业单位人事档案管理的新思路:①改变管理意识,重视档案管理工作。②及时更新保存档案,对人事档案进行动态管理。③改善档案管理环境,实现规范化。④完善人事档案全文数据库建设。⑤配备专业档案管理专干,实现专业化。③

七、信息化建设

江苏省档案馆许燕梅认为:"作为事业单位一项基础性建设工作,档案信息化有助于常规工作的效能提升、资源存储的利用共享以及对档案中信息数据的多元应用。针对目前这项工作在法规制度、建设层次、资源整合、人才队伍等方面存在的短板,应该着眼于建章立制,在国家法、社会管理领域和信息安全各层面,加强制度建设;同时进一步完善和细化事业单位电子档案管理和分类标准,做好技术对接,实现资源整合。事业单位在这方面应加大投入,强化硬件保障,建立人才梯队,激发创新动力,不断提升新时代事业单位档案信息化建设工作水平。"④

山东省潍坊市奎文区爱国卫生服务中心江云认为:"作为我国事业单位中重要的工作内容,档案管理工作对于保障我国事业单位良好运行有着重要的作用,但是当前,随着国家不断地发展,当前人们的生活内容逐渐繁多,导致我国事业单位在运行的过程中产生的信息也在增加,而传统的档案管理模式在管理的过程中已经暴露出了一些弊端,已经满足不了当前事业单位发展的需要,所以当前应该要加强档案管理工作的改革,引入先进的信息化技术,提高档案管理信息化水平,弥补传统档案管理工作中的一些不足之处。"⑤

黑龙江省大庆市龙凤区招生办王丽君认为:"要保障事业单位日常工作的有序展开,其前提要建立在机构完整的档案管理工作体制之上,这是保障事业单位充分发挥其社会角色的重要一点。重视事业单位档案管理信息化的建设,以保障其管理系统伴随社会发展模式而不断进行自我更新的能力,这是社会发展的同时保障事业单位积极发展提出的更高要求,实现现代化管理模式和创新发展,积极完善管理系统软件设备以及工作人员实际操作的不足,并完善现阶段缺乏科学合理规划的问题,实现可持续创新发展。"⑥

海南省退役军人服务中心符永照探讨了事业单位档案管理信息化建设的路径:①树立正确的建设理念,充分认识档案信息化的重要性。②档案管理信息化平台建设。③健全制度和机制。④提升档案管理人员的综合素养。⑦

吉林省四平市口腔医院吕铁岭提出了事业单位档案管理信息化建设的策略:①推动软硬件设施

① 苏蔚迎.事业单位干部人事档案管理现状及对策研究[J].兰台内外,2019,(35):30-31.
② 冯彦东.新形势下事业单位干部人事档案管理问题和对策[J].办公室业务,2019(20):158-159.
③ 贾坤涛.浅析事业单位人事档案管理现状及对策[J].经济研究导刊,2019(13):123-124.
④ 许燕梅.事业单位档案信息化建设工作探讨[J].档案与建设,2019(12):56-58.
⑤ 江云.事业单位档案管理信息化建设分析[J].办公室业务,2019(23):85,87.
⑥ 王丽君.浅谈如何加强事业单位档案信息化建设[J].科技资讯,2019,17(11):198-199.
⑦ 符永照.事业单位档案管理信息化建设路径分析[J].城建档案,2019(12):16-17.

建设。②健全档案管理的标准规范。③积极开展人员培训教育。④强化档案信息安全管理。①

湖北省孝感市公共检验检测中心郑磊提出了加强事业单位档案管理信息化建设的措施:①确定合理的标准与规范。②增强档案管理信息化的安全性。③积极推广档案管理信息化技术。④建立实用的档案信息网站。⑤整合档案信息资源。②

八、数字化建设

山东省鱼台县社会劳动保险事业处李艳侠认为:"在信息化迅猛发展的当下,档案管理工作实现数字化以及加快数字化的建设已经成为行政事业单位发展需要面对的首要问题和必经之路,只有尽快完成档案数字化建设才能更好地服务社会、促进自身的发展,最终促进竞争力的提升,在接下来的发展中处于不败地位。"③

黑龙江省安达市青少年业余体育学校李淑娟提出事业单位档案数字化管理策略:①完善档案管理系统。②优化档案人才配置。③加强档案安全管理。④

河南省驻马店市河道管理局李晓红认为:"事业单位档案数字化建设是一项非常必要和紧迫的工作,是实现档案信息化管理的前提和基础,加强档案数字化建设是时代和社会对于事业单位档案管理工作提出的最新要求,可以达成事业单位创先争优的根本目标,促使事业单位的发展势头更加迅猛。"⑤

浙江省温州市瓯海区财政局孙薇薇探讨了如何实现行政事业单位档案的数字化建设:①保证信息储存的安全性。②提高管理人员的专业素质。③对档案的数字化建设进行规范管理。⑥

山东省乳山市民生热线服务中心夏静探讨了事业单位档案数字化建设的路径:①档案管理数字化体系建设及推广。②对原有纸质档案的处理。⑦

吉林省靖宇县人力资源和社会保障局王清云探讨了事业单位档案数字化建设的实践策略:①健全相关的管理制度。②加大投入力度。③构建完善的档案数据库。④建立档案信息平台。⑤提高档案管理人员能力。⑧

九、大数据

黑龙江省黑河市环境卫生保障中心张姝倩认为:"当前,事业单位档案管理工作正处于重要的转型时期,大数据技术的普及给档案管理工作提供了机遇和挑战,只有迎难而上,加强档案开发信息化水平,重视档案人才建设和档案管理制度建设,做好信息化档案的安全存储工作,促进档案信息数据库的资源共享,才能提供更全面的档案服务。"⑨

山东省济宁市青少年宫李新媛认为:"在大数据时期的机关事业单位档案管理中,存在的问题包括管理精度不足、管理效率较低和管理思想落后,导致档案管理系统不能顺应当前的工作体系。在问

---

① 吕铁岭.事业单位档案管理信息化建设问题[J].办公室业务,2019(22):129.
② 郑磊.关于事业单位档案管理信息化建设的思考[J].城建档案,2019(11):32-33.
③ 李艳侠.新时期行政事业单位档案数字化管理研究[J].办公室业务,2019(11):51.
④ 李淑娟.新时期事业单位档案数字化管理研究[J].办公室业务,2019(11):52.
⑤ 李晓红.事业单位档案数字化建设路径研究[J].科技经济市场,2019(10):105-107.
⑥ 孙薇薇.行政事业单位档案数字化建设的路径研究[J].海峡科技与产业,2019(6):160-161.
⑦ 夏静.事业单位档案数字化建设的路径选择分析[J].才智,2019(22):223.
⑧ 王清云.事业单位档案数字化建设的前期准备与实践策略分析[J].兰台内外,2019(18):23-24.
⑨ 张姝倩.大数据技术在事业单位档案管理中的应用分析[J].黑河学刊,2020(1):189-190.

题的解决中,可以通过建设和优化硬软件系统、融合相关技术和配置安全防护系统,达到提高档案管理系统工作效率、工作质量和工作安全性的目的。"①

辽宁省凌源市环境卫生管理处张静认为:"事业单位的档案管理部门必须要坚持树立大数据思维和现代化的档案管理理念,坚持从责任意识、全过程管理、数字化建设、加强合作等方面促进档案管理科学化水平的提升,顺应时代发展变化,与时俱进,不断探索档案管理模式的新途径,抓住发展机遇,大力发展技术创新,实现档案管理服务能力的全面提升。"②

福建省泉州市城市管理综合考评中心戴丽红探讨了大数据技术在事业单位档案管理中的应用:①注重信息化管理理念与传统管理理念的结合。②落实档案信息资源安全管理工作。③深入挖掘档案信息的各项资源。③

吉林省白城市接待服务中心刘福华提出了大数据时代背景下机关事业单位档案管理模式的发展策略:①提高机关事业单位档案管理人员的业务能力。②优化工作流程,革新管理思想。③完善档案管理系统,保证档案信息管理的安全。④

云南省宁蒗县档案局杨宝芳认为:"在大数据时代,事业单位开展档案管理工作,首先需要完善的档案管理制度的支持,其次要配合新鲜血液来优化档案管理人才结构,最后结合档案信息保密技术的全面提升,这才是档案管理工作整体性提升的关键之点。"⑤

十、"互联网+"

黑龙江省大庆市卫生计生综合执法监督局王丛提出了"互联网+"背景下事业单位档案管理对策:①完善事业单位信息化档案管理制度。②完善档案信息反馈系统。③利用大数据深度挖掘档案资源。④使用多重防护手段保障档案信息安全。⑥

山东省滨州市住房和城乡建设局刘蓉国认为:"在'互联网+'的背景下,事业单位要想提升档案管理水平,首先就应该转变工作观念,形成信息化档案处理思维,将计算机技术利用起来,建立一个电子档案,并对其中的资料信息进行科学管理,录入到网络平台之中,形成档案信息数据库。数据库的建立,不仅能够让档案实行统一管理,还能减少工作人员的工作量,对档案资料中的信息价值进行深入挖掘,事业单位中的各个部门提供更加有力的资料信息。其次,就是转变成互联网信息服务思维,对科学技术充分应用,让档案在信息检索中更加准确,从而提升档案的利用率。"⑦

重庆市秀山县膏田镇文广中心吴艳群提出了"互联网+"背景下事业单位档案信息化安全建设策略:①培养互联网技术的专业人才,结合内部管理人才。②健全档案管理制度,落实管理方案。⑧

十一、其他

河南省南阳市人口和计划生育指导中心郝英探讨了提高机关事业单位档案服务能力思路:①正

① 李新媛. 浅析大数据时代背景下机关事业单位档案管理模式[J]. 兰台内外,2019(13):22-23.
② 张静. 大数据时代事业单位档案管理服务水平提升研究[J]. 兰台世界,2019(S2):76-77.
③ 戴丽红. 大数据技术在事业单位档案管理中的应用研究[J]. 中国管理信息化,2018,21(18):180-181.
④ 刘福华. 大数据时代背景下机关事业单位档案管理模式探讨[J]. 才智,2019(6):206.
⑤ 杨宝芳. 大数据时代对事业单位档案管理的思考[J]. 办公室业务,2019(8):102,104.
⑥ 王丛. 论"互联网+"背景下事业单位档案管理[J]. 才智,2019(23):211.
⑦ 刘蓉国. "互联网+"背景下的事业单位档案管理[J]. 住宅与房地产,2019(4):264.
⑧ 吴艳群. "互联网+"背景下事业单位档案信息化安全建设研究[J]. 传播力研究,2019,3(35):291.

确对待档案管理工作。②对档案进行信息化管理,提高管理工作质量。③培养全面发展的档案管理人才。①

山西省肿瘤医院王小洁对事业单位离退休人员档案管理进行思考:①健全制度,落实离退休员工档案管理的主体责任制。②加强投入,推动离退休人员档案管理与信息化结合。③转变观念,提升档案管理人员认知水平。②

山东省青岛市中心血站宫瑾,山东省青岛卫生学校周骞、盛健提出了事业单位财务共享模式下的会计档案管理工作策略:①及时录入会计档案信息。②创建统一的会计档案数字化和标准化处理平台。③创建系统化的管理制度体系。④注重关键环节的风险控制和安全防范工作。③

山东省青岛市中心血站宫瑾提出了事业单位招标采购档案管理的措施:①完善档案管理制度。②增强档案管理意识。③提高管理信息水平。④

黑龙江省农业科学院园艺分院吕桂菊认为:"新形势下,科学技术迅猛发展,过去传统的党建档案管理手段已落后于时代,事业单位党建档案管理必须跟随时代发展的步伐采用现代化管理手段,这是今后党建档案工作发展的必由之路。可结合事业单位实际,用新技术武装自己,建立党建档案信息化管理标准和规范,利用计算机和网络对党员档案进行动态管理,不断提高党建档案管理水平和效率。在党建档案管理中要按照存量数字化,增量电子化的原则,加快党建档案信息化建设的进程,早日实现党建档案的信息化,尽享信息化浪潮带给我们的盛宴。"⑤

---

① 郝英.机关事业单位档案服务能力的有效提升探讨[J].办公室业务,2019(10):66.
② 王小洁.如何完善事业单位离退休人员档案的管理与服务工作[J].企业改革与管理,2017(14):216.
③ 宫瑾,周骞,盛健.事业单位财务共享模式下的会计档案管理工作探究[J].城建档案,2019(9):63-64.
④ 宫瑾.关于事业单位招标采购档案方面的研究[J].山西档案,2019(3):115-116.
⑤ 吕桂菊.事业单位党建档案工作存在的问题和对策[J].黑龙江档案,2019(3):74.

第十二章　档案法制与法治

　　档案法制与法治是 2018 年档案界关注与研究的最大热门之一。我们以中国知网为样本来源,检索范围:中国学术期刊网络出版总库,中国博士学位论文全文数据库,中国优秀硕士学位论文全文数据库,中国重要会议论文全文数据库,国际会议论文全文数据库,中国重要报纸全文数据库,中国学术辑刊全文数据库。

　　检索年限:2019 年。

　　检索时间:2020 年 2 月 24 日。

　　检索式:发表时间=2019-01-01 至 2019-12-31,并且(主题=档案法治 或者 题名=档案法治)或者(主题=档案法制 或者 题名=档案法制)或者(主题=档案立法 或者 题名=档案立法)或者(主题=档案执法 或者 题名=档案执法)或者(主题=档案司法 或者 题名=档案司法)或者(主题=档案守法或者 题名=档案守法)或者(主题=档案法 或者 题名=档案法)或者(主题=《档案法》或者 题名=《档案法》)或者(主题=依法治档 或者 题名=依法治档)(模糊匹配)。

　　样本文献总数:539 篇。

第一节　文献统计分析

　　本节采用统计分析的方法,从资源类型分布、文献学科分布、文献研究层次分布、文献基金分布、文献类型分布 5 个方面对样本文献进行分析。

一、资源类型分布

　　从资源类型分布看,539 篇样本文献涉及期刊、硕士、报纸、国内会议、博士、学术辑刊 6 种类型。各类资源发表文献数量及占比情况见表 12-1。

表 12-1　各类资源发表文献数量及占比情况

序号	资源类型	发表文献数量/篇	占全部样本/%
1	期刊	466	86.46
2	硕士	52	9.65
3	报纸	15	2.78

续表 12-1

序号	资源类型	发表文献数量/篇	占全部样本/%
4	国内会议	3	0.56
5	博士	2	0.37
6	学术辑刊	1	0.19
	合计	539	100.00

由表 12-1 可见,期刊(包括学术辑刊)整体上占全部样本的近 87%,是 2019 年档案法制与法治研究文献的主要来源,也是研究者进行交流与沟通的主要渠道和平台。硕士、博士学位论文合计占全部样本的约 10%,成为档案法制与法治研究的辅助渠道和平台。国内会议论文与报纸发表的文献数量不到 4%,在研究中只起点缀作用。

二、文献学科分布

从样本文献学科分布看,539 篇样本文献涉及图书情报档案、法学、教育、公共卫生与预防医学、公共管理、城市经济、工商管理、工业经济、农业经济、政治、国民经济、城乡规划与市政、公安、金融、财政等 23 个学科。前 15 个学科发表文献数量及占比情况见表 12-2。

表 12-2　前 15 个学科发表文献数量及占比情况

序号	学科	发表文献数量/篇	占全部样本/%
1	图书情报档案	415	76.99
2	法学	79	14.66
3	教育	45	8.35
4	公共卫生与预防医学	43	7.98
5	公共管理	19	3.53
6	城市经济	16	2.97
7	工商管理	16	2.97
8	工业经济	9	1.67
9	农业经济	6	1.11
10	政治	6	1.11
11	国民经济	4	0.74
12	城乡规划与市政	3	0.56
13	公安	3	0.56
14	金融	3	0.56
15	财政	3	0.56
	总计	670	124.30
	实际	539	100.00
	超出	131	24.30

　　需要说明的是,按学科统计数为 670 篇,占 124.30%;超出实际样本数 131 篇,占 24.30%。而图书情报档案学科发表 415 篇,占 76.99%。研究具有非常明显的学科交叉性。

　　除了图书情报档案外,2019 年发表文献最多的 6 个学科是法学、教育、公共卫生与预防医学、公共管理、城市经济、工商管理。与 2018 年发表文献最多的 6 个学科法学、教育、公共卫生与预防医学、公共管理、工商管理、工业经济相比,只有一个学科不同。

三、文献研究层次分布

　　从文献研究层次分布情况看,539 篇样本文献涉及基础研究(社科)、行业指导(社科)、职业指导(社科)、政策研究(社科)、基础与应用基础研究(自科)、工程技术(自科)、专业实用技术(自科)、大众文化、行业技术指导(自科)、经济信息、其他 11 个不同层次。各层次发表文献数量及占比情况见表 12-3。

表 12-3　各层次发表文献数量及占比情况

序号	层次	发表文献数量/篇	占全部样本/%
1	基础研究(社科)	244	45.27
2	行业指导(社科)	104	19.29
3	职业指导(社科)	67	12.43
4	政策研究(社科)	16	2.97
5	基础与应用基础研究(自科)	13	2.41
6	工程技术(自科)	6	1.11
7	专业实用技术(自科)	6	1.11
8	大众文化	4	0.74
9	行业技术指导(自科)	3	0.56
10	经济信息	1	0.19
11	其他	75	13.91
	合计	539	100.00

　　如果按社会科学、自然科学、经济文化教育和其他来分类,各类文献数量及占比分别是:社会科学 431 篇,占 79.96%;自然科学 28 篇,占 5.19%;经济文化教育 5 篇,占 0.93%;其他 75 篇,占 13.91%。研究明显偏重于社会科学的范畴。

　　如果按研究的基础性与应用性划分,基础性研究 257 篇,占 47.68%;应用性研究 282 篇,占 52.32%。研究偏重应用性。

　　综上,从整体上看,2019 年档案法制与法治研究属于偏重应用性的社会科学范畴。

四、文献基金分布

　　从样本文献基金分布情况看,539 篇样本文献中有 36 篇得 10 种国家及省部级基金的资助,占全部样本的 6.68%。各类基金资助发表文献数量及占比情况见表 12-4。

表 12-4　各类基金资助发表文献数量及占比情况

序号	基金	发表文献数量/篇	占全部样本%	占基金资助文献/%
1	国家社会科学基金	26	4.82	72.22
2	安徽省教育厅人文社会科学研究项目	2	0.37	5.56
3	浙江省哲学社会科学规划课题	1	0.19	2.78
4	河南省高等学校人文社会科学研究项目	1	0.19	2.78
5	甘肃省哲学社会科学规划项目	1	0.19	2.78
6	上海市哲学社会科学规划课题	1	0.19	2.78
7	国家档案局科技项目	1	0.19	2.78
8	河南省软科学研究计划	1	0.19	2.78
9	陕西省教育厅科研计划项目	1	0.19	2.78
10	教育部人文社会科学研究项目	1	0.19	2.78
	合计	36	6.68	100.00
	总计	539	100.00	

从基金资助的层次上看,国家级基金 1 种 26 篇,占全部基金资助文献的 72.22%;部委基金 2 种 2 篇,占全部基金资助文献的 5.56%;地方基金 7 种 8 篇,占全部基金资助文献的 22.22%

从地方基金资助的区域分布看,涉及安徽省、甘肃省、河南省、陕西省、上海市、浙江省 6 个省(市)。

综上,从层级上看,国家级资助力度高于地方的资助力度 2 倍,是部门资助的 12 倍;从区域分布看,全国 6 个省份有资助,但资助范围比较小。

五、文献类型分布

从文献类型分布看,539 篇样本涉及综述类、政策研究类、一般性 3 类文献。各类型文献数量及占比情况见表 12-5。

表 12-5　各类型文献数量及占比情况

序号	文献类型	文献数量/篇	占全部样本/%
1	综述类文献	11	2.04
2	政策研究类文献	37	6.86
3	一般性文献	491	91.09
	合计	539	100.00

综上,从表 12-5 中可以明显地看到,一般性论证文献在研究成果中占据了 91% 以上的份额,是研究文献的主要类型;而反映宏观性及政策性的研究则相对薄弱,综述类、政策研究类文献合计占比不到 9%。

六、小结

从样本文献的统计情况看,2019 年档案法制与法治研究涉及资源类型较多,期刊(包括学术辑刊)整体上占全部样本的近 87%,是 2019 年档案法制与法治研究文献的主要来源,也是研究者进行交流与沟通的主要渠道和平台。硕士、博士学位论文合计占全部样本的约 10%,成为档案法制与法治研究的辅助渠道和平台。国内会议论文与报纸发表的文献数量不到 4%,在研究中只起点缀作用。

从学科分布情况看,研究具有明显的学科交叉性。除了图书情报档案外,2019 年发表文献最多的 6 个学科是法学、教育、公共卫生与预防医学、公共管理、城市经济、工商管理。与 2018 年发表文献最多的 6 个学科法学、教育、公共卫生与预防医学、公共管理、工商管理、工业经济相比,只有一个学科不同。

从整体上看,2019 年档案法制与法治研究属于偏重应用性的社会科学范畴。

从基金资助的层次上看,国家级资助力度高于地方的资助力度 2 倍,是部门资助的 12 倍;从区域分布看,全国 6 个省份有资助,但资助范围比较小。

研究成果上,一般性论证文献占据了 91% 以上的份额,是研究文献的主要类型;而反映宏观性及政策性的研究则相对薄弱,综述类、政策研究类文献合计占比不到 9%。

第二节　文献计量分析

本节采用计量分析的方法,从文献作者分布、文献机构分布和文献来源分布 3 个方面对样本文献进行分析。

一、文献作者分布

从作者的分布情况看,539 篇文涉及吴雁平、徐拥军、陈忠海、丁德胜、张臻、张臻、刘志娟、冯四清、任琼辉、张净、刘东斌、周林兴、明平英、彭永林、佟飞、周耀林、杨文、张玉红、马秋影、马春荣、丁晶晶、金波、郑锦霞、王一鸣、魏营、王迪、黄霄羽、戴月、周晓娟、倪代川、须蕊、王钧等 487 位作者。前 40 位作者发表文献数量及占比情况见表 12-6。

表 12-6　前 40 位作者发表文献数量及占比情况

序号	作者	发表文献数量/篇	占全部样本/%
1	吴雁平	6	1.11
2	徐拥军	5	0.93
3	陈忠海	4	0.74
4	丁德胜	4	0.74
5	张臻	3	0.56
6	张臻	3	0.56
7	刘志娟	3	0.56
8	冯四清	3	0.56

续表 12-6

序号	作者	发表文献数量/篇	占全部样本/%
9	任琼辉	3	0.56
10	张净	3	0.56
11	刘东斌	3	0.56
12	周林兴	3	0.56
13	明平英	3	0.56
14	彭永林	2	0.37
15	佟飞	2	0.37
16	周耀林	2	0.37
17	杨文	2	0.37
18	张玉红	2	0.37
19	马秋影	2	0.37
20	马春荣	2	0.37
21	丁晶晶	2	0.37
22	金波	2	0.37
23	郑锦霞	2	0.37
24	王一鸣	2	0.37
25	魏营	2	0.37
26	王迪	2	0.37
27	黄霄羽	2	0.37
28	戴月	2	0.37
29	周晓娟	2	0.37
30	倪代川	2	0.37
31	须蕊	2	0.37
32	王钧	2	0.37
33	陈婧	1	0.19
34	莫伟杰	1	0.19
35	刘鑫	1	0.19
36	孙玮	1	0.19
37	路玲	1	0.19
38	赵彦昌	1	0.19
39	付新华	1	0.19
40	骆如明	1	0.19
合计		92	17.07
总计		539	100.00

如果按照普赖斯提出的计算公式,核心作者候选人的最低发文数 $M=0.749\sqrt{N_{max}}$,其中 N_{max} 为最高产作者发表文章数量。2019 年档案法制与法治研究作者中发表文献最多的为 6 篇,即 $N_{max}=6$,所以 $M=0.749\sqrt{6}\approx1.835$。那么,发表 2 篇以上(含 2 篇)文献的作者为档案法制与法治核心作者。因此,表 12-6 中的吴雁平、徐拥军、陈忠海、丁德胜、张臻、张臻、刘志娟、冯四清、任琼辉、张净、刘东斌、周林兴、明平英、彭永林、佟飞、周耀林、杨文、张玉红、马秋影、马春荣、丁晶晶、金波、郑锦霞、王一鸣、魏营、王迪、黄霄羽、戴月、周晓娟、倪代川、须蕊、王钧等前 32 位作者,是 2019 年档案法制与法治研究的高产作者。2019 年档案法制与法治研究已有一定数量的高产作者和少量有分量的核心作者群。

二、文献机构分布

从机构分布情况看,539 篇文献中涉及中国人民大学、郑州大学、安徽大学、上海大学、黑龙江大学、云南大学、河南省开封市档案局、国家档案局、陕西省档案局、唐山市卫生和计划生育委员会、海南师范大学、湘潭大学、广西民族大学、辽宁大学、中山大学、南昌大学、辽宁省阜新市档案局、中共浙江省委办公厅、南京大学、河北大学、云南省地方病防治研究所、西北大学、北京市档案局、浙江大学、北京电子科技学院、华东政法大学、云南省档案局、北京市丰台区档案局、河南省濮阳市档案局等约 400 个机构。

前 40 个机构发表文献 174 篇,占全部样本的 32.28%。其中发表 3 篇以上(含 3 篇)文献的有 29 个机构,发表文献 152 篇,占全部样本的 28.20%。前 40 个机构发表文献数量及占比情况见表 12-7。

表 12-7 前 40 个机构发表文献数量及占比情况

序号	机构	发表文献数量/篇	占全部样本/%
1	中国人民大学	15	2.78
2	郑州大学	12	2.23
3	安徽大学	11	2.04
4	上海大学	9	1.67
5	黑龙江大学	9	1.67
6	云南大学	7	1.30
7	河南省开封市档案局	6	1.11
8	国家档案局	5	0.93
9	陕西省档案局	5	0.93
10	唐山市卫生和计划生育委员会	5	0.93
11	海南师范大学	5	0.93
12	湘潭大学	5	0.93
13	广西民族大学	4	0.74
14	辽宁大学	4	0.74
15	中山大学	4	0.74
16	南昌大学	4	0.74
17	辽宁省阜新市档案局	4	0.74
18	中共浙江省委办公厅	4	0.74

续表 12-7

序号	机构	发表文献数量/篇	占全部样本/%
19	南京大学	4	0.74
20	河北大学	3	0.56
21	云南省地方病防治研究所	3	0.56
22	西北大学	3	0.56
23	北京市档案局	3	0.56
24	浙江大学	3	0.56
25	北京电子科技学院	3	0.56
26	华东政法大学	3	0.56
27	云南省档案局	3	0.56
28	北京市丰台区档案局	3	0.56
29	河南省濮阳市档案局	3	0.56
30	成都市新都区人民医院	2	0.37
31	哈尔滨市普宁医院	2	0.37
32	辽宁省鞍山市档案局	2	0.37
33	山东大学	2	0.37
34	吉林省公主岭市畜牧兽医局	2	0.37
35	河南省信阳工业学校	2	0.37
36	四川省档案局	2	0.37
37	中共陕西省委办公厅	2	0.37
38	云南省临沧市档案局	2	0.37
39	宁夏大学	2	0.37
40	合肥师范学院	2	0.37
	合计	174	32.28
	总计	539	100.00

如果使用普赖斯公式计算,核心机构的最低发文数 $M=0.749\sqrt{N_{max}}$,其中 N_{max} 为最高产机构发表文章数量。这里 $N_{max}=15$,所以 $M=0.749\sqrt{15}\approx2.901$,即发表文献 3 篇及以上(含 3 篇)的为核心研究机构。据此,发表 3 篇及以上文献的中国人民大学、郑州大学、安徽大学、上海大学、黑龙江大学、云南大学、河南省开封市档案局、国家档案局、陕西省档案局、唐山市卫生和计划生育委员会、海南师范大学、湘潭大学、广西民族大学、辽宁大学、中山大学、南昌大学、辽宁省阜新市档案局、中共浙江省委办公厅、南京大学、河北大学、云南省地方病防治研究所、西北大学、北京市档案局、浙江大学、北京电子科技学院、华东政法大学、云南省档案局、北京市丰台区档案局、河南省濮阳市档案局等 29 个机构是研究的高产机构。29 个高产机构中有 18 个是高校,说明档案法制与法治研究的核心研究机构群在高校。

从前 40 个机构中各类机构发表文献的数量及占比情况看,高校 22 个,占前 40 个机构的 55%;发表文献 116 篇,占全部样本的 21.25%。发表文献数量及占比均为最高。档案局 13 个,占前 40 个机构的 32.5%;发表文献 44 篇,占全部样本的 8.16%。事业机构 3 个,占前 40 个机构的 7.5%;发表文献 7 篇,占全部样本的 1.30%。其他行政管理机构 2 个,占前 40 个机构的 5%;发表文献 7 篇,占全部样本的 1.30%。

三、文献来源分布

从文献来源分布看,539 篇样本文献中,发表文献 9 篇及以上的文献来源共有《办公室业务》《兰台内外》《兰台世界》《黑龙江档案》《北京档案》《中国档案》《浙江档案》《档案管理》《城建档案》《云南档案》《档案学通讯》《档案学研究》《档案天地》《档案与建设》《档案》15 种,发表文献 318 篇,占全部样本的 59.00%。前 15 种文献来源发表文献数量及占比情况见表 12-8。

表 12-8   前 15 种文献来源发表文献数量及占比情况

序号	文献来源	发表文献数量/篇	占全部样本/%
1	《办公室业务》	63	11.69
2	《兰台内外》	54	10.02
3	《兰台世界》	31	5.75
4	《黑龙江档案》	30	5.57
5	《北京档案》	17	3.15
6	《中国档案》	15	2.78
7	《浙江档案》	15	2.78
8	《档案管理》	14	2.60
9	《城建档案》	13	2.41
10	《云南档案》	13	2.41
11	《档案学通讯》	12	2.23
12	《档案学研究》	11	2.04
13	《档案天地》	11	2.04
14	《档案与建设》	10	1.86
15	《档案》	9	1.67
合计		318	59.00
总计		539	100.00

按照布拉德福定律,539 篇文献可分为核心区、相关区和非相关区,各个区的论文数量相等(约 180 篇)。因此,发表论文居前 4 位的《办公室业务》《兰台内外》《兰台世界》《黑龙江档案》(178 篇)处于核心区之内。发表论文居第 5～15 位的《北京档案》《中国档案》《浙江档案》《档案管理》《城建档案》《云南档案》《档案学通讯》《档案学研究》《档案天地》《档案与建设》《档案》(140 篇)处于相关区;其他发表文献 9 篇及以下的少数处于相关区,多数处于非相关区。

从前 15 种文献来源看,档案学期刊为多,有 13 种,发表文献 255 篇,占全部样本的 47.31%,特别是非核心期刊有 7 种,发表文献 161 篇,对档案法制与法治研究的关注度更高,是这一研究领域的主要阵地;核心期刊也有 7 种,但发表文献 94 篇,与档案学非核心期刊比较关注度相对较低。档案学相关学科期刊 1 种,但发表文献最多(63 篇)。

四、小结

从作者的分布情况看,2019年档案法制与法治研究已有一定数量的高产作者和少量有分量的核心作者群。

从机构分布情况看,档案法制与法治的核心研究机构群为高校。高校排名第一,档案局排名第二,事业机构和其他行政管理机构并列排名第三。

从文献来源分布看,发表文献9篇及以上的文献来源共有15种,发表文献318篇,占全部样本的59.00%。其中,档案学期刊为多,有14种,发表文献255篇,占全部样本的47.31%,特别是非核心期刊有7种,发表文献161篇,对档案法制与法治研究的关注度更高,是这一研究领域的主要阵地;核心期刊也有7种,但发表文献94篇,与档案学非核心期刊比较关注度相对较低。档案学相关学科期刊1种,但发表文献最多(63篇)。

第三节　文献词频分析

本节采用关键词词频的方法,从关键词词频、主题词词频和近五年高频词变化3个方面对样本文献进行分析。

一、关键词词频分析

从539篇文献涉及的关键词看,前15个高频关键词中使用频率最高的是档案管理(63频次),最低的是依法治档(7频次)。前15个高频关键词合计使用227频次,占全部样本的42.12%,即近半数文献使用这15个关键词。表12-9是前15个高频关键词使用频率及占比情况。

前15个关键词可以归纳为档案事务(档案管理、对策、管理、问题、新时期、档案利用、利用、档案工作、档案开放)、档案(档案、城建档案、文书档案)、档案法制(档案法、依法治档)、机构(高校)4个大类。

表12-9　前15个高频关键词使用频率及占比情况

序号	关键词	使用频率/次	占全部样本/%
1	档案管理	63	11.69
2	档案	29	5.38
3	对策	20	3.71
4	管理	16	2.97
5	高校	12	2.23
6	问题	12	2.23
7	新时期	10	1.86
8	档案利用	9	1.67
9	城建档案	9	1.67

续表 12-9

序号	关键词	使用频率/次	占全部样本/%
10	利用	8	1.48
11	档案工作	8	1.48
12	文书档案	8	1.48
13	档案开放	8	1.48
14	档案法	8	1.48
15	依法治档	7	1.30
合计		227	42.12
总计		539（篇）	100.00

相对而言,2019 年档案法制与法治研究主要集中在上述档案事务、档案、档案法制、机构 4 类 15 个关键词所涉及的方面。可以说,上述档案事务、档案、档案法制、机构 4 类 15 个关键词是 2019 年档案法制与法治研究的热点所在,而其中又以档案管理、档案、对策、管理、高校、问题 6 个方面为重点。

需要指出的是,由于档案法制与法治研究内容的广泛性和多样性,研究热点只是相对集中,每年都会有新的热点与重点出现。

二、主题词词频分析

从主题词使用频率看,2019 年档案法制与法治研究涉及内容广泛,集中在档案事务、档案法制、机构、档案人、档案、档案信息化 6 个方面。使用频率最高的 40 个主题词分布情况见表 12-10。

表 12-10　使用频率最高的 40 个主题词分布情况

序号	主题词	使用频率/次	占全部样本/%
1	档案管理	77	14.29
2	档案管理工作	75	13.91
3	档案工作	37	6.86
4	档案馆	37	6.86
5	《档案法》	31	5.75
6	档案局	29	5.38
7	依法治档	23	4.27
8	档案管理人员	21	3.90
9	档案行政执法	21	3.90
10	新形势下	20	3.71
11	档案法	18	3.34
12	档案事业	18	3.34
13	档案部门	14	2.60
14	档案法制建设	14	2.60

续表 12-10

序号	主题词	使用频率/次	占全部样本/%
15	档案工作者	13	2.41
16	档案利用	13	2.41
17	档案信息化建设	13	2.41
18	国家档案局	13	2.41
19	高校档案管理	12	2.23
20	问题及对策	12	2.23
21	城建档案	11	2.04
22	档案资源	11	2.04
23	档案执法	11	2.04
24	中华人民共和国档案法	10	1.86
25	新时期	10	1.86
26	档案服务	10	1.86
27	档案行政管理	9	1.67
28	政府信息公开	9	1.67
29	档案开放	9	1.67
30	综合档案馆	9	1.67
31	档案收集	9	1.67
32	文书档案	9	1.67
33	机关档案	9	1.67
34	档案行政管理部门	8	1.48
35	存在的问题	8	1.48
36	事业单位	8	1.48
37	档案数字化	8	1.48
38	信息化建设	8	1.48
39	文书档案管理	8	1.48
40	档案干部队伍	7	1.30
	合计	692	128.39
	总计	539(篇)	100.00
	重叠	153	28.39

从涉及的主题词看,使用频率最高的40个主题词共使用692频次,占全部样本的128.39%。也就是说,上述40个主题词涵盖了全部样本文献。其中使用频率最高的是档案管理(77频次),使用频率最低的是档案干部队伍(7频次),平均使用频率为17频次。

从主题词反映的研究内容看,2019年档案法制与法治研究关注的40个主要问题又可归并为档案事务、档案法制、机构、档案人、档案、档案信息化6个大类。

档案事务(档案管理、档案管理工作、档案工作、新形势下、档案事业、档案利用、高校档案管理、问题及对策、新时期、档案服务、档案行政管理、档案开放、档案收集、存在的问题、文书档案管理),共使用327频次,占全部样本的60.67%。研究涉及档案事务的宏观管理层面和具体业务工作环节,管理性突出。它是2019年档案法制与法治研究关注度第一大主题。

档案法制(《档案法》、依法治档、档案行政执法、档案法、档案法制建设、档案执法、中华人民共和国档案法、政府信息公开),共使用137频次,占全部样本的25.42%。聚焦档案法与档案执法两个主要方向。它是2019年档案法制与法治研究关注度第二大主题。

机构(档案馆、档案部门、国家档案局、综合档案馆、档案行政管理部门、事业单位、档案局),共使用118频次,占全部样本的21.89%。它是与档案事业、档案人关系最为密切的问题,包括档案局、档案馆、档案室三大研究主题中的两个(档案局、档案馆)。2019年,正值新一轮机构改革之时,局馆分设的档案机构使档案局、档案馆理所应当成为档案界关注之重点。这一研究也是2019年档案法制与法治研究关注度第三大主题。

档案人(档案管理人员、档案干部队伍、档案工作者),共使用41频次,占全部样本的7.61%。档案人是档案工作的主体,从研究涉及的3个主题词看,主要关注的是档案工作者自身,没有涉及档案工作服务的对象。它是档案法制与法治研究关注度第四大主题。

档案(城建档案、档案资源、文书档案、机关档案),共使用40频次,占全部样本的7.42%。档案是档案学研究的本体,从涉及的4个主题看,主要集中在机关文书档案上。体量上与前三个主题相关一个数量级。它是档案法制与法治研究关注度第五大主题。

档案信息化(档案信息化建设、档案数字化、信息化建设),共使用29频次,占全部样本的5.38%。集中信息化与数字化两个方面,是2019年档案法制法治研究与关注度第六大主题。

可以说,2019年档案法制与法治研究所涉及内容虽然十分广泛,但全部文献均包含在上述档案事务、档案法制、机构、档案人、档案、档案信息化6类问题上。或者说,档案学界2019年档案法制与法治研究主要是围绕上述档案事务、档案法制、机构、档案人、档案、档案信息化6个内容展开的。

三、近五年高频词变化

年度关键词的变化,特别是高频关键词的变化,能够反映出相关研究内容与主题、重点与热点的变化。

2015—2019年档案法制与法治研究年度关键词及高频关键词的变化情况,请扫描右侧二维码。

从近五年研究文献主要关键词的分布看,共使用7个关键词,即档案管理、档案、对策、管理、问题、档案利用、档案工作。

5年中,年年重复出现的关键词有档案管理、档案、对策,重复率为100%;管理、问题4年,重复率为80%。档案利用、档案工作1年,是近两年新增加的内容。

以上情况说明:近五年间档案管理、档案、对策研究的持续度最高,一直是研究的核心内容与方向;其次是管理、问题,已经连续出现四年。研究内容与主题在相邻近的年度间连续性好。相当年份有80%以上的研究内容与上一年相同。在同一年份中出现的关键词每年最少时为9次,最多时达到83次。

虽然重点内容的持续性良好,但重点内容的关注度自2016年均出现明显的持续下降趋势。总之,近五年来相关研究的主要内容集中,重点突出。

四、小结

从539篇文献涉及的关键词看,2019年档案法制与法治研究主要集中在档案事务、档案、档案法

制、机构类 15 个关键词所涉及的方面。可以说,档案事务、档案、档案法制、机构 4 类 15 个关键词是 2019 年档案法制与法治研究的热点所在,而其中又以档案管理、档案、对策、管理、高校、问题 6 个方面为重点。

2019 年,档案法制与法治研究所涉及内容十分广泛,但全部文献均包含在档案事务、档案法制、机构、档案人、档案、档案信息化 6 类问题上。或者说,档案学界 2019 年档案法制与法治研究主要是围绕档案事务、档案法制、机构、档案人、档案、档案信息化 6 个内容展开。

从近五年高频关键词变化看,档案管理、档案、对策研究的持续度最高,一直是研究的核心内容与方向;其次是管理、问题,已经连续出现四年。研究内容与主题在相邻近的年度间连续性好。相当年份有 80% 以上的研究内容与上一年相同。虽然重点内容的持续性良好,但重点内容的关注度自 2016 年均出现明显的持续下降趋势。总之,近五年来相关研究的主要内容集中,重点突出。

第四节　文献关键词共词分析

本节采用关键词共现分析的方法,从共现矩阵和共现网络两个方面对样本文献进行分析。

一、共现矩阵

矩阵提取使用频率最高的 20 个关键词,将这 20 个关键词形成 20×20 的共词矩阵。如果某两个关键词同时出现在一篇文章中时,就表明这两者之间存在相关关系,关键词右侧或下方对应位置的数值表示篇数。

图 12-1 是档案法制与法治研究文献高频关键词共现矩阵。

图 12-1 显示,2019 年档案法制与法治研究的关键词共现有 26 组,共现率为 13%。共现次数 2 次以上(含 2 次)的关键词组合有 21 组,共现率为 10.5%。共现次数 4 次以上(含 4 次)的关键词组合有 6 组,共现率为 3%。共现次数 5 次的关键词组合有 3 组,共现率为 1.5%。

以横轴为准计:

20 组共现词中 7 组与档案管理直接相关,分别占共现关键词的 3.5%。

20 组共现词中 6 组与档案直接相关,占共现关键词的 3%。

20 组共现词中 3 组与对策直接相关,占共现关键词的 1.5%。

20 组共现词中各有 2 组与管理、档案利用直接相关,分别占共现关键词的 1%。

20 组共现词中各有 1 组与高校、问题、新时期、城建档案、利用、文书档案直接相关,分别占共现关键词的 0.5%。

另有档案法、档案开放、档案工作、依法治档、信息化、医院、信息化管理、人事档案、策略 9 个无共现关键词。

以共现频次为准计:

共现次数 4 次及以上的关键词组合有 6 组,分别是:

档案管理与对策:5 频次。

档案管理与问题:5 频次。

档案管理与策略:4 频次。

档案与管理:4 频次。

对策与管理:4 频次。

对策与问题:5 频次。

	档案管理	档案	对策	管理	高校	问题	新时期	档案利用	城建档案	利用	档案法	档案开放	文书档案	档案工作	依法治档	信息化	医院	信息化管理	人事档案	策略
档案管理																				
档案																				
对策	5	3																		
管理		4	4																	
高校	2		2																	
问题	5	2	5																	
新时期	2																			
档案利用																				
城建档案																				
利用		3							2											
档案法								2												
档案开放								2												
文书档案	2		1																	
档案工作																				
依法治档																				
信息化		2	1																	
医院	3									3										
信息化管理		2																		
人事档案						1														
策略	4			1	2								1							

图 12-1　2019 年档案法制与法治研究文献高频关键词共现矩阵

综上，虽然档案法制与法治研究的共现率不高，但高频共现词集中在档案管理、管理、对策、问题 4 个关键词上。这显示出档案法制与法治研究的高度集中趋势。

这表明目前档案法制与法治的主要研究方向集中在上述档案管理、管理、对策、问题 4 个方面。或者说，2019 年档案法制与法治研究均是围绕档案管理、管理、对策、问题 4 个重心展开的。

档案法制与法治研究整体上已经初步形成规模，研究内容相对集中，已经形成比较明显的高相关共现关键词群，研究集中趋势日趋明显。

二、共现网络

在关键词共现网络中，关键词之间的关系可以用连线来表示，连线多少和粗细代表关键词间的亲疏程度，连线越多，代表该关键词与其他关键词共现次数越多，越是研究领域的核心和热点研究内容。

使用知网工具获得 2019 年档案法制与法治研究高频词共词网络图谱（扫描右侧二维码）。

从 2019 年档案法制与法治高频关键词的网络图谱可以直观地看出:相关研究可分为"档案管理"、"档案利用"、"档案工作"、"依法治档"、"人事档案"与"新时期"5 个聚类群组。

其中"档案管理""档案利用"为单核心多词聚类群组,"档案工作""依法治档"为单核心单词聚类群组,"人事档案"与"新时期"为双核心双词聚类群组。

"档案管理"为单核心多词聚类群组,共涉及 12 个关键词。群组有"高校""对策""档案""管理"4 个次核心高频词,并以这 4 个次核心高频词一起构成一个扇形分布,而且由近至远分别以"高校"、"对策"、"档案"和"管理"形成三个层次。"档案管理"群组研究的主要内容全部包括在这个扇形之内,但聚类内部关系的紧密度不高,聚集度相对较低。其他 4 个群组则环绕其周边。聚类外部仅与"人事档案"与"新时期"双核心双词聚类群组有有限的关联,与"档案利用""档案工作""依法治档"3 个聚类群组没有关联。"档案管理"聚类群组的中心度有限。

"档案利用"聚类群组由"档案利用""档案开放""档案法"3 个关键词组成一个与其他群组不相关联的近距三角形。规模不大,处在整个网络的外围,不是 2019 年档案法制与法治的中心内容。但这反映出档案利用与开放在档案法研究中具有特别重要的位置,可能成为日后档案法制与法治研究的持续热点。

"人事档案"与"新时期"双核心双词聚类群组只与"档案管理"主群组存在有限联系,与"档案利用""档案工作""依法治档"3 个群组没有关联。"人事档案"与"新时期"群组虽然也处在整个网络的外围,但相较另外三个群组,离网络的中心更近,且有联系。

"档案工作""依法治档"两个聚类群组是单核心单词聚类群组。一是居于"档案管理"主群组和整个网络的外围,二是与其他群组没有关联,三是相互之间没有联系,显然不是 2019 年档案法制与法治研究的热点。

三、小结

从高频关键词上看,2019 年档案法制与法治研究是围绕档案管理、管理、对策、问题 4 个重心展开的。档案法制与法治研究整体上已经初步形成规模,研究内容相对集中,已经形成比较明显的高相关共现关键词群,研究集中趋势日趋明显。

从共词图谱解析可知,相关研究可分为"档案管理"、"档案利用"、"档案工作"、"依法治档"、"人事档案"与"新时期"5 个聚类群组。"档案管理"群组共涉及 12 个关键词,所有词由近至远构成一个三个层次的扇形分布。群组聚类内部关系的紧密度不高,聚集度相对较低。聚类外部仅与"人事档案"与"新时期"为双核心双词聚类群组有有限的关联,与"档案利用""档案工作""依法治档"3 个聚类群组没有关联。"档案管理"聚类群组的中心度有限。"档案利用"聚类群组由"档案利用""档案开放""档案法"3 个关键词组成一个与其他群组不相关联的近距三角形。规模不大,处在整个网络的外围,不是 2019 年档案法制与法治的中心内容。但这反映出档案利用与开放在档案法研究中具有特别重要的位置,可能成为日后档案法制与法治研究的持续热点。

第五节 文献综述

一、《档案法》研究

中国人民大学信息资源管理学院徐拥军、郭若涵认为《档案法》修订草案有如下 6 个特点:①强调保障公民利用档案的权利。②进一步明确档案馆的文化职能。③突出档案信息化建设的要求。④提出档案工作责任制。⑤坚持修法的慎改原则。⑥文字表述更加严谨。①

河南省开封市档案局吴雁平、河南省濮阳市档案局刘东斌"对《最高人民法院关于审理政府信息公开行政案件若干问题的规定》第七条的规定及司法实践案例分析,得出结论:《档案法》与《政府信息公开条例》的冲突远比我们意识到的要多得多,不仅仅只有一个封闭期的问题,还有诸如政府机关的档案是否受《档案法》的调整、政府机关档案机构(档案室)是否受《档案法》的调整、'归档'还是不是形成档案的法律行动等问题,这些问题的存在,不仅有可能改写《档案法》,还有可能颠覆已有的档案学理论,应当引起深思"。②

华东理工大学档案馆王飚认为:"此次《档案法》修订草案的内容适应了新时代档案利用工作发展的需要,特别是在提供法律保障、衔接协调其他部门法、提供多种法律救济途径三个方面做出较为科学具体的制度设计。这些是应当值得肯定的。当然,不容否认的是,《档案法》修订草案在档案公布、权利救济方面等制度设计上仍有不足之处,存在着可能的法律漏洞风险及不符合立法目的等问题,亟待加以完善。"③

上海立信会计金融学院王子芃、安徽省档案局王晓源认为:"大数据及其技术快速发展,暴露出《档案法》立法的苍白,客观上形成依法管档制度落地的政策盲区。在实践中电子数据的收集、迁移、归档乃至取证等缺乏有效的法律规范,造成与档案是唯一可靠证据间的认知断层。因此对《档案法》及时、准确地修正,是适应和解决好社会实践的迫切需要。"他们还提出了《档案法》修正建议:①从相关的法律法规中找寻思路。②科学进行流程再造、环节再造。③完善处罚条款,强化执行力。④修复跨境档案管理制度缺陷。⑤积极汲取国外研究成果。④

二、档案法制与法治建设

黑龙江省哈尔滨残疾人康复中心尚睿提出加强档案法制建设的几点思考:①加大宣传力度,使档案法制意识得到加强。②完善立法工作,使档案法规体系得到健全。③强化执法检查,使档案违法行为得到预防和纠正。④重视学习培训,使档案执法人员的素质得到有效提高。⑤

黑龙江省大兴安岭地区档案馆祁勇认为:加强法制建设,必须加强依法履行档案行政管理职能。"档案行政部门的中心任务是大力推进依法行政,突出重点监管,加强以法治手段主导的档案行政管理职能。其中,全面贯彻档案法律法规,完善配套制度建设是先决条件。多年来,档案技术规范、业务标准和管理制度不断出台,档案工作的制度环境有了改善。各级档案行政部门要增强紧迫感,深入研究部署制度配套建设工作,以国务院常务会议讨论通过《中华人民共和国档案法(修订草案)》为契机,带动一批制度、规范的修订和出台。结合实际需要,建立健全档案工作具体操作性制度,形成完整的管理规范;与此同时,深化档案行政许可清理工作,修订完善相关制度,保持法制统一性。要通过不懈努力,建成档案工作配套、协调、科学、适用的制度体系,为档案事业依法管理进一步提供保障。"⑥

云南省档案局刘海岩认为档案法治建设存在问题:一是对档案法治工作思想认识存在误区;二是社会的档案意识不强;三是档案部门行政执法机制不够健全;四是档案行政执法的程序不够规范;五

---

①　徐拥军,郭若涵.《档案法》修订草案的特点[N].中国档案报,2019-11-21(3).

②　吴雁平,刘东斌.将被改写的《档案法》和将被颠覆的档案学理论:基于《最高人民法院关于审理政府信息公开行政案件若干问题的规定》第七条司法实践案例分析[J].档案管理,2019(4):36-41.

③　王飚.从档案利用工作实践看《档案法》修订草案[J].兰台世界,2019(5):31-34.

④　王子芃,王晓源.基于大数据背景下的档案法律策略研究[J].档案学研究,2019(1):56-60.

⑤　尚睿.关于加强档案法制建设的几点思考[J].黑龙江档案,2019(6):13.

⑥　祁勇.把握新机遇 进一步做好新形势下的档案法制工作[J].黑龙江档案,2019(6):14-15.

是档案执法队伍建设亟待加强。产生上述问题的原因主要是:一是各级党委政府对档案工作的重要性认识不到位;二是各级档案工作者和社会的档案法治意识不强;三是档案行政部门严格执法、敢于执法存在顾虑,执法效率低下;四是档案执法人员素质不高,缺乏专业能力;五是档案法制宣传力度不够,社会保护档案和利用档案的意识不强。他还提出了解决对策:①增强社会法治意识,推进档案法治建设。②厘清依法治档工作思路。③健全档案行政执法制度、完善执法程序,细化工作流程。④加强档案行政执法人员队伍建设。⑤有针对性开展档案专兼职人员法治培训。⑥建议各地区各部门将档案工作列入目标考核和绩效考核内容。①

黑龙江省齐齐哈尔市档案馆张超认为,应当清醒地看到,档案法制建设的现状,还不能够完全适应档案事业发展的需要,与建设档案强国的目标还存在着一定的距离,在新时期进一步推进我国的档案法制建设,必须从档案立法、档案行政执法和档案普法等方面大力加强。①大力推进档案法制建设,实现依法治档的战略目标。②加强档案立法工作,为新时期的档案法制建设提供根本保障。③提升档案行政执法水平,确保档案法律、法规的严格实施。④深入开展档案法制宣传教育,加大档案普法的工作力度。②

黑龙江省大庆市档案馆李东艳提出了做好新时期档案法制工作措施:①审时度势,不断完善档案法律法规制度体系。②强化执法,维护档案法律权威。③扩大影响,广泛进行普法宣传。③

黑龙江省双鸭山市档案局郭禹彤提出档案法制建设应对措施:①扩大群众参与,强化社会档案法制意识。②突出能力建设,打造精干执法队伍。③强化档案行政执法监督,加大对违法行为的查处力度。④

吉林省白城市人民政府法律服务中心王迪提出了做好基层档案法制建设的对策:其一,全方位开展基层单位的档案普法工作。①大力提高全社会的档案法律意识。②重点提高国家公职人员的档案法律素质。其二,重点强化基层单位的档案行政执法工作。①制定档案行政执法规划。②不断完善档案行政执法机制。③强化档案行政执法监督机制。⑤

山东省济宁市兖州区人力资源和社会保障局张戈提出了档案法制化建设的对策:①加强档案法治意识,提高依法行政能力。②做好档案法制宣传教育工作,营造档案法制化建设的社会氛围。③深入开展档案执法检查工作,加大对档案违法行为的查处力度。④积极实施"人才兴档"工程,努力培育一支过硬的档案行政执法队伍。⑥

辽宁省阜新市档案馆(市史志办公室)佟飞提出了改善档案法制建设的对策:①档案法律法规有待完善。②强化档案行政执法队伍建设。③加大宣传力度,提高人民群众档案法制意识。⑦

自然资源部第三海洋研究所陈惠菁、福建省厦门市湖里区人民法院林翔提出了档案工作法治建设展开具体路径:①完善立法——以良法引进法治之路。②强化执法——以人才促进执法优化。③培养思维——以观念推动行为自觉。⑧

①　刘海岩.档案法治建设调研报告[J].云南档案,2019(8):19.

②　张超.刍议进一步加强新时期档案法制建设[J].黑龙江档案,2019(6):10.

③　李东艳.跟紧时代脉搏 开创档案法制新局面:浅谈如何做好新时期档案法制工作[J].黑龙江档案,2019(6):11.

④　郭禹彤.增强依法治档意识 推进档案法制建设[J].黑龙江档案,2019(6):12.

⑤　王迪.基层档案法制建设存在的问题及对策[J].兰台内外,2019(33):38.

⑥　张戈.浅议档案法制化建设的现状与对策[J].办公室业务,2019(6):118.

⑦　佟飞.关于当前档案法制建设存在的问题及对策[J].兰台世界,2019(S1):45-46.

⑧　陈惠菁,林翔.档案工作的法治建设路径探析[J].法制与经济,2019(10):151-152.

三、依法治档

(一)问题与对策

广西壮族自治区档案馆蒋宏灵、广西壮族自治区档案局冯华认为依法治档存在的问题是:①档案行政执法机构缺位。②档案行政执法队伍薄弱。③档案行政执法程序不规范。④档案行政执法手段单一效果乏力。他们提出了相应对策措施:①积极营造良好的档案行政执法环境。②健全执法机制,规范执法程序。③创新档案行政执法检查形式。④加强队伍建设,提高执法人员素质。①

山东省青岛市莱西市崔子范美术馆全俊芳认为:"加快档案法制化进程是多年来各级档案行政管理部门孜孜以求的目标,从实施情况看,该项工作还存在着一定难度,主要表现在:依法治档认识上有差距,档案法制宣传不到位,档案行政执法流于形式,针对这些问题,推进依法治档工作,要采取以下措施:一是提高学法执法的自觉性,二是明确档案执法机构职责程序和执法原则,三是全面提升档案执法人员的综合素能。只有这样,才能推动档案事业在法制轨道上持续健康发展。"②

湖南省档案馆蔡振武认为:"目前,我国在依法治档方面还存在法治意识淡薄、知识储备不足、管理行为失范、治理方式滞后等问题。作为'关键少数'的领导干部应该在依法治档中发挥倡导者和践行者的作用,进一步加大宣传力度,加强队伍建设,完善监督机制,坚持以人为本,把法治与德治结合起来。"③

西南财经大学档案馆徐琨认为:"新时代背景下,进一步健全和完善高校档案工作法规体系、加强宣传提升法治意识、提高执法人员素质和管理水平、强化执法监督,促进依法治档,以推动高校整个档案事业可持续发展。"④

(二)其他

河北医科大学档案馆刘转转认为:"坚持依法治档,可以推动高校档案工作规范化、标准化,提高高校档案工作者的职业自信;更加凸显学生为本的大学发展理念,并能为高校数字化校园建设服务。做好高校依法治档工作,需要深入研究并贯彻已有法律规章,做好相关宣传工作,并加强与其他部门的合作。"⑤

广东实验中学谢湘平认为:"依法治档是档案行政管理部门做好档案工作的重要保障,它不仅有利于档案工作的基础业务,也有利于档案管理部门对学校各部门档案工作的监督指导,使档案的收集工作做到全面完整,从应付档案工作转化为主动自觉开展档案工作,同时有利于提高相关档案人员的业务素质和政治素养,切实提高档案部门和档案工作人员的管理水平。"⑥

河南省鹤壁市不动产登记中心王伟英探讨了依法治档环境下的档案利用服务机制创新:①创新环境管理制度。②创新编研开发机制。③创新流程运转机制。④创新联通协作机制。⑤创新档案利用服务方式。⑥创新考评管理制度。⑦

海南热带海洋学院附属中学张玲认为:"在依法行政环境下,档案行政管理部门的'放管服'改革必须依法实施。在依法行政环境下档案行政管理部门的'管',核心是要解决管什么、不管什么、怎么

---

① 蒋宏灵,冯华.广西依法治档问题研究[J].中国档案,2019(10):74-75.
② 全俊芳.推进依法治档工作存在的薄弱环节及对策[J].办公室业务,2019(3):91.
③ 蔡振武.发挥"关键少数"在依法治档中的作用[J].档案时空,2019(4):4-6.
④ 徐琨.新形势下高校档案工作法治化建设探析[J].兰台世界,2019(9):97-99.
⑤ 刘转转.新形势下加强高校依法治档之我见[J].兰台内外,2019(13):74-75.
⑥ 谢湘平.加强依法治档做好中学档案管理工作[J].办公室业务,2019(5):93.
⑦ 王伟英.依法治档环境下的档案利用服务机制创新[J].档案,2019(6):42-45.

管的问题,关键是要形成边界意识、身份意识、程序意识,补缺位、纠错位、控越位。"①

四、档案立法

江苏省南京市档案局徐广虎探讨了我国档案馆专门立法的路径选择:①在《档案法》中专设"档案馆"一章。鉴于我国已有《档案法》,再通过全国人大常委会制定一部《档案馆法》的可能性不大。而在《档案法》中设立专章,也不失为一种办法。将分散在各章各条中的有关档案馆的内容和档案行政法规、部门规章中有关内容进行汇总、优化,专设"档案馆"一章,更有利于突出法律对档案馆的促进和保护,维护档案馆法律法规体系的统一性。②以国务院行政法规的形式出台《档案馆条例》,这是一个比较可行的路径。如果《档案法》修改时没有设"档案馆"专门章节,或者《档案法》中专设"档案馆"章节过于原则,由国务院制定《档案馆条例》就很有必要了。②

中国联通河南省分公司田煜认为:"著名人物档案在档案资源建设和利用中发挥着越来越重要的作用,但对著名人物档案隐私权的保护却不尽如人意。我们必须正视现实并通过完善法规体系建设、强化主体责任、平衡知情权与隐私权的冲突、加大网络监管力度、注重诚信体系建设和道德约束等方式,构建著名人物隐私权的立体防护体系,为著名人物档案管理工作营造良好的生态环境,进而推动著名人物档案管理工作的健康发展。"③

福州大学法学院许霄腾、崔宇琪提出了完善我国档案信息资源共享的法律途径:①完善档案法律法规体系的构想。"在知识经济迅猛发展的当下,我国应尽快完善档案立法工作,应尽早制定有关网络信息领域和新电子载体档案的法律规范。只有推动档案立法与时俱进,才能在档案信息电子化、数据化的基础上为档案信息共享开辟更具合法性、真实性、公开性的途径,使档案管理服务现代化顺利开展,推动法治社会下面向全民服务和适应当代经济社会发展需要的信息共享。"②档案开放利用与政府信息公开的衔接。首先,要立足依法行政的前提是打造"阳光政府";其次,要健全档案管理体制和决策机制建设。④

铜陵学院法学院姚明认为:"推进档案管理法治化进程需要健全完善的地方立法体系。截至2018年12月,我国共出台档案管理地方性法规66部,呈现出制定主体覆盖面广,制定时间跨度较大,制定模式体例多样等特征。上述立法虽在一定程度上保障了地方档案管理的有序开展,但毋庸讳言,目前也存在着部分立法已难以适应当前档案管理的新要求、部分条款操作性不强、严谨性不够等问题。当前,应按照新时代档案管理的新需要和科学立法的新理念来制定和修订档案管理地方性法规。"⑤

河南大学教务处马梁探讨了完善档案法规体系的建议及思考:①加强档案立法工作,提高档案立法质量。②强化档案普法工作,提高社会档案法律意识。③加大档案执法力度,提高档案法规的威慑力。⑥

河南省新乡市档案局梁艳丽"从档案法规体系变迁的视角审视档案制度,对动态变化中的档案主体、客体的权力和权利进行探析,得出我国档案制度的设立、变迁、实施维护了各社会主体的档案形成权、管理权、利用权,档案领域权力的行使、权利的实现是一个受限趋弱进程的结论"。⑦

① 张玲.依法行政环境下"放管服"改革中的档案行政管理[J].档案,2019(9):19-21.
② 徐广虎.关于我国档案馆专门立法思考[J].档案学研究,2019(2):50-54.
③ 田煜.著名人物档案隐私权保护问题及对策研究[J].黑河学刊,2019(1):177-179.
④ 许霄腾,崔宇琪.我国档案信息资源共享法律问题研究[J].昆明学院学报,2019,41(1):60-66.
⑤ 姚明.我国档案管理地方立法研究:基于66部地方性法规的实证分析[J].档案学研究,2019(3):68-73.
⑥ 马梁.完善档案法规体系的建议及思考[J].办公室业务,2019(10):77.
⑦ 梁艳丽.档案法规体系变迁视角下档案制度中的权力与权利探析:兼与霍宇宇商榷[J].档案管理,2019(3):13-16.

安徽大学管理学院傅样提出了完善公安档案政策法规建设的对策建议:①加强综合性公安档案政策法规建设。②制定公安档案数据共享政策法规。③大力开展公安档案政策法规科研工作。④加大公安档案政策法规科研工作投入力度。⑤加强公安档案政策法规建设的国际交流。①

北京市档案局马秋影"回顾了改革开放 40 年全国档案地方性法规和地方政府规章建设的成就;总结了全国档案地方性法规和地方政府规章建设的 4 个特点:维护了国家法制统一,突出了地方特色,体现了前瞻性,增强了可操作性;提出了北京市档案地方性法规和政府规章建设的 3 项举措:从'零敲碎打'向加强法规体系建设转变,及时修改北京市地方性法规,以及加强档案地方政府规章建设"。②

河南财经政法大学张琦认为:"解决我国档案立法体系建设公共性缺失问题,要在明确档案立法公共性价值目标的基础上,始终坚持以民为本、公平、公开等现代法治理念;要理顺档案管理体制,明确其公共服务职责权限;要优化档案立法程序,特别是要加强档案立法过程的公开、透明,为公众参与立法提供有效制度保障,因为公众的有效参与和诉求表达,无疑是增进档案立法公共性目标实现的最为有效的路径;要建立专业化档案立法人才队伍,切实提高立法技术。同时,制订科学合理的档案立法计划、加强立法监督也是解决我国档案立法体系公共性缺失问题的可行之策。"③

郑州大学信息管理学院张灿认为:"学界应该及时跟进,开展地方档案立法后评估研究;地方档案行政管理机关应该积极推动和促进地方档案立法后评估活动的开展。今后,有关权力机关和行政机关开展档案立法后评估时,应当高度关注学界对档案立法后评估的学术研究过程及其成果的采纳运用,高度关注业界对法律法规适用情况的反馈意见。学界应当开展对档案立法后评估的整体研究,形成完整的研究体系,为此,学者们应当努力实现档案学理论和法学理论的融会贯通,进而提升自身的理论素养和学术研究成果的质量。"④

五、档案执法

山东师范大学姚蔚迅认为:"要建立健全档案行政执法工作机构,配备得力干部,整合执法资源,充实人员力量,为档案执法提供必要的支持和物质保障。国家档案局和地方各级档案行政管理部门要进一步加强档案行政执法培训,增强培训的次数,拓宽培训的内容。要对执法人员进行法律法规、执法程序、规范、案件查办等方面培训,要进行档案业务(特别是人事档案、专业档案等)和现代信息技术培训,切实提高档案行政执法人员的责任意识、法律素养和依法行政能力,提高业务指导和执法效能。"⑤

河南省濮阳市规划建筑设计研究院库俊平认为:"责令限期改正是指档案行政管理部门为了制止正在发生或可能发生的档案违法违纪行为,责令档案违法违纪行为人停止和纠正违法违纪行为的一种档案行政执法行为,是一种具有行政处分或者行政处罚性质但又不作为行政处分或者行政处罚记入责任单位或者责任者本人档案的档案行政执法行为。档案行政管理部门应依法对应该责令限期改正的行为实施责令限期整改,下达口头责令限期改正或者书面责令限期改正通知书,并视责任单位或者责任人整改的实际情况,具体情况具体分析,做出相应处理。"⑥

驻马店职业技术学院孙妍认为档案行政执法中存在的问题:第一,目前我国的档案法制机构仍然

① 傅样. 我国公安档案管理政策法规回顾与展望[J]. 浙江档案,2019(10):39-41.
② 马秋影. 档案地方性法规和规章建设的成就特点及对北京市的启示[J]. 北京档案,2019(1):18-21.
③ 张琦. 我国档案立法体系建设公共性缺失问题研究[D]. 郑州:河南财经政法大学,2019.
④ 张灿. 地方档案立法后评估的主体与客体研究[D]. 郑州:郑州大学,2019.
⑤ 姚蔚迅. 加强档案行政执法检查 提升档案治理法治化水平[J]. 山东档案,2019(3):49,51.
⑥ 库俊平. 对档案行政执法中责令限期改正问题的思考[J]. 档案,2019(5):48-52.

不健全,尤其是层级规范管理制度仍然存在一定的漏洞。第二,从目前档案法律法规的发展情况来看,我国档案法规的修改存在一定的滞后性,尤其是之后时代发展经济发展与社会发展,虽然自从发布以来经过了四次的调整,但是,目前很多条款仍然有需要完备之处。第三,执法力度不够。第四,行政执法的权威性始终是行政执法的灵魂,如果不能开展合理的执法规划,不能对执法的规范进行严格的管理,那么整个执法工作的严肃性就会受到严重的破坏。并提出提高档案行政执法科学性的对策:①提高档案法律意识。②健全档案行政执法的法律基础。③加强行政执法队伍建设。①

北京市丰台区档案局迟春庆认为档案执法检查存在的主要问题是:①档案执法检查工作准备不足行动缺乏方向性。②执法坚持不经常,时紧时松。③问题整改不彻底屡查屡犯。他还提出加强和改进档案执法检查的主要做法:①加强领导,确保档案执法检查准备"不偏向"。②严抓不懈,确保档案执法检查"不走样"。③跟踪问效,确保档案执法检查整改"不落空"。②

浙江省嘉善县城市建设档案馆吴晓岚探讨了城建档案集中执法到有效利用途径:①构建专门城建档案管理机构。②加大城建档案信息化建设投入力度。③提升城建档案管理人员专业水平。④增强城建档案服务功能。⑤健全城建档案监管机制。③

六、档案司法

郑州大学信息管理学院陈忠海、河南省开封市档案局吴雁平通过对1997—2018年中国裁判文书网公布的案件全文中涉及"档案"的司法裁判文书675 005件的分析,认为:"裁判文书全文中涉及'档案'的司法实践表明,档案司法已是档案部门必须面对的现实问题。档案部门,特别是档案行政管理部门开展全员依法行政教育的任务紧迫,基层尤为急迫。同时,档案行政管理部门在履行职责时,必须依法、依规、依程序行事。经济发达地区所遇相关案件对经济欠发达地区日后工作实践具有重要的借鉴、参考意义。裁判文书涉及的高频词内容具有一定的普遍性,应当引起重视,建议档案部门积极予以回应。"④他们还通过对2006—2018年,中国裁判文书网公布的案件名称包含"档案"的裁判文书956篇的分析,认为:"数据表明,司法实践中涉及档案的案件数量较大,档案司法研究已是档案学界与档案业界需要共同面对的现实课题。档案学界应当着力于'档案司法'概念化,关注档案司法实践,将民事档案司法活动纳入'档案司法'研究的范围。档案业界应当强化全面依法、依规、依程序履职,加强全员依法行政行事教育。"⑤

忻州师范学院法律系全其宪探讨了档案执法司法的程序衔接:①健全档案犯罪案件移送机制,畅通案件移送受理渠道。②创立网络信息共享平台,确保信息互通。③建立档案执法司法通力合作的联席会议制度。⑥

河南省洛阳市卫生监督中心赵朝红以《档案工作》公众号"每周判例"中最高法院的几个审判案例为样本,进行分析,认为"在政府信息'公开是常态,不公开为例外'原则下,档案馆不仅需要依法主动公开信息,还应从相关司法案例中学习掌握《条例》的精髓,主动作为,依法有据地为公民、法人和其

---

① 孙妍. 档案行政执法问题与对策的相关研究[J]. 山西档案,2019(2):67-69.

② 迟春庆. 加强和改进档案执法检查的思考与实践:以北京市丰台区档案局为例[J]. 北京档案,2019(8):36-37.

③ 吴晓岚. 从城建档案集中执法到有效利用的研究[J]. 兰台内外,2019(16):64-65.

④ 陈忠海,吴雁平. 1997—2018年全文中涉及"档案"的司法裁判文书数据呈现与思考[J]. 档案,2019(1):9-19.

⑤ 陈忠海,吴雁平. 案件名称包含"档案"的裁判文书数据呈现与思考:基于中国裁判文书网的调查与分析[J]. 档案管理,2019(2):56-59.

⑥ 全其宪. 论档案执法司法的有效衔接[J]. 档案与建设,2019(8):33-36.

他组织获取政府信息提供服务。"[1]

七、档案标准

四川大学公共管理学院韩丽菊认为："在确定档案行政执法依据时,我们应该注意档案工作标准、档案法规与其他标准之间的协调一致。具体建议:一是有档案法规的,优先选择档案法规为档案行政执法的依据;二是有档案法规,但是对某个领域档案法规没有详细规定,而档案工作标准做了比较详细的规定时,则应该以档案法规为主要依据,档案工作标准为补充依据;三是对于一些领域目前还没有档案法规,相关档案工作标准已经出台的,则相关档案工作标准为档案行政执法的主要依据;四是处理好档案工作标准的上下级关系,下级档案工作标准的规定应严于上级标准的规定,同时存在国家标准和地方标准的,应优先考虑地方档案工作标准作为档案行政执法依据。"[2]

国家能源集团档案馆高燕春"建议建立科学的标准管理体系,加强标准顶层设计,从国家、行业层面制定标准统一管理体系,认真审查,加深研究,及时更新,使标准制定工作建立在科学规范的基础之上,阻断某些地方或行业利益干扰,使档案标准应用更加科学、合理、统一和高效"。[3]

中国核动力研究设计院吴开平、杨林、苏弟荣认为档案标准建设存在的问题与不足是:①档案标准化意识有待加强。②档案标准的标龄过长。③档案标准采用国际标准率较低。他们还提出了对策与建议:①依照新《标准化法》,强化全社会档案标准化意识,鼓励各方积极开展或参与档案标准化工作。②建立档案标准实施信息反馈和评估机制,定期开展档案标准复审,使档案标准符合档案工作实践发展需要。③积极参与国际档案标准化活动,提高我国档案标准的国际化程度。[4]

山东非金属材料研究所档案馆牛文贺、中国兵器工业档案馆王春玉、中国兵器工业集团第五五研究所杨天骄认为:"档案工作几乎涉及社会生产各个领域各个部门,从政府机关到企事业单位都离不开档案工作。不同部门、不同行业的档案工作虽然有其共性,但差异也是明显的,现有的国家标准、行业标准难以满足各类档案工作的需要,特别是随着社会进步、经济发展、技术创新,对档案工作提出了许多新的要求,制定档案工作团体标准势在必行,值得各有关部门重视。"[5]

自然资源部油气资源战略研究中心、中国地质调查局自然资源航空物探遥感中心董晓方、许书平、张慧婷提出了完善《矿业权档案立卷归档规范》标准的建议:①补充完善矿业权档案归档范围和分类。②修改矿业权档案文件归档类目表。③调整矿业权档案文件归档类目表中归档文件排序。④增加矿业权电子文件归档与电子档案管理规范内容。[6]

河北大学王嘉楠提出了推进我国档案保护标准建设的策略:①实现档案保护标准建设全方位保障。②加强档案保护标准建设顶层规划。③完善档案保护标准建设管理机制。④优化档案保护标准内容结构。[7]

南京大学马敬济"运用分析综合法以及标准化原理与项目管理理论,对案例在修订过程中存在的问题进行分析,总结出地方档案管理标准在修订中应遵循的系列化、规范性、适用性和效益性四个修订原则,以及地方档案管理标准兼具可操作性和地方性的特点以及标准修订在形式方面强调'守'、在

① 赵朝红.档案馆提供政府信息公开服务应注意的四种情况:以《档案工作》公众号"每周判例"中最高法院若干司法裁判案为例[J].档案管理,2019(6):85-87.

② 韩丽菊.档案工作标准与档案法规关系探析[J].文化产业,2019(10):54-56.

③ 高燕春.档案标准执行中遇到的突出问题及其对策[J].城建档案,2019(11):91-94.

④ 吴开平,杨林,苏弟荣.我国档案标准数量统计与分析研究[J].兰台世界,2019(2):30-33.

⑤ 牛文贺,王春玉,杨天骄.制定档案工作团体标准的探讨[J].机电兵船档案,2019(1):74-76.

⑥ 董晓方,许书平,张慧婷.完善《矿业权档案立卷归档规范》标准研究[J].中国矿业,2019,28(11):83-88.

⑦ 王嘉楠.我国档案保护标准建设问题研究[D].石家庄:河北大学,2019.

内容方面注重'变'的两个特点,并将地方档案管理标准修订的主要程序划分为:准备、选择、实施和验收四个阶段,对地方档案管理标准修订的各个阶段的重点内容也进行阐述,提出了地方档案管理标准修订应在修订依据、修订进度两个方面进行统筹管理。为保障地方档案管理标准修订工作顺利开展,从制度、资源和人员 3 个方面提出标准修订措施。"[1]

① 马敬济.基于案例分析的地方档案管理标准修订研究[D].南京:南京大学,2019.

参考文献

[1]刘东斌,吴雁平,王杰.2013 年档案学学科发展报告[M].郑州:河南大学出版社,2015.

[2]吴雁平,刘东斌,杨瑾辉.2014 年档案学学科发展报告[M].郑州:河南大学出版社,2016.

[3]吴雁平,刘东斌.2015 年档案学学科发展报告[M].郑州:河南大学出版社,2017.

[4]张晓培,吴雁平,刘东斌.2016 年档案学学科发展报告[M].郑州:郑州大学出版社,2018.

[5]张晓培,王进平,王燕.2017 年档案学学科发展报告[M].郑州:郑州大学出版社,2018.

后 记

由"档案学学科发展研究报告"丛书编撰委员会组织撰写的《2019 年档案学学科发展研究报告》已于日前完稿,交付郑州大学出版社出版。

《2019 年档案学学科发展研究报告》继续得到了河南省档案学会高等学校档案分会、郑州大学档案教学实践与科研基地、郑州大学档案培训与实习基地的支持。与往年相同,报告就国内 2019 年度档案学学科在期刊学术论文、会议论文、硕士/博士学位论文发表及相关活动报道等方面的发展动态向学术界做详细分析介绍,归纳提出问题,展望发展前景。

《2019 年档案学学科发展研究报告》由中国高等教育学会档案工作分会副秘书长、河南省档案学会副理事长、河南省档案学会高等学校档案分会会长、河南省档案专业"十百千"档案领军人才、研究馆员张予宏总策划,由张晓培具体组织实施。

本研究报告由河南财经政法大学档案馆馆长、副研究馆员徐朝钦,郑州大学档案与校史馆副馆长、副研究馆员张晓培共同担任主编;由河南财经政法大学档案馆综合档案科科长、馆员赵林华,郑州大学信息管理学院讲师、郑州大学学科与重点建设处学科建设与管理科科长朱琨,郑州大学档案与校史馆馆员陈茜月,郑州大学档案与校史馆馆员沈姣共同担任副主编;郑州航空工业管理学院档案学专业硕士研究生庞宇飞,广西民族大学档案学专业硕士研究生张一凡,郑州航空工业管理学院本科生吴怡娇,南阳市生态环境局沙柳等参与编写。

具体分工是:第一章由张晓培撰写;第二章、第三章由徐朝钦撰写;第四章、第八章第一节、第二节由沈姣撰写;第五章、第十二章第五节由陈茜月撰写;第六章由朱琨撰写;第七章、第八章第五节由赵林华撰写;第八章第三节、第四节由吴怡娇撰写;第九章由张一凡撰写;第十章由庞宇飞撰写;第十一章、第十二章第一节、第二节、第三节、第四节由沙柳撰写。

参与研究报告撰写的同志们在日常工作十分繁忙的情况下,放弃节假日休息时间,进行资料收集、阅读、甄别、统计、分析、写作,他们一丝不苟、任劳任怨,不计得失,撰写出了数据翔实、内容丰富、符合学术规范的书稿。他们对工作所投诸的满怀激情与高度的责任心和强烈的事业心,让人钦佩,在此对他们的辛勤劳动表示诚挚的感谢。

张予宏研究馆员为研究报告的编写、出版做了大量的组织协调工作,张晓培副研究馆员为报告的后期统稿做了大量琐碎细致工作,郑州大学出版社张霞为报告的后期编辑、校对、出版、印刷做了大量工作。在此,向他们表示深深的感谢,并致以崇高的敬意。

限于出版周期,研究报告一定有这样或那样的错误与不足,不当不妥之处,敬请各位同行批评指正!

档案学学科发展研究报告编写组

2021 年 5 月 15 日